［逐条解説］で読み解く

監査基準のポイント

八田進二
Hatta Shinji

町田祥弘
Machida Yoshihiro

Generally Accepted Auditing Standards

同文舘出版

はしがき

　公認会計士（監査法人を含む）による財務諸表の監査は，「一般に公正妥当と認められる監査の基準（Generally Accepted Auditing Standards：GAAS）」に基づいて実施される。わが国におけるGAASの中核をなすのが，金融庁企業会計審議会から公表されている「監査基準」である。

　現在の監査基準の基礎となる考え方や仕組みは，それまでの監査基準を全面改訂し，2002（平成14）年1月に公表した監査基準にあるとされている。企業会計審議会では，併せて，同年12月には，「中間監査基準」の改訂を行うことで，21世紀における新たな監査社会の構築を意図したのである。

　その後，カネボウ事件をはじめとするさまざまな監査の失敗事例に対応すべく，また，監査をめぐる国際的な動向に配慮しつつ，2005（平成17）年10月には，リスク・アプローチの適用の改善を図る監査基準の改訂，ならびに，監査業務の品質管理の強化を図る「監査に関する品質管理基準」の新設が行われた。さらに，その後も，変革激しい監査環境に即応すべく，過去に例のない早さで，複数回にわたる監査基準等の見直しを進めることで，わが国の監査制度の信頼性の向上を図ってきているのである。

　しかし，残念なことに，さらにその後，今日に至るまで，証券市場の信頼を失墜させるようなディスクロージャーをめぐる不適切な事例は終わることはなく，それどころか，最近では，経営トップが主導した会計不正が露呈するとともに，そうした不正に対して，監査人が十分に役割を果たしていないのではないか，といった批判すら見られるのである。

　そうした中，2011（平成23）年秋に発覚したオリンパス社の不正会計とそれに係る不十分な監査対応に対しては，国際社会からの批判が相次いだことから，企業会計審議会では，急遽，監査部会での議論を開始し，2013（平成25）年3月，「監査における不正リスク対応基準」を新設，公表したのである。

　幸いにも，われわれは，こうした一連の監査の基準の改訂および新設に継続的に関わることができていることから，直接，これらの基準の改訂および新設の意味するところについて知る機会を得ているのである。そこで，こうした貴

i

重な経験を踏まえ，多くの監査関係者および監査に関心を抱く方たちに，監査の基準に対する正しい理解を得てもらいたいとの思いから，できるだけ平易な言葉で，重要と思われる要点について解説することとした。

そもそも本書は，『逐条解説　新監査基準を学ぶ』（2002年7月）として上梓したことに端を発している。しかし，その後，複数回の監査基準の見直し等を織り込んだことから，前書を全面的に見直して，新たに『逐条解説　改訂監査基準を考える』（2006年8月）と題して上梓したのである。

しかし，止むことのない不正会計とそれを防止ないしは抑止する役割を有する財務諸表監査を担う公認会計士または監査法人監査について，改めて，その実効性が問われるようになったのである。そこでわが国におけるGAASの全体を，監査人だけでなく，広く社会の人々に，より正しく理解してもらうために，この監査の基準のすべてについて，装いも新たに『逐条解説で読み解く監査基準のポイント』と題して，より適切な解説を施すことを心掛けて作製し，ここに上梓することとした。

経済社会のインフラをなす監査制度に対して，国際的にも高い信頼性が得られるよう，わが国の公認会計士監査の充実と発展に向け，本書がいささかなりとも貢献できるのであれば，これに勝る喜びはない。

なお，本書の出版に際しては，同文舘出版株式会社　代表取締役中島治久氏および同社専門書編集部の青柳裕之氏と大関温子氏に多大なお力添えをいただいた。ここに記して，感謝申し上げる次第である。

2013年4月1日
　　　　　止むことのない不正会計に敢然と立ち向かうことのできる，
　　　　　気概をもった監査人が多く輩出することを願って

八　田　進　二

町　田　祥　弘

目　次

第 I 部
わが国「監査基準」等制定および改訂の歩み

1．「監査基準」制定の歩み……3
　1．平成14年改訂監査基準までの経緯　3
　2．平成14年改訂監査基準以後の変遷　4

2．平成14年改訂の概要……7

3．平成17年改訂の概要……21

4．平成21年改訂の概要……29

5．平成22年改訂の概要……37

6．平成25年改訂の概要……49
　1．不正リスク対応基準　49
　2．監査基準の改訂について　58
　3．今後の展望　61

第II部

監査基準

1．監査の目的 …… 67

2．一般基準 …… 71

3．実施基準 …… 103

1．事業上のリスク等の重視　*103*
2．財務諸表全体と財務諸表項目の2つのレベルでの評価　*108*
3．特別な検討を必要とするリスク　*113*
4．監査計画の修正　*116*
5．経営者が提示する財務諸表項目と監査要点　*119*
6．内部統制に依拠しない場合　*122*
7．不正及び誤謬　*124*
8．ゴーイング・コンサーン問題への対応　*126*
9．情報技術　*133*
10．経営者確認書　*134*
11．他の監査人等の利用　*140*

4．報告基準 …… 145

1．適正性の判断　*145*
2．監査報告書の記載区分　*160*
3．除外事項　*170*
4．追記情報　*175*

第Ⅲ部 その他の基準

1. **中間監査基準** ……………………………………………………… 183
2. **四半期レビュー基準** ……………………………………………… 197
   1. 目的基準　*206*
   2. 実施基準　*210*
   3. 報告基準　*224*
   4. 実施時期等　*232*
3. **監査に関する品質管理基準** ……………………………………… 235
   1. 品質管理基準設定の経緯　*235*
   2. 品質管理基準の目的と定義　*239*
   3. 品質管理のシステム　*242*
   4. 職業倫理及び独立性　*244*
   5. 監査契約の新規の締結及び更新　*246*
   6. 監査実施者の採用，教育・訓練，評価及び選任　*248*
   7. 業務の実施　*253*
   8. 品質管理のシステムの監視　*264*
   9. 監査事務所間の引継　*268*
   10. 共同監査　*273*
   11. 適用・その他　*277*
4. **監査における不正リスク対応基準** ……………………………… 281
   1. 職業的懐疑心の強調　*281*
   2. 不正リスクに対応した監査の実施　*285*
   3. 不正リスクに対応した監査事務所の品質管理　*304*

資料

1. 監査基準の改訂に関する意見書（平成25年3月26日）……………… *315*
2. 平成14年以降公表の「監査基準の改訂に関する意見書」の前文
    （平成14年1月25日）……………… *323*
    （平成17年10月28日）……………… *335*
    （平成21年4月9日）……………… *338*
    （平成22年3月26日）……………… *340*
3. 中間監査基準の改訂に関する意見書（平成23年6月30日）………… *344*
4. 四半期レビュー基準の改訂に関する意見書（平成23年6月30日）……… *350*
5. 監査に関する品質管理基準の設定に係る意見書（平成17年10月28日）… *357*
6. 監査における不正リスク対応基準の設定に関する意見書（平成25年3月26日）… *363*

コラム一覧

監査実施準則と監査報告準則 …………………………………………… *4*
アメリカにおける監査基準の設定主体 ………………………………… *13*
監査基準委員会報告書 …………………………………………………… *20*
CPE ………………………………………………………………………… *73*
『企業改革法』（Sarbanes-Oxley Act of 2002：
　2002年サーベインズ＝オックスリー法）………………………… *77*
国際監査基準 ……………………………………………………………… *91*
四半期報告の簡素化 ……………………………………………………… *234*
オリンパス事件に関する監査法人に対する行政処分 ………………… *280*

略語一覧表

略	原文	日本語
ACFE	Association of Certified Fraud Examiners	公認不正検査士協会
AICPA	American Institute of Certified Public Accountants	アメリカ公認会計士協会
ASB	Auditing Standards Board	監査基準審議会
ASBJ	Accounting Standards Board of Japan	企業会計基準委員会
AudSEC	Auditing Standards Executive Committee	監査基準常務委員会
CAP	Committee on Auditing Procedure	監査手続委員会
CFE	Certified Fraud Examiner	公認不正検査士
CPE	Continuing Professional Education	継続的専門教育／継続的専門研修
GC	Going Concern	継続企業の前提
IAASB	International Auditing and Assurance Standards Board	国際監査・保証基準審議会
IAESB	International Accounting Education Standards Board	国際会計教育基準審議会
IAG	International Auditing Guideline	国際監査ガイドライン
IAPC	International Auditing Practices Committee	国際監査実務委員会
IASB	International Accounting Standards Board	国際会計基準審議会
IASE	International Standards on Assurance Engagements	国際保証業務基準
IES	International Education Standards	国際教育基準
IFAC	International Federation of Accountants	国際会計士連盟
IFRS	International Financial Reporting Standards	国際財務報告基準（通称，国際会計基準）
ISA	International Standards on Auditing	国際監査基準
ISRE	International Standards on Review Engagements	国際レビュー業務基準
JICPA	Japanese Institute of Certified Public Accountants	日本公認会計士協会
PCAOB	Public Company Accounting Oversight Board	公開会社会計監視委員会
POB	Public Oversight Board	公共監視審査会
SAP	Statements on Auditing Procedure	監査手続書
SAS	Statements on Auditing Standards	監査基準書
SEC	[the U.S.] Securities and Exchange Commission	アメリカ証券取引所委員会
SOX法	Sarbanes-Oxley Act of 2002	2002年サーベインズ＝オックスリー法（企業改革法）

第Ⅰ部

わが国「監査基準」等制定および改訂の歩み

1.「監査基準」制定の歩み

1. 平成14年改訂監査基準までの経緯

　わが国の監査制度の根幹をなす監査基準については，金融商品取引法の前身である証券取引法の下で義務付けられることとなった公認会計士による財務諸表監査制度の実施に当たって，1950（昭和25）年7月に初めて制定された「監査基準」に起源を有している。

　当初は，公認会計士監査の円滑な導入に向けて必要とされる「監査基準」と「監査実施準則」が制定され，1951（昭和26）年7月より5年間にわたって，財務諸表監査を受け入れるための準備段階にあたる監査（いわゆる，制度監査）が実施されたのである。こうした対応を経て，1957（昭和32）年1月以降開始の「正規の財務諸表監査」の実施に先立ち，1956（昭和31）年12月に，「監査基準」および「監査実施準則」が大幅に改訂され，別途，「監査報告準則」が制定されたのである。

　その後，監査基準・準則については複数回の改訂を経て，2002（平成14）年1月に，「監査実施準則」と「監査報告準則」を削除した形での監査基準となり，現在に至っている。なお，「監査実施準則」については，すでに1991（平成3）年の監査基準の改訂の折に，大幅に純化されるとともに，監査基準を補足する具体的な実務指針については，自主規制機関としての日本公認会計士協会が担うこととなり，1992（平成4）年より，監査基準委員会報告書が公表されてきている。この間，わが国の監査制度においては，半期報告書制度の導入にあわせて，1977（昭和52）年3月には，「中間財務諸表監査基準」が制定され，その後，1998（平成10）年6月には，「中間監査基準」に改訂されている。

> **column** 監査実施準則と監査報告準則
>
> 　平成14年改訂の監査基準に至るまで，1956（昭和31）年制定の監査基準の時代から，わが国の「監査基準」の体系は，一般基準，実施基準そして報告基準から成るとともに，この実施基準と報告基準については，その規則内容を具体的に示すものとして，別に「監査実施準則」と「監査報告準則」が設けられていた。こうした準則制定の意義については，以下に説明のとおりである。
>
> 　「監査実施準則は，実施基準を捕捉して具体的に監査実施上の要件や監査人の任務の範囲を明らかにし，特に『通常の監査手続』を詳細に規定している。また監査報告準則は，報告基準を受けて監査報告書の基本的様式，監査範囲に関する記載事項，財務諸表に対する意見の表明に関する記載事項などの具体的要件を定めたものである。…（中略）…監査基準なるものは，業種業態或いは規模の大小にかかわらず，あらゆる場合に妥当すべき根本原則であるから，その規制内容はおのずから一般的抽象的とならざるを得ない。そこで，これを実際に適用するためには，わが国の企業会計制度の現状を考慮しつつ，基準の要求するところを具体的に展開したこれらの準則が必要とされたのである。
>
> 　なお，一般基準に対応する一般準則は別に設けられていない。これは，公認会計士法，監査法人に関する省令および監査証明省令などの法令にこれに相当する事項が規定されているためではないかと推定される。」
>
> （日下部與市『監査基準逐条詳解』中央経済社，昭和47年，14頁。）

2．平成14年改訂監査基準以後の変遷

　企業等の経済活動を忠実に描写するためのツールとして会計基準があり，それに則って所定の手続を経て作成されるのが財務諸表である。その財務諸表が，真に企業の実態を描写しているか否かをもって，監査上は，適正に表示しているかどうかを判断しているのである。したがって，会計および監査の使命が十分に果たされなかったり，あるいは，意図的に歪められたりした場合には，会計および監査制度の見直しが求められることになる。その中でも，最も重要視されるのが，職業的専門家である公認会計士または監査法人が独占業務として

担う監査業務の指針とされる監査基準の有効性ないしは適切性である。

21世紀に入り，わが国の会計および監査制度は，一層の国際対応が迫られるとともに，複雑化，高度化および情報化する経済社会の秩序を維持するために，監査報告の頻度を高めるだけでなく，監査対象ないしは監査範囲を拡大するとともに，監査の品質をより強化すること等が強く求められるようになってきているのである。こうした要請を反映して，2002（平成14）年改訂の監査基準以降，わが国では，会計不祥事ないしは会計不正や，監査上の課題等が示さる都度，監査基準の見直しが繰り返し行われているのである（6ページの図参照）。

こうした変遷の中で特質すべきは，2005（平成17）年に，監査基準の本体のほかに，別途，「監査に関する品質管理基準」が制定され，監査業務の質の強化を図ることで，監査の失敗を防止することが強く意識されたことである。加えて，証券取引法に代わって制定された金融商品取引法の下で，わが国における開示制度の整備の一環として導入されることとなった，四半期報告制度および内部統制報告制度を受けて，2007（平成19）年には，「四半期レビュー基準」と「財務報告に係る内部統制の評価及び監査の基準」および「財務報告に係る内部統制の評価及び監査に関する実施基準」が制定されたことも，わが国の監査制度の歴史のなかで大きな転換点となっている。

この間，経済環境の著しい低迷等もあり，企業業績ないしは企業財政の悪化等による企業破綻がみられたことから，継続企業の前提に重要な疑義を生じさせる事象または状況の存在に対しての監査人としての対応を明示したゴーイング・コンサーン規定の導入等が図られていることも，わが国特有の対応といえる。

しかし，極めつきは，何といっても，2013（平成25）年3月の「監査における不正リスク対応基準」の新設であろう。財務諸表監査の基本的使命が，不正による財務諸表における重要な虚偽表示を防止ないしは排除することからして，本基準制定は，監査基準に屋上屋を架すものではないかとの疑念もある。しかし，その実態は，現行の「監査基準」と「監査に関する品質管理基準」の双方に関わって，監査人が，不正会計を見逃すことのないよう，有効な監査活動を推進するための精神的支柱として認識すべき内容となっている点に特徴がある

といえる。

このように，「一般に公正妥当と認められる監査の基準」については，監査人を取り巻く状況だけでなく，広く企業を取り巻く環境および国際的な視点をも鑑みながら，適時適切な見直しが不可欠であることが理解されるのである。

以下，本書では，そうした視点の下，現行の「一般に公正妥当と認められる監査の基準」の全体像を正しく理解するために，2002（平成14）年改訂の監査基準から，順次，改訂および新設の基準をみていくこととする。

近年の監査基準改訂の経緯

年	事項	背景	主な内容
2002（平成14）年	監査基準の改訂 中間監査基準の改訂	レジェンド問題 山一證券等の破綻	・目的基準の新設 ・リスク・アプローチの明確化および内部統制概念の定義 ・継続企業の前提に関する監査手続 ・監査意見および限定事項等の整備 ・実質的判断の導入 ・重要な虚偽表示に対する監査手続の整備
2005（平成17）年	監査基準の改訂 品質管理基準の新設	カネボウ事件，足利銀行事件等を受けての対応	・リスク・アプローチの改善（事業上のリスク等を重視したリスク・アプローチの導入） ・監査事務所の品質管理の強化
2007（平成19）年	内部統制監査基準および四半期レビュー基準の新設	内部統制報告制度および四半期報告制度の導入	・内部統制監査手続の導入 ・四半期レビュー手続の導入
2009（平成21）年	監査基準の改訂 中間監査基準および四半期レビュー基準の改訂	金融危機（リーマンショック後の経済動向）を受けての対応	・継続企業の前提に関する監査手続の改訂
2010（平成22）年および2011（平成23）年	監査基準の改訂 中間監査基準および四半期レビュー基準の改訂	国際監査基準への対応	・監査報告基準の改訂 ・過年度修正に係る比較財務諸表の監査の考え方の導入
2011（平成23）年	内部統制監査基準の改訂	新・成長戦略への対応	・内部統制評価手続の簡素化
2013（平成25）年	監査基準の改訂 不正リスク対応基準の新設	オリンパス事件等を受けての改訂	・不正リスク対応手続の厳格化

2. 平成14年改訂の概要

【町田】 2002（平成14）年改訂の監査基準（以下，H14監査基準と略す）は，1991（平成3）年の改訂以来，まさに10年ぶりの大改訂であり，従来の監査基準を全面的に改訂していることから，その詳細をすべて検討することはできませんが，ここでは，改訂のポイントとして挙げられていた5つの点，つまり，「不正の発見に対する姿勢の強化」，「継続企業（ゴーイング・コンサーン）の前提」，「リスク・アプローチの徹底」，「新たな会計基準への対応」，「監査報告の充実」という5つについて，改訂の内容を確認し，それらがいかなる意義をもつものであるのかについて，確認していきたいと思います。

　ただ，ここで留意すべきは，その後，今日に至るまで複数回にわたって改訂されることになる監査基準は，あくまでも部分的な改訂であって，このH14監査基準の「前文」に示された概念や考え方が踏襲されているということです。その意味でも，H14監査基準については正しく理解しておくことが求められると思われます。

不正の発見に対する姿勢の強化

【町田】 そこでまず，「不正の発見に対する姿勢の強化」という点ですが，これはどのような内容なのでしょうか。

【八田】 これは従来も，「財務諸表における虚偽の表示」，とくに重要性の高い虚偽表示の防止ということについては，当然ながら財務諸表監査における最大の目的であって，決してそれを見逃してはならないという視点があったわけですが，それよりもう少し範囲を，あるいは内容を掘り下げて「不正の問題」を真正面から議論すべきではないか，ということがあったと思います。

旧来の財務諸表監査というのは，経営者を中心とした虚偽表示というものについては，当然見逃してはならないけれども，それ以外の違法行為や，財務諸表の虚偽の表示に必ずしも直結しないような不正といったものについて，監査人はどういう責任と対応を求められているのかということが，必ずしもはっきりしませんでした。

そこで，いま一度，監査人の立場で対応すべき不正という問題はどういうものなのか，ということと，監査の実施においても，従来にも増して立ち入った監査を行うことで，深度のある監査結果を担保したいという観点から，これに向けたいくつかの規定の整備がなされた，というように考えることができます。

【町田】「不正の問題」に関しては，2002（平成14）年の改訂直前の2001年に，国際監査基準（ISA）における不正に関する基準が改正されたということを受けて，それへの対応という側面もあったわけですね。

【八田】そのとおりですね。

2002（平成14）年の改訂もそうであるし，その後の監査基準の改訂の場合にも同様に，国内的な事情だけでなく，常に国際的な動向ということが意識されてきているといえます。

たとえば，アメリカを中心とした監査環境，あるいは，国際会計士連盟（IFAC）が関わっているISAの流れなどが意識され，国際的にも遜色のない監査制度を構築するという観点がありますから，まさしく国際的な視点での変更があった場合にも，わが国の監査基準，あるいは監査制度の見直しが求められてくるのだと思います。

【町田】少し補足しますと，ISAは，2001年の改正の段階では，不正問題に関しては，まだ第1段階の改訂にとどまっており，その後，わが国の監査基準が2002（平成14）年に改訂になった後，2004年2月にも第2段階目の改正が行われ，現在では，不正に関して，より詳細な規定が置かれているかと思います。たとえば，日本のH14監査基準では「不正」と「誤謬」という形で定義されていますが，現在のISAでは経営者等による「不正」に焦点を絞った基準となっています。

【八田】経営者不正を発見あるいは防止するためには，どういう制度的対応が

必要なのかということが，国際的な視点で議論されているわけです。したがって，2013（平成25）年新設の「不正リスク対応基準」に見られるように，今後も，経営者を中心としたいわゆる不正問題全般に対して，監査人がより関わっていくということが，社会の期待でもあるということから，ますます監査人にとっては，厳しい環境がもたらされるということが考えられます。

継続企業（ゴーイング・コンサーン）の前提

【町田】 次に「継続企業（ゴーイング・コンサーン）の前提」，いわゆるゴーイング・コンサーン問題への対応についてですが，これは2002（平成14）年の改訂段階で，初めて日本の監査基準に導入されたということで，マスコミ等を含め，一般にも非常に大きなインパクトをもって受け止められた規定であったのではないかと思います。

【八田】 いま思い起こしても，2002（平成14）年の改訂のときに，マスコミ関係者，あるいは，必ずしも監査に十分精通していなかった方々がもっとも関心を抱いた部分というのが，このゴーイング・コンサーン問題に関する点であったと思います。わが国の場合は，バブル経済の崩壊によって長い間大型の企業倒産が止むことがなかったということがあり，企業の将来の存続可能性に関しての情報がやはり重要な関心をもって受け止められたということだと思います。

　ただ，当時もそしていまも，一部メディアなどにあってはいわゆるゴーイング・コンサーン問題の監査が倒産予測情報の開示の監査である，というように理解ないし誤解している方がいるということです。

　そうではなくて，これは本来，財務諸表の作成責任者である経営者が，継続企業を前提として財務諸表を作成することに対して，重大な疑義が認められる場合に，それを払拭ないしは克服できるような環境があるのか，それともないのかということを，経営者の視点で確認をし，必要な情報を開示してもらうということです。そして，その開示の適正性を監査人が監査をするということであって，当該企業の倒産予測情報を事前に開示するという問題とは異質な，次元の異なるものなのです。

本規定が導入されたことで，一応，監査人の役割も広く知れ渡ることになりましたし，その後，かなり多くの企業において，ゴーイング・コンサーン情報の開示に対しての監査結果の報告がなされています。おそらく，監査情報の利用者からも，まあまあ好意的な受け取られ方をされたのではないでしょうか。

【町田】 しかし，一方で，ゴーイング・コンサーン問題の規定は，非常に大きな責任を監査人の側に要求するということで，監査の実務の側からは，このような規定に対応できるほどの責任を自分たちは担うことができるのか，というような疑問が絶えず提起されているように思います。あるいは，非常に経営が危ないような企業については，あらかじめ監査契約を解除するような方向での交渉が進むといった，負の影響も見られているようです。それらの点についてはどう考えたらいいのでしょう。

【八田】 少なくとも，従来に比べて監査人を取り巻く環境は非常に厳しくなり，その責任の高まりは明らかなわけです。そして，ゴーイング・コンサーン情報の開示の監査とはいっても，結果的には将来に向けての予測，あるいは判断というのが強く要求されている場面があるわけですから，占い師でもなければ預言者でもない監査人が，その情報に関わるというのは，確かに悩ましい問題であると思います。

　ただ，幸いにも，ゴーイング・コンサーン情報の開示については，監査人の側に対しても責任を限定することのできる状況はあります。つまり，年度決算の場合には決算終了後，向こう１年，そして，わが国の場合は半年で中間決算がありますが，この中間監査の段階でも，下半期，半年分についての予測が求められるわけですから，実質的には決算終了後，監査報告書が出るまでに，半年以内の向こう数ヵ月部分の継続企業の前提がある程度確認できれば，この開示情報の監査に関わってもとくに責任が問われることはないだろうということがあって，若干の安心感はあると思います。

　その後，2009（平成21）年の監査基準の改訂によって，後述しますが，H14監査基準の下での実務における形式的な対応の問題点が改善されることとなり，H14監査基準によって導入されたゴーイング・コンサーン規定はようやく完成形となったともいえると思います。

リスク・アプローチの徹底

【町田】次に「リスク・アプローチの徹底」ですが，これは，その後のH17監査基準の中心課題でもあったわけです。

そもそも日本の監査基準にリスク・アプローチの考え方が導入されたのは，1991（平成3）年の監査基準の改訂の折でした。その際，1980年代後半にアメリカの監査基準書（SAS）に導入されたリスク・アプローチの考え方が一部導入されたのですが，監査基準においても，さらには，その後の日本公認会計士協会が公表する実務指針においても，その考え方が十分に反映されていなかったといわれています。そこで，H14監査基準では，リスク・アプローチに用いる，固有リスク，統制リスクおよび発見リスク，ならびに，監査リスクといったリスクの概念の定義，さらには，それらを利用してどのようにリスク評価を行うのか，あるいは，重要性の判断と監査リスクの関係はどのようになっているのか，という点について，前文において詳細に規定されたということだと思います。

このように，2002（平成14）年の改訂時には，リスク・アプローチが徹底して導入されたということですが，それは監査基準あるいは監査実務にとって，どのような意義があったと考えられるのでしょうか。

【八田】1991（平成3）年のときに，初めてリスク・アプローチという考え方が導入されたといわれましたが，当時はまだ「監査リスク」という言葉ではなく，「監査上の危険性」という言葉で説明していました。加えて，1991（平成3）年のときには，バブル経済期に当たる当時の経済環境において企業の経営破綻等が比較的少なかったという事情や，それと関連して監査に対する社会からの期待がいまほどのレベルには達していなかったという点から見ても，監査人が危機感をもつような状況ではなかったと思います。

ところが，2002（平成14）年の改訂時においては，企業環境も，監査人を取り巻く環境も一変しました。監査人は，時間や人といった監査資源に制約がある中で，監査リスクのあるところにそれらを集中的に投入して監査を実施する必要が生じてきたわけです。したがって，2002（平成14）年には，国際的な動

向も取り入れながら，リスク・アプローチという考え方の導入が図られたものと理解しています。

【町田】H14監査基準の前文では，比較的多くの分量を割いて，リスク・アプローチの説明がなされ，監査リスクをはじめ各リスクの定義や，発見リスクの水準がどのように設定されるのかということが明示されました。思い返してみますと，そのようなリスク・アプローチの考え方に対しては，当初から，監査人はもともとそのようなことはやってきたのだ，という声がありました。また，リスク・アプローチというのは，監査リスクに関する定式に基づいて決定した発見リスクを正当化する，言い換えれば，監査人が所定の方法に基づいてこれだけのことをやったのだということを正当化するためのツールに過ぎない，という批判もありました。

その後，H17監査基準の改訂において，リスク・アプローチの見直しが図られたのは，リスク・アプローチの本質，あるいは，リスク・アプローチが本来目的としているところに立ち返って，リスクが高い部分に焦点を当てた監査が実施されるべく，監査基準の改訂が行われたということですね。

【八田】そのとおりですね。

私も，この「リスク・アプローチ」という考え方が1991（平成3）年に示されたときに，海外の文献，あるいは，実際に説明されているものを見る限り，あたかも監査リスクに関する算式の結果，監査上の意見表明を誤らしめる確率，監査リスクをある一定水準以下に下げるということに重きを置いていることから，結果的に監査人の責任回避のための，あるいは，責任を履行したことを立証するための方便として，この考え方が導入されたのではないかということを，強く思っていたわけです。

2005（平成17）年の改訂では，リスク・アプローチの本来のあり方に立ち返って，より深度のある十分な質の高い監査を履行したことを担保するための考え方として，このリスク・アプローチに関する改訂が行われたのではないか，と思います。したがって，このH17監査基準の改訂では，リスク・アプローチの位置づけに，若干の転換が図られたのではないか，という気がしています。

> **column** アメリカにおける監査基準の設定主体

　20世紀までのアメリカにおいては，従来監査基準の設定は，会計プロフェッションたるアメリカ公認会計士協会（American Institute of Certified Public Accountants: AICPA）が一貫して担ってきていた。監査基準は監査の一般原則を10の基準として掲げ会員総会で決議したものであり，実質的な監査実務の規範は，その解釈指針である監査基準書として設定・公表されてきた。まず，1939年に設置された監査手続委員会（Committee on Auditing Procedure: CAP）がその役割を担い，その後，1972年には，監査基準常務委員会（Auditing Standards Executive Committee: AudSEC），1978年からは，監査基準審議会（Auditing Standards Board: ASB）によってその役割が引き継がれた。

　1972年にAudSECが設置された際に，それまでにCAPが公表してきた54におよぶ監査手続書（Statements on Auditing Procedure: SAP）をまとめて，「監査基準書」（Statements on Auditing Standards: SAS）第1号「監査基準および監査手続の成文化」（Codification of Auditing Standards and Procedures）が公表された。その後，ASBによって，第2号以降のSASの公表が続けられた。

　しかし，現在は，2002年7月30日制定の企業改革法の下に創設された公開会社会計監視委員会（Public Company Accounting Oversight Board: PCAOB）が，正式に監査基準の設定権限を有することとなり，現在（2013年3月）までに16号までの公開会社向けの監査基準を公表している。そのため，AICPAのもとで設定されてきた監査基準および監査基準書は，公開会社については，PCAOBによってそれに代わる監査基準等が公表されるまでの間の暫定基準として効力を有するとともに，非公開会社向けの監査の基準としての性格を有するものとされている。

新たな会計基準への対応

【町田】 4番目としては，「新たな会計基準への対応」ということですが，これは，1990年代半ば以降，さまざまな会計基準が改訂または新設されたことを受けてのものと思います。

　とくに，近時の会計基準では，見積りに基づく要素がかなり重要になってきているため，監査人の側でも，経営者の行った見積りについて，監査人自身の見積りや実績との比較などを含めた監査手続を実施して，その合理性を判断す

ることが要求されることとなったわけです。

このことは，監査人は，適正意見を表明するに当たっては，単に会計基準に準拠しているかどうかだけではなく，その選択や適用方法が会計事象や取引の実態を適切に反映するものであるかどうかを判断しなければならないという，いわゆる「実質的判断」の要請とも通じるものかと思います。

このような規定は，やはり，先ほどうかがったゴーイング・コンサーンの問題と同様に，会計士の責任をより重くする規定であった，と解することができると思いますが。

【八田】まったくそのとおりで，この改訂の4つ目のポイントとして，「新たな会計基準への対応」を図るという視点から，監査人にもさまざまな要求がなされたわけです。

そもそも，わが国の20世紀末に始まった「会計ビッグバン」と呼ばれるような，いくつかの新しい会計基準の矢継ぎ早の策定の内容を見る限り，その多くの部分で，将来の予測あるいは見積りという要素が多分に入ってきたということから，旧来にも増して，ますます会計情報に経営者の主観的要因が介在するようになったというわけです。

したがって，そのまま放置すると，会計情報の信頼性が従来にも増して低下してしまうのではないかということもあって，それを第三者の立場で担保するという考え方が出たわけです。したがって，それは，単に「一般に認められた企業会計の基準」との形式的な整合性だけでもって担保するのではなく，本来，その会計基準の適用に際して，経営者がどういう視点でその会計基準を採用し，あるいは継続適用しているかということの実態にまで立ち入って判断しておかないと，やはり正しい情報開示にはならないとの観点の下での判断が求められるようになったということです。

よくいわれるように，会計情報は企業の経済的実態を明らかにするものであるということです。そうなってくると，企業が置かれている環境が日々刻々と変わるわけですから，同じ会計基準を継続的に適用しているというだけで，正しいというのはいかがなものかという問題提起もあり，まさに監査人に対して実質的な判断というものを要請したということではないでしょうか。これはゴ

ーイング・コンサーン問題に対する取組みと同じように，監査人にとっては非常に荷の重い役割が課せられたものと理解することができます。

【町田】実質的判断という場合に，さらに問題なのは，会計基準が未整備な領域，あるいは，会計基準が必ずしも会計行為を画一的に規定していない領域については，監査人が実質的に判断をして，会計の処理，あるいは，開示が実態に合っているかどうかを判断することが求められている点だと思います。

監査においては，監査人が監査報告書によって財務諸表に付与する保証というのは，言い換えれば監査人の確信のようなものなわけです。したがって，たとえば，会計基準で処理を1つ決めている場合の保証レベルと比べたときに，会計基準において必ずしも会計処理あるいは開示を限定していない領域に対する保証レベルというものは，相対的に低くなるものと考えられるわけですが，実質的判断の規定では，あくまでも会計基準等の未整備な部分は，監査人が自らの責任において，調べ，補って，会計基準が整備されている場合と同様の高いレベルの保証を提供せよ，ということになります。

そのような意味で，会計士の責任，あるいは会計情報に対する保証というのは，非常に高いレベルを要求されるということになったと思うのですが。

【八田】基本的に，監査というのは同じ品質を保たなければなりません。したがって，信頼性の水準ないし，保証の水準を一定に保つという観点から，会計サイドにおいて，ややもすると財務諸表利用者の利便性を損ねてしまうような会計基準等の未整備な状況については，客観的かつ独立的な立場から専門的判断を行い得る監査人が介在することで，会計基準が整備されている状況と同様の信頼性の水準ないし保証の水準を担保することが，求められているのでしょうね。

【町田】ところで，「新たな会計基準への対応」という観点では，たとえば，退職給付計算における年金数理士（アクチュアリー）の利用のように，専門家の利用ということが，非常に重要なポイントとして挙げられるかと思います。

この問題は，H17改訂における品質管理基準の問題とも関係がありますが，専門家の利用の規定，あるいは内部監査の利用の規定が，明確に監査基準に盛り込まれたのも，2002（平成14）年の改訂の重要なポイントでしたね。

【八田】そうですね。

　これだけ複雑化し，多様化するような企業環境の中で，そして，国際的な広がりをもった経済取引が行われている中で，旧来のように，会計専門家である公認会計士が，すべての状況を掌握して財務情報の信頼性を保証するのは，もう限界に近いであろうと思われます。それならば，信頼できる専門的知識をもったしかるべき立場の方々の援助を受けながら，ただ，その場合にあっても，最終的な責任は監査人である公認会計士が担うという建前のもとに，どこまで彼らの専門的業務の援助を受けることができるか，ということを判断しながら，密な連携プレーをとっていくことは不可欠であると思います。ましてや，品質管理基準に明記された「専門的な見解の問合せ」の規定も踏まえて，これからは，おそらく法の専門家，あるいはITの専門家などの利用といったことも視野に入ってくるのではないかと思っています。

監査報告の充実

【町田】第5点目の「監査報告の充実」ですが，これは大きく分けて，3つの点で捉えられるのではないかと思います。

　第1に，監査報告の記載内容に関して，いわゆる期待ギャップを解消するべく，内容の充実が図られたこと。

　第2に，監査意見に関して，いわゆる個別意見を止めて総合意見に一本化し，また，用語についても，意見差控という表現がなくなり，除外事項という概念で意見表明に関する限定事項が整理されたということ。

　第3に，それまでの「特記事項」の記載区分が廃止され，新たに設けられた「追記情報」という記載区分においては，記載内容が限定的なものに整理されたこと。

　以上3点があるかと思いますが，これらの点それぞれについてはいかがでしょうか。

【八田】監査報告について重要なのは，第1番目の「期待ギャップ」を解消する，ということであったかと思います。

つまり，監査関係者が監査に対して寄せている期待，あるいは監査報告書から読み取るであろう情報メッセージと，監査人側が発している情報内容とに齟齬をきたしているということについての対応を図るということでした。つまり，財務諸表の作成責任はまずもって経営者にあって，その経営者が作成した財務諸表が適正であるかどうかに関しての意見表明を行うことが監査人の役割であるということを明示的に示すとともに，最終的に情報価値を高めるために，監査人ならではの発信ができるような情報がもしあるならば，意見とは別枠で追加的に情報を発信することが，読者から求められているという観点で，追記情報が置かれたということだと思います。

　これに倣い，具体的な監査報告書の記載文面も，たとえば，公認会計士法などの改正等も受けながら，若干，署名欄の記載方法，あるいは宛先の記載方法などの改正もあったようですから，確かに，旧来にも増して現時点における監査報告書は，だいぶスッキリしたといいますか，明確なメッセージとして伝わるような記載方法になったのではないかという気がします。

　ただ，この監査報告書の記載文面につきましては，その後の2010（平成22）年の監査基準の改訂において，国際対応を図るとの観点から，再度見直しがされることになりましたので，それについてはH22監査基準改訂の箇所で再度検討しましょう。

監査基準の体系の問題

【町田】 以上の点が，2002（平成14）年の監査基準改訂時における主な改訂点ということでした。これらは，内容に関する改訂点だったわけですが，そのほかに，H14監査基準では，形式的な面で，つまり監査基準の構成に関して，大きな改訂がありました。

　H14監査基準では，従来あった「監査実施準則」および「監査報告準則」というものが廃止され，監査基準のみとなりました。一方，監査基準では，新たに目的基準が置かれたほか，実施基準および報告基準のそれぞれに基本原則が置かれ，個別・具体的な実務上の指針については，明確に，日本公認会計士協

会が公表する委員会報告書等に任せるということになったわけです。

さらには，監査基準の前文は，従来にない膨大なものとなって，監査に関する諸概念や考え方を説明する，いわば概念フレームワークのような性格をもつものとして公表されています。

このような形式上の変更というのは，どのような背景があって行われたものと理解すればよいのでしょうか。

【八田】確かに，H14監査基準を見て一番はっきり受け取れるのは，体系が変わったということです。旧来あった「準則」というのが全面廃止になり，「一般基準」，「実施基準」および「報告基準」という3本柱での監査基準に，もう1つ，その前に「目的基準」というものが加わりました。

「準則」というものがなくなった理由は，日本公認会計士協会の監査基準委員会報告書等にその役割を委ねるということであったわけですが，そのことは，すでに1991（平成3）年改訂のときから始まっていました。

つまり，まず，監査の専門性や経済社会の変革に伴う適時のアップデートの必要性を考えると，いわゆる官のレベルである金融庁の企業会計審議会が，各関係の代表者が集まった有識者会議でもって，実務上の指針，あるいはガイドラインに近いようなものまで策定していくのは，なかなか無理があるということ。

一方，1991（平成3）年当時，日本においても，すでに半世紀近い歴史をもった公認会計士制度があり，同時に，日本公認会計士協会を中核として，会計プロフェッションが自主規制機関として，十分な監査能力を蓄えてきていたということ。それらを踏まえて，日本公認会計士協会において，必要な基準を設定するような部署があるならば，そこで実務上の指針を継続的に策定することが望ましいのではないかという提言がなされたわけです。

実際に，それを踏まえて，1992（平成4）年には日本公認会計士協会のなかの常設機関として，監査基準委員会が設定され，そこで監査上の重要項目に論点を絞って，順次，1号，2号，3号といった号数を付した形で，監査基準委員会報告書を策定してきていましたが，2011（平成23）年12月に，新起草方針に基づき，これまでのものをすべて体系化した形でまとめて公表しています。

いずれにしても，H14監査基準では，1991（平成3）年以来の実績を全面的に受け入れて，「準則」を完全に廃止したということです。

　また，H14監査基準では，ご指摘のように，「監査基準の改訂について」と題する前文での記載が，非常に膨大になっている点は特筆すべきことだと思います。

　この前文というものについては，監査基準の本体ではないため，規範性という観点から見るならば，必ずしも明確な位置づけはわかりませんが，この後に続く基準と整合性のあるものとして，基準と一体となって理解されることが必要です。したがって，少なくとも，基準だけでなくこの前文に書かれている内容を受け入れながら，実践に移していくことが求められるわけです。この点も旧来の監査基準改訂時，あるいはこれまでの監査基準の体系とは，大きく異なっているといえるでしょうね。

【町田】H14監査基準の「前文」が，いわゆる監査基準と一体となって，規範性をもつ概念フレームワークのような役割を果たしているとしますと，H17監査基準では，H14監査基準の前文はまだ生きているという形で，その規範性を認めているわけですから，どこかの段階で改めて監査の概念等を整理した形での前文なり，あるいは概念フレームワークというものが必要になるということでしょうか。

【八田】そうでしょうね。

　今後，監査人を取り巻く規制環境はさらに強化されてくるであろうと考えたときに，H14監査基準以降の複数回にわたる改訂は，いずれも部分的な改訂に留まっています。今後は，もう少し全体を包括するような監査基準というもの，いわゆる「一般に公正妥当と認められる監査の基準」の中核となる，この監査基準全般についての枠組みというものを，もう1回仕切りなおしをして説明する時期が訪れることは十分に考えられると思います。

> **column** 監査基準委員会報告書

わが国においては，戦後の監査基準の設定以来，今日までの長きにわたって企業会計審議会が唯一の監査基準設定主体として機能してきた。しかしながら，1991（平成3）年の監査基準および準則の改訂時に，その前文において，「特に，今回の改訂では監査実施準則についての純化が大幅に行われたことに鑑み，今後，日本公認会計士協会が，自主規制機関として公正な監査慣行を踏まえ，会員に対し遵守すべき具体的な指針を示す役割を担うことが一層期待されるので，その組織の整備，拡充等適切な諸施策を講じていく必要がある」として，監査実務にかかる具体的な指針の策定については，日本公認会計士協会（JICPA）に委ねられることとなった。これを受けて，JICPAは，1992（平成4）年7月に会則を変更して「監査基準委員会」を設置し，監査基準委員会報告書を公表してきた。

しかし，2011（平成23）年12月に，新起草方針の下，国際監査基準（ISA）との整合性を念頭に3桁のコード番号を付した体系に大改正されることになった。

監査基準委員会の任務は，会則によれば，「公正な監査慣行を踏まえて監査の実務規範を検討作成すること」であり，ここにいう「公正な監査慣行」の中核には，現行の監査基準が位置づけられることから，監査基準が改訂ないし新設される際には，かかる基準の内容を踏まえて，適宜，監査基準委員会報告書の改正および新設が行われていくものと思われる。

3. 平成17年改訂の概要

改訂の経緯

【町田】次に2005（平成17）年の監査基準（以下，H17監査基準と略す）の改訂内容の概要を見ておきたいと思います。

　そもそも，H14監査基準のリスク・アプローチでの対応に関しては，3つの問題点があったとされています。

　H17監査基準の前文にも書かれていることですが，第1には，現代の企業の不正問題に対処するに当たっては，経営者不正やその背景となる企業が置かれた状況により注目しなくてはならないという点です。そのためには，企業の事業や企業を取り巻く環境により目を向ける，いわばマクロ的な視点で企業を評価していくためにリスク・アプローチを適用していく，という観点があったということです。これは，さまざまな経営破綻さらには粉飾決算が明らかとなった状況を受けて取り上げられた課題であったと思います。

　第2は，従来より議論されているリスク・アプローチが，監査リスクの定式に見られるように，ともすると非常に狭い視野で財務諸表項目に対する監査の資源の配分問題に集中化する傾向があったということに対する反省です。より広い観点で財務諸表全体を見る，あるいは，財務諸表全体や財務諸表項目に関する監査の実施プロセスのなかで，監査人が気づいた重要な点については，別途，特別な手続を適用するといった監査手法の必要性があるのではないか，と考えられたわけです。

　第3は，この監査リスクの定式のなかで，固有リスクと統制リスクということが，あたかも別々に存在するかのように規定されていましたが，実務上，必ずしもそれらを別々に評価することができない場合もある，と。そのような意

味で，固有リスクと統制リスクを一体に評価することを可能にするような概念規定が必要ではないかといわれていた点です。

　以上3点が，リスク・アプローチに対する改訂の必要性として挙げられてきたわけですが，これらの点については，どう考えればいいでしょうか。

【八田】これは「リスク・アプローチ」というよりも，それ以前の現代企業の置かれている実態に目を向けた監査が指向されなくてはならないということではないかと思っています。そもそも，高度化し，多様化し，複雑化する企業環境というものを念頭に，そこで執り行われた活動の結果が財務数値として開示されてくる。その財務情報の信頼性の当否について監査をするという場合に，机上の議論で実態を表す財務諸表数値の信頼性を吟味するというのは，もともと無理であるということもあり，まずもってその企業が置かれている環境要因，つまり外部的な視点，さらには内部的な視点をまず見極めなければ，正しい判断も行えないだろうということ。

　さらに，いま説明があったように，監査人の判断として，財務諸表項目の個々の勘定科目や取引に目を向けることも重要ではありますが，もう少し，「木を見て森を見ず」といわれないように，全体を鳥瞰できるように，財務諸表の個々の項目だけではなく，経営者が責任を有する財務諸表の重要な部分に影響を与えるような内容，事業上のリスクを十分に考慮することで初めて，信頼し得る財務諸表監査ができるであろうということ。

　さらには，従前示されていたリスク・アプローチの代表的なリスク定式，この中で示されている個別のリスクの関係というものを，もう少し複合的に捉える必要があるだろうということを示したということで，私は，これは何もリスク・アプローチという言葉で説明するのではなく，いわゆる現代監査における取組みの基本姿勢を示したというように理解しているわけです。

　その意味で，旧来のように，単に監査人の責任に根ざした責任限定的な理解をもったリスク・アプローチという考え方ではなく，本当に現時点における現代監査が果たすべき役割を達成するためには，このような基本的理念といいますか，考え方が必要だろうということを示したものと思います。

　そうした視点ないし考え方を示したということでは，非常に大きな意味をも

っているというように評価しています。

主な改訂点とその考え方

【町田】H17監査基準の前文に「現実の企業における日常的な取引や会計記録は，多くがシステム化され，ルーティン化されてきており，財務諸表の重要な虚偽の表示は，経営者レベルでの不正や，事業経営の状況を糊塗することを目的とした会計方針の適用等に関する経営者の関与等から生ずる可能性が相対的に高くなってきている」と書かれています。

　これは，先ほどのお話にもありました，いわゆる不正の問題が，従来は「不正」と「誤謬」と規定され，監査人がその両方に対応することが求められていたのに対して，今後は，不正な財務報告問題，つまり経営者不正の問題に焦点が当てられるようになってきたという考え方が，背景にあるというように考えられると思いますが。

【八田】まったくそのとおりですね。

　少なくとも21世紀に入って，会計，とりわけ監査をめぐる環境の中で，社会問題化した事案のほとんどすべては，企業不正であれ，企業不祥事であれ，経営トップが何らかの関わりをもっている。あるいは，直接的に関与しているということが事実として示されていますので，そういった状況を前提に，財務諸表の信頼性を担保する監査人ならば，やはり経営者との関係で，もう少し上位の概念で監査というものを遂行しなければならないだろうということが，強く認識されているわけで，その考え方がH17監査基準のなかに示されているのではないでしょうか。

【町田】H17監査基準で導入されたリスク・モデルでは，大きく分けて2つのレベルでリスク評価，リスク・アプローチを適用するといわれています。1つは財務諸表全体，もう1つは従来型の財務諸表項目等の評価ということです。

　財務諸表全体レベルの評価に関しては，重要な虚偽表示のリスクが認められた場合には，そのリスクの程度に応じて補助者の増員，専門家の配置，適切な監査時間の確保などが図られるということで，そのような全般的な対応が監査

計画に反映されるということですが，これは，いわゆる経営者レベルでの不正に対応しようという観点からは，当然，必要とされる対応と考えられるわけですね。

【八田】そうですね。

まずもって個々の項目の監査を行うことも当然必要ですが，財務諸表全体のレベルにおいて重要な虚偽表示のリスクというものがあるのか，ないのか。こういった視点で対応しなければいけないということが，強く指摘されているわけですから，いまご指摘のように，このリスク・アプローチは，2つのレベルでの評価が前提になっているというように理解していいと思います。

【町田】さらにH17監査基準では，「重要な虚偽表示のリスク」という概念が導入されました。

これは，固有リスクと統制リスクが複合的な状態で存在することが多いということから，両者を一体のものとして1つの概念で規定したというわけですが，この「重要な虚偽表示のリスク」という概念を新設したことについては，いかがでしょうか。

【八田】まず，「重要な虚偽表示のリスク」ということですが，これが最終的に，監査人としてはもっとも関心を払わなければならないリスクだということがいえると思います。

そこで，旧来，リスク・アプローチという考え方を明示的に示すために，いわゆる，監査リスクを構成するリスクということから，「固有リスク」，「統制リスク」および「発見リスク」の3つに分別したリスク概念を提示し，いうならば，それの掛け算式でもって監査リスクが示されるのだという理解をしていたわけです。

ところが，固有リスクと呼ばれるものと統制リスクというものは，監査人から見るならば所与のもの，つまり，企業側の問題であって，監査人がそのリスクを上げたり下げたりするという性格のものではないということです。

したがって，監査人としては，固有リスクおよび統制リスクの状況を前提に，いかにして最終的に発見リスクの水準を決定すべきか。願わくば，監査人としては固有リスク，あるいは統制リスクをできるだけ低くしてもらえるならば，

最終的な発見リスクの水準に関しては、かなり高い、ないしは寛大な水準を用意することもできるであろうということです。

　そうなってくると、固有リスクと統制リスクというのは、頭の中では個別に捉えることができるけれども、実際の現場では、複合的な状態で見て取ることが必要であろうということから、固有リスク、統制リスクというものを合体させるような考え方として、この「重要な虚偽表示のリスク」という、新たな考え方を示したということでしょうね。

【町田】「重要な虚偽表示のリスク」という概念は、確かに固有リスクと統制リスクとを結合したという概念ではありますが、同時に、今回、財務諸表全体レベルにおいても、重要な虚偽表示のリスクを評価することが求められています。従来、財務諸表全体あるいは企業全体に関する虚偽表示の問題については、従来の監査リスクの定式でいうと、固有リスクに含まれるものとして固有リスクの評価のなかで評価されるといわれていたわけですが、それでは財務諸表項目の1つ1つを評価する段階で必ずしも十分な評価が行えていないのではないか、と。そこで、H17監査基準の監査リスク・モデルでは、まず評価のスタートとして、企業および企業環境について、内部統制を含めて、事業上のリスク等が財務諸表に及ぼす影響を評価し、その上で、単に財務諸表項目レベルでの固有リスクの評価に委ねないで、財務諸表全体レベルとしても「重要な虚偽表示のリスク」を評価するということが求められたということかと思うのですが。

【八田】基本的にはそういう考え方でしょうね。

　ただ、おそらく実際の現場で、あるいは、リスク・アプローチというものをもう少し実感として捉えるという、会計士側から見た場合には、やはり従来どおり、固有リスクという考え方と統制リスクという考え方は、それぞれ独立して意識しておくことも、あながち無駄ではないという気はしています。

　つまり、これが合体して結合したものとして「重要な虚偽表示のリスク」という観点でそれを評価した上で、最終的に監査人が直接関わる発見リスクの水準を決定するということです。

　しかし、基本的には、現場サイドでの議論であると一般にも説明されているように、実際に現場では、もう少し詳細なリスク分析をして議論しているわけ

ですから，あまり現場を離れた基準レベルでこのあたりのことを詳細に議論することは，無理ではないかという気がしています。

【町田】次に，財務諸表項目レベルの評価ですが，財務諸表項目レベルでは内部統制の整備状況に関して調査を行って，重要な虚偽表示のリスクを暫定的に評価し，その後，そのリスク評価の結果に対応した監査手続として，内部統制の有効性を評価する，いわゆる運用テストにかかる手続と，監査要点の直接的な立証を行う実証手続を実施する，という規定になっています。

これは，従来の監査基準では，内部統制の評価を行う統制評価手続と，その後の実証手続という区分であったものを若干修正しているところかと思いますが，この修正については，どのような意味があるのでしょうか。

【八田】リスク・アプローチで問題なのは，財務諸表項目のレベルであれ，1回だけでリスクの評価ができるわけではなくて，どういう内部統制状況にあるかということの調査を行い，そして，いま示されたように，重要な虚偽表示のリスクを暫定的に評価し，しかる後，そのリスク評価に応じた監査手続を実施していく。

その段階で再び，当初考えていなかったようなリスクが見えるならば，もう一度元に戻って，反復的に評価手続が行われているわけですから，その意味で，おそらくこの基準が目指している内容というのは，そのような監査業務を行っていく全過程において，常にリスクというものの評価があるのだということを，指摘しようとしているものと捉えています。

【町田】さらに，H14監査基準以降は，監査基準自体の枠組みを大きく変えていませんので，あまり明示的に示されてはいませんが，H17監査基準の監査リスク・モデルでは，監査計画が連続的かつ反復的に修正されて，最終的にリスクの値が確定するのは，監査の実施過程が終わった段階であるという考えが示されているわけですね。

【八田】昔からある1つの議論として，内部統制の有効性の評価結果というのは，いつの段階で確定するのかということがあります。それは，財務諸表監査が終了した時点で，結果的にその信頼性の水準が決まってくるのだという理解とまったく同様であって，時間を区切って，ある特定の時点において，たとえば，

内部統制の有効性の状況や，重要な虚偽表示リスクの水準がわかるというものではなく，常に動いている。そして，時間がきて監査が完了するときに，結果としてそのような水準にあるということが示されるというわけですから，それは整合性をもった理論・理解として，われわれは受け入れることができるのではないでしょうか。

【町田】財務諸表項目レベルの評価に関しては，H17監査基準で，いわゆる監査要点のところの規定が修正されています。前文によれば，「経営者の提示する財務諸表項目は経営者が責任の主体であるのに対し，監査要点は監査人が設定した立証すべき目標であることを明示することにより，両者の関係を明確にすることとした」と書かれています。

少し説明しますと，このことの意味としては，1つには，2004（平成16）年11月に公表された保証業務に関する意見書で，「経営者が提示する財務諸表項目」という表現ないし概念規定が置かれた，ということが背景にあると思います。それとの一貫性から用語の整理が図られたということです。

もう1点は，実務上，経営者の提示する財務諸表項目について，いわゆるアサーションという言葉が使われていて，「アサーション」と「監査要点」という言葉が混同して用いられている場面が，非常に多いのではないかということであったかと思います。

従来，日本の監査の領域では，「監査要点」という言葉が——これは国際的に対応する英語はありませんが——用いられてきました。実際に，「監査要点」という言葉を用いている監査人の方も多いということから，監査要点ということと，経営者が提示するアサーションということを峻別するということが，背景にあったのではないかと思います。

この点について，小さな修正と受け取られる向きもあるかと思いますが，いま一度，監査の概念として，きちんと整理しておく必要があるように思うのですが。

【八田】まず，財務諸表というのは経営者の主張なわけです。その主張は，項目別にいうならば，財務諸表に表示されている各項目の主張すべき内容，たとえば，資産であるならば実在しているもの，負債であるならば網羅性，あるい

は，損益項目であるならば取引記録が信頼し得るものであること。こういうことを主張していて，それを通例「アサーション」と会計上は呼ぶわけです。このことを監査基準では，「実在性，網羅性，権利と義務の帰属，評価の妥当性，期間配分の適切性および表示の妥当性等」という形で例示列挙しています。

ところが監査人は，本当にその主張が正しいかということを監査上の狙いどころとして捉えて，監査証拠を入手する形でそれを立証していきます。監査人が見たときに，それを「監査要点」という形でわれわれは理解してきました。したがって，監査人から見たときのアサーションは監査要点になります。

そこで，どうも日本語的な発想と英語で用いられている用語との間に若干齟齬があるということで，かなり混乱があったのは事実です。したがって，用語上の整理を図ったということがあるのではないでしょうか。

もう1つは，監査人の最終目標である財務諸表の適正性に関する結論を得るためには，その監査人が検証していかなければならないチェックポイント，いわゆる監査の狙いどころ，あるいは監査目標といってもいいですが，これを監査要点と捉えるならば，それをいかに立証していくかということが重要な問題ですから，その点をいま一度明確にしようとしたのではないでしょうか。

4．平成21年改訂の概要

改訂の背景

【町田】2009（平成21）年4月，企業会計審議会より「監査基準の改訂について（意見書）」（以下，H21監査基準と略す）が公表され，継続企業の前提の規定（いわゆるゴーイング・コンサーン規定；以下GC規定）が改訂されました。意見書によれば，改訂の背景として，2つの点が挙げられています。1点目は，GC監査が当初の意図とは異なって行われていることへの対応を図り，有用な情報の提供を行うこと，2点目は，国際監査基準（ISA）と整合性のあるGC規定とすることです。

後者については，ISAのいわゆる明瞭性（クラリティ）プロジェクトが2009（平成21）年3月に完了したことから，それと日本のGC規定との整合を図る旨が説明されています。一方，1つ目の点については審議の過程でも説明がありましたが，3月決算会社に関して，2008（平成20）年12月期の第3四半期に関する四半期レビューでは172件ものGCにかかる追記情報の記載が行われたこと。その背景には，一定の事象や状況が存在すれば直ちに継続企業の前提に関する注記の記載を要することが制度上の規定とされている。その点を改めることが基準改訂の目的であると説明されていますが，そのような理解でよいのでしょうか。

【八田】審議会でもそのような説明がなされ，基本的な理解が得られたと思います。しかし，そのほかにも留意すべき問題があると思います。国際対応については，会計基準自体が国際会計基準（IFRS）を採用する流れになってきていますから，いわばコインの裏表の関係にある監査基準もISAへの統一化に向かいつつあります。わが国の場合，これまでの監査基準の改訂は，ISAを踏ま

えながらなされてきています。監査基準に準じて作成されている監査実務指針，つまり日本公認会計士協会の監査基準委員会報告書に至ってはほぼ全面的に，ISAに対応しており，必ずしも遅れをとっていません。したがって，これまでの規定がきちんと運用されていれば，拙速に過ぎるような見直しは必要ありませんでした。

　しかし，実務面の議論では，監査人側の対応が極めて保守的であるとの指摘があります。残念ながら，監査人を取り巻く環境はかなり不安定であり，たとえば監査報告書の公表後，企業破綻が生じた場合，「どのような監査をしていたのか」と責任を追求される可能性があります。監査人としては，リスクをとりたくない場合，対応は保守的になりますから，「とりあえず追記しておく方がいいだろう」となる。先ほどのデータのように，172件もGC注記が見られたのは，企業側の主体的な対応かもしれませんが，当然ながら監査人等の指摘も受けていると思います。いずれにせよ，監査人が保守的にならざるを得ないほど厳しい環境にあったことも事実です。

　さらに，財務諸表を正しい情報として読み取ってもらうための前提の1つに過ぎないGC注記を，メディアは倒産予知情報などと報道し，あたかも企業の存続が危うい状況であるとの誤った捉え方をしています。そのため，実際の趣旨とは異なった理解が広まっており，これを軌道修正しなければいけない。ましてや，日本は予測もしなかったような経済危機に見舞われ，とくに製造業や金融業は，想定外の経営難に置かれた時期もありました。そうした状況下で，これまでと同じように監査人が機械的な対応をすれば，4,000社弱の上場会社の1割あるいは2割にGC注記がつく可能性さえもあります。そんなことになりますと，「日本の経済はどうなっているのか」と，日本経済自体にGCの疑義が提起されるといった事態も招じかねません。やはりここは冷静になって，ならばそのために用意すべき基準も変えましょう，といった流れがあったと思います。

【町田】聞くところによりますと，GCの注記があると，銀行から新規の貸出を拒否されたり，親会社等の保証を求められたりすることがあるそうです。また，アメリカの資本市場に上場している大手電機メーカーでは，アメリカの監査で

はGCの注記がつかないのに，日本では，2009（平成21）年3月期決算においてGCの注記がつきかねないという事態もあったようです。

　しかしながら，そうしたGC問題への実務対応に問題があるというのであれば，先生が監査部会で主張しておられたように，過去に例のない短期間かつ異例の3月決算期末前後のタイミングで監査基準を改訂するよりも，保守的な対応を抑えるように緊急声明なり解釈指針なりを公表することも考えられたのではないでしょうか。

【八田】おっしゃるとおりです。「百年に一度」といわれている経済危機は，米国のサブプライム問題に端を発し，2008（平成20）年9月15日のリーマン・ショックが象徴とされ，そこから全世界に伝播していった。日本の場合，金融機関が抱える証券化商品のリスクはそれほど大きくないとの理解から，最初は実体経済にまで影響は及ばないとの楽観論がありました。ところが，サブプライム・ショックに見舞われた海外の多くは，経済が低迷したことによって購買力を失ってしまった。そのために，日本を代表する製造業，たとえば自動車や家電メーカーが軒並み，これまでの経済統計では考えられないような落ち込みを見せました。

　今回の経済危機で判明したのは，バブル崩壊後，日本の企業がもち直してきた最大の要因は，海外の需要，外需に頼って輸出産業が潤ってきたことにあると。ですからそうした状況下で決算期を迎えますと，日本を代表する企業でさえ，GCの注記がつかないとも限らない。これは由々しき問題であるとの判断から，対応策をとることにしたわけです。

　その際の対応として，私も審議会で紹介したのですが，たとえばアメリカでは2008年12月，PCAOB（公開会社会計監視委員会）が留意事項をいくつか公表し，そのなかでGC問題にも触れ，監査人に慎重な対応をとるよう要請しました。さらにIFACも2009年1月に，ほぼ同じような論調で注意喚起の文書を発したのです。

　私自身，こういった動きを目にしたとき，日本公認会計士協会がたとえば「会長声明」という形で会員に対し，現状に右往左往するのではなく，慎重に，そしてプロフェッションとして明確な監査判断をするよう指示すべきではないか

と協会関係者に申し上げたことがあります。しかし,調整が困難だったのか,結果としては,金融庁が監査基準の改訂で対応したわけです。

いまご指摘のように,即効性を要する制度の見直しの場合,フレームワークともいえる監査基準そのものに短時間で手を入れるのではなく,該当箇所の読み直しや,解釈指針あるいは留意事項,Q&Aのような形で,目前の実務に対して,よりインパクトのある,そして誤解を招かないような情報発信を行うことの方がいいのではないかと思います。誤解なきように申し上げますが,制度に関する議論というのは,その時代,その時点における関係当事者の合意形成によって行われるべきものです。H21監査基準の対応は,機動性という点からは高く評価していますが,手続面については他の方法があったのではないか。H21監査基準のような対応を前例にしてはいけないと思います。

【町田】一方で,日本におけるGC注記の規範の枠組みが,財務諸表等規則のガイドラインに見られるように,監査基準の規定を基礎とするものであって,監査基準を改訂しなくては,GC注記の規定も改められないともいわれています。

こうしたGC問題にかかる会計基準の未整備という状況も,影響しているのではないでしょうか。

【八田】そうですね。従来,日本はアメリカと同様に,監査基準でのみGC問題に対応してきたわけですが,アメリカでも国際基準に歩調を合わせる形で,現在,GC問題にかかる財務会計基準書の改正を進めていますので,今後は,日本においても,早晩,国際基準との関係という意味でも,会計基準上の対応が求められることになるでしょうね。

改訂監査基準の内容

【町田】H21監査基準の改訂内容は,大きく分けて,(1)GC事項の認識の方法,(2)GC問題への監査人の意見表明,(3)リスク情報の開示,という3つのポイントがあるように思われます。以下,順におうかがいしたいのですが,まず,GC事項の認識の方法についてです。2009(平成21)の改訂では,同時に,財務諸表等規則や同ガイドラインも改正されました。従来の認識の仕方と,H21

監査基準の一連の見直しによる新たな認識の仕方とでは、いかなる相違があるのでしょうか。

【八田】まず、H21監査基準の改訂前のH14監査基準は、「重要な疑義を抱かせる事象または状況が存在」すれば、継続企業の前提に関する注記事項が必要でした。たとえば、継続的な営業損失の発生、財務制限条項への抵触、債務の返済の困難性、が見られるときには注記がなされるといった具合です。そうしますと、とくに経済の低迷している現況であれば、かなり機械的に注記として認識せざるを得ない環境にあるということになります。

H21監査基準では、それにもう少しスクリーニングをかけて、すべてのケースを注記の対象として認識するのではなく、本当に重要な情報として絞り込んで発信すべきものを注記にすべきとしました。いま申し上げたように、「重要な疑義を生じさせるような事象または状況が存在する」だけではなくて、その事象または状況を解消・改善するための対応をしても、「なお継続企業の前提に関する重要な不確実性が認められるとき」に注記することとしたわけです。ここで新たな概念として、「重要な不確実性」という議論が出てきたと思います。

さらにそれだけではなく、決算日、すなわち貸借対照表日後も、継続企業の前提に関する「重要な不確実性」が存在し続ける場合に注記を必要としました。段階的に認識すると考えるのでしょうか、これにより、機械的な対応を回避できる環境になったと思います。

【町田】「重要な不確実性」というフィルタによって、財務諸表に注記されるGC事項を絞り込むということですが、この「重要な不確実性」の原語はmaterial uncertaintyの訳語です。監査基準上は新しい用語ということになりますが、監査の世界で使われてきた、いわゆる未確定事項（uncertainty）とは異なるものなのでしょうか。

【八田】悩ましい問題です。旧来、uncertaintyという言葉は、いわゆる未確定事項として理解されていました。それに対して今回、「重要な不確実性」という訳が当てられました。それこそ重要な基本的用語となりますから、これまで理解してきた「未確定事項」とここにいう「重要な不確実性」とは、どういう関係にあるのかということは、今後、監査上の問題として、理論的な側面を踏

まえて，明確にしておく必要があると思います。

【町田】次に，GC問題への監査人の意見表明にかかる改訂点についてです。H21監査基準では，監査人は「継続企業の前提に関する重要な不確実性」が認められるときに意見を表明します。従来の監査基準では，報告基準・六　継続企業の前提3で，「監査人は，継続企業の前提に重要な疑義を抱かせる事象または状況が存在している場合において，経営者がその疑義を解消させるための合理的な経営計画等を提示しないときには，重要な監査手続を実施できなかった場合に準じて意見の表明の適否を判断しなければならない」とされていました。H21監査基準では，ここでいう「疑義を解消させるための合理的な経営計画等を提示しないときには」という言葉が削除され，「評価および対応策を示さないときには」に見直されました。この点にはどういう意味があるのでしょうか。

【八田】監査手続上の規定としてもっとも大きな変更点は，いまご指摘があったように，継続企業の前提に重要な疑義を抱かせる事象または状況の有無を確認した後，それに疑義があるというときに，経営者の評価，つまり重要な疑義を解消させる対応策，さらには経営計画等の合理性を検討する旨の指示が丸ごと削除された点です。そしてそれに代わって，監査人は，基本的に経営者の対応策について吟味するとともに，重要な不確実性の有無を確認するとされた点にあります。基本的に，経営者が経営計画等を示すといったとき，どこまで具体的に示せば監査人はよしとするのか，これが非常に微妙な問題となってきます。冒頭で申し上げたように，監査人側が，安心できる情報あるいは確たる証拠を入手したいとなると，かなり詳細で実現可能性の高いものを求め過ぎる嫌いがある。ここに大きな懸念があったわけです。

　実際，四半期レビューでも，疑義を解消できる確実性の高い経営計画等が示されないということをもって監査人が監査手続を実施できないのと同様の，結論の不表明という事例がありました。これを放置しておくと，懸念されるような監査実務が定着してしまう。それはやはりおかしいという判断から，「合理的な経営計画等を提示」という言葉を削除するとともに，経営者が対応策を示してもなお重要な不確実性が認められるときには，評価の手順がありますけれども，注記の要否を検討するようにした。これは，監査人側に対しても安易な

対応を厳に慎むという方向性を示したものだと思います。

【町田】最後の3点目はリスク情報の開示に関する問題ですが，重要な不確実性によってGC注記が絞り込まれたことによって，GC注記自体は減ることになります。審議の過程でも，情報開示の後退を危惧する声が挙がっていたわけですが，その受け皿として，有価証券報告書の開示規則が改正され，「事業等のリスク」等において，それらの内容が開示されることになりました。

【八田】基本的に当局の説明としては，旧来と情報の発信量は変わらないというニュアンスです。ただ，大きく違う点は，注記事項から事業等のリスク情報へ移ることは，監査対象外の情報になるということであって，少なくとも制度上の財務諸表監査の中心的テーマではなくなってきます。この点，ディスクロージャー制度としてどうなのかが問われる。

懸念される点は2つ。1つは，発信される情報の信頼性の低下が見込まれるのではないかということ。もう1つは，監査対象外になると，開示の判断は企業の自主性に依拠しなければならなくなり，いわゆる開示内容の後退ないしはバラツキが起きるのではないかということ。実際に審議会の意見でも，利用者側からはそのような意見が出たことを記憶しています。どのように調和が保たれるかは，今後の事例を見届ける必要があるかと思います。

改訂監査基準等の影響と今後の課題

【町田】H21監査基準の影響と今後の課題についてお話をうかがいます。適用は，2009（平成21）年3月期決算からでしたが，改訂監査基準の公表が対象となる決算期が終了した後の2009（平成21）年4月というのは異例のタイミングです。すでに3月期決算にかかる財務諸表の監査は始まった後であったかと思うのですが。

【八田】この点は先ほどもお話ししたように，危機意識の下に，H21監査基準の改訂という緊急対応がとられたわけです。繰り返し行われるべきではないですが，当時は，異例の適用時期であることも踏まえて，金融庁および公認会計士協会によって，全監査法人に対する十分な理解の徹底がはかられたものと理

解しています。

【町田】実際に第3四半期では，172件にGCの追記情報がありました。その3ヵ月後の年度決算で，そうした追記をつけた監査人がGC追記を外すことはできるのかという問題も指摘されていました。この点についてはいかがでしょうか。

【八田】非常に微妙な問題です。ただ，わが国の場合，幸いにも上場会社等を中心とした法定監査の大半は，大手の監査法人が関与しています。大手の監査法人は，個人ベースで議論しているわけではなく，意見審査が組織的に行われています。ですから，改訂の趣旨に沿って，全事務所レベルで適切な対応が図られたものと理解しています。

5. 平成22年改訂の概要

改訂の背景

【町田】2010（平成22）年3月，企業会計審議会より「監査基準の改訂に関する意見書」が公表されました。企業会計審議会では，1年前の2009（平成21）年4月にも，継続企業の前提に関する監査上の取扱いに関する改訂監査基準を公表していますが，H22監査基準は2009年3月に国際会計士連盟（IFAC）の中の国際監査保証基準審議会（IAASB）による国際監査基準（ISA）の明瞭性（クラリティ）プロジェクトが一応の完了を見たことに対応して，監査報告に関連する部分を中心に，日本の監査基準と国際監査基準との差異を調整することを主な目的として実施された改訂でした。

まずクラリティ・プロジェクトとは何だったのでしょうか。また，なぜクラリティ・プロジェクトのうち，監査報告の部分に限って監査基準の改訂が必要だったのでしょうか。

【八田】このクラリティ・プロジェクトというのは，IAASBが2004年頃から，ISAを統一ある基準の内容にしたいという流れで作業を行ってきました。そのときの趣旨は基本的に2つあったといわれています。

それまで公表されてきたISAの文書を見ると，英語表記でshouldという言葉が用いられているときには，それは監査人としての要求事項を意味するのだと。そして，それも強調せんがために太文字で書かれており，ブラックレター（Black Letter）などと呼ばれていました。そうではない現在形の動詞で表記されている文書はグレーレター（Gray Letter）と呼ばれ，それについては要求事項なのかそうではないのか，必ずしも明確ではなかったのです。それをはっきりしておきたいということが1点ありました。それを利用者たる監査人や

読み手にとってわかるようにしたいという流れがあったことから，このプロジェクトがスタートしたということです。具体的には，ISAの各号ごとに基準の「範囲及び目的」を明確にするとともに，各基準の中身を必ず遵守して監査を実施しなければならない事項を規定した「要求事項」と，現場の状況に応じて適用を判断する事項を扱った「適用指針」と明確に区分しました。

それからもう1つは，ISAも順次，公表されていくにつれて，それぞれの個別の基準の中で書かれている用語や規定内容が乖離をきたしてくる場合がある。そういうことで一度それを全部整理しようということになり，ほぼ4年をかけてこの作業を終えたのです。それが2008年の年末でした。

わが国においても，IFACに加盟している日本公認会計士協会が，それに対応して，従来の実務指針である監査基準委員会報告書全体の見直しを図ったのが，2012（平成24）年4月から適用の「新起草方針に基づく監査基準委員会報告書」ということになります。

クラリティ・プロジェクトについては，以上のようなことなのですが，その作業の中で，監査報告書の内容が旧来の規定とはかなり変わったということで，やはりこれも企業会計審議会において国際対応の観点から監査基準の改訂を図る必要があるのではないか，ということになったのです。

実はこの監査報告書というのはその国の監査制度の根幹を支えている，いわば監査人と監査報告書利用者との連結環的な機能をもった貴重な文書であり，実際にも，監査基準に即した形で各国の関係諸法令の整備もなされています。そういうこともあって，単に実務指針の見直しではなく，監査基準本体の見直しを行い，それを受けて関係諸法令を整備するという，いわば主導的な立場での監査基準の見直しがなされたということだと思います。

【町田】また，今回の改訂監査基準の適用は2012（平成24）年3月期決算からとなっています。公表は2010（平成22）年3月ですから，かなり早い段階で基準が作られたということですね。

【八田】これまでの審議会が公表してきている基準，あるいはそれを踏まえて必要な実務指針の策定がなされた場合，新事業年度開始，日本の場合には4月1日開始が多いですから，その前，あるいはその前後に改訂等がなされて公表され

ると直近の事業年度から適用になるというのがこれまでの慣例だったと思います。その点で考えるならば，2010（平成22）年3月に策定・公表されたわけですから，2011（平成23）年4月1日開始事業年度から適用というのは，ちょうど1年，先送りになっているということになります。この理由は明確にはされていませんけれども，おそらく，監査報告書の最終的な，一番の利用者はいわゆる一般大衆投資家です。彼らのすべてが，必ずしも監査に精通しているわけではありませんので，そういう方々に向けた報告書として，ある程度時間的な余裕をもって周知徹底を図りたいという事情もあったのかなという気がしています。

【町田】この改訂監査基準が公表された後になって，IAASBでは，再び監査報告のプロジェクトが開始され，2013年にも，監査報告に関する新たなISAが確定・公表される運びになっているといわれています。そうすると現在の日本の基準は，再び改訂されるのでしょうか。

【八田】それはなかなか悩ましい問題ですね。

　監査基準というのは，それぞれの国々において何か会計不祥事とか会計不正，あるいは監査の失敗等の問題が露呈すると，その都度，見直しを求められてきました。また，この監査報告のように，国際対応という観点からの見直し，改訂もあります。そういう状況から見て，監査基準については，昔のように長い間，1つの基準を安定的に適用可能とするということはもはやあり得ないのだと思います。

　そうなってくると，ある程度時期を早めて適宜適切な見直しがなされていくという流れは，もう避けて通れないわけですから，IAASBで行われている監査報告の見直しに関するプロジェクトについても，早晩，日本の基準や実務指針の見直しの動きにつながってくるといえるでしょうね。

監査報告書の記載事項

【町田】では，改訂の中身の検討に移っていきたいと思います。まず，2010（平成22）年改訂の主な改訂点のうち，監査報告書の記載事項についてうかがいます。

　監査報告書というのは，監査人から財務諸表利用者に向けて届けられる唯一のメッセージであるとされてきました。H22監査基準の改訂の背景となった現行

のISAにおいては，記載区分を明確に区分し，それぞれに見出しを付すことを求めていますが，それは想定利用者にとって監査報告書をより理解しやすいものとするためであるといわれています。この点についてはどのようにお考えですか。

【八田】まったくそのとおりで，監査報告書の主たる利用者は，いわゆる一般大衆投資家です。必ずしも会計や監査というものに精通した人ばかりではないということから，誰が見ても正しく，同じ理解をできるものでなくてはならないということで，単なる文章の羅列よりは，項目別に頭出しをしながら記載するという記載方式は，旧来に比べて非常に見やすいものとなっていると評価できると思います。

【町田】具体的に見ていきますと，従来の監査基準の報告基準・二　監査報告書の記載区分1においては，「監査人は監査報告書において，監査の対象，実施した監査の概要及び財務諸表に対する意見を明瞭かつ簡潔に記載しなければならない」と規定されていました。すなわち記載区分，①監査の対象，②実施した監査の概要，③財務諸表に対する意見，の3つからなるとされていました。しかしながらISAでは，監査報告書を①監査の対象，②経営者の責任，③監査人の責任，④監査人の意見，に区分した上で，①の監査の対象以外については，それぞれ見出しを付して明瞭に表示することを要求していることから，H22監査基準ではISAの区分に応じて，監査報告書の記載区分とそれぞれの区分において記載すべき内容が整理されました。この区分変更については，どのように理解すればよいでしょうか。

【八田】これは，ある種，決めごとの問題ですから，どこまで細分化するか，あるいは表題として何をもってくるかというのは，そのときどきの合意形成によって決められてくるものと思います。H22監査基準では，従来わが国で採用している3区分を，もう少し細かく4区分にしたということです。

　特徴的なのは，この中に「経営者の責任」という表題のもとの説明が入ったということ，これは特筆すべき事項ではないかと思います。従来の監査報告書においても，「監査の対象」のところで，一部，経営者のことについても触れられていたわけですが，わずかばかりの内容で全体の文章の中で埋もれてしまっていたということ，それともう1つは，やはり訴訟社会がいずれの国におい

ても監査人にとって現実のものになってきたということから，監査人の責任の限定を意識した上で，経営者に由来する責任の明確化，あるいは経営者責任と監査人責任の分別などを明らかにしておきたいということが，強くにじみ出ているのではないでしょうか。

【町田】この新しい記載事項ですが，①監査の対象と，④監査人の意見の部分は見出しを打つこと以外には従来の記載内容と大きな相違はありませんが，②経営者の責任と③監査人の責任では，従来とは記載内容が変わりました。

　まず，②経営者の責任の区分では，「財務諸表の作成責任は経営者にあること，財務諸表に重要な虚偽の表示がないように内部統制を整備及び運用する責任は経営者にあること」として，二重責任の原則が明確化されるとともに，内部統制の責任に関する言及も含まれました。

【八田】財務諸表の作成責任が経営者にあるということは，わが国の場合，これを疑う人はほとんどいないわけです。一方で，財務諸表における重要な虚偽の表示がないようにする，つまり財務報告の信頼性を確保するというのは経営者の責任であることは，ややもすると等閑視されがちです。

　周知のとおり，わが国の場合には他の主要経済諸国に先んじて，金融商品取引法の中で内部統制報告制度が導入されました。そこで，内部統制に関する整備・運用については詳細な議論がなされてきたわけです。つまり，内部統制の目的の1つとして，「財務報告の信頼性」が明確に位置づけられ，それに対する経営者による評価結果が内部統制報告書として，内部統制監査を受けた上で，有価証券報告書とともに開示されている。そうした背景の中で，経営者が重要な虚偽の表示がないように内部統制を有効に機能させる責任を負っていることを，監査報告書においても明確にしたということです。

【町田】監査人の側からすれば，この記載があることで，監査が内部統制を前提にしたものであるということが，監査報告書にも明示されたということになりますね。

【八田】そのとおりですね。次に挙げられている監査人の責任のところには，内部統制に依拠して監査が実施されるという記載はありませんが，この経営者の責任の記載によって，それを読み取ることはできるでしょうね。

【町田】一方，③監査人の責任では，内部統制監査のことを念頭において，「財務諸表監査の目的は，内部統制の有効性について意見表明するためのものではない」ことが記載されていますが，それだけではなく，たとえば従来記載されていた「監査は，試査を基礎として行われ」という文言の記載はなくなり，「監査手続の選択及び適応は監査人の判断による」という表現が追加されています。これらの追加や削除については，どういう意味があるのでしょうか。

【八田】結局，この監査人の責任という項で記載されている内容は，監査論の立場からすれば，極めて初歩的というか，あるいは監査論の1丁目1番地的な議論が詳細に記されているということだと思います。そういう視点で見ると，この「財務諸表監査の目的が内部統制の有効性について直接監査人が表明するものではない」ということは，実際に監査報告書において，財務諸表監査と内部統制監査のそれぞれの報告が区分して記載されるように，両者を混同してはならない，ということをいっているに過ぎません。

　一方，試査という用語がなくなったということ，これは実は監査論といいますか，教育現場においてはかなり大きなインパクトがあると思っています。なぜかというと，一般に社会科学の学問領域での議論の場合に，その学問領域におけるテクニカル・ターム，つまり専門学術用語というものがあり，それをもとに理論構成がなされ，思考ないし考えがまとめられていくわけです。この「試査」という用語は，財務諸表監査の理論のベースになっている考え方であるわけです。そしてさらにその背景には有効な内部統制が存在するという流れがある。したがって，内部統制と試査というのは表裏一体の関係で議論されなければいけないのですが，H22監査基準の規定内容というのは内部統制の説明をしたことで試査という用語を削除しているのではないかとさえ思われるのです。またもう1つは，監査というものに対して一般の，まさに監査に対して十分な知識をもちあわせていない人にとっても正しく理解できるような監査報告書にしたいとなってくると，逆に専門的な用語は除外した方がいいのではないか，という流れがあったのではないでしょうか。ただ，この試査という言葉がなくなったことに対しては，現代監査のベースないし理論的な根拠が損なわれたような印象があって，若干残念な気がしていることは事実です。

監査意見の形成

【町田】次は監査意見の形成の点です。H22監査基準では，監査人による監査意見の形成過程自体が実質的に変わるものではないものの，意見に関する除外および監査範囲の制約に関して，従来の基準では「重要な影響」として一括して取り扱ってきた点を，ISAと同様に，当該事項の「重要性（materiality）」と，その事項が財務諸表全体に及ぶのかどうかという「広範性（pervasiveness）」の2つの要件からなる判断を行うものとして規定したという改訂がありました。

この重要性と広範性については，どのように捉えればいいのでしょうか。

【八田】これもISAのほうで，この除外事項の認識について明確になったことを踏まえていると思います。しかし，実はよくよく考えてみると，これまでにも日本の場合に除外事項になるかならないか，そしてその除外事項が意見に及ぼす場合には意見限定として限定付きの意見になるのか不適正意見になるのか，あるいは監査の手続等の制約による範囲限定の場合には，これも限定付きの意見になるのか意見不表明になるのか，ということで，実は暗黙裏にこの議論はなされていたと思います。ただ，この重要性という言葉自体が非常に不透明な概念だということもあってもう少しそれを明確にした方がいいということから，影響のもたらす意味ということで，財務諸表全体に及ぼす影響の「広範性」という言葉を入れて，それが非常に広範囲に及ぶ場合には意見不表明もしくは不適正になっていくということで，意見形成の視点からみて，かなり明確な指針が示されたというふうに理解しています。

【町田】やや細かい点ですが，また，従来の監査基準において使われていた「合理的な基礎」という用語がなくなり，今後は「意見表明の基礎」という表現が用いられることになりました。なぜ「合理的」という言葉がなくなったのでしょうか。

【八田】まず，H22監査基準の趣旨としては，この「合理的」という言葉は，「合理的な保証」という場合についてのみ使うことにして，あとは使用しないということかと思います。つまり，旧来使っていた意見形成の根拠たる部分で「合理的な基礎」という表現がありましたけど，これに「合理的な」という言葉をつけることで，あたかもそこで入手されている証拠が，必ずしも十分かつ適切

なものが集められていなくても，まあまあ手抜きとはいわないまでも，効率性を重視して一定の段階で手を打った，という意味での「合理的な基礎」であると捉えられる向きもあったのではないかということです。そこで，そういった誤解のないように，これを外して，ダイレクトに「意見表明の基礎」というふうに言い直したのだと思います。

　ただ，この「合理的」という言葉は，英語での「リーズナブル（reasonable）」という言葉を訳しているのですが，私自身，どうも英語本来がもつ意味合いと，それを翻訳として「合理的」と訳した場合の意味合いに，かなり温度差があるのではないかと常々思っているところです。つまり，われわれが日本語でいう場合の「合理的」の方が，原語のreasonableが指し示す意味よりももっと精度が高いというか，レベルの高い意味合いで使っていると思うのです。なぜならばわれわれが日常生活で「合理的な」という言葉の使い方をしないで，その原語である「リーズナブルな」という言葉をどういう場面で使っているかというと，たとえば買い物に行ったときに，そこそこの値段で売っていると「リーズナブルだね」と，「まぁこれならこの値段で許せるね。手が打てるね」という軽い意味でリーズナブルという言葉を使うわけです。おそらく英語でもそういう意味合いが込められていると思います。これが「合理的」という言葉に置き換わると，そんなレベルのものではなくて，もっとちゃんとしたものとして捉えられると思うのです。今回，合理的な基礎という用語に関しては，もちろん国際基準に合わせたということはわかりますが，果たして日本語の文脈で見たときに，削除することがよかったかどうかという疑念を個人的にはもっています。

追記情報

【町田】 次に，追記情報に関する改訂点についてです。追記情報は，監査人の意見とは別に，説明または強調することが適当と判断した事項を監査報告書において「追記する」ことが認められているものであり，監査意見とは明確に区分されるものです。従来の監査基準では，財務諸表における記載をとくに強調するために当該記載を前提に強調する「強調事項」と，監査人の判断において

説明することが適当として記載される「説明事項」との区分がなく，混在して規定されてきましたが，ISAでは，両者を明確に区分して記載することが求められていることから，それに対応した改訂が行われたわけです。

とくに，従来と比較しますと，監査人は，「強調事項」として財務諸表に記載されている項目を再掲するだけでなく，「説明事項」として，監査人自らの判断において情報を提供することがより広く認められることとなったものと考えられます。

この点については，二重責任の原則や監査報告書の性格の議論ともあわせていろいろと議論があるところですが。

【八田】この「追記情報」の議論をするときに，そもそもの出自として日本の場合は，それに先立つ制度として「特記事項」という考え方がありました。監査人が利用者にとってとくに指摘したいことを監査報告書に書きなさいと。でもこれは意見とは違いますよというものだったのですが，その開示される情報内容が，本来は財務諸表の作成責任者である経営者サイドが発信すべき情報ではないのかという議論もあり，そのときに改めて二重責任の問題が提起されたと記憶しています。

二重責任の原則というのは，財務諸表の作成責任が経営者にあり，監査人は表明した意見に対しての責任を負うということであって，いいかえれば，監査人は経営者の責任範疇には入るべきではない，という趣旨をもっているわけです。したがって，その財務諸表を正しく読み取ってもらうために，説明的な内容を監査人がメッセージとして発したとき，それは経営者の責任である領域に関与したことなのかどうか，なかなか微妙な点はあるかもしれません。しかし，監査基準は，監査意見と明確に区分した上での説明であれば，二重責任の原則に抵触するものではないということから，追記情報という枠組みを作り上げてきたわけです。

ただ，その中で，従来，財務諸表に書かれていることを再度強調しているのか，あるいは監査人の立場で，財務諸表には書かれていないことを別途説明しているのかが明確ではなかった。そこでISAでは，両者の区分の明確化を図ったというわけですから，日本でもそれを踏まえた対応が図られたということです。

【町田】従来，日本公認会計士協会の実務指針では，二重責任の原則を根拠として「追記情報の記載対象を連結財務諸表に記載のある項目に限定し，この範囲で監査人が表明した意見の内容について，連結財務諸表の利用者の判断を誤らせないようにするために説明又は強調することが適当と判断した事項を記載するものとする」と規定していて，実質的に「追記情報」の記載を限定してきたわけですが，今後，「追記情報」の区分において監査人の説明，または情報発信は増えていくと考えられますか。

【八田】従来，そのような規定が実務指針の中で行われてきたということ自体が，問題であると思います。というのも，そのような規定が盛られているということは，監査人側の目線で自らの責任を明確にしたい，ある場合には責任をできるだけ限定的にしたいという考え方が潜んでいるといえるからです。

なぜならば，本来，監査人にとっての責任というのは，どこまでを広く，どこまでを狭くというのではなくて，監査人としての役割を十分に果たしたかどうかということを当該監査人が自信をもって説明できるかということですが，「これは別途説明すべき，強調すべきだ」と考えるならばそれは発信されることになるだろうし，「いやいや，やはりそれはすぐに法律責任を問われる」と消極的に考える監査人だと，あまり情報内容は増えないのではないかと思うからです。

将来のことはわかりませんが，H22監査基準を受けて，追記情報の記載ぶりは，事務所とか監査人の姿勢によってある程度差が出てくる可能性があるのではないでしょうか。でも実は，監査はそういった差があってはならないわけなので，もう少し明確な対応ができるようにするために実務指針の方か何かで，明らかにすることはあっていいのかなという気がします。

【町田】追記情報については，従来からその1つとして例示列挙されている後発事象について，H22監査基準ではその前文において，ISAを引用しつつ，「後発事象とは，決算日の翌日から監査報告書日の間に発生している事象，及び監査報告書日後に監査人が知るところとなった事実」という定義が与えられました。これもまたISAとの整合性を図ることが目的で行われた改訂ですが，「監査報告書日後に監査人が知るところとなった事実」も後発事象に含まれることが明記されたことから，監査人にとっては，監査意見表明とは別であるとしても，監

査手続上，対応すべき対象が広がったと解されますが，いかがでしょうか。

【八田】確かに，監査報告書日後に監査人が知るところとなった事実についても対象に入ってきたことは，監査人側から見れば，監査手続が拡大されたというふうに理解できると思いますが，もうすでにこれは日本の実務指針の中で対応がなされているので，実態的にはさほど変更はないというふうに理解しています。

しかしそのことよりも，そもそも後発事象という問題は，明らかに当該対象事業年度の決算日後に事実が確認されたり認知される事案であればすべて後発事象になるわけですが，それが開示されたり報告の対象となるということは，次期以降の事業年度にそれなりの影響を及ぼす場合です。したがって，継続的に監査を行っている監査人であれば，期末日以後であっても監査対象の動向には目を配って監査手続を実施しているでしょうから，そのこと自体が監査人の作業を大きく増やすということではないと思います。

それよりも最大の問題は，後発事象はそもそも情報発信の主体が会社サイド，つまり財務諸表の作成者サイドなのですから，監査基準ではなく，会計基準のなかできちんとした手当が必要になるということです。したがってH22監査基準では，まだ日本ではそれがなされていないということで，取り急ぎ監査基準の中で必要な対応を講じたというふうに理解できるのでしょうね。

「会計上の変更及び誤謬の訂正に関する会計基準」の適用に伴う対応

【町田】H22監査基準では，もう１つ大きな改訂がありました。監査基準本体の改訂ではなく，前文において，監査基準または企業会計審議会としてとる立場を明示した，という性格のものです。つまり，会計上の変更及び誤謬の訂正に対する対応の方針が明示されたわけです。

2009（平成21）年12月に企業会計基準委員会（ASBJ）から，「会計上の変更及び誤謬の訂正に関する会計基準」および「会計上の変更及び誤謬の訂正に関する会計基準の適用指針」が公表され，会計方針や表示方法の変更，過去の誤謬の訂正があった場合には，あたかも新たな会計方針や表示方法等を過去の財務諸表に遡って適用していたかのように，会計処理または表示の変更等を行う

ことが求められることとなりました。従来も，有価証券報告書では，当期の財務諸表と前期の財務諸表が並記されていますが，前期の財務諸表は，原則として，前期に提出された有価証券報告書に含まれていた財務諸表がそのまま記載されていました。これを受けて，前期の財務諸表は，当期の財務諸表の一部を構成するものとして，当期の財務数値に対応する前期の財務数値を比較情報として位置づけられることとなります。つまり，会計基準の変更等で修正された前期の財務数値は，当期の財務諸表に含まれる比較情報の当期の財務数値に対応する前期の数値を，期間比較の観点から必要な限りで修正・記載したものであると位置づけられることとなったのです。

　そこで監査上も，この比較情報についてどのように監査を行うかが問題となります。比較情報に関する監査意見の表明の方法については，国際的には，監査意見は当期の財務諸表に対してのみ言及し比較情報には明示的に言及しない「対応数値方式」，いわゆるコレポン方式と呼ばれるものと，監査意見を前期の財務諸表と当期の財務諸表の双方について言及する「比較財務諸表方式」，いわゆるコンパラ方式と呼ばれるものとがあります。このうち，H22監査基準の前文では，「対応数値方式」をとることが明記されました。

　この比較情報の監査については，どのように考えればいいのでしょうか。また，なぜ対応数値方式がとられたのでしょうか。

【八田】基本的には，ISAではいずれの方法も認められていますが，国際対応という観点から，わが国では，多くの国が採用している対応数値方式を採用したということでしょう。比較財務諸表方式の採用は，アメリカぐらいでしょうから。

　それとともに，対応数値方式を採用した，もっと大きな理由としては，前年度と今年度で監査担当者の交代等があった場合，比較財務諸表方式では，前期の監査人が再度監査することが求められるため，同じ監査事務所内での交代であれば，それほど難なく過年度修正等に関わることもできますが，監査事務所が交代した場合には，それは容易ではないといえます。そういうことから，実務上の適用の容易さを踏まえて，対応数値方式をとるということが表明されたという理解でいいのではないでしょうか。

6．平成25年改訂の概要

1．不正リスク対応基準

審議の背景

【町田】2013（平成25）年3月，金融庁企業会計審議会から「監査基準の改訂及び監査における不正リスク対応基準の設定について」が公表されました。これは，2011（平成23）年秋にわが国で相次いで発覚した上場企業の不正事案を受けて，2012（平成24）年5月以来，企業会計審議会監査部会において審議が進められてきたものが，確定・公表されたものです。

　まずは，H25監査基準の改訂のきっかけとなった企業不正事案とはどういうものだったのでしょうか。

【八田】H25監査基準の議論が開始された2012（平成24）年5月の最初の監査部会の冒頭でも説明があったように，念頭に置かれていた不正事件というのは，具体的には，長期にわたる不正会計問題が隠蔽されてきた光学・電子機器メーカーのオリンパス社の事案だということです。また，2011（平成23）年に問題になった事件としてはもう1つ，企業のトップが絡んだ大王製紙における不正事件がありました。これらの事件はいずれも，著名企業において経営者を巻き込んだ不正事件だったということで，多くの企業関係者に対して非常に大きなショックを与えるとともに，特に海外から会計監査に対する批判が生じたということから，当局も真剣な対応をすることになったということです。

【町田】それらの事件に対する対応として，「不正リスク対応基準」というものができたわけですが，この基準というものは，オリンパスや大王製紙のような不正が二度と起こらない，あるいは発生したとしても監査が適切に対応できる，

そういう基準になっているのでしょうか。

【八田】当局としても，当然にそうした不正の防止を念頭に基準を策定したものと解していますし，実際，部会の審議のなかにおいてもそのような問題提起がなされていました。ただ，これは何もオリンパスや大王製紙という会社の事案に限ることではなく，基準とか法律とか規則といった，いわゆる形式的なルールが100％整備されたからといって，人が関わる不正をすべて防止，抑止，ないしは撲滅するということは残念ながら無理だということです。したがって，この基準ができたからすべて解決というわけにはいかないと思います。ただ少なくとも，これから議論していきますが，旧来必ずしも明示的に議論されてこなかったような監査人としての対応，あるいはそれを踏まえた企業サイドでの考え方，これらがかなり詳細に議論されていますから，企業サイドに対してはある程度，不正の防止に向けての抑止力になるのではないかという期待はあると思います。

【町田】さらに，監査部会での審議では，いわゆる循環取引と呼ばれる不正な取引への対応も視野に入れられていました。

　そもそも「循環取引」とはどういうものなのでしょうか。また，今般の不正リスク対応基準で，その問題への対応はどうなったのでしょうか。

【八田】この循環取引ですが，いわゆる複数の企業間で，本来の会計上の処理に従えば収益ないし費用を認識できないような取引でありながら，実態のある取引であるかのように仮装されている場合の取引について，一般に循環取引というふうに考えていると思います。つまり，常に複数の企業間の協力ないしは共謀によって，取引の実態を繕って，それなりの決算内容をよくしようと考える仮装された取引実態，これを循環取引と考えているわけです。

　問題は，複数の企業が関わるということから，個別の企業の取引の内容だけを監視していてもそれが真実のものなのか，あるいは仮装されたものなのかということは，俄かには判別しがたい。そこで，その取引に関わっていたであろう複数の企業，そしてそれに関わっている複数の監査人というものがもしも明確にわかり，かつ，その監査人の間で情報共有がなされるならば，最終的にはその取引が実質的に仮装されたものであるかどうかが判別できるのではないか

という着想で,「監査人間の連携」という考え方が一旦は提示されました。

　しかし,よく考えてみると,監査人には企業情報に関する守秘義務等の制約があって,決して監査人間の連携は容易なものではないということから,もう少し時間をかけて検討しようということになったようです。

　それともう1つは,循環取引というのは1年という限られた会計期間の中だけで複数の企業間取引が完結するというのではなくて,場合によっては複数会計期間にまたがって,さらに複数の企業がその取引に関与するということもあり得るわけです。そのため,複数会計期間でもって検証を行うことができるならば,それが実質的に仮装されたものであることがわかるかもしれませんが,1期間だけを取り上げて見るのでは必ずしも十分な監査ができないのではないかということもあって,まだまだ技術的な問題についても課題があることから,これは将来への課題ということになったのではないかと理解しています。

審議の経緯

【町田】さて,不正リスク対応基準の審議では,審議途中の2012（平成24）年9月に金融庁から「不正に対応した監査の基準の考え方」という論点整理が公表され,それに対して,日本公認会計士協会を中心として,会計プロフェッション側から強い反対意見が寄せられ,その結果,最終的に審議の方向性が軌道修正されたことが印象的でした。どういう点が問題とされたのでしょうか。

【八田】端的にいうならば,この不正リスク対応基準の中身を見ればわかるように,実はここで述べられているほとんどすべての規定は,すでに日本公認会計士協会の監査基準委員会が作成し公表してきている,監査基準委員会報告書240——前身の監査基準員会報告書第35号として公表されたのは2006（平成18）年で,その後40号となりましたが——の中で述べられている内容の焼き直しではないかということで,なぜまた新たな監査基準が必要なのかということに対する不信感というか疑念が,まず第1にあったのではないかと思います。

　2つ目として,そもそもオリンパス問題だけを取り上げてみても,これは監査上の問題というよりも企業サイドの問題,つまり経営者を中心とした当該企

業のガバナンスの問題であって，監査人が責任を負うべき種類の不正ではないのではないかということ。なぜ企業規律といったそちらの方が議論されないで，監査に対してのみ規制が強化されるのか。そういうことに対する不満もあったのではないでしょうか。

それから一番の実質的な問題は，当初の議論のなかでは，もしも不正の端緒を感じ取った場合には監査人はそれが本当に不正ではないのかどうか，つまり重要な虚偽の表示ではないという確証を得なくてはならない，というかなり厳しい手続を要求するような考え方があったことではないでしょうか。つまり犯罪でいうならば，有罪の疑いがあるときに無実であることを証明することに近い。不正があったときに摘発・発見するのは可能かもしれませんが，「不正ではない」ということまでも信頼性の高い証拠をもって立証しなくてはいけないとなると，これはおよそ現在の監査制度のなかでは無理難題であると。もしもそんなことが要求されるとなれば実務的にも，あるいは経済コスト的にもまず無理ではないかという問題があったと思います。

そういういくつかの課題が見えていたために，おそらく会計士側は対応を渋ったといいますか，強い反対を主張したのだと思います。

【町田】そういった会計士側の主張に対して，どのように評価されていますか。

【八田】審議が進むにつれ，会計士協会でも，会員向けに情報を共有するという観点から，自主的に2度にわたってこのテーマに即したシンポジウムを開催するなど，新たな基準策定への取組みを示しました。

実は，監査部会での審議作業が始まる2012（平成24）年の5月段階までは，会計士協会側の主導性というものを見ることはできませんでした。つまり，一連の経営者不正が発覚したのは2011（平成23）年の段階でしたが，それ以降メディア等を含めいろいろなところで日本の監査制度に対しての疑念や批判等がなされてきたのですが，会計士協会はじめ会計プロフェッション側からは，目に見える形での対応がほとんど講じられてこなかった。さらには，長年にわたって不正会計が発見できなかったということに対する監査人側の説明責任も果たしてきていない。そういう状況があったため，当局としては，ある種しびれを切らして基準作りに入ったのではないかと思います。そのように考えると，

やはり会計プロフェッション側のこの事案に対する危機意識といいますか，配慮が不足していたことが，結果的に後手後手となって，一連の基準対応になったのではないかという気がしてなりません。

【町田】そうしますと，会計士協会が何らかのイニシアティブを示していれば，たとえば，これは以前から何度も話してきたことですが，オリンパス事件等の後に公表された会長声明だけではなく，海外でよく見られるような，具体的な実務アラートのようなものを公表して，何とかこのような事件の再発を防ごうということにコミットする，あるいは，すでにある240の規定を実務において徹底させるという方向での取組みが示されていれば，状況は違ったのではないか，ということですね。

【八田】そうでしょうね。すでに指摘したとおり，今回の不正リスク対応基準の中身のほとんどは，現に存在している実務指針の中に盛られているわけです。これが十分に実践されてきていない。あるいは監査人側の意識として，これが体得されていないといいますか，十分にそれが現場に活かされてきていないという指摘があったわけですから，やはりその点は，会計士協会としては会員向けに説明する前に，まずもって原因究明を行い，なぜこうなったのかという検証作業があっていいと思います。

【町田】さて，監査部会の審議では，審議の途中（2012（平成24）年7月の部会）で提示された主な検討項目のなかに，新設の不正リスク対応基準に含まれた内容以外にも，監査報告書の改訂や，上場廃止ルールの問題，監査契約，非監査業務の問題など，直接，監査基準とは関係ないようなテーマも含まれていました。これらについては，今後，どういう扱いになるのでしょう。

【八田】これは，不正リスク対応基準の前文にも明示されているように，たとえば監査報告書の改訂は，いま国際的な動向という視点で考えると，国際監査基準（ISA）の設定主体である国際監査・保証基準審議会（IAASB）の方でも見直しがされています。また，アメリカの公開会社会計監視委員会（PCAOB）でも監査報告の見直しをしているということがありますので，日本でも，監査部会において，今後，議論されていく問題だろうと考えています。

　上場廃止のルールの問題は，監査報告書の中でとくに意見不表明という結論

に至った場合に，それと株券上場廃止の規定を関連づけることは適切ではないのではないかという問題です。この点は，まさに，別途，自主規制機関である日本取引所がどういう対応をとるかということですから，当然ながらそちらの方に，監査部会での議論の内容も踏まえて，対応をしてもらうことになると思います。

　もう1つ，監査契約の問題ですが，今後監査契約書の内容というのは当事者間で，いわゆる公認会計士協会と企業側との間で，どういうレベルの監査を行うのか，たとえば，継続審議になった循環取引の問題について，複数の関係する企業の監査人サイドが共同して何か手を組んで行うという場合には，守秘義務の解除という乗り越えなければならない壁がありますから，この辺を監査契約の中でどのように対応するのかということになります。今後，実際に監査人間の連携を基準化しようとする際には，再び議論になってくる問題ではないかと思います。

　独占的な監査業務以外の非監査業務の問題については，少なくとも金融商品取引法の段階では，規制対象外ということで必ずしも処分・処罰の対象になってこない。だとすると公認会計士法の問題がありますが，会計士協会が自主規制機関として会員に対してどういう対応をとるかということもあり，今後，協会と当局との間で議論が続くのではないかという気がします。

　したがって，今回の審議ではさまざまな問題が議論されましたが，それらは，今後，さらなる審議が必要なものや，監査基準とは別建ての対応が必要なものであったりするわけです。

不正リスク対応基準の位置づけ

【町田】不正リスク対応基準の位置付け，性格について検討していきたいのですが，この基準は，どういう趣旨の基準であると理解すればいいのでしょう。
【八田】2013（平成25）年に公表された不正リスク対応基準は，とりわけ経営者主導型の不正対応といってもいいかもしれませんが，少なくとも監査人が長年にわたって不正を見抜けないというようなことがあってはならないというこ

とで，あくまでもポイントを絞って，深度ある監査ないしは有効な監査が行えるための提言を行っている基準であると考えていいのではないかと思います。

【町田】従来の監査基準でも，不正対応の規定はあったかと思うのですが，従来の監査基準との関係ではどういう位置づけになるのでしょうか。

【八田】わが国においては2005（平成17）年に本体である監査基準以外に品質管理基準が設定されました。このときには，これがどういう位置づけにあるのかという議論が実はあったのだと思うのですが，監査基準の中の一般基準の品質管理に関するところを抜き出して，さらに詳細に規定した，敷衍したものということで，監査基準に対する特別基準とされていたと思います。つまり，監査基準本体とは別枠で，品質管理というテーマの重要性を踏まえた上で作られたものであるというふうに理解しています。

そのように考えると，不正リスクに特化したこの基準も，実は一般基準の中に不正に対する監査人の対応がありますから，それを抜き出したものと考えることができるのですが，実はこの不正リスク対応基準には本体の監査基準以外の品質管理に関する部分もあるということで，監査基準と品質管理基準の両方の部分を併せもつ形で作られている基準なのです。したがって，これは審議会の席でも，当局の責任者が「法律でいうならば，本法に対する特則みたいなものだ」というような説明をしていましたが，おそらくこれは監査基準そして品質管理基準に対する特別基準ないしは特則だというような理解をするのかなと思っています。

ただ，不正リスク対応基準の前文には，「独立した基準といっても監査基準および品質管理基準とともに一般に公正妥当と認められる監査の基準を構成」すると書かれていて，当然，わが国における「一般に公正妥当と認められる監査の基準」の範疇に入ってくるといえます。と同時に，公認会計士協会が自主規制機関として作る監査実務指針よりは上位のランクに位置する基準だというふうに理解できるのではないでしょうか。

【町田】不正リスク対応基準が，不正という重要テーマに鑑みて，監査基準と品質管理基準の特別基準として新設されたということですが，同時に，この基準の前文では，「既に本基準に規定されているような監査手続等を実施してい

る場合には，現行の監査基準に基づく監査の実務と基本的には変わらないこととなる。」と書かれていて，まるで「新しい規定ではないんだよ」といっているかのようです。この点についてはどのように理解すればよいのでしょうか。

【八田】 そのとおり，前文の「基本的な考え方」というところに，この監査基準が適用されることになったとしても「現行の監査基準に基づく監査の実務と基本的に変わらない」とあり，何ら追加的なものではないんだという言い方がされています。したがって，確かに別基準として見える形での設定はなされましたが，そこに書かれている内容はとくに目新しいものがあるとは思っていません。よく考えてみると，ルールとしてよりも，監査人の監査行動をより有効かつ適切に行うために留意すべき行動規範ないしは注意・警告基準，さらには精神論に近いような基準としての性格を有しているのではないでしょうか。

【町田】 一方，不正リスク対応基準は，監査基準や品質管理基準と違って，わが国の会計士監査全般で適用されるわけではありません。どういった範囲で適用されるのでしょうか。またその範囲が限定された理由は何でしょうか。

【八田】 これも部会の審議の中で議論になりました。公認会計士，監査法人が行う財務諸表の監査といっても，適用範囲には幅がある。法律で義務づけられた監査から任意の監査までかなり幅広い。あるいは同じ法律といっても，不特定多数の社会性・公共性が高い，いわゆる上場会社の場合と，ほんの限られたステークホルダーを対象とした中小規模の組織に対する監査，たとえば具体的に幼稚園の監査とでは，全然，性質が異なる，なんて議論もありました。そういう中で，この不正リスク対応基準が適用になるのは，今後関係法令等で明確化されるでしょうが，財務諸表に対して広範囲な利用者が存在する，いわゆる金融商品取引法に基づいて開示を行っている企業が中心になるわけです。

　ただ，この不正リスク対応基準というのは，中身を見ればわかりますが，本当の意味で財務報告不正を無くすこと，あるいは，限りなく縮小するというか，かかる不正をできるだけ見損なわないようにするといったことでの監査の原点を問いかけている基準だと思いますから，財務諸表監査のすべてにおいて依拠すべき考え方であるというふうに理解しています。確かにその中身を見ると，監査人側の対応としても一定のリソース，すなわち人的な資源や経済的な資源

が必要だということもいわれていますので，現実問題としてはある程度適応範囲を限定するけれども，基本的にはすべての財務諸表監査において，この基準への準拠が強制されているかどうかという問題よりも，必ずや念頭に置かれなければならない基準ではないかという気がしています。

【町田】そうしますと，会社法の大会社については基準上，適用は求められていないけれども，会社法の大会社であって非上場の企業のような場合であっても，この基準を念頭に置いて監査をすべきだということなのですね。

【八田】私はそう理解しています。ただ，おそらくこの理解は実務家サイドからすれば，過重な監査手続が要請されるのではないかという観点から，非常に荷が重いという理解があるかもしれません。しかしながら，逆に，従来よりしかるべき監査を行っている監査人から見るならば，この基準が適用されてもこれまでと実態的には変わるものではないというような理解をしている向きもあります。したがって，これを見て大変だ大変だという監査人に対しては，これまでどういう視点で監査をしてきたのか，この辺りを逆に問いかけたいという気もしますね。

【町田】実務においては，すべての財務諸表監査において念頭に置くことが期待されるとしても，少なくとも監査規範の立場からしますと，もう少し整理が必要になるかと思います。つまり，わが国の監査の基準は，1991（平成3）年改訂の監査基準以来，監査基準とその実務指針である監査基準委員会報告書という体系がとられてきたわけですが，特別基準としての不正リスク対応基準は，上場企業と一定規模以上の金融機関に適用されるということですので，企業会計審議会で公表する基準と日本公認会計士協会公表の実務指針との関係が非常に複雑なものになるような感じがしますけれども。

【八田】そのとおりですね。そういった問いかけに対して，私は答えられる立場にはないですが，諸外国においては，監査の中身が非常に多様化してきたということがあって，たとえば上場会社というレベルでの監査基準と未上場会社の基準，あるいは一定規模以上の会社の基準とそうではない会社の基準という形で，分別する体系をもった監査基準が必要なのではないかという流れもあるわけです。ところが日本の場合には，今回もとくにそのことは立ち入って議論

されませんでしたが，少なくとも監査の基準というのは，公認会計士・監査法人が行う財務諸表の監査であるならば，それがいかなる態様のものであっても，あるいはどういう法律に依拠するものであっても，すべての監査において一律的に遵守が求められるという流れできていました。その意味では画一的というか，統率がとれた監査ではあったけれども，今般の基準を見てみると，若干例外的な議論になったということはいえると思います。したがって今後，おそらく公認会計士協会の実務指針のレベルでも，その辺の棲み分けが議論になるのではないかという気がします。

【町田】 監査部会では，テーマごとに議論が進められるために，なかなか難しいかもしれませんが，日本の監査規範の体系や枠組みについてあらためて包括的に議論する必要があるのかもしれませんね。

【八田】 そういう段階にきているといえるでしょうね。同時に，基準設定主体の問題も考える必要があるかもしれません。

　先のことはさておき，いまは，この基準ができて，あとは実際にこの基準の精神に即して，やはり監査人が，喩えを使うならば「仏作って魂入れず」ではなくて，やはり新しい器がこういうふうに用意されたわけですから，そこに新しい酒を注いで，健全かつ有効な監査秩序が担保されるような実効性ある監査を実現してもらいたいと思います。

2．監査基準の改訂について

審査

【町田】 さて，2013（平成25）年改訂では監査基準本体の改訂も2箇所行われています。その1つは，審査についてです。つまり，監査基準において求められている審査の規定について，監査事務所における品質管理の方針および手続として，意見が適切に形成されていることを確認できる審査に代わる他の方法が定められている場合には，審査を受けないことができるとして，基準が緩和されたわけです。

従来，監査基準は，財務諸表の種類や意見として表明すべき事項を異にする監査も含め，公認会計士監査のすべてに共通するものとして受け入れられてきましたので，監査業務の種類により，その取扱いに差が設けられていませんでした。しかしながら，公認会計士の行う監査業務が多様化するなかで，特定の目的のために監査が義務づけられ，社会的影響も小さく，監査報告の利用者も限定されているような監査業務であれば，上場会社に対して行っている監査と同様の審査を求める必要はないのではないかとの指摘があることや，国際監査基準においても，上場会社とそれ以外の企業に対する審査は，その取扱いに差を設けていることなどから，こうした措置をとったというのです。

　このような，いわゆる緩和措置は，これまで監査基準におかれてきませんでしたし，もしこれを置くのであれば，他の規定についても，事細かにこうした文言を入れていかなくてはならないように思うのですが。

【八田】少なくとも，2005（平成17）年に品質管理基準が独立基準で設置されたときから，わが国においては組織的監査の実効性ある対応を図るということを目途として，この審査をかなり厳格に位置づけ，最終的に意見形成するに当たっては，現場に関わらない監査事務所内の客観的立場にある専門の審査担当者が審査を行うということが求められたのです。

　ところが，現実問題として，オリンパスの事案に関して金融庁が監査法人に対して下した処分内容を見れば明らかなように，それらの監査法人において審査が十分に機能していなかったという問題が提起されました。そこで，今般の不正リスク対応基準においても，審査に関して，もう1回強調して，規定を定めるという議論がなされたということです。

　ですから，2013（平成25）年改訂では，監査における審査の厳格化を図る方向なのですが，やはり監査サイドとして十分なリソースのある大規模監査事務所であるならば適切な審査も求められるわけですが，中小監査事務所ないしは個人事務所のレベルではなかなかこれらは荷が重いということも現実問題としてありますので，ここにひとつ緩和規定を置いたということですね。

　また，この「不正リスク対応基準」が，すべての企業の監査に適用するわけではないということもあって，そこから外れる企業における審査については，

他の方法でよいという差を設けたとも考えられます。

いずれにせよ,監査基準上は「品質管理の方針及び手続において,意見が適切に形成されていることを確認できる他の方法が定められている場合には,この限りではない」と書いてありますが,それを推奨するというわけではなくて,状況に応じてそれを容認するということですから,とくにこれまでと大きな変化はないのではないかという気がしています。

監査役等との連携

【町田】もう1つの監査基準の改訂箇所は,監査役等との連携という点です。実施基準・一 基本原則7「監査人は,監査の各段階において,監査役等と適切な連携を図らなければならない」という規定が新たに置かれることとなりました。

先ほどの不正リスク対応基準においても,不正リスクに対応した監査の実施7にて「不正リスクの内容や程度に応じ,適切に監査役等と協議する等,監査役等との連携を図らなければならない」という規定が盛り込まれましたが,監査基準本体を改訂するということは,不正リスクに限らず,また,適用範囲も上場企業等に限らず,財務諸表監査全般に適用されることになります。

この規定についてはどのように評価されますか。また,監査部会でも議論がありましたが,監査役との連携の規定は入ったものの,経営者とのコミュニケーションに関する規定はないままであるということについてはどのように理解すればよいのでしょう。

【八田】日本の場合には古くから三様監査という言い方があって,まず企業内部のガバナンスの問題として監査役,あるいは経営執行の補佐的な役割として内部監査,そしてそういった企業の主体的な対応を前提に外部監査である公認会計士監査があるのだということです。この3つがそれぞれの役割と使命を適切に履行することこそが,適切な企業経営,ひいては健全なディスクロージャー制度が担保できるのだという議論がありますから,この基準に折り込まれるか否かに関係なく,関係当事者との適切な協議はあってしかるべきだと思います。

すでに2007（平成19）年から始まった内部統制監査の場合に，この監査役との関係というのはかなり強調されました。今回，オリンパスの事件を見てみると，やはり会社内部のしかるべき職階の立場の人たちとの情報共有がないと外部の監査人としてはやはり大きな限界を感ずるということから，とくに日本の場合には経営執行の監視役である監査役の役割を重視して，協議することを規定したと思います。

　ただ問題は，本当に独立性と専門性を具備して，自らに与えられている使命を履行するだけの気概をもった監査役であるのかどうかといった，監査役サイドとしての課題は残されているのではないかという気がします。

　また，確かに，監査においては，企業の経営責任者である経営者とのディスカッションやコミュニケーションがもっとも重要なのではないのかという理解もあるわけです。しかし，経営者は執行の側にあって自ら経営を行っているわけで，監査人は，経営者の行動ないしは経営者の行った判断を独立的に評価するという立場であることから，監査基準において監査役同様に「協議しなければならない」と書くのは，若干次元が違うのではないかと思います。

3．今後の展望

適用時期と実務指針

【町田】不正リスク対応基準やH25監査基準は，2014（平成26）年3月期にかかる決算から適用が開始されるとともに，品質管理については，2013（平成25）年10月以降適用されることとなっています。

　3月に基準が確定して，4月から始まる年度で適用というのは，なかなか慌ただしい対応のように思われますが，いかがでしょうか。また，基準ごとの適用時期のズレはどのような意味があるのでしょうか。

【八田】これは，そもそも不正リスク対応基準が，具体的にいえばオリンパス社の事例を踏まえての対応であったこと，したがって，できるだけ社会に対しての説明責任を早期に果たす必要があるということから，基準が確定した翌月

である2013（平成25）年4月1日開始事業年度からの適用になったと理解しています。ただ品質管理については準備段階といいますか，各社各様，また監査事務所の対応もあることですから半年遅れの適用にせざるを得なかったわけで，適用時期としては現実的かなという気がします。

【町田】今後，日本公認会計士協会の実務指針の公表も行われると思いますが，たとえば監査基準委員会報告書240は，その一部が不正リスク対応基準の本文や付録に取り込まれましたので，それらとの階層性をどのように規定するのかという問題もあるかと思います。また，監査役等との連携については，監査役協会との協議も必要かもしれません。

これら実務指針その他に期待されている内容はどういうものなのでしょうか。また，今後，どのようなスケジュールで公表されていくのでしょうか。

【八田】基本的に日本公認会計士協会の実務指針は，その上位概念ともいえる企業会計審議会公表の一連の監査の基準に連動する形，あるいはそれを敷衍する形で策定されています。したがって，たとえば概念上の整理とか，用語上の変更等があった場合には見直しがなされなければいけないということと，もう1つの要請が，これは国際対応という形で，まさに国際監査基準との整合性をもった形で策定されてきているということもありますので，その両方をにらみ合わせる必要があります。実際に，不正リスク対応基準と監査基準委員会報告書240とでは，用語上の違いなどが出てきているようですから，その辺の見直しの必要性はあると思いますが，実質的な部分での見直しはほとんど必要ないのではないかという気がしています。

他方，監査役の問題に関していいますと，まさに監査役制度は日本にしかないわけですから，当然ながら日本監査役協会との関係で実効性のある対応を協議する必要性が出てくるかもしれません。

監査基準の今後の改訂等

【町田】さて，2011（平成23）年の不正事例への対応としての不正リスク対応基準の新設および監査基準の改訂が行われたわけですが，これで不正問題への

対応は一定の決着を見たといえるのでしょうか。また，今後の検討すべき課題があるとすれば，それはいったい何でしょうか。

【八田】不正の問題というのは，古くからあって非常に難しい問題です。これは，一朝一夕に解決できる問題ではないので，今後また監査制度の信頼を失墜させるような事案が何か出るということもあるかもしれません。

　また，短期的な議論としては，積み残しとなっている循環取引に関わる議論としての複数の企業の監査人間の連携の問題，あるいは国際社会でいま進行中の監査報告書の文面の改訂等の問題などが当然ありますので，まだまだわが国の監査基準の見直しは終わりがないというか，まだまだ仕掛り段階だということでしょうね。

第Ⅱ部

監査基準

1. 監査の目的

監査の目的

> **監査基準　第一　監査の目的**
>
> 　財務諸表の監査の目的は，経営者の作成した財務諸表が，一般に公正妥当と認められる企業会計の基準に準拠して，企業の財政状態，経営成績及びキャッシュ・フローの状況をすべての重要な点において適正に表示しているかどうかについて，監査人が自ら入手した監査証拠に基づいて判断した結果を意見として表明することにある。
> 　財務諸表の表示が適正である旨の監査人の意見は，財務諸表には，全体として重要な虚偽の表示がないということについて，合理的な保証を得たとの監査人の判断を含んでいる。

【町田】第Ⅱ部では，監査基準に沿ってその内容を検討していくことにします。

　はじめに，「監査の目的」，いわゆる目的基準のところですが，この目的基準は2002（平成14）年の全面改訂のときに導入されたわけです。

　この目的基準導入の背景としては，いわゆる監査に関する期待ギャップが生じることのないように，二重責任のもとで監査が行われているということ，および，監査が提供する合理的な保証ということについて，監査基準上明記しておきたい，ということがあったわけですね。

【八田】そうですね。それまでの監査基準では，「一般基準」，「実施基準」，そして「報告基準」の3つの体系でできており，そもそも財務諸表監査の目的は何か，ということについての議論は必ずしも基準の上で明示されていなかったということです。

　ただ，わが国の場合には，ゼロの状態から始まった監査制度であったものの，

戦後，公認会計士監査制度の導入に際して，最初に設定された1950（昭和25）年の監査基準の中で，監査の目的や必要性という内容が前文の中で示されていました。したがって，最初は監査関係者に戸惑いがあったかもしれませんが，少なくとも共通認識の下に監査制度が植えつけられたために，一応，監査関係者は，財務諸表監査とは経営者の作成した財務諸表を，独立の立場である監査人が信頼性を保証する業務である，という理解ができていたと思うわけです。

しかし，監査先進国であるアメリカの場合には，20世紀の末期を通じてさまざまな点で監査人の責任が問われたり，あるいは，監査の役割に対する疑問が投げかけられました。そのため，いま一度，国際的な視点に立って財務諸表監査の目的というものを明示すべきではないかということから，装いも新たに目的基準というものが設定されたということで，一番はっきりしている点は，国際的な視点での整合性が図られたということだと思います。

【町田】「監査の目的」の規定として示されている内容は，実は２つの部分に分かれていると思います。

１つは前半部分，つまり，財務諸表監査は，一般に公正妥当と認められる企業会計の基準に準拠して，財務諸表がすべての重要な点において適正に表示されているということを，監査人が意見表明するのだという部分。後半の部分は，財務諸表全体として重要な虚偽表示がないということについて，合理的な保証を得たという監査人の判断が含まれているのだということ。

この２つの関係というのは，どのように理解したらいいのでしょうか。

【八田】監査の目的の基準の中で，いくつか重要な用語があるわけです。まず，それを正しく理解することが必要だと思います。

ご指摘の，前文の第１パラグラフの方の文章では，まず財務諸表をめぐる経営者と監査人との間の二重責任の原則ということが明示されました。つまり，「経営者の作成した財務諸表が」という主語があり，それを監査人が監査をするという点。さらに，その財務諸表の表示内容については，すべての重要な点において適正に表示しているかどうかという観点から，「重要性」という考え方がまさしく重要な意味をもって理解されなければいけないということです。

これは，会計および監査の世界においては，折に触れ重要性の判断が求めら

れているわけであり，端的に見るならば，その情報の利用者の意思決定に影響を及ぼすような場合をもって，われわれは「重要性がある」と考えるわけであって，その点を一応目的の中にも示したということ。これはそれこそ重要な意味をもっているのではないかという気がします。

そのような枠組みで行われる監査の結果，表明されてくる財務諸表の表示が，適正であるという旨の最終的監査意見は，いったいどういうメッセージを発しているだろうか，ということの説明が第2パラグラフであり，ここでは，財務諸表には全体として重要な虚偽の表示がないということ。つまり，「重要な虚偽の表示がない」という意味です。

【町田】第2パラグラフの後段の部分については，いかがですか。

【八田】それは，監査人としては100％保証できるような状況を確保したというのではなく，合理的な保証を得たとの監査人の判断を含んでいるということで，いわゆる「合理的な保証」という用語が登場しています。

つまり，ここでは非常に婉曲的な表現をとっているかもしれませんが，結局，財務諸表の利用者にとって，すべての虚偽の表示がないということをいっているわけではないですよ，と。ただ，逆にいうならば，利用者の経済的意思決定を歪めるような重要な表示については，すべてないということを保証しましょう，ということだと思います。

しかし，もう1点，それは残念ながら，現に行われている監査業務というのが，会計処理のすべての内容を100％吟味・検証するわけではないという，後でも出てきますが，試査という手続を採用するために，与えられた限りある監査資源，つまり，監査時間や人的資源のもとにおいて，一応納得し得るだけのレベルの保証が得られたということから，「合理的な保証」といういい方をしています。

ここでは，基本的にはそれほど難しい意味ではなく，絶対的ではないという意味での合理的だということです。おそらく「絶対」というのは，社会科学の領域においてはほとんど現実性をもたない用語ですから，その意味で，誰もが一応納得し得る判断状況での監査判断であるということを示そうとしているわけであって，書かれている文章は非常に短いのですが，ここでメッセージとして伝えようとしているのは，実は非常に大きな意味をもっているというように

理解すべきだと思います。

【町田】整理しますと，まず第1パラグラフにおける「重要な」という点は，あくまでも財務諸表利用者にとっての重要性であるということ。裏返せば，監査にとっての重要性という考え方ではなく，あくまでも財務諸表利用者の立場に立って監査を行った際の重要性であるということ。また，第2パラグラフの「合理的な保証」というのは，絶対的ではないけれども，「重要な虚偽表示」がないということについて，できる限りの保証を与えたということ。このように理解すればよいわけですね。

【八田】そうですね。

【町田】さて，ここで，この「合理的な保証を得た」という表現が，一般にはあまりよくわからない表現だといわれていますが，この点については，どのように考えたらいいでしょうか。

【八田】H14監査基準の前文・主な改訂点とその考え方での合理的な保証を得たとは，監査が対象とする財務諸表の性格的な特徴（たとえば，財務諸表の作成には経営者による見積りの要素が多く含まれること）や，監査の特性（たとえば，試査で行われること）などの条件がある中で，職業的専門家としての監査人が，一般に公正妥当と認められる監査の基準に従って監査を実施して，絶対的ではないが，相当程度の心証を得たことを意味するということです。先ほど申し上げたように，基本的に監査業務というものを経済社会において，対費用効果の関係の中で行われてくる行為であるということを踏まえたときに，少なくとも，100％吟味した結果の100％保証できる状態ではないという意味で使っているわけであって，決していい加減な，あるいは，若干簡略化した，手抜きをしたレベルでの保証しか得ていないという意味ではないということ，つまり，非常に高い水準の信頼性を確保できるような根拠を得たということが，ここでいう「合理的な保証を得た」という言葉で理解すべきであると思います。

【町田】あくまで「保証を得た」という表現は，監査人が監査手続を実施して相当程度の心証を得て，その心証をもとに財務諸表に対して，監査報告書を通じて保証を付与するということを意味しているわけですね。

【八田】そうですね。

2. 一般基準

専門的能力の向上と知識の蓄積

> 監査基準　第二　一般基準
>
> 1　監査人は、職業的専門家として、その専門能力の向上と実務経験等から得られる知識の蓄積に常に努めなければならない。

【町田】次に、一般基準の内容を見ていきたいと思います。

一般基準1の規定は、いわゆる「専門的能力の向上と知識の蓄積」に対する要請と受け止められるかと思います。

専門的能力の向上と知識の蓄積といいますと、この規定が導入されたH14監査基準の後、2003（平成15）年6月の公認会計士法改正によって、それまで日本公認会計士協会が実施していた継続的専門研修（Continuing Professional Education: CPE）制度が法定化されたということがあります。そのことも含めて、本規定はどのように捉えたらいいのでしょうか。

【八田】まず、一般基準1は、少なくとも監査人としての人的な能力的要件という形で定められた規定であるというように、理解しなければならないと思います。そして、少なくとも、ここで求められている能力要件としては、2つの視点があるということ。

その1つが、専門的能力を保持するとともに、一層向上させなければならないという要請であり、もう1つが、実務経験を踏まえて得られる知識の蓄積に努めなければならない、という2つの要請があるということです。このうちの前者の要請は、いうならば机上での学習がベースになるといった理解であり、

後者はフィールドワーク,あるいはオン・ザ・ジョブ・トレーニングというか,現場での経験を踏まえた上での生きた実務知識を得なければならない,ということです。

ただ,2003(平成15)年の公認会計士法の大改正によって,2006(平成18)年からわが国ではまず第1のハードルである専門的能力の識別を行う,公認会計士試験制度も大幅な変更がなされましたが,それにも増して,激しく変革する経済社会あるいは企業環境の動向と並んで,実務上の生きた知識の習得というのは,欠くべからざるものであるという観点が強調されて,いまご説明のあったCPEと略称される継続的専門教育の研修が十分に遂行されなければならない,ということです。いずれにしても,わが国では,公認会計士法の規定によってCPEが法定化されたということで,監査人にとっては非常に負担の大きい環境が訪れたというように,捉えることができるでしょうね。

【町田】ここで2つの点をとり上げたいのですが,1つは,公認会計士試験についてです。

2003(平成15)年の公認会計士法改正を受けて,公認会計士試験制度も大きく改正されました。従来は,3段階5回方式,すなわち一般教養を問う第1次試験,短答式と論文式の筆記からなる第2次試験,筆記と口述からなる第3次試験から成っていたわけですが,新たな試験制度では,金融庁の公認会計士・監査審査会のもとで,短答式と論文式の1段階2回方式の国家試験に変わりました。第1次試験は廃止され,従来,第3次試験とされていたものについては,日本公認会計士協会のもとでの最終考査が行われることとなっているわけです。

このような新試験制度については,そこで要求される専門的能力,専門的知識の水準に,いかなる変化があったと考えられるのでしょうか。

【八田】これにはさまざまな理由があったわけですが,もっとも大きな理由は,今後日本でも複雑化を増し,さらに,会計というものがより重要になってくる社会的動向を踏まえて,より多くの人材を会計専門職業人,会計プロフェッションと称する世界に受け入れたいということから,単に大学に所属し,学生の時代に勉強するという観点だけではなく,より広く,一般実務社会にすでに身を置いている方でも,再度,会計専門職の道に目を向けてもらいたいという観

点から，裾野を広げるために，ある程度簡略化した試験制度にしたかったということでしょう。

もう1つは，それまでの第1次試験，第2次試験，第3次試験の中で，もっとも難関とされていた試験は，通例第2次試験であり，それが実態的には知識偏重型，あるいは偏差値重視型，あるいは記憶力重視型の試験になっており，

---

column　CPE

近年，企業やその活動が，大規模化，複雑化および国際化してきたことに伴い，監査を担当する会計士にあっても，資格取得時の試験によって要求された知識のみでは，もはや対応できなくなってきている。いまや会計士は，実務を通じての経験とともに，監査基準はもとより，会計基準や情報技術等の監査を取り巻く新たな知識を習得し，自らの職業専門家としての能力の維持・向上に努めなければ，社会から期待される水準のサービスを提供することができない。そこで各国の会計プロフェッションは，自主規制の一環として，継続的専門職業再教育（Continuing Professional Education: CPE）を実施するようになってきている。たとえば，アメリカにおいては，CPEの単位取得が，会計士資格の更新の要件とされているのである。

わが国においても，「継続的専門（CPE）研修制度」が2002（平成14）年4月から，日本公認会計士協会の会則によって義務化されるとともに，2003（平成15）年6月改正の公認会計士法で法定化したのである。同研修制度は，「公認会計士としての使命及び職責を全うし，監査業務等の質的向上を図るため，公認会計士の資質の向上及び公認会計士が環境の変化に適応するための支援」を行うことを目的としており，会員たる公認会計士は，1事業年度に40単位以上の履修単位を取得し，その結果を協会に報告することが義務づけられている。分野は，「倫理・制度」，「会計」，「監査」，「税務」，「コンサルティング」，「非営利」，「業種別」，「その他の能力開発」からなっており，職業倫理等の必修単位も設けられている。また，近年では，インターネットを利用しての電子申告も認められるようになった。

なお，日本では，研修の方法が，「集合研修」，「自己学習」，「著書等執筆」，「研修会等講師」などとなっているが，アメリカにおいては，実務従事者に対して，3年間で120時間の講習を受けることが義務づけられ，さらに，監査業務従事者に対しては，追加的な講習等が求められている。

その試験合格のための教育を担っているのが，大手の受験予備校であるという批判もあり，また，大学および大学院といった正規の高等教育機関とリンクした形での人材育成が必ずしも十分に図られていないという危機感があって，2003（平成15）年の改正がなされたと思われます。

　実質的には，旧来の第2次試験の短答式および論文式の形態が持ち込まれて，現行の公認会計士試験制度になったということです。さらに，その試験に合格後，日本公認会計士協会が自主規制の名のもとに，最終的に登録を可能とするような対応をするために，最終考査を行うということで，その間，たとえば，実務補習なども日本公認会計士協会が行うということから，実質的には改正前の第2次試験合格者に施されるような対応とそれほど大きな変わりはない状況になっています。

　ただ，少なくとも専門的能力に関する部分では，旧来より国家試験が関わる部分がかなり希薄になったということ。裏返すならば，日本公認会計士協会が，自分たちの仲間を養成するために関わらなければならない領域が膨らんだということで，会計プロフェッションの存在意義を明確にするための改革であったとの評価もできます。しかし，現行の試験制度への改正において，その受験資格に関しての教育要件が全面削除されたことは，極めて大きな問題であると思います。一方，より高度な専門性と倫理観が求められる公認会計士の養成が不可欠ということで，新たに会計専門職大学院の設置が要請されたものの，教育用件を撤廃したということから，新たな教育機関として社会的にも十分な責任を果たし得ていないという課題が残されています。

【町田】アメリカでも2002年に制定された企業改革法（サーベインズ＝オックスリー法）のもとで，さまざまな自主規制が準公共的な規制に移されましたが，公認会計士試験の部分だけは，各州の試験実施に関する公的機関の監督の下とはいえ，未だに民間のアメリカ公認会計士協会のもとで実施されています。

　つまり，自分たちの仲間，会計プロフェッションをどのような形で認め，その後教育していくかという部分だけが，アメリカの会計プロフェッションに残された重要なものとして位置づけられているということだと思うのですが，日本の試験制度の改革も，これと同じ考え方であると捉えることができるわけですね。

【八田】そうですね。日本の場合には，学校教育全般がそうですが，社会的な役割，あるいは社会的な水準というものを一定に担保したいという要請のある領域に関しては，官主導型の社会システムになっています。

それに対し，アメリカの場合には50州あって，それらが独立国のようになっており，ほとんどすべてにおいて連邦レベルで統一的な基準を用意するのは，物理的に不可能だということ。あるいは，制度的，歴史的にも違うということがあって，民間主導型の対応が取られています。大学もそうであるし，その最たるものは，必要に応じて民間主導型で自然発生的に生まれてきた，まさしくプロフェッション，会計専門職の養成は，従前どおり民主導型で行っているということでしょうね。

その意味では，日本の試験制度も，自主規制に委ねられる部分が大きくなったということで，評価してよいのではないかと思っています。

【町田】もう1点は，資格取得後の教育に関してです。

一般基準の1では，単に専門的能力を備える，つまり試験に受かる程度の知識を身につけることだけではなく，それを「向上」させなければならないと規定しています。その意味では，資格取得後も，さまざまな新しい会計および監査に関する知識を習得しなくてはなりません。そのような資格取得後の知識の獲得を支援するのが，日本公認会計士協会のもとで当初自主規制として始まり，その後，法定されたCPE制度かと思われますが，これは，単に実務から得られる知識・経験では，十分ではない，ということなのでしょうか。

【八田】以前は，複数回の試験をクリアして，晴れて一人前の公認会計士になると，後は個々人の責任のもとに知識の研鑽・蓄積を行ってもらえばいい，というような流れもあったと思いますが，それではダメだということです。やはり，CPEに象徴される継続的な能力のブラッシュ・アップ，これをもって継続的専門研修ということで，とくに変革激しい経済社会に関わりをもっているような会計および監査業務の専門家たる者は，常に能力要件を高めていくということが要請されてくるのだということです。

そのためには，個々人のレベルで対応するということではなく，いずれまた監査人の本源的な役割についてお話が出るかもしれませんが，少なくとも，監

査というものが不特定多数の一般大衆投資家の保護を前提に，いわゆる公共の利益を保護するために導入されていると考えるならば，誰が担当しても同じ品質，同じ信頼し得る監査結果を導かなければならないということが何にも増して重要なことだといえます。つまり，いずれの公認会計士という個々人のレベルの人たちも，同じように能力要件はブラッシュ・アップしてもらわなければ困るということから，制度的にそれを担保しようということが，まずH14監査基準の中で大枠が示され，実際の対応を日本公認会計士協会で行い，さらに，それを後押しする形で，公認会計士法の中においても法制化が進められた，というように理解することが必要ではないかと思います。

　日本公認会計士協会は，法制化される以前から，いわゆる自主規制機能の発揮の一環ということでCPE制度を導入し，さまざまな取組みをしてきたと思います。それを，公認会計士法の規定によって，年間取得単位数を40単位以上ということで具体的な目標値を定め，全会員に対して周知徹底させる。そのための制度的な改革が実施されたわけです。

【町田】2005（平成17）年には，監査基準が改訂されたほか，商法や商法特例法を全面的に見直す形で会社法も制定されました。そのような新しい制度や新しい実務に対する知識というものを，日々研鑽を積んで身につけていくということが，強く求められているということなのですね。

　このような専門職業人に対する法制化された再教育システムというのは，日本では稀なのではないでしょうか。

【八田】そのとおりですね。実は，他の専門職，いくつかのものが考えられますが，たとえば医師，法曹人である弁護士，あるいは税理士など，一般にプロフェッションといわれるさまざまな専門職の中にあって，継続的専門研修が法制化され義務化されている職業人は，公認会計士だけです。

　その意味で，いかに社会的に大きな期待と責任を背負っているかということを，公認会計士および公認会計士を目指す人たちは大いに自覚すべきであると思います。

> **column** 『企業改革法』（Sarbanes-Oxley Act of 2002：2002年サーベインズ=オックスリー法）
>
> アメリカにおいて，2001年12月のエンロン社の経営破綻を契機として生じた会計不信を一掃するべく，2002年7月30日に異例の早さで成立した法律。正式名称を『証券諸法に準拠し，かつ，その他の目的のために行われる会社のディスクロージャーの正確性と信頼性の向上により投資家を保護するための法』というが，議会における上下両院の法案提出者の名前を冠して，『2002年サーベインズ=オックスリー法』と略称される。同法では，公開会社会計監視委員会（Public Company Accounting Oversight Board：PCAOB）の設置，監査業務と非監査業務の同時提供禁止，決算宣誓書の提出，内部統制報告制度の導入，企業不正に対する刑事罰の強化などが規定されている。
>
> とくに，同法のもとで新設された，会計プロフェッションに対する新たな監視機関であるPCAOBは，従来のアメリカ公認会計士協会が自ら設置した第三者機関である公共監視審査会（POB）とは異なり，証券取引所委員会（SEC）の管轄下の準公的機関として位置づけられる。PCAOBは，従来，アメリカの会計プロフェッションによって担われてきた監査基準や倫理基準等の設定についての最終的な承認権限を有するほか，監査業務等に対する調査権限，会計士に対する懲罰の権限等をも有している。

独立性

> 監査基準　第二　一般基準
>
> 2　監査人は，監査を行うに当たって，常に公正不偏の態度を保持し，独立の立場を損なう利害や独立の立場に疑いを招く外観を有してはならない。

【町田】次に，一般基準2ですが，これは，いわゆる独立性の規定というように受け止められるわけです。独立性の問題については，昨今の会計不祥事に伴って大きな注目を浴びていますが，この点についてはいかがでしょうか。

【八田】いずれの国においても，「監査人の独立性」に関する規制内容が，監査基準の中に含められていないものはないというぐらいに，いわば監査業務の生

命線ともいえるのが,「独立性」ではないかと思います。もっと端的にいうならば,独立性なき監査は無益どころか有害であるというように,私は考えています。

ただ,問題は,ひとことで「独立性」といっても,なかなかその内容,あるいは理念的な枠組みを理解することは難しいわけです。一応,わが国の一般基準では,「常に公正不偏の態度を保持する」ということと,もう1つが,「独立の立場を損なう利害や独立の立場に疑いを招く外観を有してはならない」という,2つの範疇で独立性というものを規制しているものと捉えることが必要ではないかと思います。

つまり,監査論の勉強をすると必ず独立性の議論が出るわけです。そして,それは国を問わず,独立性には2つの概念があるということで説明されているわけです。

議論のはじめに,それについて説明してもらえますか。

【町田】はい。まず,「常に公正不偏の態度を保持する」というのは,いわゆる実質的独立性,もしくは精神的独立性といわれている部分で,監査人が監査実務を行うに当たって,あくまでも公正不偏の態度を保持した状態で,対象となる企業あるいは経営者等に対して独立的な立場から,自らの良心とさまざまな規定・規則に従って監査を行わなければならない,という監査人の内面を規定したものであると考えられています。

そして2つ目が,「独立の立場を損なう利害や独立の立場に疑いを招く外観を有してはならない」とされている,いわゆる「外観的独立性」の部分です。この「外観的独立性」といわれるものについては,さらに2つのレベルがあるといわれています。

第1段階のレベルとしては,身分的・経済的独立性のレベル。すなわち,対象となる企業や経営者に対して,身分関係あるいは経済関係の上で密接な間柄にあってはいけない,という客観的な規準によって規定される部分です。

しかしながら,外観的独立性には,それを上回るより高次の独立性が求められるわけで,それが,第2段階のレベル,イメージとしての独立性なわけです。つまり,監査人が,財務諸表利用者,あるいは社会一般から見たときに,企業

や経営者との間で何か特別な利害があるのではないかというような，何らかの疑いを招くような外観を呈してはいけない。「李下に冠を正さず」ではないですが，監査の根幹に関わる独立性の問題に疑念を差し挟まれるようなイメージを示してはいけない，ということから，監査人に対してはより慎重な対応が求められることになります。

【八田】そのとおりですね。

昔，監査論の勉強をしたときには，いわゆる経済的・身分的な部分での独立性というのは，ある程度法律や規則等を通じて識別することができるため，それを制御ないし確保することができるものであると教えられたものです。翻って，精神的，あるいは判断という部分での独立性は監査人の心の内の問題であって，外部から第三者が規制することができないということから，そのすべてを当事者である監査人に委ねていた，ということです。逆に，委ねることによって，その監査業務を担う監査人に対して，崇高な社会的役割を与えたというように理解したわけですが，やはりそれは少しおかしいのではないかという疑念が生じ始めるのが，20世紀末頃からの議論です。

つまり，単に身分的ないしは経済的な利害関係，あるいは企業との間の親密な関係というものを断ち切れば事足りるというのではないということなのです。実は第三者は，そうした形式的な部分での独立性以外についてはまったく知る由もなく，外から見ていて，あの監査人は本当に企業とは，あるいはいずれの利害関係者とも癒着を断ち切ったレベルで，客観的な視点で監査判断を行っているかどうかということを知るために，形式的な独立性を超えた，見た目での独立性という視点から，すなわち，少なくとも疑わしきは避けるという観点から，外観的な部分での独立性という視点が，1つ強調されたということです。

そして，もっと重要なのは「判断の独立性」と呼ばれる精神的な部分で，これも非常に重要です。しかし，ここについても，ある程度足並みを揃えることができるならば，監査基準を超えて，もっと次元の高いレベルでの規制も必要ではないかということから，実は，日本公認会計士協会は倫理規則の中において，この精神的な部分に関する規制に関わるところをいくつか規定しています。したがって，「独立性」という問題は旧来にも増して細分化，あるいは具体化

されながら規制強化の流れを示すようになってきた，ということは特筆すべきではないでしょうか。

【町田】いまのお話ですが，まず公認会計士法では，2007（平成15）年の改正時に第1条において公認会計士の業務は「独立した立場において」行わなければならない旨が明記されました。その他，公認会計士法が定める各種の独立性規定を受けて，いわゆる利害関係府令として詳細な監査人の独立性に関する規定が置かれており，また，日本公認会計士協会でもさまざまな倫理規則，あるいは自主規制としてのルールが示されるなど，幾重にも監査人の独立性の規制が置かれているように思います。このことが一般にどの程度知られているのか，という疑問もあるわけです。

ただ，一方で，社会でよくいわれることは，結局，監査人は，報酬を会社からもらっているのだから，その限りにおいては，いつになっても絶対的に独立になることはないのではないか，という批判的なコメントもあります。その点については，どのように考えたらいいのでしょうか。

【八田】確かに，先ほどから見てきたように，監査基準で要請している独立性の一要件に，いわゆる「外観的独立性」があります。そこでの中核は，身分的ないしは経済的な独立性というものであり，この経済的な独立性は，まさしく被監査会社との金銭的な結びつきという点に問題があるわけで，現に監査人は，その結びつきの当事者である被監査会社から監査報酬を得ているということなのです。百歩譲って，それは手続上の問題であるから仕方がないといっても，逆に第三者が監査人というものに信頼を寄せようとする場合に，いわゆるイメージとして，つまり外観として見たときも，やはり一般論からいって，報酬の支払を得ている相手先に対して，耳の痛いような監査意見を述べることはできないのではないかということから，何らかの形でこれを規制しなければならないという要請があるのは，自然な姿かもしれません。

そこで，公認会計士法も，アメリカの従来の規制に倣って，新しく，一定期間の年限を限って監査責任者の交代（ローテーション）ということを要請したわけです。これは，見える形で監査人の独立を担保したいということの現れです。そして願わくは，一定期間で交代を行わせることによって，精神的な部分

での判断についても，新しい視点で監査人が監査をすれば，またフレッシュな気持ちで的確な判断も行われるであろう，ということの要請があったと思います。

　ただ，そうはいうものの，結局は，現に求められている監査人の交代は，同一事務所の中における監査責任者の交代であって，事務所ごとの交代ではないということです。そのため，監査人の独立性を強化するためには，一定期間を上限として監査法人そのものの交代が必要ではないかということもいわれています。

【町田】監査報酬をクライアントが支払うという問題については，たとえば，アメリカの公開会社会計監視委員会（PCAOB）が上場企業や会計事務所から資金の拠出を受けて運営されているように，1度どこかに上場企業からの拠出金をプールして，それをもとに監査報酬の支払を行うというような考え方もあり得るわけですね。

　また，監査事務所自体のローテーションの問題についても，2005（平成17）年に発覚したカネボウの粉飾決算事件のように監査人の独立性の喪失に関わる問題事例を受けて，政治的な場などで，非常に強く主張されました。最終的には，2007（平成19）年の公認会計士法改正によって，大規模監査法人，すなわち，上場企業を100社以上担当している監査法人に限ってですが，筆頭業務執行社員の5年ごとの交代制が導入されたことで一応の決着を見ました。「外観的独立性」というからには，社会の人々が監査人を独立的と見るか，あるいは，この規制では不十分だと見るかによって，今後，制度面での改革もいろいろ変わっていくことになるのでしょうね。

【八田】まったくそのとおりですね。

　社会科学の領域での議論をするとき，日本人の好きな言葉に「先例に従う」あるいは「前例を重んじる」ということがよくいわれます。私は決してその考え方を否定するわけではないですが，その「前例」となったときの社会経済環境と現時点の社会経済環境が激変している場合，逆にそれは前例に従うことが過ちであるということも1ついえるのかもしれません。

　そう考えたときに，おそらく20世紀までの経済社会の変化の速さと，21世紀

の経済社会の変化は，数倍速まっているというように実感するわけですから，いまご指摘のように，この監査契約の当事者，あるいは監査報酬の支払先，監査報酬の支払形態も，これまで現に行われている姿がすべてベストであるということは，必ずしもいえないということで，その時代，その時点における関係当事者の合意と社会的な信頼が得られるような，より良い選択肢を模索することは，当然，その時代に生きている者にとっての役割ではないでしょうか。

正当な注意と職業的懐疑心

> 監査基準　第二　一般基準
>
> 3　監査人は，職業的専門家としての正当な注意を払い，懐疑心を保持して監査を行わなければならない。

【町田】次に，いわゆる「正当な注意」と「職業的懐疑心」について考えてみたいと思いますが，まず，「正当な注意」とは，簡単にいうとどういうことなのでしょうか。

【八田】これも基本的に，ある一定以上の責任をもった立場にある人たちが，組織の中において，あるいは業務を遂行していく上において，必ずや保持しなければならない義務として，通例，わが国の場合，民法では善良なる管理者としての注意義務，「善管注意義務」というのが定められており，ほぼこれに相当するものであるという理解がされるわけです。

　ただ，それは何も，会計および監査といった専門職業人の業務を前提に議論されているわけではありませんから，われわれは，監査基準でいう正当な注意というのは，より高い水準の注意義務ではないかという理解をしています。一方，監査人が後日，何らかの法的責任を問われたという場合には，やはり法律上の根拠づけを求めることになると，公認会計士法上の規定もさることながら，基本的にはまず，この民法上の規定に遡るであろうということですから，通例は，民法上の注意義務にほぼ相応するのではないかというのが，一般的な理解

ですね。

【町田】「正当な注意義務」と呼ばれる部分については，いわゆる監査訴訟，つまり，監査人が訴訟で訴えられ，正当な注意を払っていたかどうかという際に，監査基準，あるいは実務指針も含めた監査の規範全般に従って監査が行われていたかどうか，ということで判断されるわけですね。

　一方で，よくいわれることですが，監査人の場合は，民法の一般的な善管注意義務と違う点もあるわけです。まず，契約当事者である会社に対する責任だけではなく，第三者である財務諸表利用者に対する責任も負っているということ，また，監査業務は非常に専門的な内容を有するものですから，監査人が正当な注意を払っていたかどうかについての挙証責任は，監査人の側にあるということがあります。

　そういう点も考え合わせると，この正当な注意義務というのは，監査人の責任を考える上で，非常に重要であり，また重い責任を課しているということになるかと思いますが，いかがでしょうか。

【八田】そのとおりですね。

　監査業務についていま一度具体的な吟味をするならば，その監査人が正当な注意を行使して監査を行ったか否かということを確かめるために，大前提として，監査報告書に責任に関するどういうメッセージが発せられたかということを見てみると，よくわかると思います。それは，監査報告書には監査人として1行のみ，つまり，「一般に公正妥当と認められる監査の基準に準拠して監査を行った」といっているわけです。そして，金融庁が定めている監査基準は，このうちの中核になるものであって，それだけではないわけです。それに準拠しているということが，広い意味では正当な注意を履行したということだと思います。

　その意味で，実は「正当な注意」という問題は，監査業務全般にわたって，そして，先ほどの指摘のとおり，監査人の最終的な責任の当否を判断するための最後の砦として，これが検討されてくるだろうというわけです。翻って，どこまでやっていれば監査人は免責されるのかという問題があるわけですが，残念ながら，必ずしもわれわれは明確なものを持ち合わせていないわけです。

なぜならば,幸か不幸か,これまでのわが国の監査社会においては,法の場において,監査人が正当な注意の履行に関して議論された場面がほとんどないからです。いわんや,「一般に公正妥当と認められる監査の基準」に準拠して行ってこなかったのではないかというようなことを理由に,監査人の責任追及がなされたという場面は寡聞にしてない,というのがわが国の実態なのです。

そうなってきますと,本当にどこまでやっておけば,どこまで注意義務を行使しておけばよいのか,逆にいうならば,どういう場合に注意義務を怠ったのか,ということを知ることはなかなか難しいといわざるを得ません。したがって,敢えていうならば,先ほど申し上げた,たとえば継続専門研修,あるいは事務所内におけるオン・ザ・ジョブ・トレーニング,さらには品質管理といった実践的な問題の中で,名実ともに胸が張れるような監査環境といいますか,責任を履行したと自負できるような状況を用意しておくこと,これが監査人にとっての最後の手段ではないかという気がします。

【町田】いまお話にありましたが,「一般に公正妥当と認められる監査の基準」といういい回しですが,これは敢えて「監査の基準」と記載されているように,監査基準だけではなく,監査基準を含めた幅広い監査規範を指しているわけですね。この点は,一般にはなかなか理解し難い点かと思います。

さらに,基準上書かれているからといって,それを果たしていればすべて監査人の責任が免除されるというわけではなく,もしも監査基準に書かれている内容が,社会の期待,あるいは,実際に社会から要請されているレベルには,まだ届かない,及ばないものであったとすれば,監査人は,監査基準の文言を超えて,実践の中で対応することを迫られる場面も生じてくるように思われるのですが。

【八田】それもあり得ますね。

なぜならば,「一般に公正妥当と認められる監査の基準」の中に,明示的に文書化されたものとして,明らかに具体的な内容まで示されているものが入っているわけですが,明示的に文書化されていないような行動規範として,一般に認められる監査の実務的な慣行といったものまで,監査の基準というものに入っていると考えたときに,非常に悩ましいものがあるわけです。

それは残念ながら、社会科学の中でも、とくに経済社会に関わる問題でいうならば、私は、基準や規則というものは過去の、そして、その時点までの状況を踏まえて策定されているものであって、明日からの出来事、あるいは未知の状況、さらには、新たに生起するような活動内容についてまで、すべてに網をかけるようにルールが策定できるものではないということがありますから、仕方がないと思っています。

やはり、こうした実務的な慣行というものも踏まえて、それに依拠していかなければならないわけですから、専門職に関わる者は、自分たちの行動規範については常に最新のものを理解し、それに準拠するような対応を取っておかないと、思わぬ場面で責任追及がなされるというおそれも多分にあると思います。

【町田】さて、次に、一般基準3の後段の「懐疑心を保持して監査を行わなければならない」という点についてですが、これは一読すると当たり前のことのように読めるわけですが、実は2002（平成14）年の全面改訂のときに、初めて一般基準として明記されたものなのですね。

この懐疑心というのは、海外では、職業的懐疑心（professional skepticism）と呼ばれて、不正の発見との関連で位置づけられるものかと思います。日本の監査基準でも同様に、監査の実施の全般にわたって懐疑心を保持して、不正等の発見につとめなければならない、という考えのもと、一般基準に盛り込まれたものかと思います。

この「懐疑心を保持」することの意義というのは、どういう点にあるのでしょうか。

【八田】日本語の日常会話で、あまり「懐疑心」などという言葉を耳にする例はないと思います。逆に、「猜疑心」などという言葉の方が、一般に使われるかもしれません。言葉の意味を詮索するわけではありませんが、猜疑心というのは、おそらく、最初からネガティブなイメージをもって事に当たっていくということで、良い意味では使われないようです。つまり、最初から不信感をもって、あるいは、明らかに強い疑念を抱いて事に当たる場合に使うのではないかと思います。

翻って、「懐疑心」という言葉。先ほど申し上げたように、わが国ではあま

り耳にしないわけですが、これは字を読めばわかりますが、常に心の中に疑ってかかる態度を忘れないで抱き続けるということですが、先ほどの猜疑心とは違い、基本的には先入観をもって事に臨んではいけないということ。是は是、非は非という形で、自分の目で見、頭で考え、自分で納得した段階で判断を行いなさいという、すべてプロとして、他力本願的に判断を行うのではないということを要請するものといえるのではないでしょうか。

したがって、いまご指摘のように、アメリカでも不正の発見に対する対応に関して監査人の責任が問われたときに、監査基準書の中にこの用語が入ってきたわけです。それ以前には、企業経営者が責任をもって作成する財務諸表の監査をするときに、「経営者は誠実である」という大前提を置いて監査を行ってきたのに対し、経営者は誠実であるとも、誠実でないとも、最初から決めてかかってはならず、自分の目で確かめなさいといった警鐘を鳴らす意味で使われた言葉であると、私は理解しています。

【町田】そうしますと、監査人の懐疑心、あるいは職業的懐疑心というのは、経営者の誠実性に対する監査人の心証と読みかえることもできるわけですね。

少し説明的になりますが、監査の歴史を振り返りますと、かつて、内部統制アプローチと呼ばれる監査手法がとられていた時期がありました。そこでは、監査人は、経営者は誠実であるという前提に立って、財務諸表が会計基準に従って作成されているかどうかだけを見ていたわけです。それが、近年、リスク・アプローチと呼ばれる手法をとるようになって、経営者に対する心証としては中立の立場、つまり、経営者については誠実であるとも不誠実であるとも前提としないで監査に臨もう、ということになり、そしていまや、より経営者不正の発見に重点を置く立場から、別に経営者を疑ってかかるという意味ではありませんが、監査の実施に当たっては、その全般にわたって、職業専門家としての懐疑心を保持することが求められる、という段階に至っている。こういう歴史的な背景もあるわけです。

現行監査基準では、監査人が不正問題に取り組むことがより一層求められているわけですから、懐疑心の保持は、監査人にとってのもっとも重要な考え方であるといえますね。

【八田】そうですね。たとえば，前年度まではとくに問題もなく財務諸表が作成され，経営者も非常に忠実かつ誠実に財務情報を開示してきた。たまたま，ある理由で経営危機が訪れたことから，それを克服するために経営者は，従業員，あるいは取引先，関係者を救わんがために，さらには，自己弁護的な発想のもとに粉飾を行うかもしれない。

ところが監査人は，従来からあの経営者は誠実であったというような前提を置いてかかると，そのように大きな粉飾，あるいは虚偽の表示を見落としてしまう可能性がある。ならば，いま一度白紙の状態に立ちかえって今年度の監査に当たれということを要請したのが，職業的懐疑心だと思います。

そして，それがさらに進んで，最近の企業において露呈している大きな不祥事のほとんど，あるいは粉飾決算のすべてといってもいいですが，それは必ずや一定レベル以上のトップが絡んでいる。これまで親しく協調関係で事に当たってきた当事者に騙されるというのが，今日監査人の置かれている状況です。

したがって，そうした結果を踏まえて，監査人サイドから「われわれは経営者に騙されていた」という抗弁をもって，監査責任を免除してもらおうというような向きもありますが，決してそれは容認されないということで，実は，この「職業的懐疑心の保持」という言葉は，いまもっとも監査人に求められている精神的支柱ないしは気概ある監査人としての態度であろうというように理解しています。

ただ，本規定が新設された後もわが国では経営者が関与した不正は無くなることがなく，また，大きな社会問題にもなったことから，2013（平成25）年3月には，別途，「監査における不正リスク対応基準」が設定されました。これについては，別に検討しましょう。

不正・違法行為

> 監査基準　第二　一般基準
>
> 4　監査人は，財務諸表の利用者に対する不正な報告あるいは資産の流用の隠蔽を目的とした重要な虚偽の表示が，財務諸表に含まれる可能性を考慮しなければならない。また，違法行為が財務諸表に重要な影響を及ぼす場合があることにも留意しなければならない。

【町田】一般基準4は，いわゆる「不正」または「違法行為」の規定といわれるところです。

はじめに，一般の方にはこの「不正」と「違法行為」の区別がなかなかつかないように思いますが，この峻別はどのように図ればいいのでしょうか。

【八田】不正と違法行為の意味，あるいは，相違については，H14監査基準の前文では，「不正等に起因する虚偽の表示への対応」という説明が参考になります。

ここで用いられている前段の「不正」という言葉は，不正な報告，あるいは資産の流用の隠蔽を目的とした重要な虚偽の表示ということで，少なくとも財務諸表数値，あるいは財務諸表の表示に影響を及ぼすような不当行為，これがいわゆる「不正」であるというように理解できるのではないかと思います。

それに対し，「違法行為」というのは，財務諸表に影響を及ぼすものもあれば，まったく違った観点で他の関係諸法令の非違行為も含んでいるわけであって，少なくとも監査上は使い分けをしていると思います。

現に，監査人が関わるのは基本的に財務報告，あるいは財務諸表の虚偽の表示の原因となる行為，あるいは，その結果。これが中心になるわけで，少なくとも，監査基準で規定されている違法行為も，そのように限られた範囲での理解をすべきではないかという気がします。

ただ，違法行為が，直接的に財務諸表数値に影響を及ぼさなくても，回りまわって間接的に財務報告の虚偽表示につながるという場合もあるかもしれないということから，少なくとも，財務報告における「不正行為」と「違法行為」

というものを，100％明確に峻別して議論することはできないのではないか，ということもいえると思います。

その意味で，この「不正」と「違法行為」については，さまざまな見方がありますので，ここで代表的な見方を確認しておきましょうか。

【町田】はい。まず「不正」というのは，ここに示されているように，不正な財務報告と資産の流用の2つに分けられます。それらを行う主体としては，経営者と従業員のいずれもあるわけですが，主に監査の対象になるのは不正な財務報告，とくに経営者による不正の部分になります。

では，違法行為についてはどのように考えるかというと，財務諸表の数値に直接的かつ重要な影響を及ぼすもの，たとえば，税法違反などの問題は，繰延税金資産の算定に直接的な影響を及ぼすことになりますが，その一方で，財務諸表の金額に間接的な影響を及ぼすもの，たとえば，労働基準法に対する違反，あるいは環境規制への違反といったものは社会制度上の重要性は別として，財務諸表への影響は必ずしも直接的ではありません。これらのうち，監査が主に対象とするのは，前者の財務諸表の重要な虚偽の表示の直接的な原因となる違法行為，不正問題につながる違法行為なわけです。

言い換えますと，不正の問題はすべて監査上の問題であるけれども，違法行為については，監査人の責任範疇から外れる部分があるわけです。不正と重なる部分は，当然「不正」の範疇で扱わなければならないけれども，不正に含まれない違法行為については，あくまで監査人の責任が限定されるという扱いを受けているかというように思います。

したがって，監査規範における違法行為の基準というのは，海外においても日本においても，監査人の責任範囲の限定を図る規定であるとも理解されるものだと思います。

【八田】監査人は，会社のすべての情報にアクセスすることが可能だということから，ほかの誰よりも，会社の内部で生じているさまざまな不当行為，違法行為にいち早く関わる，あるいは，それを発見する立場にあるであろうという期待が社会からもあるし，現実にそういう状況は見て取れると思います。

したがって，財務諸表監査の名のもとに行われている監査業務ではあります

が，財務諸表とは直接関わりのない違法行為であっても，それを発見する場面というのは多々あるのではないか。そのときに，監査人はいかなる行動を取るべきか，ということがよく問われており，そのため，一定期間内にしかるべき報告をすることが求められる傾向にあるといえるでしょう。

しかし，気をつけなければならないのは，日本の場合はほかの国に見られない，非常に変わった株式会社における監視機構があるということです。それは，現行の規定でいうならば，会社法第381条（監査役の権限）の規定に基づいて，監査役に与えられた監査権限として取締役の職務執行に関する監査，すなわち会計監査権限に加えて業務監査権限を担っているということです。

そのように考えるならば，少なくともここで考える違法行為，それが全社的に影響を及ぼすような，経営サイドにおける違法行為ということにもしも限定するならば，それを摘発，発見，防止，場合によっては差し止めるというのは，まさしく監査役の本来の使命であって，外部監査人の使命ではないという捉え方もできるわけです。

しかし，残念ながら，この監査役が十分に機能していないという指摘もあることから，ならば，共同して外部監査人である会計監査人にもそのような役割を負わせるべきではないか，ということがあるわけです。これは非常に悩ましい問題ですが，制度上の見直しをしておかないと，結果的に監査人は板ばさみになって，非常に厳しい環境に置かれるということで，ここはやはり制度上の欠陥ではないかというような理解をしています。

【町田】違法行為の通知・通報に関しては，財務諸表監査の過程で監査人が発見した不正・違法行為等について，2007（平成19）年に新たに金融商品取引法に規定された第193条の3において，企業側に通知して適切な対応がとられない場合には，最終的に，規制当局，すなわち金融庁等への通報を義務づけられました。これは，国際監査基準の不正に関する基準であるISA240，あるいは，アメリカで監査人の責任に関する規定を置いている1995年の民事証券訴訟改革法にも見られる規定ではありますが，ISA240では，必ずしも各国の法制度が一様ではないことから，各国の法制度が認める範囲で，という規定となっており，一律に義務づけられてはいませんし，日本でも，従来はISA240の当該規

定に対応してこなかったわけですが，2007（平成19）年の金融商品取引法の改正によって，監査人は，違法行為の問題に関して，新たな，そして非常に重い責任を課せられることとなったといえるのではないでしょうか。

【八田】まったくそのとおりですね。ご指摘の金融商品取引法第193条の3の規定は，第1に，法令違反等事実が，企業の財務計算に関する書類の適正性の確保に重大な影響を及ぼすおそれがあることということで，会計問題に限定していること，第2に，いま，ご指摘のとおり，企業側が適切な措置をとらないことということで，企業側の措置を待って，それでもなお対応がとられない場合の緊急避難的な規定であることという，2つの限定がついていますが，財務諸表に対する意見表明が主たる役割である監査人にとっては，第2義的な違法行為への対応という部分で，非常に大きな法的責任を課せられたと捉えるべきでしょう。

> **column　国際監査基準**
>
> 　国際監査基準（International Standards on Auditing: ISA）は，会計プロフェッションの国際的な自主規制組織である国際会計士連盟（International Federation of Accountants: IFAC）のもとで公表されてきている。
>
> 　現在のISAは，1994年に，IFACの専門委員会の1つであった国際監査実務委員会（International Auditing Practices Committee: IAPC）が，1980年1月から1990年7月までに公表した29の国際監査ガイドライン（International Auditing Guideline: IAG）を整理，体系化し，集成国際監査基準書（Codification of International Standards on Auditing）として公表したものがベースとなっている。
>
> 　その後，IFACの組織変更を受けて，ISAの設定は，2002年4月より活動を開始した，国際監査・保証基準審議会（International Auditing and Assurance Standards Board: IAASB）によって行われている。
>
> 　なお，IAASBが公表している会計プロフェッションの業務規範としては，ISAのほかに，国際レビュー業務基準（International Standards on Review Engagements: ISRE）および国際保証業務基準（International Standards on Assurance Engagements: ISAE）等がある。

監査計画・監査調書

> 監査基準　第二　一般基準
>
> 5　監査人は，監査計画及びこれに基づき実施した監査の内容並びに判断の過程及び結果を記録し，監査調書として保存しなければならない。

【町田】一般基準は，2005（平成17）年の改訂での追加部分も含めて全部で8つありますが，そのうちの1から3までの基準は，いわゆる監査人の人的基準であると捉えることができます。それに対して，4以降は，いわゆる監査業務全般に関わる基準であろうということで，少し色分けをして考えていく必要があると思います。

この一般基準5は，いわゆる「監査計画」の規定と読めるわけですが，2005（平成17）年の改訂において，監査計画が連続的かつ反復的なプロセスとして規定されました。そのことによって，監査計画の重要性というのは，より一層増したというようにも考えられます。

また，「監査調書」についても，品質管理基準において，監査法人内の審査過程の議事録等も，公認会計士法上，監査調書として位置づけられるという規定になっていることから，重要性が非常に増しています。

一般基準5について，その点はいかがでしょうか。

【八田】一般基準5ですが，ご指摘のように，監査計画およびそれに基づいた実施内容等々につき，監査調書として保持するということから，少なくとも，監査人が行っていく，あるいは行っている監査業務の内容を，後日，正しく説明責任が求められた場合，あるいは，第三者を中心とした業務内容の品質管理を中心としたレビューやモニタリングがなされる場合に備えて，こうした規定は非常に大きな意味をもつのではないかという気がします。

旧来は，限られた監査チームの中でしか，この「監査調書」というものは目に触れないと一般にいわれていたわけですが，ご承知のように，公認会計士法においては，後日，日本公認会計士協会が行う品質管理レビュー，さらには，

それを踏まえた公認会計士・監査審査会のモニタリングといったときの，その検証対象といいますか，吟味対象は，まさしく監査業務の内容を記した「監査調書」にあるということですから，非常に大きな意味をもってくるというように捉えることができます。H14監査基準が改訂された時点では，2003（平成15）年の公認会計士法改正案が成立していませんでしたが，改正後の公認会計士法を踏まえた段階で，もう一度この5の基準を考えてみると，非常に意味深長な規定であるということが理解できるわけです。

　なぜそのような感想をもつかといいますと，実はH14監査基準のときに，一般基準の1つにこの監査計画を踏まえた監査調書の保存という規定が入ったわけですが，旧来これは，いわゆる実施基準と呼ばれる，監査の実施プロセスの中に入っていただけであって，監査全般にかかるような重要基準としては位置づけられていなかったという状況にあったからです。それが一般基準に格上げになって入ってきたということがありましたから，そして，それがまさにいま重要な意義を有する基準として日の目を見たということがいえるのではないでしょうか。

【町田】この監査調書の点ですが，かつて私たちが監査論を学んだときには，「監査調書は証拠の塊りである」と教えられました。つまり，監査調書とは，監査人の証拠活動の結果をすべて跡づけるものである，と。

　ただ，最近の監査実務は，いわゆるノートPCを駆使しての調書作成，あるいは監査マニュアルに従って入力していくという作業が求められるわけですから，従来の紙に書かれた調書への記入といったものだけではなく，さまざまな媒体での調書が想定されているわけです。また，今般の監査基準では，後で見る「品質管理基準」との関係もあって，その「証拠の塊り」という意味が拡張されて，審査プロセスの記録等も含めて「監査調書」と規定されるようになりました。

　このような意味で，この監査調書の問題については，若干，従来の議論からは，意味が変容してきたように思われますが，いかがでしょうか。

【八田】旧来のように文書化されたもの，あるいは紙媒体で記録されたものが「監査調書」であるという場合の意味合いと，今日のように，おそらくブラックボ

ックスで目に見えない，たとえば，ノートPCの中のハードディスクやDVD，CD-ROMなどに保存されているものとは，少し意味合いが違ってくるのではないかという気がします。

　そういうことで，実は監査調書というのは，何も保存したものをすべていっているわけではなく，結果的にそれが監査人の意見形成に何がしかの形で関わりをもったとき，これが監査調書であるというような理解をしています。

　したがって，それが監査証拠という意味合いをもってくるのであって，たとえば，企業側から必要な書類をもらって，ホチキスで綴じて保存してあったというのは，監査調書でもなんでもない。つまり，なんの証拠力もないわけです。その辺を誤解してもらっては困るということが，第1点としていえるのではないかと思います。

　つまり，そのためには，監査調書の本来の意味を担保するためには，必ずや監査調書は記載ないしはそれを蓄積した者以外が査閲をしなければなりません。レビューされた監査調書でなければ，それは本来の監査調書とはいえないと私は思っています。

　したがって，監査調書の査閲という問題は，監査現場においても十分な意味をもってくるし，さらに，それを集約させた結果，監査意見が形成されてくるときに，審理や審査という形で，事務所全体としての監査意見を述べる場合には，いま一度この監査調書の作成プロセス，あるいは作成内容，そこで盛られていた情報などを再吟味することで，誤りのない，リスクを負わない監査意見表明を行うというわけですから，まさに，先ほどの説明のとおり，私はいまでも，監査調書とは何かと問われたら「監査証拠の塊り」と答えたいと思っています。

【町田】　もう1点，監査調書については，保存ということの重要性もあると思うのですが，これは，先ほども出ました監査訴訟との関連で，監査調書を一定期間保存しなければならないということかと思います。

　思い起こすのは，エンロン事件の際にアーサー・アンダーセン会計事務所が，エンロン社の監査に関する監査調書をシュレッダーで破棄したということが伝えられているわけです。その後，裁判では，それが証拠の隠蔽に当たるのか，

それともそのような意図で行われたものではなかったのかが争われ，2002年6月に地裁で有罪判決が下されたのですが最終的には，2005年5月に最高裁において無罪判決が下されています。いずれにしても，監査人にとっては，監査調書の一定期間の保存ということは，厳に求められなければならないということですね。

【八田】そのとおりですね。

よくいわれるのが，法律的な「時効」や「免責」という観点で，この監査調書，いわゆる保存された記録内容を一定期間，どこまでそれを保存すべきか，という議論が昔からありました。これについては，商法の商業帳簿に関する保存期間が10年という規定がありますので，おそらくそれに該当するのではないかということがいわれています。

ただ，それ以外にも，刑事罰における時効の問題や，租税法上の時効の問題というものもあり，何年ぐらいかなというのがあるわけで，常識的には5年が最短であり，5年〜10年ぐらいだ，と。ただ，法律上の判断からいうならば，10年が保存期間ではないかということがいわれており，その間，その保存に関しても秘密保持の観点から，十分な管理が必要であろうというようにいわれているところです。

監査の品質管理

> 監査基準　第二　一般基準
>
> 6　監査人は，自らの組織として，すべての監査が一般に公正妥当と認められる監査の基準に準拠して適切に実施されるために必要な質の管理（以下「品質管理」という。）の方針と手続を定め，これに従って監査が実施されていることを確かめなければならない。

【町田】一般基準6は，従来，一般基準7と統合されていた規定から，H17監査基準において独立して規定されることとなったもので，監査事務所における品質管理を求めています。この規定および一般基準7を拠り所として，「監査

に関する品質管理基準」というものが別途置かれることになったわけです。

　そもそも監査における品質管理というのは，特別な意義があるように思われます。といいますのも，監査の品質というのは，監査の失敗，つまり，最終的に，会社が倒産するなどした際に，粉飾決算をしていたということが明らかになって初めて，その監査の品質が損なわれていた，品質が低かった，ということが明らかになる。これは，広く一般に「品質管理」と呼ばれている，たとえば，工業製品を製造しているようなメーカーにおける品質管理の意味合いと，若干趣きを異にするわけです。製品の品質であれば，出荷前に把握することもできますし，一般のサービスにしても，提供時にはサービスの程度が目に見えるわけです。ところが，監査に至っては，監査の失敗が明らかになるまで，その品質は外部からはうかがい知ることができません。

　そこで，監査においては，監査事務所や監査の現場において，監査の品質をしかるべく管理する必要がある，クオリティ・コントロールを図る必要があるという必要に迫られるわけです。具体的には，品質管理の方針と手続を定めて，それが当初の意図どおり機能しているかどうかを見定めるということによって品質管理を行う，ということになります。

　まずは，このような品質管理の考え方について，一般基準で改めて規定するということの意味についてですが。

【八田】「監査の品質管理」という，いわゆるクオリティ・コントロールの問題に関しては，実は基準の上で明確化されていない段階から，現場ではかなり長い間議論になってきていたテーマだというように理解しています。

　とくにアメリカの場合を前提にしますと，1970年代初頭に，いくつか監査の失敗事例が続発したときに，2つの取組みが示されたと思います。その1つが，ある特定の事務所が行っている監査業務の内容を，同じプロフェッションの他の事務所が監視をするという名のもとに，いわゆるピア・レビューという考え方が導入されました。それは結果として，いずれの会計プロフェッションが行っても，同じ監査の品質を担保しなければならないということから，いま問題になっている品質管理というものを，側面から支えようという流れがあったということです。

もう1つが，このようなピア・レビューの内容について，独立的かつ専門的な機関が監視すべきであるということから，自主規制の要としてアメリカ公認会計士協会の外部に公共監視審査会（Public Oversight Board: POB）を設置して監査の品質の確保をしようとしたということです。
　翻って，日本の場合には，そのようなピア・レビューという考え方，あるいは，直接特定の監査業務に関わった者以外の者が，その監査のプロセス，監査契約の締結の段階，計画，最終的に意見報告書が公表される段階に至るまでの，実質的な監査の信頼性を担保できているかどうか，ということを監視するという制度は，長い間導入されていませんでした。それが，日本公認会計士協会のほうで，自主的に，いわゆる「品質管理レビュー制度」ということで始まり，そのときに晴れて，正面切って品質管理の問題が取り上げられたわけです。
　2005（平成17）年の改訂の際に，監査基準の一般基準に品質管理の規定が入ったわけですが，改訂前も，一般基準に一応それらしき内容，たとえば，「監査を行うにあたって指揮命令系統・職務の分担が明らかにされて，しかるべき監査業務が行われていたかどうか」ということを，管理の方針と手続を定めて行わなければいけない，という規定があったわけですが，いま一つ真正面から監査業務の品質ということに光を当てて議論してこなかったということから品質管理基準が新設されたわけであって，これも国際的な要請に適う取組みであったというように見ることができます。

【町田】 2005（平成17）年改訂監査基準の一般基準6にこの品質管理の規定が新設され，また，監査に関する品質管理基準が設けられた背景の1つには，いまご指摘のように，国際的な対応があったわけですね。
　国際監査基準では，もともと独立性の基準に続いて品質管理基準というものが置かれていたのですが，最近では，監査事務所の業務が多様化して，たとえば，内部統制に関する報告業務，あるいはレビュー業務，そのほかのさまざまな保証業務を実施するに当たっても，品質管理ということが問題になってきています。そこで，国際品質管理基準というものが策定されて，クオリティ・コントロールに関する詳細な規定が置かれ，それは，監査に限らず，監査事務所が提供するさまざまな業務に適用されることになりました。

日本の監査基準は，監査業務以外の業務については，これを対象としてはいませんが，国際的な品質管理問題への取組みの充実・強化の動向に対応して，この一般基準の改訂や品質管理基準の新設ということが行われたのだと思います。

　その一方で，もう１つの背景としては，日本の場合，2004（平成16）年末から2005（平成17）年初頭にかけての監査に関する非違事例の発覚がありました。つまり，それらの事例では，必ずしもH14監査基準の「監査人は，自らの組織としても，すべての監査が一般に公正妥当と認められる監査の基準に準拠して適切に実施されるために必要な管理の方針と手続を定め，これに従って監査が実施されていることを確かめなければならない」という規定どおりに監査実務が行われていなかったのではないか，という問題があったわけです。

　このような，日本の監査法人において，品質管理ということに対する対応が必ずしも十分ではなかったのではないか，という点についてはどうお考えでしょうか。

【八田】H17監査基準の改訂で品質管理に光が当たり，かつ，独立基準としての設定がなされるわけですが，これまでも，決して問題の重要性を等閑視していたということはいえないと思います。なぜならば，日本公認会計士協会は，1997（平成９）年制定の監査基準委員会報告書第12号「監査の品質管理」（現在の監査基準委員会報告書220「監査業務における品質管理」に相当する）において，すでに監査の質の管理に関して，かなり詳細な規定を盛っていたわけです。

　ところが，結果的にその後，いまご指摘のように，監査の信頼性を失墜させるようないくつかの事例が露呈したことから，全事務所的に，あるいは，日本における監査制度全体に，この「監査の品質」というものに対する問いかけがなされ，結果として，より基礎となる監査基準の中に１条項織り込むことで，いま一度真剣にこの問題に対応する組織機構を構築してもらいたい，あるいは，そういった意識をもってもらいたい，ということのメッセージが発せられたと思うわけです。

　その意味でいうならば，制度的な対応がゼロだったということではなく，と

りわけ監査人側におけるそれに対する意識の欠如，それがやはり一番の問題とされなければいけないのではないかという気がします。

> **監査基準　第二　一般基準**
>
> 7　監査人は，監査を行うに当たって，品質管理の方針と手続に従い，指揮命令の系統及び職務の分担を明らかにし，また，当該監査に従事する補助者に対しては適切な指示，指導及び監督を行わなければならない。

【町田】一般基準6が監査事務所の品質管理であるのに対して，一般基準7は，「当該監査に従事する補助者に対しては適切な指示，指導及び監督を行わなければならない」ということで，いわゆる監査チーム内での監査責任者による品質管理を規定しています。この点については品質管理基準の趣旨も含めて，慎重に理解しなければなりませんね。

【八田】そのとおりですね。

　一般基準6のほうは，いわゆる「組織的監査」の徹底という観点が，おそらく大前提にあるのだと思います。同時に，それを支えている個々の監査人，とりわけ，監査意見表明に影響をもつ監査責任者の品質という観点に注目をして議論しているわけであって，そうした視点で見ることは，基本的に一番重要であるということはいえると思います。

　その証拠に，後ほど議論となります，2005（平成17）年の改訂時に新設された「監査に関する品質管理基準」の中では，いわゆる事務所としての品質管理と，個々人の担当する業務の2つに分けて議論されている，というように理解することができますので，その辺の識別は重要ではないかという気がします。

【町田】いま，「組織的監査」というご指摘がありましたが，この組織的監査についてもう少し整理しておきたいと思います。

　組織的監査というのは，監査手続を合理的に行わなければならないということで，監査手続の選択や範囲，適時性，秩序性といったことについて，合理的な実施を要請しているものとして定義されているところかと思いますが，それ

とあわせて，監査法人による監査，すなわち組織としての監査の実施の要請という意味合いも含まれているものと思います。

　この組織的監査の点については，2003（平成15）年6月に改正された公認会計士法でも，監査法人の監査ということが重視され，いわゆる単独監査が原則禁止とされているわけですが，この背景としてはどのようなことがあるのでしょうか。

【八田】まず，わが国において「組織的監査」という要請が具体的に現れたのは，遡ること1966（昭和41）年の公認会計士法改正前後であったというように記憶しています。それは，わが国で証券取引法監査制度が導入されて15，6年経った段階で，残念ながら制度の趣旨を歪めるような大型の企業倒産に秘められた粉飾決算の見逃しによって，相当数の公認会計士が処分を受けたという苦い歴史があります。

　そのときに問題とされたのが，やはり，対象となっている企業が巨大化し，複雑かつ高度な会計取引が求められている状況の中で，公認会計士が個々人のレベルで上場会社の監査をするには，もう限界があるということ。さらに，それを否定するような形で，個人の立場での公認会計士の場合，いわゆる会社側の圧力，場合によっては誘惑に屈してしまうということから，独立性の抵触，倫理観の喪失などのさまざまな問題があって，対象である企業が組織として巨大化していくならば，それを担う監査人側もやはり組織として取り組むべきであろうということでした。

　その場合は，単に数合わせで組織化するというのではなく，いわゆる専門的な能力においても組織的な対応，あるいは，監査環境を備えている人的，あるいは事務所の基盤としても，たとえば，情報機器を駆使するような対応が必要ではないかということもあり，あらゆる意味で，本来の監査業務を担い得るような組織環境を整えるという意味から，「組織的監査」という用語が出たと思います。

　そして，それは結果として，監査法人制度というものに結実し，その中で行われるべきものが組織的監査というように一般に捉えられてきたわけです。しかし，残念ながら，その後露呈しているような監査人を取り巻く不祥事を見る

限り，監査法人になったから，当初のいわゆる英知を結集した，密度の濃い監査が行える，組織的監査というものが履行されているわけでは決してなく，いうならば数合わせでの集団的な対応しか取られていなかったのではないかとの批判が寄せられたところです。

そして，そのときの一番の問題点が，そのグループで行っている中の全体的な品質管理，あるいは事務所全体の品質管理，あるいは信頼性の程度というものにバラつきがあるということに対する問題提起がなされた結果，こうした規定が生まれたわけであって，敢えていうならば，「自らの組織として」という一般基準6は，本当に求められる組織的監査の履行を支えるための基準ではないか，というように考えることができると思います。

守秘義務

> 監査基準　第二　一般基準
>
> 8　監査人は，業務上知り得た事項を正当な理由なく他に漏らし，又は窃用してはならない。

【町田】 品質管理基準につきましては，また後ほど，「監査に関する品質管理基準」に沿って改めて詳細に検討することとして，次の一般基準8に進みます。

これは，いわゆる「守秘義務」の規定といわれています。守秘義務の規定については，公認会計士法上も明確に規定されているところであって，監査基準でそれを再度引用する必要はない，あるいは，正当な注意の中に当然，職業的な専門家として守秘義務の問題は含まれているのであるから，守秘義務の基準を置くのは屋上屋を架すものだ，という議論も従前からあるところです。

ただ，守秘義務の規定については，従来から経済界において「残しておいてほしい」という声が根強く，日本で監査基準が初めて設定されたときからずっと置かれ続けているわけです。

この点については，現在の監査環境から見てどのように捉えるべきでしょうか。

【八田】いまご指摘のように，全世界の監査基準を見たときに，「守秘義務」の規定というのが一般基準などに置かれているのは，おそらく私が知る限り，日本以外にないのではないかと思います。

　同時に，ご指摘のように，これは明らかに，一般基準3の「職業専門家としての正当な注意」という義務規定の中に，当然含まれる要件ではなかろうかと考えるわけであって，私は，2002（平成14）年の改訂のときにも，もう守秘義務の規定は役割を終えているということで，削除することが望ましいという提言もいたしました。しかし，1950（昭和25）年の監査基準スタート時からずっとこれが規定されていたこともあり，ある程度社会一般の受入れが行われているから，とくに外す積極的な理由もないという経済界からの要請もあって残った規定だといわれています。

　逆に私は，もしも，この規定が本当に一般基準として重い意味をもつというようにわれわれが理解するとなると，かえって国際的には逆のメッセージとして伝わるのではないかという危機感をもつわけです。それは，この規定がないと，監査人は正当な注意の中核にもなる守秘義務を守れないのか，つまり，秘密保持ができないのかというような，逆メッセージとして伝わってしまうのではないかということもあるわけです。

3. 実施基準

1. 事業上のリスク等の重視

> **監査基準　第三　実施基準　一　基本原則**
>
> 1　監査人は，監査リスクを合理的に低い水準に抑えるために，財務諸表における重要な虚偽表示のリスクを評価し，発見リスクの水準を決定するとともに，監査上の重要性を勘案して監査計画を策定し，これに基づき監査を実施しなければならない。
> 2　監査人は，監査の実施において，内部統制を含む，企業及び企業環境を理解し，これらに内在する事業上のリスク等が財務諸表に重要な虚偽の表示をもたらす可能性を考慮しなければならない。

> **監査基準　第三　実施基準　二　監査計画の策定**
>
> 1　監査人は，監査を効果的かつ効率的に実施するために，監査リスクと監査上の重要性を勘案して監査計画を策定しなければならない。
> 2　監査人は，監査計画の策定に当たり，景気の動向，企業が属する産業の状況，企業の事業内容及び組織，経営者の経営理念，経営方針，内部統制の整備状況，情報技術の利用状況その他企業の経営活動に関わる情報を入手し，企業及び企業環境に内在する事業上のリスク等がもたらす財務諸表における重要な虚偽表示のリスクを暫定的に評価しなければならない。

【町田】　では，次に，「実施基準」について検討していきたいと思います。

「実施基準」については，H17監査基準の改訂において，「事業上のリスク等を重視したリスク・アプローチ」というものが導入され，それまでのリスク・アプローチが大きく変更されました。

もう一度整理しておきますと，H17監査基準の前文にもありますが，事業上のリスク等を重視したリスク・アプローチを導入する背景としては，大きく分けて3つあったかと思います。

　第1に，企業における取引というのは，多くがシステム化され，ルーティン化されてきているので，財務諸表の重要な虚偽の表示は，経営者レベル，いわゆる経営者不正というものが一番の問題だということ。言い換えれば，いわゆる誤謬については，監査の主たる対象ではなく，いわば内部統制の整備によって企業側が対応する問題である，ということです。したがって，そうした経営者不正や，その経営者不正の背景となる企業の外部の要因，たとえば，企業環境の変化や業界慣行，あるいは内部的な要因，企業内の要因といったものに焦点を当てるのだ，という点があったかと思います。

　第2の点としては，監査人の監査判断が従来のリスク・アプローチだと，固有リスク，統制リスクの評価および発見リスクをそれぞれ高，中，低という3段階に分けた3×3のマトリックスなどを使って行うために，いってみれば極めて矮小化され，個々の項目にばかり目が向きがちで，木を見て森を見ずというような，ともすれば財務諸表全体を見る視点が欠けがちになっていたという点を修正して，財務諸表全体のレベルと財務諸表項目レベルでの評価という，2系統でのリスクの評価を明確に規定したということがあるかと思います。

　第3の点としては，固有リスクと統制リスクを結合して，重要な虚偽表示のリスクの評価という概念を導入したわけです。これは，固有リスクと統制リスクが必ずしも企業の中で，別々に存在するケースばかりではないこと，さらには，もしも別々に存在していたとしても，固有リスク，統制リスクを踏まえて，最終的に監査人に求めているのは発見リスクの水準を決定することですので，固有リスク，統制リスクを統合して評価を行ったとしても，結果としては同じことになるということで，両者を結合した「重要な虚偽表示のリスク」という概念を導入した，というように整理できるかと思います。

　この事業上のリスク等を重視したリスク・アプローチの導入の背景については，このような整理でよろしいでしょうか。

【八田】そうですね。リスク・アプローチという考え方を真正面から監査基準

の中で取り上げたのは，H14監査基準だったわけで，そのときも，実はそれから遡ること10年前，1991（平成3）年の監査基準の改訂で，すでにリスク・アプローチという考え方が導入されたけれども，必ずしも実務において浸透してこなかったとの指摘もなされていました。また，H17監査基準ではさらにもう1つ，いま説明があったように，いわゆる事業上のリスクという言葉，とくにこれは基準の中では明確な定義づけは行っていないのですが，少なくとも企業および企業環境を理解し，重要な虚偽表示リスクに影響を及ぼす可能性のある企業に存在するリスクを幅広く考慮するということが，必要であるということから，まさしく微細な，あるいは，個々の監査手続，監査証拠，あるいは，監査状況というものに目を奪われるのではなく，監査人に対してもう少し広い視点から監査リスクに結びつくような状況に留意せよ，ということをいっています。このような要請が盛られたことから，2005（平成17）年の改訂の議論に参加していて感じたことは，かつては，監査人に対して，いわゆるビジネス・ドクターというような役割を与えようとした時期があったわけですが，それに近い方向性が出てきたのかな，ということを感想としてもったということを申し添えておきたいと思います。

【町田】リスク・アプローチに関しては，事業上のリスク等を重視したリスク・アプローチが導入されたということですが，H17監査基準の前文において，このときの改訂にかかる部分を除いては，H14監査基準の前文の「監査基準の改訂について」に記載された概念や考え方は踏襲されている，と書かれているように，リスク・アプローチの枠組み自体は変わっていないわけです。2005（平成17）年の改訂は，いま整理したような観点や，先生がおっしゃったような観点を踏まえて，リスク・アプローチをより精緻化した，あるいは，リスク・アプローチの適用をより本来の目的に適ったものにするという改善が図られた，という理解でよいわけですね。

【八田】そのとおりですね。かなり詳細なリスク・アプローチの適用に際しての取組みが示されていますから，おそらく，従来，必ずしも説明としては十分でなかった監査基準の前文および本文の中での議論を，もう一歩詳細化する形で規定されたということで，より正しい理解が今後得られるのではないかという気がします。

【町田】先ほど「明確な定義づけは行っていない」といわれた「事業上のリスク」について考えてみたいのですが，ここでは「事業上のリスク等」ということで「等」という字がついています。事業上のリスクというのは，一般にいわれるところのビジネス・リスクと同義だと思いますが，ただ，H17監査基準の審議の過程では，本来，リスク・アプローチは，ビジネス・リスク自体を評価するのではなく，あくまでも，ビジネス・リスクが財務諸表の重要な虚偽の表示に影響を与える程度を評価するのだ，という観点から，混乱を避ける意味で「事業上のリスク」という言い方をすることにしたということ，また，「等」の部分には，単に企業のビジネスにかかるリスクだけではなく，企業の置かれた環境や，企業内の内部統制も含むのだということが議論され，最終的に「事業上のリスク等」という言い方に整理されたものと理解しています。

H17監査基準では，このような事業上のリスク等，つまり，企業および企業環境において識別される，いわゆるビジネス・リスクや内部統制の状況が財務諸表に与える影響を，リスクの評価の最初の段階で十分に理解するということを明示しているということですね。

【八田】他の財務諸表監査をめぐる動向への対応と同じ仕組みだと考えることができます。つまり，2007（平成19）年に制度化された内部統制報告に関しても，財務報告にかかる内部統制がどういう状況にあるかということで，最終的なゴールラインは，財務諸表に重要な虚偽の表示をもたらしてはならない，という点にかかっているわけです。つまり，事業上のリスク等を重視したリスク・アプローチも，事業上のリスクそのものを評価するということは，まさに，経営者の専決事項であるということであって，監査人がとやかくいう筋合いのものではないという説明があって，ここにも事業上のリスク等が，財務諸表に重要な虚偽の表示をもたらす可能性ということで，ワンクッション置いているという理解でいいのだと思います。

【町田】その点については，実施基準・一　基本原則2において，「監査人は，監査の実施において，内部統制を含む，企業及び企業環境を理解し，これらに内在する事業上のリスク等が財務諸表に重要な虚偽の表示をもたらす可能性を考慮しなければならない」というように規定され，さらに，実施基準・二　監

査計画の策定2では、「監査人は、監査計画の策定に当たり、景気の動向、企業が属する産業の状況、企業の事業内容及び組織、経営者の経営理念、経営方針、内部統制の整備状況、情報技術の利用状況その他企業の経営活動に関わる情報を入手し、企業及び企業環境に内在する事業上のリスク等がもたらす財務諸表における重要な虚偽表示のリスクを暫定的に評価しなければならない」というように規定されています。

H17監査基準では、監査人に対して、ここに挙げられている景気の動向や経営者の理念、経営方針といった非常に幅広い情報を入手して企業および企業環境を理解するということを求めるようになったわけで、これは、監査人が監査対象となる企業の状況を十分に理解する必要があるという意味では当然のことなのかもしれませんが、厳密に見ていくと、監査人の責任をまたさらに広げるものであるというような受け止め方もできると思いますが、いかがでしょうか。

【八田】そのとおりですね。少なくとも、H14監査基準であれ、H17監査基準の改訂、あるいは国際監査基準の動向を見ても、ある1つの共通の方向性が見て取れると思います。それは、少なくとも旧来、公認会計士、すなわち監査人に求められていた役割期待、あるいは、その裏返しとして求められる責任の範疇よりも、かなりの広がりをもって、結果的に、より大きな責任を求める、つまり、負担してもらいたいという要請があるということだと思います。

ここに規定されている監査計画策定に当たって、入手しなければならない情報の範囲の広さ、専門性の高さ、それから、さまざまな視点で議論をしていかなければいけないということで、まさしくこれは、単に過去情報に特化した財務諸表の信頼性を担保する監査という域を大きく超えた、企業全般の健全な方向性、敢えていうならば、コーポレート・ガバナンス全体に対する信頼性の評価を求めているような、そんな意味合いにも取れると思います。

しかし、これについては実際問題として、勘違いしてはならないのは、まずもって健全な経営を行い、それに見合った誠実かつ信頼し得る情報を開示しなければならない責任は、あくまでも経営者にあるわけであって、その役割を担うことは、監査人としてはあり得ないということです。したがって、その辺は実践の中で正しい理解をもって、監査人は経営者の行った開示情報について担

保をするという視点，しかし，それに必要な情報は，経営者が得るものと同じレベルのものを入手するということが，今後は当然求められてくるということだと思います。

【町田】いまコーポレート・ガバナンスというお話もありましたが，おそらく，ここに挙げられているような経営理念や経営方針といったもの，あるいは，経営活動に関わるさまざまな情報を入手するためには，経営者や監査役といった人々とのコミュニケーションが非常に重要になってくるように思います。

日本公認会計士協会の実務指針のほうでも，企業および企業環境の理解に関して，誰とコミュニケーションをするのか，どのようなコミュニケーションをするのかというような規定が置かれているようですが，経営者や監査役，あるいは取締役会といった人々とのコミュニケーションということも，より一層重要になりますね。

【八田】当然ですね。広く監査まわりの役割を担っているすべての当事者，株式会社の場合であれば監査役，監査役会のメンバー，監査委員，監査委員会のすべてのメンバーおよび企業内部においてそれぞれに設置されているであろう内部監査部門の人たち，それと外部の公認会計士，当然ながら，その前に経営トップの立場での執行の議論もあると思いますが，やはりトップ・マネジメントといった方たちとの密接な意見交換，いわゆる馴れ合いとは違った意味で，本当にそれぞれの担当者が自らの役割を適切に果たし得るための大前提として，相互に綿密な意見交換を図りながら効率的な監査を担保することが，今後ますます必要になると思います。

2．財務諸表全体と財務諸表項目の2つのレベルでの評価

> 監査基準　第三　実施基準　一　基本原則
>
> 4　監査人は，十分かつ適切な監査証拠を入手するに当たっては，財務諸表における重要な虚偽表示のリスクを暫定的に評価し，リスクに対応した監査手続を，原則として試査に基づき実施しなければならない。

> 監査基準　第三　実施基準　二　監査計画の策定
>
> 3　監査人は、広く財務諸表全体に関係し特定の財務諸表項目のみに関連づけられない重要な虚偽表示のリスクがあると判断した場合には、そのリスクの程度に応じて、補助者の増員、専門家の配置、適切な監査時間の確保等の全般的な対応を監査計画に反映させなければならない。
> 4　監査人は、財務諸表項目に関連して暫定的に評価した重要な虚偽表示のリスクに対応する、内部統制の運用状況の評価手続及び発見リスクの水準に応じた実証手続に係る監査計画を策定し、実施すべき監査手続、実施の時期及び範囲を決定しなければならない。

【町田】企業および企業環境の十分な理解ということを踏まえて、実際に重要な虚偽表示のリスクを評価していく段階に移っていきたいと思いますが、監査基準では、大きく分けて財務諸表全体と財務諸表項目の2つのレベルでの評価を求めています。

　まず、このうちの財務諸表全体のレベルについてですが、ここでは、財務諸表全体レベルにおいて重要な虚偽表示のリスクが認められた場合には、そのリスクの程度に応じて全般的対応、つまり補助者の増員、専門家の配置、適切な監査時間の確保などの対応を監査計画に反映させる。それによって監査リスクを一定の低い水準に抑え込むのだということが、求められています。

　この全般的な対応というのも、H17監査基準によって導入された考え方かと思いますが。

【八田】もともとリスク・アプローチという考え方は、限られた資源の有効利用、場合によっては、リスクが高いところに重点的に監査資源を投入するという、まさしく経済的合理性が前提にあるような監査手法といいますか、監査の考え方ではないかと思います。したがって、そもそも財務諸表監査の最終ゴールあるいは目的というものは、公表される財務諸表が、全体として利用者の意思決定を歪めてはならないということ。その部分での虚偽の表示をできるだけ排除しなければならない、という役割があるわけですから、そのためにも、やはりメリハリをつける意味で、まず財務諸表全体レベルにおける重要な虚偽表示の

事業上のリスク等を重視したリスク・アプローチに基づく監査の流れ

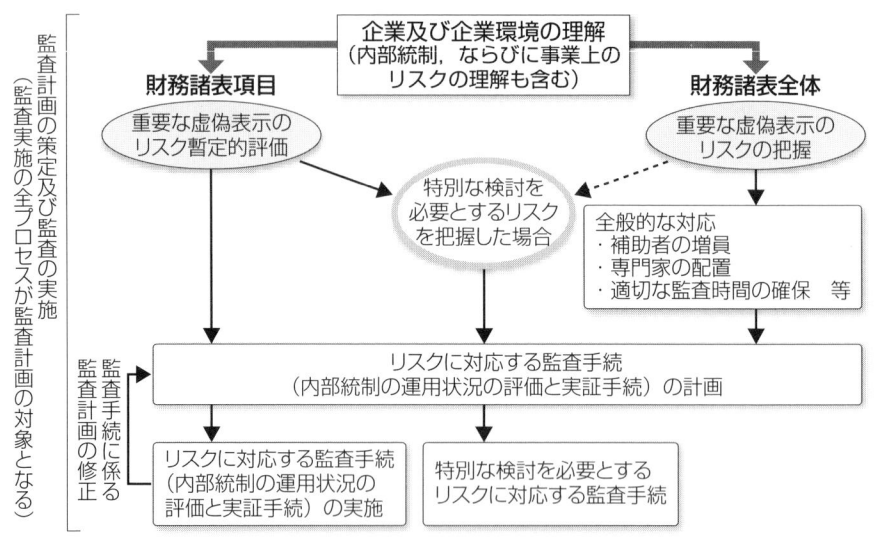

```
                        ┌──────────────────────┐
                        │ 企業及び企業環境の理解 │
                        │（内部統制，ならびに事業上の│
                        │   リスクの理解も含む） │
                        └──────────────────────┘
              ↙                                    ↘
    ┌─────────────┐                          ┌─────────────┐
    │ 財務諸表項目 │                          │ 財務諸表全体 │
    └─────────────┘                          └─────────────┘
    重要な虚偽表示の                          重要な虚偽表示の
    リスク暫定的評価                          リスクの把握
          ↓                                         ↓
          →  特別な検討を  ← - - - - - -
             必要とするリスク
             を把握した場合                 全般的な対応
                                           ・補助者の増員
                                           ・専門家の配置
                                           ・適切な監査時間の確保　等

          リスクに対応する監査手続
          （内部統制の運用状況の評価と実証手続）の計画

    リスクに対応する監査手続        特別な検討を必要とする
    （内部統制の運用状況の          リスクに対応する監査手続
    評価と実証手続）の実施
```

（左側縦書き：監査計画の策定及び監査の実施（監査実施の全プロセスが監査計画の対象となる）／監査手続に係る監査計画の修正）

出所：企業会計審議会資料

　リスクというものを鳥瞰し，しかる後，必要に応じて財務諸表項目レベルに落とし込んでいくという姿を念頭に置いているのであり，これはおそらく，内部統制の評価を行うという場合とも相通ずるものがあると思います。

　つまり，基本的には，本来の目的が何であるかということを，各監査人がよく見極めた上で，財務諸表の虚偽表示を見逃してはならないという重要な視点と密接に関係するような全体レベルでのリスク，これはできるだけ低く，あるいは，事前に防止しなければならないというわけです。

　それ以外の財務諸表項目レベルは，たとえば，それに伴って必要な取引項目まですべて見ていかなければいけなくなると，これは禁止的ともいえるような巨額費用が考えられることから，その点についてはある程度重要性の判断をもって議論していくし，場合によっては内部統制の有効性の評価等とリンクする形で，ある程度カバーすることもできるだろうということから，まず，この2つのリスクに分けて評価することで，効率的な監査の実施を求めようとしているのではないかと思います。

【町田】そうしますと，財務諸表全体レベルにおける重要な虚偽表示のリスクの評価というのは，監査人が手続を実施して何かを立証するとか，しないとかいうことに直接結びつくものではなく，その前段階として，監査を行うに当たっての時間や人数，やり方といったものを拡充するのか，しないのかといった，監査の枠組みに関わる問題だということですね。

【八田】そうでしょうね。したがって，結果的に監査に求められている発見リスクの水準をどの程度に置くか。これが監査の正否を決するわけですから，これを決定するための前提が，まず財務諸表全体におけるリスクの評価と理解できるのではないでしょうか。

【町田】一方，財務諸表項目レベルでの評価ですが，こちらは一見すると，当初のリスク・アプローチと同様に，ただし，重要な虚偽表示のリスクということで，固有リスクと統制リスクを結合して1つのリスクで評価する。そして，発見リスクの水準を定めるということのようです。

　その点は，財務諸表項目レベルでは，先ほどの全般的な対応を踏まえた上で，当初の個々の財務諸表項目レベルのリスク・アプローチの適用ということが行われると理解していいのでしょうか。

【八田】そうでしょうね。これはH17監査基準の前文でもいっているように，リスク・アプローチという考え方のコンセプトそのものは，H14監査基準とまったく変わっていませんから，それを理論的に精緻化するとともに，もう少し詳細な説明を入れ，かつ，効率的な監査を担保できるようにしたというように理解しています。

【町田】ただ，財務諸表項目レベルでの評価に関しては，そのリスクに対応する監査手続の段階で，多少，方法が違っているように思います。

　当初のリスク・アプローチでは，監査計画の前段階で統制評価手続というものを実施して固有リスク，統制リスクを把握し，発見リスクの水準を決めて，それに対して実証手続を行う。監査計画を区切りに統制評価手続と，監査計画のあとの実証手続という区分だったわけです。

　ところが，H17監査基準では，あくまでも重要な虚偽表示リスクについては，暫定的な評価だということが強調されていて，その段階で評価されるのは内部

統制の整備状況までだと。そして，監査計画を策定したあとに内部統制の運用状況の評価手続，および発見リスクの水準に応じた実証手続にかかる監査手続を行う，ということが示されています。

　この運用状況の評価の部分が，リスクに対応する監査手続として，監査結果があとに回されたということは，どういう意味を持つのでしょうか。

【八田】確かに，H14監査基準では，いわゆる統制評価手続という概念で内部統制の整備状況と運用状況の評価を行っていたわけですから，H17監査基準によって，内部統制の整備までがリスク評価の段階，その後のリスクへの対応の段階で内部統制の運用状況を見る，ということになったというような理解をすることが一般的だと思います。

　しかし，実はこの考え方は，私の知る限り，実務においては従来からあったものと思います。いかに詳細に調査・評価したとしても，内部統制の評価は，あくまでも暫定的な評価であり，それを監査手続を実施する中で，試行錯誤しながら何度となく吟味していき，結果的に，監査業務が完了したときに，内部統制の評価結果が決まってくるのだという理解を示していましたので，おそらく，基本的な考え方は変わっていない，と考えています。

　したがって，何度となく吟味される内部統制の状況については，リスクの評価段階で終わらせるのではなく，まずは暫定的に評価して，その後，実際の運用状況については，監査手続を実施する段階で，改めて確かめていこう，という意味ではないでしょうか。

【町田】後ほどの話とも関係しますが，H17監査基準では，監査計画は，その修正が連続的かつ反復的に行われ，最終的に発見リスクの値が決定するのは，監査の終了時点である，という理解をしていますので，暫定的なリスクの評価ということを強調するという意味もあったのだろうということですね。

【八田】そのとおりですね。

【町田】なお，これは補足的なことですが，一部に，実証手続で対応できないような監査対象があるということです。たとえば，自動化された手続やシステムについては，実証手続だけではカバーできない。そこで，システムの信用テストといったことを，計画策定の後に実施する必要があって，内部統制の運用

テストを実証手続と一緒に，リスクに対応する監査手続の中に含めたという意味合いもあるように思います。

3．特別な検討を必要とするリスク

> 監査基準　第三　実施基準　二　監査計画の策定
>
> 5　監査人は，会計上の見積りや収益認識等の判断に関して財務諸表に重要な虚偽の表示をもたらす可能性のある事項，不正の疑いのある取引，特異な取引等，特別な検討を必要とするリスクがあると判断した場合には，そのリスクに対応する監査手続に係る監査計画を策定しなければならない。

> 監査基準　第三　実施基準　三　監査の実施
>
> 3　監査人は，特別な検討を必要とするリスクがあると判断した場合には，それが財務諸表における重要な虚偽の表示をもたらしていないかを確かめるための実証手続を実施し，また，必要に応じて，内部統制の整備状況を調査し，その運用状況の評価手続を実施しなければならない。

【町田】財務諸表全体と財務諸表項目それぞれのレベルで評価されたリスクが，監査計画にも反映されるわけですが，同時に，それらの評価のプロセスで，特別な検討を必要とするリスクというものが識別される可能性があることが，H17監査基準では取り上げられています。

たとえば，実施基準・二　監査計画の策定5では，「監査人は，会計上の見積りや収益認識等の判断に関して財務諸表に重要な虚偽の表示をもたらす可能性のある事項，不正の疑いのある取引，特異な取引等，特別な検討を必要とするリスクがあると判断した場合には，そのリスクに対応する監査手続に係る監査計画を策定しなければならない」として，さらに，実施基準・三　監査の実施3では，「監査人は，特別な検討を必要とするリスクがあると判断した場合には，それが財務諸表における重要な虚偽の表示をもたらしていないかを確かめるための実証手続を実施し，また，必要に応じて，内部統制の整備状況を調

査し，その運用状況の評価手続を実施しなければならない」，つまり，特別な検討を必要とするリスクを識別した場合には，実証手続をするとともに，また，内部統制の整備状況，運用状況に立ち返って評価をし直すのだということが，規定されています。

　ここでいくつか例示列挙もされていますが，この「特別な検討を必要とするリスク」というものが求められるということは，通常の監査手続とは別枠で何らかの対応を図らなければならない状況がある，ということなのでしょうか。

【八田】 少なくともH17監査基準の中で，とくに強調する形で「特別な検討を必要とするリスクへの対応」という規定が入った背景は，内容面から見てもわかるように，当時，わが国において生じたいわゆる会計監査上の具体的問題事例，これが背景にあるということは否定できないと思います。

　たとえば，会計上の見積りの問題は，具体的には繰延税金資産に関する判断，あるいは，収益認識等の重要な会計上の判断については，とりわけ1990年代後半以降に相次いで発覚したIT業界における不透明な収益認識といったことがありました。そういった問題はこれまでの監査手続，あるいは監査人の取り組むべき対応の中にも十分に配慮されていなければならなかったと思うのですが，実際に事が起きてみると，必ずしも十分にそういったものに対しての配慮が働いていなかったという指摘があり，さらには，不正の疑いのある取引や，関係当事者間取引に該当するような事例が散見されたということから，いま一度強調することが求められたということです。つまり，それまでの監査環境の中では必ずしも十分な留意が払われていなかったものでも，結果的にそれが財務諸表に重要な虚偽の表示をもたらしてしまう可能性があるということを，真正面から取り上げて，この規定が盛られたと思います。

　したがって，とくに何か新しい視点での議論があったとは思われませんが，旧来，必ずしも十分に注意を払ってこなかったものの，それが結果的に社会問題を呼び起こしてしまうほどに，大きな問題になるということから，敢えてこの点を強調したのではないかということです。確かに，この部分は国際的な対応もあるのかもしれませんが，少なくとも，わが国の監査面での基本姿勢を再確認させるために規定したものであるということだと思います。

そして，ここでいっている「特別な検討を必要とするリスク」というものは，先ほどから見ているように，いわゆる事業上のリスクとの絡みで，旧来考えられていた，直接的に財務諸表に影響を及ぼすような，あるいは，直接的に従来型の視点での監査手続では取り込んでこなかったようなリスクというものをプラスアルファすることで，留意事項として掲げたというように理解できるのではないでしょうか。

【町田】特別な検討を必要とするリスクに対応する監査手続を実施する際に，たとえば，監査チームの中で別途ほかの人員を振り替えたり，あるいは，何か違う手続を行うということなのでしょうか。それとも，そういった項目，あるいは，そういった特別な検討を必要とするリスクというのがあるということを念頭に，監査の手続の中で十分に，慎重にその部分に対して監査手続を実施していきなさい，ということなのでしょうか。

【八田】それは両方あると思います。通例であれば，過年度までの当該被監査会社に対して行ってきている一般の監査手続では十分に対応できないものが，もしあると考えるならば，それは追加的に織り込むということもあるだろうし，そうではなくて，手続自体はそれほど見直しをしなくてもいいけれども，新たに生起した問題事項，あるいは留意事項があるということについて，十分に注意を払いながら，監査に臨みなさいということでしょう。

　さらに，場合によっては，財務諸表全体レベルにおける重要なリスクが認められた場合と同様に，どのような人的配置を行うのか，あるいは，どのような専門家を養成するのか，さらには，どのぐらいの時間を加味しなければいけないか。こういったことも総合的に勘案して監査計画を修正していく，あるいは策定するということが求められるのではないでしょうか。

　つまり，H17監査基準の一連の流れは，明らかに監査の実施プロセスを念頭に置きながら，このリスク・アプローチというものを議論していきたいということから，常に監査計画という，監査のスタートラインに立った議論についても反復的に見直しながら，そして，監査範囲を定めながら，あるいは，監査手続を見極めながら，繰り返し行うという，反復的な取組みを強調するために新たな規定になったということでしょうね。

これも実は，本来であれば，監査というのはそうなければならないものなのですが。つまり，一方通行のように「ヨ～イドン」で監査計画が策定されて，それからは後戻りすることなく，ただただ時の経過とともに監査手続を執行していけばいいという，ある面では紋切り型の形式的な監査に陥っていた部分があるのではないか。そうではなくて，やはりおかしいなと思ったり，何か疑義があると思った場合には，もう一回遡って，つまりフィード・バックして計画まで見直していくというのは，本来の監査の姿に戻ったということがいえると思います。

4．監査計画の修正

> 監査基準　第三　実施基準　二　監査計画の策定
>
> 8　監査人は，監査計画の前提として把握した事象や状況が変化した場合，あるいは監査の実施過程で新たな事実を発見した場合には，適宜，監査計画を修正しなければならない。

> 監査基準　第三　実施基準　三　監査の実施
>
> 1　監査人は，実施した監査手続及び入手した監査証拠に基づき，暫定的に評価した重要な虚偽表示のリスクの程度を変更する必要がないと判断した場合には，当初の監査計画において策定した内部統制の運用状況の評価手続及び実証手続を実施しなければならない。また，重要な虚偽表示のリスクの程度が暫定的な評価よりも高いと判断した場合には，発見リスクの水準を低くするために監査計画を修正し，十分かつ適切な監査証拠を入手できるように監査手続を実施しなければならない。
>
> 4　監査人は，監査の実施の過程において，広く財務諸表全体に関係し特定の財務諸表項目のみに関連づけられない重要な虚偽表示のリスクを新たに発見した場合及び当初の監査計画における全般的な対応が不十分であると判断した場合には，当初の監査計画を修正し，全般的な対応を見直して監査を実施しなければならない。

【町田】すでにこれまでの議論にもありましたが，監査計画の修正の点についても考えてみたいと思います。

監査基準の示すところでは，企業および企業環境の理解，財務諸表全体レベルでの評価，財務諸表項目レベルでの評価，特別な検討を必要とするリスクの評価，そして，それらを受けて策定されたリスクに対応する監査手続といった形で，リスク・アプローチが実際に行われていくわけですが，この間を通じて，H17監査基準では，監査計画の修正ということが強調されています。つまり，監査計画は監査の実施過程を通じて，連続的かつ反復的に修正されていくものだということが，いわれているわけです。

この点については，H14監査基準でも監査の実施過程で，監査計画は適宜修正するのだということが規定されていました。ただ，H17監査基準では，実施基準の監査の実施の中で2箇所において，監査計画の修正の時点と方法が明記されています。

1つは，実施基準・三　監査の実施1で，「監査人は，実施した監査手続及び入手した監査証拠に基づき，……重要な虚偽表示のリスクの程度が暫定的な評価よりも高いと判断した場合には，発見リスクの水準を低くするために監査計画を修正し，十分かつ適切な監査証拠を入手できるように監査手続を実施しなければならない」ということで，監査計画の修正が発見リスク・レベルで求められる。つまり，財務諸表項目レベルで求められるということかと思います。

また，実施基準・三　監査の実施4では，「監査人は，監査の実施の過程において，広く財務諸表全体に関係し特定の財務諸表項目のみに関連づけられない重要な虚偽表示のリスクを新たに発見した場合及び当初の監査計画における全般的な対応が不十分であると判断した場合には，当初の監査計画を修正し，全般的な対応を見直して監査を実施しなければならない」ということで，財務諸表全体レベルの評価にまで立ち返る監査計画の修正ということを，明記しているわけです。

このような形で，監査計画の修正ということを具体的に明記したことは，H14監査基準においても，監査計画を適宜，修正するという規定があったというものの，H17監査基準ではそれがより明確に示されたということで，その意

義は大きいのではないでしょうか。

【八田】そうですね。H14監査基準は，確かに実施基準の監査計画の策定ということは縷々説明をして，その最後のところに，監査の実施過程で新たな事実を発見したとか，何か状況が変わった場合には，適宜，監査計画を修正しなければならないということで，その修正という部分について，あまり重きが置かれていなかったのではないかという理解もあるわけです。しかし，実際問題は，やはり会計期間全体を通じて，期首の段階から監査業務を行っていくときに，暫定的にある程度予定計画を立てる。これが監査計画であり，さらに詳細な計画書，あるいは計画案というものを提示して，たとえば往査対象の事業所の問題，時期の問題，あるいは，採用すべき手続の問題等を加味して議論していくわけですが，必ずしも当初考えたとおりに円滑に進むとは通常考えられないわけです。

　しかし，最初に硬直的な，弾力性のない計画を定めてしまうと，人間というのは機械的に作業に没頭し始めてしまい，あまり考えなくなってしまいます。そのため，監査の失敗を防止できず，前例のないような事柄に出会ったときに，それを見過ごしてしまうということに警鐘を鳴らすために，「そういうものではないのですよ」と。計画というのは1つのプロセスをいっているだけであって，何か計画書と書かれたものをいっているのではなく，監査が円滑かつ効率的に行われるための一連の指示，これを計画と考えるならば，当然必要に応じてフィード・バックして元に戻るし，場合によっては個別の財務諸表項目において行われていた業務であったときに，全体にもう1回戻らなければならないという場合には，広く財務諸表全体に関係した計画の見直しが，当然必要になるわけです。

　これは，ちょっと知恵を働かせれば当たり前のことなのでしょうが，少なくとも，よくいわれるのが，日本だけではありませんが，監査人が行っている監査業務は，あまりにも時間との戦いで忙しいことから，臨機応変に弾力的に創意工夫をもって監査人側が業務に対応できていないということです。つまり，機械的ないしは形式的な監査手続しか執行していないのではないか，ということに対する大いなる警鐘が鳴らされたのではないでしょうか。

【町田】たとえば，重要な虚偽表示のリスクが暫定的に評価されるとか，発見

リスクの水準を低くするために監査計画を修正する，などという言い方で，適宜，監査計画の修正が求められていますので，監査の実施の最終段階になって初めて，今期のこのクライアントの重要な虚偽表示のリスク，あるいは，発見リスクの水準というものが，どの程度であったのかということが確定する。監査実施プロセスの最後の段階で，本来のすべてのリスクの状況が明らかになるということがいえるわけですね。

【八田】そのとおりですね。つまり，監査が完了して，監査意見を述べることができたときに，初めてリスクの水準も確定するし，翻って，内部統制の有効性の評価の程度も確定する。敢えていうならば，監査手続として試査という行為を行っているけれども，このときに採用されていた試査範囲もその段階で決定されるということで，すべてがそこに収斂してくるという考え方は，昔からまったく変わっていないわけです。

ただ，それがあまりにも個別，断片的な基準を重視するあまり，何度も出てきているように，部分的な事柄に気を取られて，全体的な監査環境に重きを置いた理解が薄らいでしまったということがあって，それが結果的に監査の失敗に結びついてしまった原因ではなかったのか，ということが多くの点でいわれたために，この点に配慮して明示的に規定されたのだというように理解しています。

5．経営者が提示する財務諸表項目と監査要点

> 監査基準　第三　実施基準　―　基本原則
>
> 3　監査人は，自己の意見を形成するに足る基礎を得るために，経営者が提示する財務諸表項目に対して，実在性，網羅性，権利と義務の帰属，評価の妥当性，期間配分の適切性及び表示の妥当性等の監査要点を設定し，これらに適合した十分かつ適切な監査証拠を入手しなければならない。

【町田】H17監査基準では，経営者が提示する財務諸表項目に対して，監査人が監査要点を設定するということが明記されました。

　H14監査基準では，財務諸表に関して合理的な基礎を得るために実在性，網

羅性，権利と義務の帰属，評価の妥当性，期間配分の適切性および表示の妥当性等の監査要点を設定するということで，例示しながら監査要点を示していたわけですが，H17監査基準では，さらに，それに加えて，「経営者が提示する財務諸表項目」という文言を入れて，経営者が財務諸表項目を提示し，監査人の側はそれに対して，監査要点を自ら設定するのだということを明確化したとされています。つまり，監査要点というのは監査人の側の用語であり，経営者の側は財務諸表項目を提示するのだという形で，概念を明確化したのです。

一般に海外では，監査要点という用語は使われておらず，経営者の側についても監査人の側についても，一貫して，経営者の主張，あるいはアサーションという言い方をするところかと思いますが，この「経営者が提示する財務諸表項目」と「監査要点」の関係については，どのように理解したらよろしいのでしょうか。

【八田】これは企業会計審議会の席でも，用語法に関してはかなりいろいろな議論があったと思いますが，簡単には，2つの視点で整理しておけばいいのかなという気がします。

1つ目の視点としては，財務諸表は経営者の主張であるという言い方をするということ。では，何を主張しているのかというと，たとえば，貸借対照表，損益計算書に出てくる各勘定科目の金額，この１つ１つが経営者の主張なのだということ。そうした個々の主張が集まったものが財務諸表であるということから，本来，監査人が監査をしなければならないのは，その主張が正しいかどうかということ，経営者の視点でつくりあげたメッセージが，正しいかどうかということについて判定を下すのだということだと思います。そうした経営者の一連の主張が一般にアサーションと呼ばれており，そのアサーションの真偽のほど，適否のほどを確認するわけですが，このことを，監査上の視点からするならば，監査上のチェックポイントあるいは監査上の狙いどころ，もっといえば監査の目標という意味で，古くから日本では監査要点という言葉がずっと使われてきたのです。

要するにこれは見方の違いであって，監査人側が立証するポイントが監査要点であると同時に，経営者から見るならば，それをメッセージとして発信して

いる項目だということです。しかし，その辺の用語法は，どうも混乱しているということから，H17監査基準では「経営者の主張」と訳されるような「アサーション」に該当する項目を，敢えて経営者が提示する財務諸表項目という言葉に，まず置き換えたということ。そして，それを立証する監査人側の視点としては，従来どおり監査要点，つまり監査の狙いどころ，監査目標というものを「監査要点」という言葉でいま一度確認するとともに，その監査要点となるものは，結果的には経営者の提示する財務諸表項目に対しての，いわゆる立証ポイントということで，いくつかの具体的項目，実在性や網羅性といったものが列挙されています。

　2つ目の視点は，結果的にH17監査基準以前の監査基準においても，財務諸表項目を監査要点というのに細分化して，それぞれに対して監査証拠を入手して，意見形成を行うということだったわけです。ただ，いま申し上げたように，国際的な視点では，やはり経営者の視点で見た場合のポイントと，監査人の視点で見た場合のポイントを明示することの方が，いわゆる監査における二重責任の原則という視点からも，はっきりするであろうということで，日本的なわかりやすい表現でもって，このように二段構えの説明に置き換えたというように理解できると思います。

【町田】そうしますと，財務諸表項目というのはあくまでも経営者の視点から，経営者が作成し提示するものだと。それに対して，監査人が各財務諸表項目について，必要と思われる監査のチェックポイントという監査要点を設定していく，ということですね。

　その際，とくに強調しておきたいのですが，ここで実在性，網羅性等6つの監査要点が挙げられていますが，これはあくまで「等」となっていますので，例示列挙に過ぎないわけで，言い換えれば，監査人が必要と思えば，ほかにも監査要点を設定しても構わないということですね。

【八田】当然ですね。それから，具体的な各勘定科目，あるいは財務諸表項目，さらには取引に関して，この要点が複合的に絡み合ってくる場合もあります。実在性を求め，さらに網羅性をというような部分で，何も1対1の対応というような議論ではなくて，これは単なる代表的な項目である，というように理解

する必要があるのです。

6．内部統制に依拠しない場合

> 監査基準　第三　実施基準　三　監査の実施
>
> 2　監査人は，ある特定の監査要点について，内部統制が存在しないか，あるいは有効に運用されていない可能性が高いと判断した場合には，内部統制に依拠することなく，実証手続により十分かつ適切な監査証拠を入手しなければならない。

【町田】監査の実施に当たって，H17監査基準では，内部統制に依拠しない場合に関する改訂事項もありました。これは，H14監査基準の規定の部分修正ですが，実施基準・三　監査の実施2では，「監査人は，ある特定の監査要点について，内部統制が存在しないか，あるいは有効に運用されていない可能性が高いと判断した場合には，内部統制に依拠することなく，実証手続により十分かつ適切な監査証拠を入手しなければならない」という規定になっています。

この規定を杓子定規に読みますと，内部統制が有効に機能していない，あるいは内部統制が存在していないというケースにおいては，内部統制に依拠するのではなく，実際の内部統制に依拠して試査を行うことができずに，実証手続によってほぼ精査に近いような監査を行わなければならない，という規定にも読めますが，そのような理解は正しいのでしょうか。

【八田】そうは思いませんね。少なくとも，そういう二極対立的な議論ではなく，そもそも現行の財務諸表監査は，もう何度も議論されているように，監査手続の適用は原則として試査によるということですから，一定の信頼し得る内部統制が構築され，ある程度運用されているということが，大前提にあるわけであって，全社的に，あるいは会社全体の中で，ほとんど信頼し得る内部統制がないというのは，通例考えられないわけです。もしもそうであるならば，おそらく監査人はまずもって，限られた時間の中で，そして，責任が履行できるような監査業務が完遂できないでしょう。頭の中では「試査に代えて精査をすれば

いい」というけれども，そんなことは物理的に不可能です。

　したがって，机上の議論であるならば，試査に頼らない場合には精査に進んでいくということも考えられるでしょう。だから，原則として試査によるという，「原則として」という言葉が入っているという説明がされている向きもありますが，私は，これはあり得ないと思っています。そうなってくると，ここでは何をいっているのかというと，ある特定の領域や，ある特定の部署，あるいは，ある特定の事業所において，どうも内部統制が存在しないとか，有効に運用されていない。たまたま期中で，ある会社を買収して子会社化したが，その会社には十分な内部統制がほとんどないという場合には，内部統制に依拠しないで必要な実証手続を，多くの時間とコストがかかるけれども，それを承知の上で行って，十分かつ適切な監査証拠を入手しなければならないということだと思います。

　そのように私は理解しているわけであって，全社的に内部統制がまったくないなどということはあり得ない話で，もしもそうであるならば，まず請け負った監査人は当初から意見を表明しないとか，場合によっては不適正ということが目論まれて監査に臨んでいるようなものですから，現実的にはちょっと考えられないですね。

【町田】この点については，審議の過程で実務家の方から非常に強い懸念が示されたところであったかと思います。つまり，H14監査基準では，「統制評価手続を実施せず，実証手続により……」ということで，内部統制を評価しなくてもいいから，実証手続に移りなさいということだったのが，H17監査基準では，「内部統制に依拠することなく，実証手続により……」という形で，内部統制に依拠しないことを非常に明確に示してしまっているわけです。

　本当に，「内部統制に依拠しなくて」いいのか，たとえば，有効に運用されていないとしても，一部利用できることがあるのではないか，ということが，審議会でも議論の的となりました。

【八田】現行の財務諸表監査が内部統制を度外視しての議論というのは，成り立たないという理解をしていますから，ここはかなり厳しい規定であるという気がします。

逆にいうならば、ここの部分だけを取り上げても、監査人に課せられた責任は、非常に大きくなってきていると思います。つまり、「全部あなたの責任で必要な監査証拠を入手しなさい」というように振られているわけですから、なかなか難しい問題ですね。

7．不正及び誤謬

> 監査基準　第三　実施基準　一　基本原則
>
> 5　監査人は、職業的専門家としての懐疑心をもって、不正及び誤謬により財務諸表に重要な虚偽の表示がもたらされる可能性に関して評価を行い、その結果を監査計画に反映し、これに基づき監査を実施しなければならない。

> 監査基準　第三　実施基準　三　監査の実施
>
> 5　監査人は、会計上の見積りの合理性を判断するために、経営者が行った見積りの方法の評価、その見積りと監査人の行った見積りや実績との比較等により、十分かつ適切な監査証拠を入手しなければならない。
> 6　監査人は、監査の実施において不正又は誤謬を発見した場合には、経営者等に報告して適切な対応を求めるとともに、適宜、監査手続を追加して十分かつ適切な監査証拠を入手し、当該不正等が財務諸表に与える影響を評価しなければならない。

【町田】次に、「不正及び誤謬」について見ていきたいと思います。

H17監査基準の重要な虚偽表示のリスクの評価、あるいは、事業上のリスク等を重視したリスク・アプローチによる、リスク・アプローチの改善または精緻化という議論の中では、必ずしも不正および誤謬の部分については、監査基準の文言は修正されることはありませんでした。

従来、H14監査基準のもとでは、不正の発見ということが非常に重視され、不正および誤謬に対する監査規定というのは非常に充実したというように理解

されているわけです。たとえば,「監査人は,会計上の見積りの合理性を判断するために,経営者が行った見積りの方法の評価,その見積りと監査人の行った見積りや実績との比較等により,十分かつ適切な監査証拠を入手しなければならない」という規定が置かれ,さらに,「監査人は,監査の実施において不正又は誤謬を発見した場合には,経営者等に報告して適切な対応を求めるとともに,適宜,監査手続を追加して十分かつ適切な監査証拠を入手し」なければならないと規定されています。

　この不正・誤謬に対するH14監査基準の規定というのは,現時点でどのように評価できるのでしょうか。

【八田】少なくとも,いま公認会計士監査に社会の人たちが寄せている期待は,内容は別にして,いわゆる不正,あるいは誤謬も含めた,歪曲された財務諸表については,絶対に摘発してもらいたいということではないでしょうか。

　実際に,21世紀に入って,アメリカのみならずわが国においても,監査人あるいは監査を取り巻く環境の中でもっとも批判の矢面に立たされている状況というのは,いわゆる監査人が不正を見抜けなかったという議論だと思います。ただ,ここでも不正というのは非常に幅広い概念で,会計および監査上の議論はあくまでも,監査基準の言葉を使うならば,重要な虚偽の表示に結びつくような不正に限定して考えて,とくに問題はないわけですが,実際には,財務諸表の重要な虚偽の表示に直接結びつかなくても,間接的に結びつく可能性があるという場合も想定しなくてはならないということです。

　たとえば,ある違法行為が経営トップにおいてなされていた。それを隠蔽するために,巡り巡って結果的には,財務諸表数値が歪められているということもあるために,おそらく,社会の人々は,企業内部における,とりわけトップに関わるような不正あるいは違法行為は,ほとんどすべて監査人側のほうにおいて摘発,防止してもらいたいという要請があると思います。

　しかし,これはなかなか難しい問題であると同時に,あくまでも試査でもって業務を行っているために,100%チェックを行っているわけではないということ。そこで,2005(平成17)年の改訂前からも強く指摘されていたのですが,不正がなぜ見抜けなかったかというような,アメリカでのいくつかの実証研究,

あるいはデータを見ると2つの点が指摘されます。

その1つは，十分な監査証拠を入手していなかったという，あくまでも監査手続上の技術的な問題。これは，さもありなんといえると思います。時間を省いていたとか，十分に監査人員を投入しなかったといった場合です。2つ目の議論として，正当な注意や職業専門家としての懐疑心を行使しなかったがゆえに，本来は見抜けたであろう不正，あるいは誤謬に対しても対応ができなかったということがいわれています。

したがって，1つ目のほうの，実際の監査証拠を十分に入手していなかったというのは，監査業務において論外といってもいいかもしれない。それは物理的な問題であると同時に，当然にこれから責任追及が大きくなるであろう監査環境を見るならば，そのような低次元の監査が行われることはなくなると思います。しかし，もう1つの，非常に精神的な部分の注意義務や懐疑心，これはどのようにすればいいのかはなかなか悩ましい問題で，やはりこれは本当に最終的には，監査人の適格性というか，監査人のプロフェッショナリズムに委ねる以外にないということから，この点を十分に留意することが，結果的には不正あるいは誤謬といった問題に対して，前向きな取組みが監査人にも可能になるというような理解ができるのではないでしょうか。

ただ，こうした悩みに応えようとしたのが，別途で検討する，2013（平成25）年制定の「監査における不正リスク対応基準」である，といえるのかもしれませんね。

8．ゴーイング・コンサーン問題への対応

監査基準　第三　実施基準　―　基本原則

6　監査人は，監査計画の策定及びこれに基づく監査の実施において，企業が将来にわたって事業活動を継続するとの前提（以下「継続企業の前提」という。）に基づき経営者が財務諸表を作成することが適切であるか否かを検討しなければならない。

> 監査基準　第三　実施基準　二　監査計画の策定
>
> 7　監査人は、監査計画の策定に当たって、財務指標の悪化の傾向、財政破綻の可能性その他継続企業の前提に重要な疑義を生じさせるような事象又は状況の有無を確かめなければならない。

> 監査基準　第三　実施基準　三　監査の実施
>
> 7　監査人は、継続企業を前提として財務諸表を作成することの適切性に関して合理的な期間について経営者が行った評価を検討しなければならない。
> 8　監査人は、継続企業の前提に重要な疑義を生じさせるような事象又は状況が存在すると判断した場合には、当該事象又は状況に関して合理的な期間について経営者が行った評価及び対応策について検討した上で、なお継続企業の前提に関する重要な不確実性が認められるか否かを確かめなければならない。

【町田】次に、継続企業の前提に重要な疑義が生じている場合の監査上の対応、いわゆるゴーイング・コンサーン（以下、GCとする）問題への対応について考えていきたいと思います。

　GC問題への対応は、H14監査基準においてもっとも大きな改訂点として受けとめられ、その後、H21監査基準によって手続が修正されました。GC問題に関する監査の実施プロセス、あるいは報告というところは非常に広範囲にわたりますので、131ページの図を見ていただきたいわけですが、実際には監査人が実施基準・一　基本原則6で、「監査人は監査計画の策定及びこれに基づく監査の実施において、企業が将来にわたって事業活動を継続するとの前提に基づき経営者が財務諸表を作成することが適切であるか否かを検討しなければならない」として監査計画、実施の各段階でGC問題の兆候を把握することを求めています。

　そして、もしもGC問題を把握した場合には、今度は実施基準・三　監査の実施7において「監査人は継続企業の前提に重要な疑義を生じさせるような事象又は状況が存在すると判断した場合には、当該事象又は状況に関して合理的

な期間について経営者が行った評価及び対応策について検討した上で，なお継続企業の前提に関する不確実性が認められるか否かを確かめなければならない」として，経営者に当該疑義を生じさせるような事象または状況に対する経営者自身の評価と，それがGC問題だということであれば，それを解消させるための対応策を示させて，監査人としてその内容を検討することが求められているわけです。

　H14監査基準が適用されたのは2003（平成15）年3月期からですので，直近の2012（平成24）年3月期までにすでに10年に及ぶ適用期間があるわけですが，現時点でふり返ってみてGC問題の対応ということは，わが国の監査の実務あるいは監査人の責任，さらには監査人の判断にどのような影響を及ぼしたと考えられるのでしょうか。

【八田】H14監査基準にこの規定が導入されたときには，会計に精通している人もそうですけれども，とりわけメディアを通じた社会の人たちは，こういった継続企業の前提に重要な疑義が生じている場合の情報に接したときに，それが破綻懸念情報だと，もっとひどい場合には，倒産可能性情報などという形であおった時期もありました。確かに，詳細は把握しておりませんけれども，伝えられるところ，このGCの規定によって監査上何らかの情報が発信された企業はその後，やはり複数社が市場から撤退している事実はあると思います。ただ，やはり企業の社会的責任という観点から見たときに，経営者自身の評価を適切に行わせしめるということは，正しい会計情報の発信と信頼できる監査を行うという観点から重要であったということで，いまはだいぶ落ち着いた実務になっているのではないかと思います。そのため結果的には，こういった制度が導入されたということはわが国の会計監査制度の信頼性を向上させることに一翼を担ったのではないかという気がします。

　もう1つ，ここで注意しなくてはならないのは，監査基準の中でも触れられているとおり，このGCに関する情報の開示は，あくまでも経営者にあるということです。つまり財務諸表作成責任者である経営者サイドに対しての取り組みを明確にした上で，彼らが行った評価結果がこのGCに対して疑義を生じさせる場合には，その疑念を解消させるための対応策まで経営者に求めて，その

結果を踏まえて，監査人としてそれを検討するという流れになっているわけであって，少なくとも監査上よくいわれる二重責任の原則については，あくまでも貫かれているというように理解できると思います。ただ，たとえ経営者として自らの企業の内容に熟知している立場であっても，将来のこと，仮に近い将来であっても，そのことまで確定情報として把握するのはなかなか難しいことから，やはりこれについては将来的にも，どういう開示が最適な実務として定着するのかという点でまだまだ問題が残っているのではないかという気がします。

【町田】 先ほど述べたように，GC規定はH21監査基準によって修正が行われました。具体的には，それまでH14監査基準では前文にはあったのですが監査基準本文にはなかった「重要な不確実性」という概念を本文中に導入することによって，継続企業の前提に重要な疑義を抱かせる事象または状況が存在する場合には，機械的にそれらのすべてがGCとして追記情報への記載が図られていたというそれまでの実務が修正され，いわば厳選された，重要な不確実性が残るケースに場合に限って，そうした事象または状況のみがGC問題として識別されるようになったわけです。

　この改訂については，どのように捉えればよいでしょうか。

【八田】 先ほども，この制度が始まったときの監査人の責任という問題が縷々，議論されたわけです。おそらく監査人として見るならば，後日，その企業に対して何らかの継続企業としての疑義を生じさせる状況が露呈したときに，監査上それらに触れていなかったという場合を想定したときに，できるだけそういうものは保守的にメッセージとして発信した方がよかったのではないかと考えるのではないでしょうか。そのため，いわばすべてのGC情報を追記情報に記載するということで，かなり保守的な対応をとる実務が見てとれたということがあって，やはりそれでは本当の意味での情報の価値が失われるのではないかとの指摘もなされたわけです。つまり，読者はどれがGC情報として正しく理解しなくてはならないかという優劣がはっきりしなかったということから，とくに会計や監査の世界では重要性の原則という考えがあるように，重要情報は絶対に見落としてはならない。しかし重要でないものまでも巻き込んで情報を

混乱させてはならないという観点があって，この辺を1回識別して，この「重要な不確実性」という概念を導入したということです。したがって，監査人にとってもその重要性の判断基準に対して正しい対応が求められているというような理解をしています。

【町田】ただ，この「重要な不確実性」という概念が導入されると，監査人としてはより厳選されたものをGCにしなくてはいけないということで，責任はさらに重くなるという考え方もあるかと思いますが。

【八田】どういう結果の監査報告書であっても，少なくとも監査人が負わなくてはならない責任は，監査報告書の一言一句に述べられている文面すべてですから，それを「安易に書いた」とか，あるいは「厳選した結果，厳格に書いた」という言い逃れはできないでしょう。したがって，少なくとも監査人が監査責任を負うという判断で行った結果に対しては，とくに責任の軽重が問われることはなく，常に同じ責任が問われるというように考えています。

【町田】そうしますと，問題になるのは，継続企業の前提に重要な疑義を生じさせる事象または状況のうち，「重要な不確実性」という概念によって逆に弾かれてしまったもののことです。それらについては，H21監査基準のときに有価証券報告書上のリスク情報等の欄に開示されるように規定されたわけですけれども，そちらについては監査の対象ではないというのが一般的な理解ですが，この対応は十分なものなのでしょうか。

【八田】結局，経営者サイドが，この継続企業の前提に関する重要な疑義情報を開示するということ。それから，これは会計基準の世界ではなく，別途この有価証券報告書の規定ということで，ディスクロージャーの視点で規定がなされているということ。それともう1つは，この有価証券報告書に盛られている，いわゆる非財務情報に対して監査人がどういう関わりをもつのかということの3点が当然問題になるわけです。この点，少なくとも2008（平成20）年から始まった「財務報告に係る内部統制」の開示と監査という観点から考えたときに，この有価証券報告書に示されている財務情報に関わる開示内容については，監査人は当然に監査対象の一環として確認しているあるいはその前にまず，監査役の監査という形で連携をとるならば，当然それも範疇に入れた意味で監査が

継続企業の前提に係る監査手続

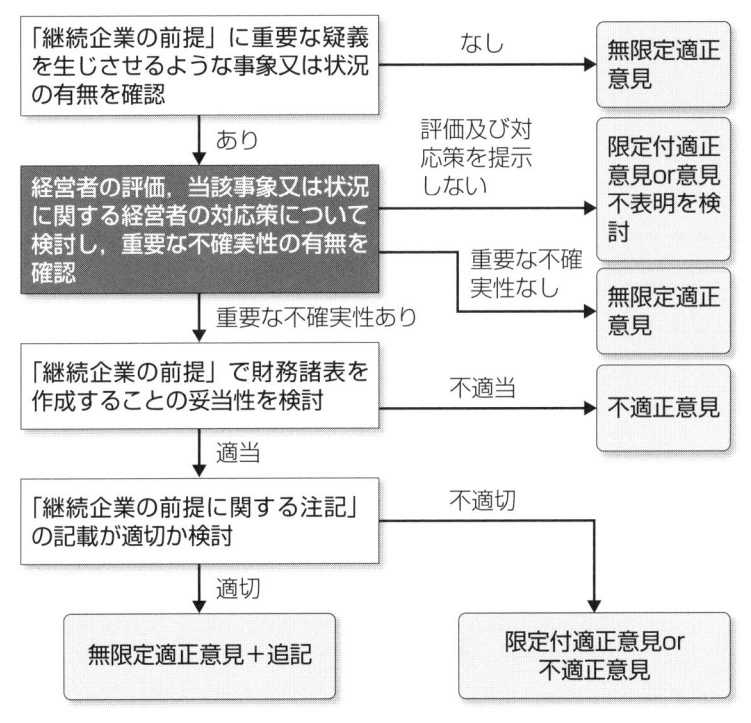

```
「継続企業の前提」に重要な疑義     なし
を生じさせるような事象又は状況   ─────→  無限定適正意見
の有無を確認
       │
      あり
       ↓                       評価及び対応策を提示しない
┌─────────────────────┐  ─────────────→  限定付適正意見or意見
│ 経営者の評価，当該事象又は状況  │                      不表明を検討
│ に関する経営者の対応策について │
│ 検討し，重要な不確実性の有無を │    重要な不確実性なし
│ 確認                           │  ─────────────→  無限定適正意見
└─────────────────────┘
       │
   重要な不確実性あり
       ↓
「継続企業の前提」で財務諸表を     不適当
作成することの妥当性を検討      ─────→  不適正意見
       │
      適当
       ↓
「継続企業の前提に関する注記」    不適切
の記載が適切か検討           ─────→  限定付適正意見or
       │                              不適正意見
      適切
       ↓
 無限定適正意見＋追記
```

出所：企業会計審議会資料

行われていると理解しているわけですから，まったくもってそれが監査人の埒外にあるというようには理解していません。

【町田】 これはH14監査基準当時からあった議論ですが，GC規定，いわば会社の終焉を評価する規定がある一方で，その後の規定，つまりいまお話にあった継続企業の前提で財務諸表を作成することが妥当ではないという判断が下った場合の会計基準の整備の方は，まだまだ追いついていないというように思われますが，その点についてはいかがでしょうか。

【八田】 実際にわが国の場合も，企業の再生等を目途とした公的な機関や民間機関が，独自に当該企業の資産査定（デューデリジェンス）などを行い，これ

までの財務諸表数値とはまったく違った計数を入手して，正当な手続を踏んで行った評価だというのですが，実際には，そういった場合の企業再生という側面，これは会計の世界でいうならば清算基準といったものが用意されていないということはいえると思います。

ただ，そうはいっても，実はわれわれが関わっている企業というものは，何も清算を前提に議論しているわけではないので，それはある面でレアケース，特殊なケースなので，その特殊なケースというのは，個々のさまざまな環境のもとで事情が露呈するわけですから，それらについてすべて一定に受け入れられた清算基準を作ることが果たして可能かどうかが問題だと思います。

ただ，その時点の売却時価で全部評価すればよいのか，あるいは，弁済金額といったその時点での返済金額を書けばよいのかという問題については，必ずしもあてはまらないだろうといえると思います。たとえば，従業員の労働債務に関してはどういう処理をするのかという点など，必ずしも明確でない部分がありますので，この辺はまだまだ会計の世界における課題として残っているでしょうね。

【町田】そもそもこのGCについては，以前から日本で課題として残されている点の1つとして，会計基準の側に，IFRSではGCの規定があるにもかかわらず，日本の会計基準ではGCの規定がないことがあります。また，GCに関係する関係法規が十分に整備されていないといったことが，そもそも解決されなければならないということですね。

【八田】おっしゃるとおりですね。これはわが国の場合，監査の世界で先行する形で実務対応してきたということです。それでよいのかどうか，それよりもまず，会計基準の方での対応が不可欠ではないかという考えも根強くあります。なぜならば，あくまでも財務諸表は経営者のいわゆる主観的な意見，すなわちアサーションといわれていますから，そういったディスクロージャーに関わる役割はまずもって経営サイドの任務，あるいはミッションと考えざるを得ないのです。したがって，そこが欠落しているがゆえに，日本では監査対応が先行する形で行われているのであって，実は主客転倒していると思われる所以でしょうね。なお，こうした考えは国際会計基準であるならば，まさに公正価値を

念頭に置いた時価評価をふんだんに取り入れようとしている考え方とも結びついているということもあるのかもしれません。

【町田】最後に，先ほど話に出ました「事業等のリスク」における開示の点についても，たとえばアメリカではSECがそうした情報を経営者が開示することについてのセーフ・ハーバー・ルール（安全港基準）を設けた上でリスク情報の開示を求めています。そういった意味で日本のMD&Aや事業等のリスクの開示についても，ルールの整備がより一層求められるということになりますね。

【八田】そのとおりですね。そもそも，そういった将来予測情報，未来情報，あるいは見積りといったものについては，その裏返しには極めて大きな不確実性が介在しているわけですから，それをすべて100％確定情報と同じように責任を求めるのは無理があるわけです。したがって，どこかでこういったセーフ・ハーバー・ルールないしは免責規定を設けないと，経営責任が過大になるといった懸念がありますから，今後，そういった合理的な対応が求められるでしょうね。

9．情報技術

> 監査基準　第三　実施基準　二　監査計画の策定
>
> 6　監査人は，企業が利用する情報技術が監査に及ぼす影響を検討し，その利用状況に適合した監査計画を策定しなければならない。

【町田】次は，「情報技術」です。

情報技術については，実施基準・二　監査計画の策定6で，「監査人は，企業が利用する情報技術が監査に及ぼす影響を検討し，その利用状況に適合した監査計画を策定しなければならない」という規定が置かれています。ただ，H14監査基準の前文では，情報技術については十分な対応が図られなかったということが述べられているように，現行の監査基準の大きな課題の1つではないかと思われるわけです。

一方，2007（平成19）年2月15日公表の内部統制報告に係る意見書において

は,「ITへの対応」が内部統制の基本的要素の1つになっているぐらいに, ITへの対応が重視されています。やはり, 監査基準のレベルでも, 情報技術への対応ということが, より一層図られていかなければいけないのではないでしょうか。

【八田】 H14監査基準の中で, いわゆる企業が利用する情報技術が監査に及ぼす影響を検討するということで, ITの議論が入ったということは, 特筆すべき状況ではなかったのかという気がします。

しかしそれも, H14監査基準の前文にも書いてあるように, まだまだ企業における情報技術の利用に対応した措置に関しては, 温度差があったということから, ここでは基本的な指示にとどまっているということで, あまり突っ込んだ書き方はしていません。しかし, まさしくITの問題というのは, 日々刻々変わるといっても大げさではないぐらいに進展著しいものがあるわけであって, われわれも関わった内部統制報告の意見書では, 内部統制の基本的要素の1つに, アメリカでは導入されていない「ITへの対応」という考え方を明示的に示したわけです。

したがって, 当然ながら, ITに関わる監査環境というのは, 今後一層注目しなければならないし, それに対する能力を向上させなければならないと思います。あるいは, そういったITが張り巡らされている企業環境, これはまさしく事業上のリスクという点からも, 重要な意味合いをもってくるのではないかという気がしますから, 今後基準が改訂されるならば, この辺はもう少し, 書きぶりとして詳細な規定になることが望まれると思います。

10. 経営者確認書

> 監査基準　第三　実施基準　三　監査の実施
>
> 8　監査人は, 適正な財務諸表を作成する責任は経営者にあること, 財務諸表の作成に関する基本的な事項, 経営者が採用した会計方針, 経営者は監査の実施に必要な資料を全て提示したこと及び監査人が必要と判断した事項について, 経営者から書面をもって確認しなければならない。

【町田】次は,「経営者確認書」です。

　経営者確認書については,1991(平成3)年の改訂のとき以来,規定が置かれているところではありますが,改めて確認しておきたいと思います。経営者確認書というのは,簡単にいうとどういうものなのでしょうか。

【八田】もともとは,マネジメント・レプリゼンテーションやレター・オブ・マネジメントという形で,いわゆる監査における二重責任の原則というものを,見える形で明らかにするための手法の1つとして,もう1つは,被監査会社の責任者である経営者と監査人側との紳士協定,協力関係を明示する1つの柱として導入されたのが,この経営者確認書です。経営者サイドが監査人に対して,必要十分な情報開示をしました,そして,私たちは最終的に財務諸表の作成責任を負っていますよということを,いうならば精神的な部分で納得するという意味で出されたものが,もともとの経営者確認書の姿です。

　したがって,それは監査人に若干の安心感を与えるもの,という意味があったわけであって,これをもらったからといって鵜呑みにして,「あとはもう調べる必要がない」だとか,「必要な監査手続や証拠を入手する必要はない」ということはないということから,当初,1991(平成3)年に導入された経営者確認書の制度に対しては,確認書をもらう必要はあるけれども,必ず入手しなければいけない監査手続であるというような議論にはなっていませんでした。ところが,H14監査基準では,それは重要な監査手続の1つであるということから,必ず経営者確認書を入手しなさいという方向になりました。

　それにはいくつかの理由があります。少なくとも日本では,長年にわたって阿吽の呼吸で経営者サイドと監査人サイドが業務を行ってきたにもかかわらず,あるとき突然,経営者から宣誓書に近いような文書をもらいたいというと,なかなかギクシャクするし,経営者サイドから見るならば「私の行動が信用できませんか」というような,何か穿った疑念を生じさせるようなことから,受け入れサイドの企業側においても反発が強い時期があったということです。しかし,国際的な流れの中で,企業側においてもそれはしようがないということとして,確認書の発行に対して抵抗はなくなったということから,H14監査基準においては,確認書として当然書いてもらいたい内容についても具体的に明示

するとともに，それを入手することを必要な監査手続の一環として置いたという背景があったと思います。

【町田】そうしますと，経営者確認書の入手というのは，現在では明確に監査手続であって，かつてわれわれが監査論を勉強した当時にあった，監査手続なのか，監査証拠なのか，そのいずれでもないのか，といった議論は，現在では陳腐化した，成立しない議論だということですね。

【八田】そうですね。その部分で制度が変わったということですから。

【町田】制度が変わったということでは，この経営者確認書とは違う確認書が，現在では，制度上の重要なものとして位置づけられてきているように思います。それは，金融商品取引法上の上場企業について，代表者による確認書，つまり，自らの企業の有価証券報告書の記載事項について，その記載は適正に行われているということを確認することを，代表執行役に対して署名を求めるという制度が，2008（平成20）年4月から実施されているわけです。

経営者確認書に関しては，順番が前後しますが，実施基準・三　監査の実施9で，「監査人は，適正な財務諸表を作成する責任は経営者にあること，財務諸表の作成に関する基本的な事項，経営者が採用した会計方針，経営者は監査の実施に必要な資料を全て提示したこと，及び監査人が必要と判断した事項」といった項目を経営者確認書に記載するというような規定が置かれているわけです。

この監査基準に示されている経営者確認書と，さらに，それがあるにもかかわらず，別途，財務報告の適正性についての代表者による確認が求められるということ。この両者はどのように異なるのでしょうか。

【八田】これも2つの視点があります。1つは，いま説明したように，「経営者確認書」というのは，あくまでも経営者が監査人に対して提出する，いわゆる監査手続実施上のお互いの合意形成のもとにおける確認事項だということで，理解できるわけです。それに対して，「代表者による確認書」というのは，たとえば，行政監督官庁に出すものですから，これは「確認書」という言葉ではなく，本来は「宣誓書」というべき性質のものだと思います。

つまり，社会に向けて「正真正銘このとおりですよ」と宣誓する。書いてい

る内容は同じだとしても，言っているメッセージの意味は重みが全然違うと思います。その意味で，これは確認書というのは正しくなくて，本来は宣誓書と呼ぶべきものであって，よくいわれているように，アメリカの企業改革法の中で経営者に求められている宣誓書と同類のものであるといえます。

　2つめは，結局，経営者確認書というのは，監査人と経営者との間のいわゆる意思の疎通といいますか，合意事項に当たると思うんですね。したがって，これは逆に，ただ仲良しで意見を合意しているのではなく，監査人側から見れば，経営者に対してこういうことをある程度明示させることで，牽制作用をもっているという意味合いが強い。しかし，直ちにそのことによって責任を問うという問題でもない。

　翻って，金融商品取引法では，経営者による宣誓を制度化していますから，それは直ちに法的責任を伴ってくるものと思います。あるいは刑罰の対象になってくるということから，単なる監査手続の確認書の視点とは全然意味が違います。

　ちなみに，アメリカにおいても財務諸表に対する宣誓をさせているわけであって，この宣誓という法的な義務規定がなければ，やはりいまもってアメリカの経営サイドは，口では健全な財務諸表であるということを不用意に，あるいは安易に述べているかもしれません。宣誓書を出させていることで，刑事罰による足枷がはめられているということです。

　しかし，日本の場合には，かつてはそのような規制がなかったため，確認書の問題というのは，監査レベルでの議論に過ぎませんでしたが，現在は，外向けの宣誓書という形で経営者のメッセージが求められてくる状況にありますから，当然それは一定以上の責任と刑罰の問題，いわゆる両罰規定というものとのリンクで議論されていくものと思います。したがって，経営者にとってみるならば，かなり身を引き締めて，納得いく情報開示をしないと，思わぬ責任追及に見舞われるということを，十分留意すべきであると思います。

金融商品取引法に基づく監査の経営者確認書（連結財務諸表）の記載例

平成×年×月×日

○○監査法人
指定社員
業務執行社員　公認会計士　○○○○　殿
　　　　　　　　　　　　○○○○　株式会社
　　　　　　　　　　　　　　代表取締役　　　（署名　　　）
　　　　　　　　　　　　　　　　　　　　　　（又は記名捺印）
　　　　　　　　　　　　　　財務・経理担当取締役（署名　　　）
　　　　　　　　　　　　　　　　　　　　　　（又は記名捺印）

　本確認書は、当社の有価証券報告書に含まれる平成×年×月×日から平成×年×月×日までの第×期事業年度の財務諸表及び同期間の連結会計年度の連結財務諸表（以下「財務諸表等」という。）が、我が国において一般に公正妥当と認められる企業会計の基準に準拠して、すべての重要な点において適正に表示しているかどうかについて貴監査法人が意見を表明するに際して提出するものです。私たちは、下記のとおりであることを確認します。

記

財務諸表
1. 私たちは、平成×年×月×日付けの（平成×年×月期に係る）監査契約書に記載されたとおり、我が国において一般に公正妥当と認められる企業会計の基準並びに財務諸表等の用語、様式及び作成方法に関する規則及び連結財務諸表の用語、様式及び作成方法に関する規則（以下「財務諸表等規則等」という。）に準拠して財務諸表等を作成する責任を果たしました。財務諸表等は、我が国において一般に公正妥当と認められる企業会計の基準及び財務諸表等規則等に準拠して財政状態、経営成績及びキャッシュ・フローの状況を適正に表示しております。
2. 不正又は誤謬による重要な虚偽表示のない財務諸表等を作成するために、経営者が必要と判断する内部統制を整備及び運用する責任は経営者にあることを承知しております。
3. 時価による測定を含め、会計上の見積りを行うに際して使用した重要な仮定は、合理的であると判断しております。
4. 関連当事者との関係及び取引は、我が国において一般に公正妥当と認められる企業会計の基準及び財務諸表等規則等に準拠して適切に処理し、かつ注記しております。
5. 決算日後本確認書の日付までに発生した財務諸表等に重要な影響を及ぼす事象は、すべて計上又は注記されております。
6. 財務諸表等を作成する場合にその影響を考慮すべき、既に認識されている又は潜在的な訴訟事件等はすべて、我が国において一般に公正妥当と認められる企業会計の基準及び財務諸表等規則等に準拠して適切に処理又は注記されております。

7. 未修正の虚偽表示が及ぼす影響は、個別にも集計しても財務諸表等全体に対して重要ではないものと判断しております。未修正の虚偽表示の一覧は、本確認書に添付されております。
8. 監査人が記載することが適切であると判断したその他の確認事項（本報告書のA9項及び本付録の４．その他追加項目の確認事項参照）

提供する情報
9. 貴監査法人に以下を提供いたしました。
    (1) 記録、文書及びその他の事項等、財務諸表等の作成に関連すると認識しているすべての情報を入手する機会
    (2) 本日までに開催された株主総会及び取締役会の議事録並びに重要な稟議書
    (3) 貴監査法人から要請のあった監査のための追加的な情報
    (4) 監査証拠を入手するために必要であると貴監査法人が判断した、当社の役員及び従業員への制約のない質問や面談の機会
10. すべての取引は会計記録に適切に記録され、財務諸表等に反映されております。
11. 不正による財務諸表等の重要な虚偽表示の可能性に対する経営者の評価を貴監査法人に示しております。
12. 当社及び連結子会社に影響を及ぼす不正又は不正の疑いがある事項に関して、以下のすべての情報を貴監査法人に提供いたしました。
    ― 経営者による不正又は不正の疑い
    ― 内部統制において重要な役割を担っている従業員による不正又は不正の疑い
    ― 上記以外の者による財務諸表等に重要な影響を及ぼす可能性がある不正及び不正の疑い
13. 従業員、元従業員、投資家、規制当局又はその他の者から入手した財務諸表等に影響を及ぼす不正の申立て又は不正の疑いがある事項に関するすべての情報を貴監査法人に提供いたしました。
14. 財務諸表等を作成する場合にその影響を考慮すべき違法行為又は違法行為の疑いに関して知っているすべての事実を貴監査法人に提示いたしました。
15. 財務諸表等を作成する場合にその影響を考慮すべき訴訟事件等又はそれらの可能性に関して認識しているすべての事実を貴監査法人に提示いたしました。
16. 関連当事者の名称、並びに認識されたすべての関連当事者との関係及び関連当事者との取引を貴監査法人に提示いたしました。
17. 監査人が記載することが適切であると判断したその他の確認事項（本報告書のA10項及び本付録の４．その他追加項目の確認事項参照）。
18. ……………………
19. ……………………

以上

出所：監査基準委員会報告書580「経営者確認書」付録２より

11. 他の監査人等の利用

> 監査基準　第三　実施基準　四　他の監査人等の利用
>
> 1　監査人は，他の監査人によって行われた監査の結果を利用する場合には，当該他の監査人によって監査された財務諸表等の重要性，及び他の監査人の品質管理の状況等に基づく信頼性の程度を勘案して，他の監査人の実施した監査の結果を利用する程度及び方法を決定しなければならない。
> 2　監査人は，専門家の業務を利用する場合には，専門家としての能力及びその業務の客観性を評価し，その業務の結果が監査証拠として十分かつ適切であるかどうかを検討しなければならない。
> 3　監査人は，企業の内部監査の目的及び手続が監査人の監査の目的に適合するかどうか，内部監査の方法及び結果が信頼できるかどうかを評価した上で，内部監査の結果を利用できると判断した場合には，財務諸表の項目に与える影響等を勘案して，その利用の程度を決定しなければならない。

【町田】最後ですが，「他の監査人等の利用」について考えていきたいと思います。

「他の監査人」という言い方をすると誤解を生じ兼ねない場合があると思いますので，念のため説明しておきたいと思いますが，そもそも監査を担当する監査人を「主たる監査人」とし，それが，たとえば海外の子会社や海外の事業拠点について，他の監査事務所の協力を得るという際にその協力してくれた事務所のことを「他の監査人」という言い方をするわけです。したがって，たとえば，同じ監査法人の中の他の会計士のことを「他の監査人」というわけではありません。

他の監査人の実施した監査の結果を利用する程度および方法について，監査基準では明記しています。しかし，他の監査人の実施した監査結果の利用というのは，実は日本と海外では若干違うようですね。

【八田】いまご説明があったように，基本的には主たる監査人である監査契約当事者は，本来の監査意見を表明する人がイニシアチブを取って監査を行うのであって，その中で十分に対応できない場合に，いわゆる助っ人として，他の

監査人等を利用するということになると思います。しかし，それは，利用するのか，しないのか。あるいは，利用できるのか，できないのか。利用するならばどの程度なのか。さまざまな視点，とくに監査結果に関して，他の監査人が行った内容に関して，どの程度信頼性が高いものとして受け入れることができるのかどうか。わが国の場合には，それらを全部包含して，主たる監査人が全責任を負えということで規定をしており，これは主たる監査人にとっては非常に荷の重いといいますか，責任が大きい規定だということです。

つまり，後日，何か問題があって，それが結果的に他の監査人の監査業務の内容の部分に瑕疵があったという場合でも，その責任はまずもって主たる監査人が負わなければいけないという関係であって，責任の分担は図れないということです。翻って，アメリカの場合は，このような状況の場合には，そこまで全部は主たる監査人のもとに把握できないであろうということもあって，一部責任の分担，限定ということも実務的に可能になっているということで，その辺の違いは確かにあると思います。

しかし，日本的には，やはり自ら責任を取るというのが，1つの美徳なのかもしれないですから，ほかに転嫁しないという気概を監査人に求めているということ。監査人にとっては非常に厳しいですけれども，これで十分にこれまで機能しているわけですから，とくに問題はないと思っています。

【町田】他の監査人の点については，近年，国際監査基準のレベルで提携事務所，つまりネットワーク・ファームについては，英文監査報告書において同じ名称を使う以上は同じ監査人と見なすべきではないかという議論がされているようです。

そうなりますと，たとえば，日本のある監査法人が，提携している海外の監査事務所の業務を利用するとしても，それは「他の監査人」にはならない。さらには，同じ監査事務所の品質管理のもとに置かれるということかと思いますが，この点，他の監査人の問題の議論というのは，今後大きく変わっていく可能性もありますね。

さて，この他の監査人等の規定の「等」の部分について話を進めていきたいと思いますが，監査基準では，この「等」で専門家の業務の利用についても規

定していることになっています。専門家の業務を利用する場合には，専門家としての能力およびその業務の客観性を評価し，その業務の結果が監査証拠として十分かつ適切であるかどうかを検討するということですが，監査人が監査の実務の中で利用する専門家としては，どのようなものがあると考えればよいのでしょうか。

【八田】高度化する経済社会において，さまざまな経済関連法規が増えてきているということから，1つは法の専門家ということがいえます。あるいは，ITの専門家。さらには，たとえば年金数理士のような人たちに頼るなど，さまざまな業目における専門家がたくさん存在しているわけですから，そういった人たち。いま申し上げたような，法，IT，あるいは年金といった，直ちに財務諸表の信頼性，あるいは虚偽の表示に結びつくような業務に関わっている専門家というのは，この中にまず入ってくるのではないでしょうか。

　それ以外にも，たとえば，とくに有資格者とはいわなくても，ある業務のコンサルティング能力をもっている方，あるいは，何がしか経営に対してアドバイスができたり，さらには，その業界のことに精通している方。そういった人たちも，たとえば，事業上のリスクを評価するときに，疑念に思ったときにはそういう方に意見を求めるということはあるでしょうし，現に，不正による重要な虚偽の表示を示唆する状況等に遭遇した時などには，不正調査の専門家の協力を得るかもしれませんから，非常に広い範囲の方たちがこの「等」に入るのではないかと思っています。

【町田】たとえば，重要な虚偽表示のリスクの評価ということも踏まえて，経営者不正が重視されるという観点，あるいは，時間や人員が限られている中で，企業内におけるさまざまな重要な虚偽表示の問題に監査人が適切に対応しなくてはならないという観点からは，たとえば，最近，注目を集めている公認不正検査士という不正発見の専門家や，その他，不正問題を専門に扱うような専門家の業務を利用するということも，必要になってくるということなのでしょうね。

【八田】それは，アメリカ公認会計士協会の場合は，監査基準書第99号で，他の専門家という言葉で説明しているわけではありませんが，公認会計士以外の

他の専門職にどういった形で関わってもらうかということの1つに，公認不正検査士との密な連携を謳っています。つまり，明らかに不正が行われているのではないかというような状況，あるいは，限りなくグレーゾーンである場合には，監査人自らがその部分を根掘り葉掘り確認するというよりも，そういった不正のプロに見てもらうということも，重要な助けになるということですから，いまのご指摘は，その辺の範囲も射程に置いて議論していいと思います。

【町田】 3点目ですが，「監査人は，企業の内部監査の目的及び手続が監査人の監査の目的に適合するかどうか，内部監査の方法及び結果が信頼できるかどうかを評価した上で，内部監査の結果を利用できると判断した場合には，財務諸表の項目に与える影響等を勘案して，その利用の程度を決定しなければならない」と規定しています。

つまり，内部監査部門，あるいは内部監査人との連携の規定を置いているわけですが，内部監査は内部統制の一要素だと思いますが，監査人は内部監査の業務の結果をどのような形で利用する，というふうに考えたらいいのでしょうか。

【八田】 これは，H14監査基準ができたときにも私は問題視したことがありますが，内部監査の議論というのは，このように他の監査人等の利用の中で書くのではなく，内部統制の評価の一部として位置づけてもらいたかったと思っています。

つまり，内部統制の基本的要素のうちの，モニタリングの重要な一翼を担っているのが内部監査であって，そこでの評価結果，あるいは内部監査業務の内容についての程度を勘案しながら，外部監査がそれを傍証証拠としながら，場合によっては依拠しながら利用していくのであって，外部監査全体の目的の中で内部監査というものが利用できる場面というのは，そんなにないのではないかという気がするのが第1点。

もう1つ，さらに大前提として，外部監査で利用できるほどに独立性があり，かつ専門性があって，ある程度広範にわたった証拠が入手できているような内部監査というのは，果たして日本の国の場合にあり得るのかという議論。制度的に，内部監査というのはどの国も法制化されていませんから，内部監査とい

うものについて一概にはいえない状況もあると思います。したがって，位置づけに関しても，あるいは，その信頼水準に関しても千差万別であるということから，監査基準の中に，あるいはH14監査基準の前文でも示されているように，内部監査に関して具体的に書かれたということの意味合いは，内部監査に対して寄せている期待の大きさの現れでもありますが，果たして十分にそれに応えられるかどうかが，2つ目の問題です。

　3つ目として，書かれてある以上，監査基準はかなり強制力をもちますから，監査人はどうやってこれを利用できるのか，その程度を決定しなければなりません。確かに，上記の2点は疑問符がつく議論ですが，実際に内部監査についてどういう形で利用できるかというのは，まさしくケースバイケースで，内部監査の機能，あるいは内部監査部門の組織内における位置づけにより，どの程度執行の責任者である経営者との関係があるのかないのか，株式会社機構における監査役，あるいは監査委員との関係がどうなっているのか，さらには，そのスタッフ陣の専門的能力やそれぞれの独立性の位置づけといった，さまざまな視点をまず議論して，本当に依拠できる前提があるならば，初めてそこから議論していくのであって，ただ会社で「私が内部監査人ですよ」といわれている人がやった結果を，鵜呑みにすることはできないということだと思います。

　その意味で，ここの部分は，書きぶりは非常に重みをもっているけれども，あるいは期待感が込められているけれども，まだまだ内部監査機能を果たすためにわが国の企業社会に，あるいは内部監査に対して求められている課題というのは，非常に大きなものがあると思います。

4. 報告基準

1. 適正性の判断

> 監査基準　第四　報告基準　一　基本原則
>
> 1　監査人は，経営者の作成した財務諸表が，一般に公正妥当と認められる企業会計の基準に準拠して，企業の財政状態，経営成績及びキャッシュ・フローの状況をすべての重要な点において適正に表示しているかどうかについて意見を表明しなければならない。
> 2　監査人は，財務諸表が一般に公正妥当と認められる企業会計の基準に準拠して適正に表示されているかどうかの判断に当たっては，経営者が採用した会計方針が，企業会計の基準に準拠して継続的に適用されているかどうかのみならず，その選択及び適用方法が会計事象や取引を適切に反映するものであるかどうか並びに財務諸表の表示方法が適切であるかどうかについても評価しなければならない。

個別意見と総合意見

> 平成14年　監査基準　監査基準の改訂について　三　主な改訂点とその考え方
>
> 9　監査意見及び監査報告書
> (1) 適正性の判断
> 　① 　監査意見の形成と表明に当たっての監査人による判断の規準を示すことに重点を置いた。これまでの「監査基準」や「監査報告準則」が監査報告書の記載要件を示すことを重視していた点，ならびに，結果として，会計基準への準拠性，会計方針の継続性及び表示方法の基準への準拠性という，適正である旨の意見表明に関する従来の三つの記載要件が，ともすれば形式的な監査判断に陥らせるものとなりがちであった点を改め，改訂基準は，監査人が意見を形成す

るに当たっての判断の規準を示すことを重視している。
　②　監査人が財務諸表の適正性を判断するに当たり，実質的に判断する必要があることを示した。監査人は，経営者が採用した会計方針が会計基準のいずれかに準拠し，それが単に継続的に適用されているかどうかのみならず，その会計方針の選択や適用方法が会計事象や取引の実態を適切に反映するものであるかどうかを判断し，その上で財務諸表における表示が利用者に理解されるために適切であるかどうかについても評価しなければならない。
　③　会計方針の選択や適用方法が会計事象や取引の実態を適切に反映するものであるかの判断においては，会計処理や財務諸表の表示方法に関する法令又は明文化された会計基準やその解釈に関わる指針等に基づいて判断するが，その中で，会計事象や取引について適用すべき会計基準等が明確でない場合には，経営者が採用した会計方針が当該会計事象や取引の実態を適切に反映するものであるかどうかについて，監査人が自己の判断で評価しなければならない。また，会計基準等において詳細な定めのない場合も，会計基準等の趣旨を踏まえ，同様に監査人が自己の判断で評価することとなる。新しい会計事象や取引，例えば，複雑な金融取引や情報技術を利用した電子的な取引についても，経営者が選択し，適用した会計方針がその事象や取引の実態を適切に反映するものであるかどうかを監査人は自己の判断で評価しなければならない。
　　なお，財務諸表において収益の認識等の重要な会計方針が明確に開示されることも必要である。

【町田】H14監査基準の前文・三　主な改訂点とその考え方9で，「適正性の判断」について規定されています。そこでは3つのポイントが挙げられていますので，それらについて1つずつ見ていきたいと思います。

　第1に，H14監査基準において，監査意見はそれまでの，3つの記載要件からなる個別意見と総合意見という組み合わせから，総合意見のみという形に変更されました。要は，監査人の意見表明というものは，「一般に公正妥当と認められる企業会計の基準に準拠」しているかどうかについての適切な判断のみであるという考え方から，監査人の意見表明は総合意見1つという形で示され，個別意見が廃止されたわけですね。

【八田】わが国の場合，伝統的に監査基準の規定では，監査報告書での意見表明において3つのハードルを設けて，それを全部クリアした後，最終的な意見

表明としての適正性に関する意見を述べる、という2段階方式が取られていたのがこれまでの対応でした。

　これをもって通例、その3つの意見を「個別意見」と称し、最終的な全体としての適正性に関する意見をもって「総合意見」と称していました。

　この個別意見とは、いわゆる会計基準への準拠性、会計方針の継続的適用に関する継続性および表示規則等への準拠性という3つの要件についての意見を指していましたが、H14監査基準においてそれを全面撤廃して、最終意見としての総合意見1本に絞ったということです。

　これについては、これまでもすでに議論してきたように、監査報告書の記載文面を見るまでもなく、少なくとも財務諸表が適正であるか否かということの判断基準として、非常に重い意味をもった用語として「一般に公正妥当と認められる企業会計の基準への準拠性」という言葉があるわけで、それを的確に理解するならば、いま示した会計基準の準拠性や、会計方針の継続性、さらには表示規則への準拠性という問題は、全部この中に包含されてくるということがいえるわけですから、何も個別に記載する必要はないのではないかということが受け入れられた結果だと思います。

　同時に、利用者から見るならば、最終的にその意思決定材料である財務諸表が、本当に意思決定情報として利用に耐え得るのかどうか、その1点を知りたいわけであって、細かな議論は重要でないとはいわないけれども、必ずしも十分な情報メッセージとしては必要ではないという意味から、私は、純化した意見表明形式になったということで、国際的な動向にも適うものとなったというように理解しています。

【町田】その点に関して、いわゆる監査基準の意見表明の形式は、総合意見1本の形で整理されたわけですが、他方、商法上の会計監査人監査の監査報告書においては、その後も適法意見を表明するに当たって、個別意見の記載ということが行われてきました。

　ところが、こちらについても2005（平成17）年制定の会社法および法務省令の規定では、会計監査人監査においても、「適正性」に関する意見表明が行われる、となっています。この点は、日本において長く並立してきた2つの監査

法制を考えると，非常に大きな変革であるように思うのですが。

【八田】そのとおりですね。いま，お話のあった会計監査人監査というものは，従来，商法（会社法）の枠組みの中で義務化が進められてきた議論であって，法律学者から見ると，いわゆる個別の整合性，あるいは判断というものが，結果的に後日，責任追及を考えたときに説明がつくのだという観点から，個別意見形式こそが本来の監査意見表明の姿ではないか，という根強い意見があったわけです。

それに対し会計の世界というのは，いわゆる「適正性概念」という言葉にも象徴されるように，とりわけ外部監査は，個々の基準や個々のルールに整合しているかどうかということを，逐一意見表明するのではなく，少なくとも全体として，そして，重要性の判断を織り込みながら，その表示されている情報全体が，意思決定利用者にとって信頼して利用可能なものかどうかということを判定することが重要だということです。つまり，利用者の判断に資するものであるという観点から，全体的な意味での適正性という言葉が受け入れられて議論されてきていたわけです。

ところが，会社法では，会計監査人監査も適正性意見を表明するということに方向転換がなされました。つまり，法律の考え方をある意味で大きく修正して，会計，監査の世界の本来の考え方を受け入れる形をとった，ということで画期的な変更だといえるでしょうね。

実質的判断

【町田】第2の点ですが，いわゆる「実質的判断」の規定が置かれています。H14監査基準の前文では，「監査人が財務諸表の適正性を判断するに当たり，実質的に判断する必要があることを示した」として，「監査人は，経営者が採用した会計方針が会計基準のいずれかに準拠し，それが単に継続的に適用されているかどうかのみならず，その会計方針の選択や適用方法が会計事象や取引の実態を適切に反映するものであるかどうかを判断し，その上で財務諸表における表示が利用者に理解されるために適切であるかどうかについても評価しな

ければならない」という規定を置いています。

　これは，先ほど前文に関する議論のところでも検討しましたが，H14監査基準で導入された規定のうち，ゴーイング・コンサーン規定と並んで，非常に重い責任を監査人に課する規定であったということかと思います。

【八田】　われわれは，「実質的判断」というものが監査基準の中に導入されたことによって，従来にも増して監査人の責任が重くなったと理解しています。単なる形式的な会計基準との整合性だけを前提とした意見表明では十分ではないという理解で，「実質的判断」という言葉を使っています。ところで，H14監査基準の前文の中では，いまお話しのように「実質的に判断する必要がある」という表現になっていますが，実は本文の基準の中には，どこにも「実質的」という言葉が使われていないということを，まず1つ明らかにしておかなければいけません。

　そうなると，ここでいっている「実質的な判断」というのは何かというと，この基準での説明を見ると，経営者が採用した会計方針が，企業会計の基準に準拠して継続的に適用されているかどうかのみならず，その選択および適用方法が会計事象および取引の実態を適切に反映するものであるかどうかを判断し，その上で財務諸表の表示が適切であるかどうか，についても評価しなければならないということです。つまり，単なる形式的な会計基準への継続適用を見れば事足りるというのではなく，そもそも採用している会計方針の選択およびその方法が，該当する会計事象や取引を実際に反映するものであるか，つまり，実態に適ったものであるかということまでも要求しているということから，見方によれば，本来，経営者が行うであろう会計方針の選択，意思決定をも，監査人にいま一度求めているのではないか，という理解もできなくもないということです。

　そういうことから，実はこの規定については評価すべき見方もあるかもしれないけれども，私は，監査人にとって非常に荷の重い役割，場合によっては，冒頭にも議論になりましたように，経営者との関係での「二重責任の原則」という問題に対して，極めて微妙な問題を投げかけるような対応を要求しているのではないかという気がします。

【町田】 整理しますと,ここでいう「実質的に判断を行使した上での適正性の意見表明」というのは,会計基準の選択適用の適切性まで踏み込んだ議論であるということ。

さらに,H14監査基準の前文では,会計基準等が明確でない場合には,経営者が採用した会計方針が,当該会計事象や取引の実態を適切に反映するものであるかどうかについて,監査人が自己の判断で評価しなければならない。あるいは,新しい会計事象や取引についても監査人が自己の判断で評価する。「自己の判断で」ということが非常に強調されています。

これらの点は,監査人が会計基準への準拠性にかかる監査判断を超えて,いわば心証形成が不確かな領域についても,監査人が自己の責任で判断を行使し,従来と同様のレベルの適正意見を表明しなさい,というように理解されるわけですね。

【八田】 その規定に現実味があるかどうかはともかくとして,字句どおりに解釈すると,そうなりますね。

実質的判断と「規則主義」「原則主義」

【町田】 第3の点ですが,実質的判断が行使される場面として,会計基準がどの程度詳細に規定されているかという問題が,大きな意味をもってくるかと思います。

エンロン事件以後,企業改革法でいわゆる「規則主義」か「原則主義」かといった議論がありました。すなわち,エンロン事件の反省の中で,アメリカの会計基準は規則主義に陥っていたのではないか,この問題が提起されたわけです。規則さえ守っていれば事足りるということで,連結外し等を招いてしまったとして,今後は原則主義に基づいて会計基準の設定を行っていこう,というような議論があったかと思います。

日本はもともと,必ずしもアメリカほど詳細な規定を置いていたわけではありませんが,2001年に企業会計基準委員会(ASBJ)が設置され,さまざまな会計基準が次々に公表されてきました。ところが,その後国際財務報告基準

（IFRS）の導入といった問題が出てきて，実務上も，大きな課題が生じてきたのです。当然，IFRSを導入するとなると原則主義を採用することとなるわけですが，実は，IFRSの規定内容よりも，この原則主義への対応の方が，日本の会計・監査の実務上は，大きな変革を求められる点なのではないかとされました。当時のそうした議論も含めて，いま一度，実質的判断の意義と，IFRS対応，原則主義対応という中での監査人の判断という点について検討してみたいと思います。

【八田】そうですね。一度，整理した方がよいでしょうね。

まず，この「実質的判断」という考え方が，監査基準の中に盛られたことの，目に見える形での影響というものを考えてみますと，おそらく，端的な事例は，2003（平成15）年に発覚して社会問題にもなった，りそな銀行における，いわゆる繰延税金資産の計上に関する企業側と監査人側との意見対立や，その後に起きた足利銀行における同様の問題があったと考えられます。

当時，企業側が考えてきた，いわゆる将来予測を念頭に置いた繰延税金資産の資産計上額と，監査人側が査定あるいは評価した部分とにかなりの差がありました。それまでの対応も実は問題があるかもしれませんが，少なくとも，H17監査基準の適用初年度においてそのような問題が露呈したときに，私は，これこそまさしく「実質的判断」というものの真骨頂が問われて，監査人側がそれに対して，監査人自らが行った監査結果を会社側に要求した，ということをいったわけです。

従来のASBJの会計基準の公表は，そのようなブレのある，つまり，企業側と監査人側との間で重要な会計上の判断，あるいは会計上の処理について，そのような大きな乖離をきたすのでは非常に困るということから，アメリカ型のある程度詳細さを伴った会計基準を公表してきたといえると思います。

【町田】ところが，アメリカでは，エンロン事件当時，いわゆる規則主義と称される，詳細な会計基準に対する批判が起こり，その逆に，IFRSに見られるようないわゆる原則主義という形で，詳細な会計規定は設けず，監査人の責任の範囲で弾力的な運用を要求するということを理想的とする議論が台頭しました。

SECは，企業改革法の規定に基づいて，アメリカにおける会計基準の実態について調査をした結果，アメリカの会計基準は，規則主義であるとして原則主義に対比して批判されるものではなく，あくまでも本来あるべき会計処理がどうなのかという，目的に則った形で会計基準が策定されており，それを履行するために，場合によっては，一部細かい規定もあるけれども，何ら問題はないと結論づけました。その際，SECは，アメリカの会計基準のことを「目的指向型会計基準」という呼び方をしたわけです。

　しかしながら，いまから振り返ってみますと，企業改革法を契機とした，そうした会計基準の見直しの動向が，アメリカが国際会計基準審議会（IASB）との共同作業の端緒となった2002年10月のノーウォーク合意に結びつき，2007年11月にはIFRSの採用の可能性をも視野に入れたロードマップを公表するなど，原則主義の方向へと徐々にシフトしていたと考えられますね。

【八田】そうですね。そういう見方もできるでしょうね。

　ここで注意しなければならないのは，日本のASBJが進めてきた会計基準の公表は，決して時代に逆行するものであったということではない，ということです。

　おそらく日本は，20世紀末までの，とりわけ会計ビッグバンが起きるまでのわが国の会計基準というのは，原則主義の名にも値しないぐらい非常にラフな，あるいは，非常に目の粗い会計基準しかなかったのではないかと思います。

　それが，次第に細かい網の目で取り繕われ，さらに21世紀に入って，会計基準の設定機関が官のレベルから民のレベルに移ったことによって，さまざまな詳細な実務指針も出てきたわけです。これは，わが国の会計インフラを信頼ある形で整備する上で，どうしても通過する必要があるプロセスだったといえるのです。

【町田】そうした中で，H14監査基準で「実質的判断」の規定が導入されました。つまり，会計基準が未整備の領域については，監査人の責任において，企業側が採用した会計処理方法が，適切に実態を示しているかどうかを他の明文化されている会計基準等の趣旨を踏まえて判断しなさいということですから，会計基準が詳細であればあるほど，実質的判断を行使しなければいけない領域は狭

くなるというようにも考えられます。言い換えれば，H14監査基準の実質的判断は，あくまでも規則主義のもとで，会計基準の枠内での対応を求めていたというふうに考えられるかと思います。

ところが，IFRSの下で対応が求められてくるのは，会計基準は原則的な部分しか示されず，あくまでも企業の実態に応じて個々の会計判断を下し，それに対して監査人は，実態に即して判断しなければならないというものですから，いわば，会計処理の規定が十分でないことが通常である中で，企業の個別事情と原則的な基準との対応を判断することが監査人に対して求められる，つまり，実質的判断をいつも求められる状況が現出することと同じような気がしますが，いかがでしょうか。

【八田】それはいえると思います。

鶏と卵の関係かもしれませんが，原則主義という考え方を一方の極に置き，そちらが重視されると，いまのように判断の幅があり過ぎて，逆に監査人の責任を過大にする。一方，今度は拘束主義，規則主義の名のもとで縮めれば縮めるほど，確かに判断の幅，裁量の余地は狭まるけれども，果たして，新たに生起してくるような事柄に対し臨機応変に対応できるかどうかという問題もあります。

しかし，あくまでもプロフェッションであるということは，すべての規則に則って行動するというだけでなく，それだけではカバーできない，本当の意味での正しい財務情報開示をするためにどうあるべきか，ということについて，使命を踏まえて専門的な判断を行う場面があるということだと思います。

と同時に，実際には，財務諸表の作成それ自体に影響がある場合には，その旨を経営サイドに適切に伝え，そして教育・啓蒙し，その判断は経営者自身に行ってもらうということの責任の分別，つまり，明確化は絶対にしておかなければならないものと思います。

なぜならば，日本の場合には，監査人の役割や監査の機能という視点で，「批判的な意見表明」という役割と，「指導的な機能」というのが考えられており，この指導という側面での問題が非常に不分明な状態で実務の中で議論されている。つまり，経営サイドから見ると，都合のいいときには，監査人に対して「教

えてもらった」，つまり，指南を受けたということで，自らの判断責任を回避・放棄するような論調も見られるからです。

　したがって，IFRSの時代を迎えて，いままさに，経営者が自らの責任において財務諸表を作成しなくてはならないということが，原則主義の名の下で実質的に生じてくるのであり，H14監査基準における実質的判断において求められた監査人に対する要求事項が，今後は，経営者に対しても求められるのであり，同時に，監査人に対しても，いま，ご指摘のあったように，より広範に，通常のこととして，そうした監査判断が求められる状況が，迫ってきているといえるのではないでしょうか。

監査の指導的機能・批判的機能

【町田】「監査の指導的機能および批判的機能」という点について，もう少し考えてみたいと思います。

　日本では，公認会計士監査が導入されたときから，監査の役割，または監査の機能としては，経営者から提示された財務諸表の適否に関して批判的に検討するという批判的機能と，財務諸表の作成プロセスにおいて，適切な財務諸表が作成されるよう経営者に指導するという指導的機能という2つの機能があると説明されてきました。

　ところが，このような説明をしているのは，国際的に見ると，日本の監査論の領域だけなのです。つまり，諸外国では，少なくとも指導的機能というものを，監査人の役割として殊更に取り上げることはない。独立的な立場の監査人に要請する類のものではない，と捉えているように思われるわけです。

　そもそも，なぜ，このような指導的機能という考え方が，日本の監査領域では，強く主張されているのでしょうか。

【八田】これは非常に難しい問題で，短い中でなかなか説明はできませんが，歴史を紐解くと，1950（昭和25）年に初めてできた監査基準の前文に，まずそのようなことが書いてある。つまり，監査というのは企業側と協調しながら，企業側の方に十分な会計知識や会計判断ができない場合には，正しい財務諸表

を作りあげるということで，指導的機能を発揮することが重要であると捉えられており，なにも監査は批判的機能だけではないですよという考え方がなされていたわけです。おそらく，当時のわが国の監査環境を見れば，そこでは，誰も監査というものを知らない状況において，監査について正しく啓蒙あるいは教育をすることが求められたものと思います。さらには監査制度を浸透させるという名のもとに，当時の知識階級，あるいは関係者がそういう理解をしたのだと思います。そうした理解がわが国の監査関係者の根底にあり，今日でも監査論の教科書のほとんどすべてにおいて，監査についての2つの機能が書いてあるわけです。

　その上，実は，わが国の場合は幸か不幸か，20世紀末までは，監査人の監査責任が法の場において追及される場面がなかったということです。したがって，一体全体監査人はどこまで仕事をやっておけば，あるいは，何をすれば責任が免責されるのか，あるいは，何をしたら責任が問われるかという問いかけの場面がなかったのです。

　ところが，少し前の例でもありますが，企業側で粉飾を行った場合，その責任が追及されたときに，経営者が発した特徴的なメッセージとして「監査人から指南を受けた」ということが，まことしやかに報道されたのです。おそらくそれは，監査人側から見ると，会計上の判断に悩んだときに指導的な役割をもって，「このような会計処理は認められるけれども，これはダメでしょうね」ということを適切に教えたはずなのが，その「ダメだ」という方をもって，赤字等を逃れるために不当な会計処理を選択したということが見て取れるわけです。つまり，これまではそのような監査人の責任が追及される場面がなかったために，批判性と指導性ということをごちゃ混ぜにして，どちらも監査人にとって重要であるという，非常にのん気な監査理論が展開されてきたのではないのかなと反省しているのですが，これもなかなか難しい問題だと思います。

　ただ，こうした流れを止めることはできませんので，少なくとも監査現場にあっては，企業関係者に対してどのような教育・啓蒙をしてもいいけれども，最後に経営者に対しては，「最終的な判断はあなたの責任で行ってください」ということを，まず明確にさせることが不可欠であると思います。実際にも経

営者の確認書，あるいは，経営者の表明するメッセージの中に「この財務諸表は，私の責任で作成した」ということが記載されるようになってきていますので，さらに社会のすべての人々にも正しく理解してもらうことが必要でしょうね。そうでなければ，監査人は怖くて，経営サイドと十分な意見交換や情報提供はできないという気がします。

その意味で，まさに古くて新しい問題が，いまも監査理論研究の場においても投げかけられているというように，私は考えています。

【町田】もう1つ付け加えるならば，日本において，指導的機能ということが強調されてきた背景として，企業側に会計プロフェッションはいなかったということ，したがって，会計プロフェッションである監査人に対して，監査の専門的な知識を全面的に依拠しなければならなかった，という事態があったのではないかと思います。

2003（平成15）年の公認会計士法改正の際の政策目標として掲げられた「日本の公認会計士5万人体制」というのは，企業内に会計プロフェッション，会計の専門家が養成されることによって，こうした関係を改善して，企業に自律的に会計の処理および開示を適正に行うことができる体制を用意して貰うということが背景にあったはずですね。

【八田】そのとおりでしょうね。

ただ，そうした目標は，2008年のリーマン・ショック等の経済低迷等もあって，当面は，頓挫した形にはなっていますが，わが国の会計・監査制度を一層充実させるためには，こうした目標は，絶対に実現させなくてはならないと思っています。

ところで，法律家の目から見たときに，これまでのわが国の監査人としての立場，あるいは，彼らが行ってきた業務は，あくまでも企業から雇われた会計顧問としての仕事しかしていないのではないかという，非常に厳しい批判もあるわけです。逆に捉えるならば，そのようなアドバイスや助言・指導ができる会計士ほど，企業にとっては望ましい会計士であったのだというような評価も見られるわけですから，この辺は他の国では見られない，わが国の制度的な特徴があるのかもしれません。

しかし，いまいわれたように，もう国際的な視点での信頼し得る監査結果というものを発信しなければならないときに，わが国のみでしか通用しないような監査理論については十分肝に銘じて，反省していかなければならないという気がします。

> 監査基準　第四　報告基準　一　基本原則
>
> 3　監査人は，監査意見の表明に当たっては，監査リスクを合理的に低い水準に抑えた上で，自己の意見を形成するに足る基礎を得なければならない。
> 4　監査人は，重要な監査手続を実施できなかったことにより，自己の意見を形成するに足る基礎を得られないときは，意見を表明してはならない。

【町田】報告基準・一　基本原則3では，「監査人は，監査意見の表明に当たっては，監査リスクを合理的に低い水準に抑えた上で，自己の意見を形成するに足る基礎を得なければならない」としています。

この「意見表明の基礎」ということですが，簡単にいえば，監査意見表明のための論拠，最終的に意見を支えるための前提といえるでしょうか。監査人は，正当な注意を行使して，限られた時間における最大限の努力を払って，必要かつ十分な監査証拠を収集した結果，得られる意見表明の基礎，それが「意見表明の基礎」であるというように理解することができると思います。

また，続く報告基準・一　基本原則4では，「監査人は，重要な監査手続を実施できなかったことにより，自己の意見を形成するに足る基礎を得られないときは，意見を表明してはならない」と規定されています。

これは，いわゆる意見不表明の原則を述べているわけですが，前項の基本原則3を踏まえて考えますと，意見を表明してはならない場合というのは，「意見表明の基礎」が得られないときだけであって，たとえば，ゴーイング・コンサーンに関して重要な疑義があるから意見不表明をするといった報告というのは，避けなければならないというように解されます。

この点は，理論的な理解と実務上の対応がときとして衝突する部分かと思うのですが。

【八田】これはなかなか難しい問題で、とりわけ、継続企業の前提に重要な疑義があるという問題、そして、そのことによって将来の企業の存続可能性等に関して、十分な客観的証拠を入手できなかったということでの監査人の意見に向けての対応と、いまご指摘のように、現実に重要な監査手続が実施できなかったことによって、最終的な意見形成ができないという場合とは、まったく次元が違う議論だということです。

したがって、理論的な整合性をもった視点で議論するならば、意見の不表明というのは、このように「意見表明の基礎」がまったく得られていないという、客観的な状況が見て取れる場合しかないと思います。

後は、実際の適用面の問題として考えたときに、継続企業の前提に重要な疑義があって、経営サイドが行うところの表示内容について十分に当否が判定できないような場合は、いわゆる緊急避難的に監査意見を述べない場合もあり得るでしょう。

つまり、不適正といえるわけではない。かといって、継続企業の前提が十分に担保されているわけでもない。つまり「わからない」という意味で、同じように、監査人としては確信をもって結論が述べられないということで、何も証拠がないというわけではない。

監査基準の立場からは、必ずしも首肯できるものではありませんが、実務上のやむにやまれぬ事情によっては、そういう場合もあり得るとは思います。

審査

監査基準　第四　報告基準　一　基本原則
5　監査人は、意見の表明に先立ち、自らの意見が一般に公正妥当と認められる監査の基準に準拠して適切に形成されていることを確かめるため、意見表明に関する審査を受けなければならない。この審査は、品質管理の方針及び手続に従った適切なものでなければならない。品質管理の方針及び手続において、意見が適切に形成されていることを確認できる他の方法が定められている場合には、この限りではない。

【町田】　さて，監査報告の場面ではもう1点，審査の規定が置かれています。

　H14監査基準においても，報告基準・一　基本原則5において，「監査人は，意見の表明に先立ち，自らの意見が一般に公正妥当と認められる監査の基準に準拠して適切に形成されていることを確かめるため，意見表明に関する審査を受けなければならない」と規定されていましたが，H17監査基準では，これに一文加えて，「この審査は，品質管理の方針及び手続に従った適切なものでなければならない」ということも書き加えられました。

　さらにまた，H25監査基準では，報告基準・一　基本原則5に，「品質管理の方針及び手続において，意見が適切に形成されていることを確認できる他の方法が定められている場合には，この限りではない」との一文が追加されています。

　いずれにしてもここでは，意見表明に先立って，品質管理システムに基づいて，原則として審査を受けるということが要件とされていること，つまり，監査人の責任として，審査は品質管理の方針及び手続に従ったものでなければならないということが明確化されたという理解でよいのでしょうか。

【八田】　そうですね。

　まさしくこれも，今日行われている監査というものが，組織的な対応をもてなされているという場合に，監査現場に臨んだ当事者のみが最終的な結論を下し，それが素通りしていくというのではないということを明示したものといえます。つまり，事務所として，あるいは，日本の監査水準全体として，何らかの形で第三者のチェック，それも，同じ会計プロフェッションのチェックが必要であるということから，いわゆる表明される意見の質，もっといえば「品質管理」というものを念頭に置いたときに，当然に要求されてくる対応ではないかということです。

　なお，そうした品質管理を実践するためには，別途設定された「監査に関する品質管理基準」に準拠すること，さらに，重要な虚偽表示のリスクを見逃さないためには，「監査における不正リスク対応基準」を念頭に，信頼性の高い監査意見を表明することが強く求められているということです。

2．監査報告書の記載区分

> **監査基準　第四　報告基準　二　監査報告書の記載区分**
>
> 1　監査人は，監査報告書において，監査の対象，経営者の責任，監査人の責任，監査人の意見を明瞭かつ簡潔にそれぞれを区分した上で，記載しなければならない。ただし，意見を表明しない場合には，その旨を監査報告書に記載しなければならない。
> 2　監査人は，財務諸表の記載について強調する必要がある事項及び説明を付す必要がある事項を監査報告書において情報として追記する場合には，意見の表明とは明確に区別しなければならない。

> **監査基準　第四　報告基準　三　無限定適正意見の記載事項**
>
> 　監査人は，経営者の作成した財務諸表が，一般に公正妥当と認められる企業会計の基準に準拠して，企業の財政状態，経営成績及びキャッシュ・フローの状況をすべての重要な点において適正に表示していると認められると判断したときは，その旨の意見（この場合の意見を「無限定適正意見」という。）を表明しなければならない。この場合には，監査報告書に次の記載を行うものとする。
> (1) 監査の対象
> 　　監査対象とした財務諸表の範囲
> (2) 経営者の責任
> 　　財務諸表の作成責任は経営者にあること，財務諸表に重要な虚偽の表示がないように内部統制を整備及び運用する責任は経営者にあること
> (3) 監査人の責任
> 　　監査人の責任は独立の立場から財務諸表に対する意見を表明することにあること
> 　一般に公正妥当と認められる監査の基準に準拠して監査を行ったこと，監査の基準は監査人に財務諸表に重要な虚偽の表示がないかどうかの合理的な保証を得ることを求めていること，監査は財務諸表項目に関する監査証拠を得るための手続を含むこと，監査は経営者が採用した会計方針及びその適用方法並びに経営者によって行われた見積りの評価も含め全体としての財務諸表の表示を検討していること，監査手続の選択及び適用は監査人の判断によること，財務諸表監査の目的は，内部統

制の有効性について意見表明するためのものではないこと，監査の結果として入手した監査証拠が意見表明の基礎を与える十分かつ適切なものであること
(4) 監査人の意見
　経営者の作成した財務諸表が，一般に公正妥当と認められる企業会計の基準に準拠して，企業の財政状態，経営成績及びキャッシュ・フローの状況をすべての重要な点において適正に表示していると認められること

【町田】次に，監査報告書の記載区分について見てみたいと思います。

162ページに監査報告書の文例が載っています。これは日本公認会計士協会の実務指針に示されている文例ですが，H22監査基準によって監査報告書の記載が大きく変わったことを受けて公表されたものです。ここに見られるように，H22監査基準によって，監査報告書は基本的に4区分からなる本文と追記情報という記載形式になったわけです。

このように監査報告書の記載区分が変わったということは，監査報告書の受け手，言い換えれば，財務諸表の利用者に対して，二重責任の問題も含めて，監査とはいかなるものなのか，監査人がどのような責任を負っているのかということを，メッセージとして伝えることになったと考えられるのですが，いかがでしょうか。

【八田】今回，4区分での記載方式という形で，ある意味では国際対応を念頭に置いた改訂がなされたわけですが，いまご指摘の二重責任の問題に関する議論は，実は2010（平成22）年の改訂前の監査基準，そしてそれに則った監査報告書においても，いわゆる第1文節のところできちんと謳っていました。つまり「財務諸表の作成責任は経営者にあり，監査法人の責任は独立の立場から財務諸表に対する意見を表明することである」ということです。それをもう少し，小見出しというかパラグラフごとに明確に位置づけたということで，実態的にはそれほど変わっていないと思います。ただこれは全般的にいえることですが，監査報告書の読者がいったい誰なのかといったときに，理念的には一般大衆投資家，つまり有価証券報告書をベースに独り歩きしていく情報を利用する人々が読者となってくると，やはり彼らに対してメリハリある情報，つまりわかり

金融商品取引法監査における監査報告書の文例

監査人が無限責任監査法人の場合で，かつ，指定証明である場合

《Ⅰ　金融商品取引法監査（年度監査）》
文例1　連結財務諸表

独立監査人の監査報告書

平成×年×月×日

○○株式会社
　取締役会　　御中

　　　　　　　　　　　　　○○監査法人
　　　　　　　　　　　　　　指定社員
　　　　　　　　　　　　　　業務執行社員　公認会計士　○○○○　㊞
　　　　　　　　　　　　　　指定社員
　　　　　　　　　　　　　　業務執行社員　公認会計士　○○○○　㊞

（注1）

　当監査法人（注2）は，金融商品取引法第193条の2第1項の規定に基づく監査証明を行うため，「経理の状況」に掲げられている○○株式会社の平成×年×月×日から平成×年×月×日までの連結会計年度の連結財務諸表，すなわち，連結貸借対照表，連結損益計算書，連結包括利益計算書（注3），連結株主資本等変動計算書，連結キャッシュ・フロー計算書，連結財務諸表作成のための基本となる重要な事項，その他の注記及び連結附属明細表について監査を行った。

連結財務諸表に対する経営者の責任

　経営者の責任は，我が国において一般に公正妥当と認められる企業会計の基準に準拠して連結財務諸表を作成し適正に表示することにある。これには，不正又は誤謬による重要な虚偽表示のない連結財務諸表を作成し適正に表示するために経営者が必要と判断した内部統制を整備及び運用することが含まれる。

監査人の責任

　当監査法人（注2）の責任は，当監査法人（注2）が実施した監査に基づいて，独立の立場から連結財務諸表に対する意見を表明することにある。当監査法人（注2）は，我が国において一般に公正妥当と認められる監査の基準に準拠して監査を行った。監査の基準は，当監査法人（注2）に連結財務諸表に重要な虚偽表示がないかどうかについて合理的な保証を得るために，監査計画を策定し，これに基づき監査を実施することを求めている。

　監査においては，連結財務諸表の金額及び開示について監査証拠を入手するための手続が実施される。監査手続は，当監査法人（注2）の判断により，不正又は誤謬による連結財務諸表の重要な虚偽表示のリスクの評価に基づい

て選択及び適用される。財務諸表監査の目的は，内部統制の有効性について意見表明するためのものではないが，当監査法人(注2)は，リスク評価の実施に際して，状況に応じた適切な監査手続を立案するために，連結財務諸表の作成と適正な表示に関連する内部統制を検討する。また，監査には，経営者が採用した会計方針及びその適用方法並びに経営者によって行われた見積りの評価も含め全体としての連結財務諸表の表示を検討することが含まれる。

　当監査法人(注2)は，意見表明の基礎となる十分かつ適切な監査証拠を入手したと判断している。

監査意見
　当監査法人(注2)は，上記の連結財務諸表が，我が国において一般に公正妥当と認められる企業会計の基準に準拠して，○○株式会社及び連結子会社の平成×年×月×日現在の財政状態並びに同日をもって終了する連結会計年度の経営成績及びキャッシュ・フローの状況をすべての重要な点において適正に表示しているものと認める。

利害関係
　会社と当監査法人又は業務執行社員(注2)との間には，公認会計士法の規定により記載すべき利害関係はない。

以　上

(注1) ① 監査人が無限責任監査法人の場合で，指定証明でないときには，以下とする。
　　　　　○○監査法人
　　　　　　代　表　社　員
　　　　　　業務執行社員　　公認会計士　　○○○○　印
　　　　　　業務執行社員　　公認会計士　　○○○○　印
　　　② 監査人が有限責任監査法人の場合は，以下とする。
　　　　　○○有限責任監査法人
　　　　　　指定有限責任社員
　　　　　　業 務 執 行 社 員　公認会計士　　○○○○　印
　　　　　　指定有限責任社員
　　　　　　業 務 執 行 社 員　公認会計士　　○○○○　印
　　　③ 監査人が公認会計士の場合には，以下とする。
　　　　　○○○○公認会計士事務所
　　　　　　公認会計士　　○○○○　印
　　　　　○○○○公認会計士事務所
　　　　　　公認会計士　　○○○○　印
(注2) 監査人が公認会計士の場合には，「私」又は「私たち」とする。
(注3) 連結損益及び包括利益計算書を作成する場合には，「連結損益計算書，連結包括利益計算書」を「連結損益及び包括利益計算書」とする。

出所：監査・保証実務委員会報告第85号「監査報告書の文例」

やすい情報の方がよいという観点から，このように区分表記をしたということはメッセージ上の効果を高めるのではないかという気がしています。

【町田】さて，この文例を見ますと，はじめに監査の範囲が示されていて，いかなる財務諸表について監査を行ったかが述べられています。次にH22監査基準では「経営者の責任」と規定されているところですが，この監査報告書の文例では「連結財務諸表に対する経営者の責任」という見出しの下，「経営者の責任は，我が国において一般に公正妥当と認められる企業会計の基準に準拠して連結財務諸表を作成し適正に表示することにある。これには，不正又は誤謬による重要な虚偽表示のない連結財務諸表を作成し適正に表示するために経営者が必要と判断した内部統制を整備及び運用することが含まれる」と書かれています。

この経営者の責任についてですが，報告基準・三　無限定適正意見の記載事項２では「財務諸表に重要な虚偽の表示がないように内部統制を整備及び運用する」とある記載が，監査報告書の文例では「不正又は誤謬による重要な虚偽表示のない連結財務諸表を作成し適正に表示するために経営者が必要と判断した内部統制を整備及び運用する」とこのように書き換えられています。この両者の内部統制の表現は，同じ内容ということですね。

【八田】基本的には同じですね。監査基準のほうは簡素化したポイントを説明していますが，さっきも申し上げたとおり，監査報告書はより素人にもわかりやすい形にやや修飾的な説明を「不正・誤謬」という形で取り入れて説明しているわけであって，結果的には「重要な虚偽表示のない財務諸表が提供される」ということがいいたいわけですから，意図するところは同じだと理解して問題ないと思います。ただ，文例の方は，実際の連結ベースでの内部統制監査を念頭にした表現になっているということはいえるでしょうね。

【町田】次に「監査人の責任」のところですが，報告基準・三　無限定適正意見の記載事項では上記（160ページ）のように書かれているわけですが，文例においては，ここでも若干異なる表現となっていますが。

【八田】この文例というのは，監査報告書の雛形として，公認会計士協会が実務指針の一環として公表しているわけであって，基本的には監査基準の趣旨あ

るいは考え方を敷衍させて実務的側面から説明して，読者にとってより誤解なきように，あるいは理解に齟齬を来たさない，いうところの期待ギャップを提起させないような書きぶりになっているということで，若干回りくどいような表現になっています。これはおそらく自主規制機関が作った実務指針として英知を絞った結果だということですから，趣旨はまったく同じだといえます。先ほどの議論と同じだと思います。

【町田】さて，いわゆる監査に関する期待のギャップの議論ではあまり触れられないことですが，もともとアメリカ，カナダにおいて1970年代に期待のギャップの議論が起きたときには，期待のギャップの解消には2つの方法があると論じていました。

その1つは，期待に応えるべく監査実務を改善していくこと。それには不正発見にかかる監査手続の拡充等を含む監査基準書の改訂につながっていくわけです。そしてもう1つは，財務諸表利用者による過度な期待については，それに対して適切な啓発活動を行っていくべきであるということ。その最大の手段が，監査報告書の記載を改めて詳細化するということであったわけです。アメリカでも1980年代に監査報告書の文言が改められ，詳細化する方向になっていきました。

日本の，いま見てきた文例にある監査報告書もH22監査基準を受けて4区分になり詳細化されたわけですが，さらに現在，IAASBでは，監査報告書の記載内容についての見直しが行われているそうです。現在の4区分の監査報告書でさえ，必ずしも財務諸表利用者にとってユーザー・フレンドリーでないということなのでしょうか。あるいは現行の監査報告書について，もし改善するべき点があるとすれば，どういう点があるとお考えですか。

【八田】財務諸表監査制度の社会的な意味づけを議論していくときに，この監査報告書が本当に役立っているかどうかということは，常に問いかけられる必要があると思っています。その意味で財務諸表利用者，いわゆるユーザーにとって，これまでもそうですが，監査報告書での監査人のメッセージとしての意味合いが適切に伝わってきたかどうか，ということが十分に検証されてきていない気がするわけです。つまりユーザーというのがあまりにも広範で，たとえ

ば専門的な機関投資家もいれば，あるいはもっというと個人の会計知識をもたない投資家もいるだろうということで，どの範疇の利用者を捉えていくのかというときに，たとえば機関投資家などはより詳細な，より煩雑な情報開示をされても十分に理解可能であるというかもしれないし，一方で一般の投資家，素人は何しろ結論だけでいいというかもしれない。つまり，これまでもいわれてきたように，「この財務諸表を利用してよいのか，いけないのか」といった結論だけ，つまり判決文と同じように，有罪か無罪か，白か黒か，使えるか使えないか，これだけでよいという意見も実はあるわけです。この辺の分析を適切に行わないと，どういう監査報告書が，いわゆる現行の財務諸表監査制度の適切な運用の中でもっとも求められているかということは軽々しくはいえないと思います。ただ1ついえることは，会計のかの字も知らない，財務諸表の1丁目1番地的な知識もない人に対しては，やはり簡素化された，「この決算書は信用していいですよ」というくらいのまさに1行コメントでも監査報告書になる可能性があるわけです。一方で，そうではない，やはりある程度会計知識をもった者しか投資家という範疇には捉えないということであるならば，彼らの意見を反映する形で，ある程度詳細な結論もあっていいのかもしれないと思います。

　確かに現在の流れを見てみると，この情報化社会の中でより多くの情報が求められているということ。そしてそれもタイムリーに詳細なものが求められているときには，まだまだ監査報告書の記載内容についても大いなる議論がなされていくと思います。ただ，一般にいう短文式の監査報告書と，長文式の監査報告書の2区分で考えるならば，そして，そうしたカテゴリーで分けられる監査報告書のうち，現実には，短文式監査報告書が制度面で受け入れられ導入されていることの意味合いを汲み取るならば，私は無味乾燥といわれるかもしれないけれども，結論は非常にコンパクトな報告書でよいのではないかと思います。ただ追加的な情報の中でどういう説明をしていくのか。つまり意見とは別に，会計のプロとしてどのような情報を提供していくのか。それも経営者の視点ではなくて，いわばユーザーの視点でどのように開示をするかという議論はあってよいのではないかと思いますね。

【町田】そうなりますと，監査報告書の別紙という形で説明する文書を監査人が財務諸表利用者に対して発信する，提供すると。ただしそれについては監査人としての責任ではなくて，公認会計士としての情報提供であるという見解でしょうか。

【八田】そうですね。やはりそこについては，監査証明といいますか保証をつけていないからです。しかし会計人として，そして倫理観のある会計プロフェッションとして，いわばアペンディックス（付録）という形での追加情報を添付することは，個々人の能力をさらに発揮し，ある程度クライアントにとってもより信頼し得る監査対応をしてもらえると評価される可能性があると思いますね。

【町田】監査報告書の記載区分に関して，監査基準には規定されていないものの，文例に示されている事項が3つあります。それらは，実は，日本の監査報告書の特徴でもあるわけです。

　第1には，監査報告書の文例を見るとわかるように，監査を担当した業務執行社員の氏名が記載されているということ。これは海外では会計事務所の名前を担当した業務執行社員がサインするだけですが，日本では人名が書かれています。

　第2には，監査報告書の宛名が当該企業の取締役会宛になっているということ。海外ではこれについては，取締役会を入れる場合もありますが，多くの場合に株主を相手先，つまり財務諸表の直接の利用者を相手先にしているということがあります。

　そして第3には，監査論の領域では昔から懸念が表明されている点として，現在の「利害関係の有無」の記載が監査報告書の一番最後に記載されているということです。

　この3点が特徴的な点として挙げられるわけですが，これらの点については，いかがでしょうか。

【八田】すべて，日本的なこれまでの制度の中で，慣行的になされてきた実務ですよね。たとえば会計士個人の名前が，監査法人で組織的対応がなされているにもかかわらず，そしてこの記名されている方だけが監査業務に携わってい

るのではなく，チームを組んで監査をしているにもかかわらず，代表的な執行社員の名前が明記されてます。

これは簡単な話であって，もともと日本の場合には個人の会計士が個人ベースで監査を行うことが大前提にあったからでしょう。それが次第にそれぞれの個人事務所が連携して統合して，監査法人を作っていった。したがって昔からよくいわれたのが，監査法人全体としてみれば組織的な形をとっているように見えるけれども，実態は相撲部屋のように，みな独立した親分（＝代表社員）がいて，その傘下でそれぞれのグループが個別に監査対応をしてきたということです。つまり，その監査契約を請け負った代表社員から見ると，このクライアントは自分が手塩にかけて育てた会社なんだ，だから自分の財産なのだと捉えている向きが強く表れていたということです。そのため，これはよくいわれるように，公認会計士になって監査を担当したときの夢は，将来，監査報告書の署名者としてサインをすることなんだということがありますが，その名残が実は残っているんだというのが本音の話だと思います。

ただ逆にこれが記載されていることよって，読者ないしはクライアントに対して最終的な重い責任を負っているともいえます。とくに日本の場合，一部責任の限定がなされる形で公認会計士法が変わったときに，しかし業務執行社員は基本的には無限責任ですよという形でこの責任関係の明示化を図ったということでは，逆に国際社会に対しては皮肉なことですが，十分に説明できるような流れになっています。

監査報告書の宛名に関してはいろいろな議論があります。ただ日本の場合には，あくまでも準委任の監査契約が取締役会の執行行為によってなされる。したがって，その配慮のもとで監査報酬が支払われてくるというならば，報酬の支払いの相手方に対して成果物を提供するという流れがあるんでしょうね。しかしそうはいっても，監査はやはり株主や不特定多数の利害関係者のためというならば，それらを連名で書いてもよいと思います。実際に会計監査人監査の場合には，監査役会に対しても同じ監査報告書が提供されますから，その場合には監査役会御中という形で発行されますので，実際には取締役会だけではなくて監査役会にも同じものが出されてきているということで，実態的には必要

な実務対応がとられているという気はします。この辺はなかなか悩ましい問題です。

　3つ目の利害関係についても，これもご指摘のとおりで，あくまでも日本独自の慣行だということです。ただ内閣府令の中においては「これを一文書きなさい」と書いてありますから，府令違反にならないよう書くけれども，もともとこのような記載を行うようになった理由は，少なくとも企業サイド，経済界の強い要請があったというように理解しています。つまり非常に稚拙な議論ですが，監査人が当該会社と利害関係がないことに関して，企業サイドに対しても，あるいは読者に対しても一文をもって独立性が担保されていることを明確にしておきたいという監査人の要請とも相まって，これが記載されているということでしょう。ただ，私はこれをもって日本がまさに監査の部分において立ち遅れている1つの証ではないかとの懸念を抱いています。つまりこれを書かないと利害関係があるのではないかと推測され，監査そのものが否定されるような意味合いの持つ文言がここに脈々と記載され続けているということは，やはり大いなる課題でしょうね。

　ただこれも基本的には，日本は先例至上主義，前例踏襲主義がありますから，これを書いておくことによってこれまでほとんど問題が起きていない。ならばなぜやめる必要はないのではないかと，いわば二重否定的な理解で残っているものだと思いますね。

【町田】いまの3点について，1点目の署名のことについては，近年海外においても監査人のローテーションの関係で「監査担当者の名前を記載したらどうか」という議論がIAASBの監査報告書の改訂の議論の中でもあったようです。また，2点目の宛先の件に関しては，いわゆるインセンティブとのねじれとの関係で，海外では監査委員会が外部監査人の指名を行っていますので，その観点からすると改正要綱に示されているとおりに会社法が改正された際には，会計監査人の選任議案は監査役会等が決定することになりますので，もしかしたら日本でも監査役会がそれに含められていく可能性があるかもしれません。また3点目に挙げられていた利害関係の問題については，今後新たな監査報告書の規定が国際監査基準（ISA）として示された場合に，そこにおいて利害関係

を記載するということが適切なのかどうか，コンバージェンスが進んでいく中で適切なのかどうか，という議論もあるかもしれませんが，これらの点については，いかがでしょうか。

【八田】これはやはり理論というよりも，すべては制度の問題ないしは政策の問題として考えられているわけで，もっとも信頼し得る監査をどのように担保していくかというときに，それが問題であるならば改善されなければいけないということです。いまは国内の問題というよりも海外との対応という観点で見ていくと，先ほどの監査人の氏名を書くという問題も皮肉なことに日本の方法の方がかえって説明力が高いという流れがあるわけで，時代とともに変遷します。どれが正しいのかということは絶対的にはなかなかいえないでしょうから，そういう意味で会計制度・監査制度は継続的にモニタリングをしながら見直していかなければいけないという宿命にあると思います。

3．除外事項

意見に関する除外と監査範囲の制約

> 監査基準　第四　報告基準　四　意見に関する除外
>
> 1　監査人は，経営者が採用した会計方針の選択及びその適用方法，財務諸表の表示方法に関して不適切なものがあり，その影響が無限定適正意見を表明することができない程度に重要ではあるものの，財務諸表を全体として虚偽の表示に当たるとするほどではないと判断したときには，除外事項を付した限定付適正意見を表明しなければならない。この場合には，別に区分を設けて，除外した不適切な事項及び財務諸表に与えている影響を記載しなければならない。
> 2　監査人は，経営者が採用した会計方針の選択及びその適用方法，財務諸表の表示方法に関して著しく不適切なものがあり，その影響が財務諸表全体として虚偽の表示に当たるとするほどに重要であると判断した場合には，財務諸表が不適正である旨の意見を表明しなければならない。この場合には，別に区分を設けて，財務諸表が不適正である旨及びその理由を記載しなければならない。

> 監査基準　第四　報告基準　五　監査範囲の制約
>
> 1　監査人は，重要な監査手続を実施できなかったことにより，無限定適正意見を表明することができない場合において，その影響が財務諸表全体に対する意見表明ができないほどではないと判断したときには，除外事項を付した限定付適正意見を表明しなければならない。この場合には，別に区分を設けて，実施した監査の概要において実施できなかった監査手続及び当該事実が影響する事項を記載しなければならない。
> 2　監査人は，重要な監査手続を実施できなかったことにより，財務諸表全体に対する意見表明のための基礎を得ることができなかったときには，意見を表明してはならない。この場合には，別に区分を設けて，財務諸表に対する意見を表明しない旨及びその理由を記載しなければならない。
> 3　監査人は，他の監査人が実施した監査の重要な事項について，その監査の結果を利用できないと判断したときに，更に当該事項について，重要な監査手続を追加して実施できなかった場合には，重要な監査手続を実施できなかった場合に準じて意見の表明の適否を判断しなければならない。
> 4　監査人は，将来の帰結が予測し得ない事象又は状況について，財務諸表に与える当該事象又は状況の影響が複合的かつ多岐にわたる場合には，重要な監査手続を実施できなかった場合に準じて意見の表明ができるか否かを慎重に判断しなければならない。

【町田】　さて，次に除外事項について見ていくことにしたいと思います。

かつては監査人が意見表明をしないケースを「意見差控」と呼んでいたのに対して，H14監査基準からは「意見を表明しない」と称するようになり，その後「意見不表明」という言い方が定着したかと思います。また，除外事項を付した「限定付適正意見」についても監査基準上の整理が行われ，監査人にとっての不満事項が「除外事項」として一括して整理されました。まず，監査範囲の制約がある場合には，その程度に応じて「限定付適正意見」になるか，さらには意見不表明になるケースがあり，他方，会計処理または開示に不適切な事項があると判断された場合には，その程度に応じて「限定付適正意見」となるか，さらには不適正意見となるケースがあるということになりました。

この除外事項として一括して整理することについてはどう考えればいいでし

ょうか。

【八田】これも悩ましい問題で，実はアメリカの監査の研究の歴史を振り返っても同様ですけれども，監査人が監査手続を実施した上で，発見ないしは摘発した不満事項，批判的事項，あるいは留意事項といってもいいですが，そういうものを見つけたときにどういう対応をとるのかということで，かつてはたとえば留保事項とか条件事項とか除外事項とか，さらには限定事項などというさまざまな言い方をして，実際に英語の場合も言葉はそれぞれ違っていたんですね。しかし日本の場合はいまご説明のように，2002（平成14）年の段階で少なくとも意見表明に関わって何がしかハードルとなるような事柄を，全部，「除外事項」に一本化した。にもかかわらず「限定事項」という言葉ではなく「限定付」という言葉で，かつての「限定事項」の意味をそのまま踏襲しているんですね。したがって，まず言葉から見ると屋上屋を架すような表現方法をとっている。つまり，「除外事項を付した限定付適正」などという言葉は，日本語として非常に幼稚な表現ではないかと思うわけです。つまり限定事項と除外事項は一本化したわけですから，どちらか一方にするべきでしょう。たとえば「除外事項を付した適正意見」とか「限定付適正意見」で十分ことは足りるわけです。という意味でこの辺は少し問題が残っていると思うのですが，ただこれも，このようになった経緯は，仄聞する限り実務的な部分で，多くの会計士さん達が何か問題事項があったときには「限定事項」という。除外というよりも限定という言葉を使うことが多いというのです。そしてその場合には，監査人から見るとこれを書くことによって自分たちの責任も限定されるのではないかという期待感もこめられて，ほとんどの実務家は「限定事項」という言葉を使っていたと理解しています。その場合に，監査範囲に何か制約がある場合には「範囲限定」といい，最終的な意見に結びつく場合には「意見限定」という具合での使い分けをしていたということ，それが実際に監査基準の中にも反映されて整理されたと理解しています。

【町田】さて，報告基準・五　監査範囲の制約4で「監査人は，将来の帰結が予測し得ない事象又は状況について，財務諸表に与える当該事象又は状況の影響が複合的かつ多岐にわたる（未確定事項）には，重要な監査手続を実施でき

なかった場合に準じて意見の表明ができるか否かを慎重に判断しなければならない」と規定していて，複合的な未確定事項についても監査範囲の制約に準じた意見不表明を認める規定が置かれています。

しかしながら，H14監査基準の前文・三　主な改訂点とその考え方9の中では「訴訟に代表されるような将来の帰結が予測し得ない事象や状況が生じ，しかも財務諸表に与える当該事象や状況の影響が複合的で多岐にわたる場合（それらが継続企業の前提にも関わるようなときもある）に，入手した監査証拠の範囲では意見の表明ができないとの判断を監査人が下すこともあり得ることを明記したが，基本的には，そのような判断は慎重になされるべきことを理解しなければならない」という形で，監査範囲の制約に準じた意見不表明を，GC等の状況に対して認めるものの，それらについては慎重に対処するようにという制約を課すという，複雑な監査規定になっています。

この点については，やはりもう少し，どのような手続が図られるべきか，あるいは，この将来の帰結が予測し得ない事象または状況について，複合的かつ多岐にわたる影響という問題をも包含した形で整理した規定が置かれる必要があるのではないか，というように考えているわけですが，いかがでしょうか。

【八田】まったくそのとおりでしょうね。

ただ，この未確定事項という問題ですが，それが意見不表明に結びついていく場合も，やはりかなり慎重に対応しないと，わが国の場合，少なくとも意見不表明というのは，結果的に上場規則での「株券上場廃止基準」に該当するというこれまでの規定がありますから，なかなか監査人としては書きづらい。しかし逆に監査人から見ると，このような状況が見てとれた場合，つまり「財務諸表に与える当該事象や状況の影響が複合的で多岐にわたる場合」に，これは最終的に納得できる形で監査証拠を入手し得ていない場合とまったく同じ結果を導き出すわけですから，やはり気概ある監査人であるならば，これを理由に意見不表明を出すことに何らためらう必要はないと思います。しかしそれが出ることがかえって読者にとってネガティブな情報メッセージになるのではないかということから，H14監査基準の前文では，まだ実務は十分に浸透していないし，いわんやGCの規定についても十分な理解がなされていないということ

から，その誤解をできるだけ避けたい，そして経済界での混乱もできるだけ避けたいという観点からこのような説明をしていたと思います。しかし，やはりこれだけ難しい時代に入ってきているわけですから，この辺のところの整理をもう少し明確にした上で，監査人にとっても監査対応が明確にできるような指針を明らかにしてあげるということは，当然求められるでしょうね。

【町田】ここで再三にわたって，意見表明ができないケース，意見不表明については慎重に判断することを監査基準では求めています。しかしながら，昨今の状況の中で監査人が意見を表明できないようなケース，たとえば実際のケースとして，航空会社の経営破綻を目前にしたケース，あるいは東日本大震災の後の電力会社の監査報告のケースなどがありました。そういう状況を踏まえて，意見不表明を監査人が選択しやすいような状況を整備すべきではないかという議論も，H25監査基準の審議の中ではあったわけです。そのため，この意見不表明をどのように捉えるかという問題も重要な観点として，いまの監査の議論としてあるように思うのですがいかがでしょうか。

【八田】まったくそのとおりでしょうね。この意見不表明がなされた場合の想定しない部分でのサンクションとか影響なども加味した上で円滑な制度が運用されなければまずいわけですから，この辺の議論はあってしかるべきだと思います。ただ，やはり意見不表明となると，それは監査理論的には無意見報告書なんですね。意見がないということは，読者から見ると監査しなかったのと同じ結果が提示されているということで，社会的にそれで納得できるのかどうかという，またレベルの違う疑念もあるわけです。その辺が正しく理解できていないと，なかなかこの意見不表明に結びつくような監査行動を監査人がとるということは難しいということで，どっちに転んでも，意見不表明を出したいけど出せない，あるいは出せないけれども出さなきゃいけないとか，こういうような二律背反的な状況も見てとれるわけですから，やはりここのところは，今後，証券取引所の取扱いとも並んで，もう少し慎重に議論されてよいのではないかという気がします。

【町田】そうしますと，意見不表明よりは監査範囲の制約に関する限定付適正意見の活用を図っていくべきだ，と。

【八田】頭の中で考えているのは，かつてあったようにいわゆるそういった総合的な判断ができないような場合，それも国策に基づいたり，あるいは時の政治の影響を受けるような部分があった場合には，それを奇禍としてといいますか，あるいはそれを前提に，あるいは判断し得ない部分は度外視して意見を述べるという，いわゆる部分的意見表明形式というのも，今後あるのかもしれないということです。つまりこれは監査報告書の大前提にもつながるのですが，もう少し監査意見表明の形式について，これをきめ細かく検討していくという流れもあっていいのかなと思います。つまり除外事項の中にもレベル感，あるいは限定付適正意見の中にもランキングないしは格付けがあっていいのかなということです。たとえば企業の格付けの議論と同じように，除外事項であってもどの程度のレベルの除外なのかということが，もし計数的に議論できるのであれば，もう少し幅広い選択肢を多くもったような意見表明形式を考えるということもあり得るのではないでしょうか。

4．追記情報

> 監査基準　第四　報告基準　二　監査報告書の記載区分
>
> 2　監査人は，財務諸表の記載について強調する必要がある事項及び説明を付す必要がある事項を監査報告書において情報として追記する場合には，意見の表明とは明確に区別しなければならない。

> 監査基準　第四　報告基準　六　継続企業の前提
>
> 1　監査人は，継続企業を前提として財務諸表を作成することが適切であるが，継続企業の前提に関する重要な不確実性が認められる場合において，継続企業の前提に関する事項が財務諸表に適切に記載されていると判断して無限定適正意見を表明するときには，継続企業の前提に関する事項について監査報告書に追記しなければならない。
>
> 2　監査人は，継続企業を前提として財務諸表を作成することが適切であるが，継

> 続企業の前提に関する重要な不確実性が認められる場合において，継続企業の前提に関する事項が財務諸表に適切に記載されていないと判断したときには，当該不適切な記載についての除外事項を付した限定付適正意見を表明するか，又は，財務諸表が不適正である旨の意見を表明し，その理由を記載しなければならない。
> 3 監査人は，継続企業の前提に重要な疑義を生じさせるような事象又は状況に関して経営者が評価及び対応策を示さないときには，継続企業の前提に関する重要な不確実性が認められるか否かを確かめる十分かつ適切な監査証拠を入手できないことがあるため，重要な監査手続を実施できなかった場合に準じて意見の表明の適否を判断しなければならない。
> 4 監査人は，継続企業を前提として財務諸表を作成することが適切でない場合には，継続企業を前提とした財務諸表については不適正である旨の意見を表明し，その理由を記載しなければならない。

> 監査基準　第四　報告基準　七　追記情報
>
> 監査人は，次に掲げる強調すること又はその他説明することが適当と判断した事項は，監査報告書にそれらを区分した上で，情報として追記するものとする。
> (1) 正当な理由による会計方針の変更
> (2) 重要な偶発事象
> (3) 重要な後発事象
> (4) 監査した財務諸表を含む開示書類における当該財務諸表の表示とその他の記載内容との重要な相違

【町田】監査報告書に関する最後の点として「追記情報」の問題があります。これはもともとH14監査基準で導入されました。それ以前には前述のように「特記事項」に関連して導入されたわけですが，H14監査基準においてGC問題への対応が図られた際に，追記情報においてGC問題に関する記載を行うために規定が改訂されたという部分もありました。つまり追記情報においては，GCに関する追記情報は必ず記載しなければいけない事項として挙げられており，さらに報告基準・七　追記情報に挙げられているように任意の記載事項として，「(1) 正当な理由による会計方針の変更，(2) 重要な偶発事象，(3) 重要な後

発事象，(4) 監査した財務諸表を含む開示書類における当該財務諸表の表示とその他の記載内容との重要な相違」といったものが明示・列挙されているわけです。

この追記情報は，1つは強調事項，もう1つはその他事項といわれているわけですが，これらはいったいどういうものなのでしょうか。

【八田】これはH14監査基準より入った情報発信で，そもそもH14監査基準のときの改訂の趣旨の1つで，監査報告の情報提供能力を高めたいという要請のもとに入った重要な柱の1つだったんですね。つまり経営者サイドが行う財務諸表のディスクロージャーを通じては発信しきれない，仮に発信しても十分に意が伝わらないような状況について，とくに投資家の判断を誤らしめないために行うのが追記情報だという流れで入ったわけです。それはどういうものがあるかということで，基本的には強調する事柄ということで，財務諸表に注記されているものを再掲するということなんです。ただそれ以外にも，やはり監査意見ではないため監査責任には結びつかないけれども，途中でも出てきましたが監査人がいわゆるプロのアカウンタントとして，そして倫理観のある監査人として，もしも読者に対してこういう情報を的確にメッセージとして伝えることの方が実は企業にとっても説明力が高まるだろうというものについては，この中に追加して書いた方がいいのではないかという要請を踏まえて，この規定が導入されたということでしょう。

ただこれは両刃の剣というか微妙な問題があって，本来それは監査人が発信すべき情報なのか，そうではなくて経営者が発信すべき役割を担っているのではないかといったように，監査人と経営者との間の役割ないしは責任の分担の問題，つまり二重責任の原則の問題があります。これがやはり非常に微妙なものとして関わってきますから，その辺の見極めを，きちんと監査人として対応することが求められるということだと思います。

ただ責任問題を度外視するならば，やはり読者から見るならば，より適切な，より重要な，より多くの情報を発信してもらいたいという流れはありますので，それもやはり時代の要請の中である程度落とし所は決まってくるのではないかと思っています。結果的に，実務の慣行の中で蓄積された知見を通して，要請

事項あるいは記載事項，その他説明事項というものはおのずから決まってくるのではないかなという気もします。実際のところ，いまの企業の監査では想定し得なかった事柄が，今後出てくる可能性も大いに考えられ得るからです。ゴーイング・コンサーン情報の問題での意見不表明ではないですけれども，2011年の3．11の東日本大震災の結果，企業が受ける影響，それを踏まえた会計処理と監査，これは誰もが想定外だったわけです。そういうこともありますから，ある程度ののりしろをもっておくこと，つまり，より幅をもって監査対応ができるようにしておくことも制度的にはよいのかもしれません。

【町田】報告基準・七　追記情報の例示列挙の中で，「監査した財務諸表を含む開示資料における当該財務諸表の表示とその他の記載内容との重要な相違」というのはややわかりにくいのですが，これは，金融商品取引法監査でいえば連結財務諸表とそれが含まれる有価証券報告書におけるその他の記載箇所における部分との差異のことですね。たとえば財務諸表では売上高が全額表示されているけれども，企業の業績の概況のところではセグメントの内容が総額表示されているといったような違いを指しているというわけです。

　そうしますとこの場合，監査人というのは有価証券報告書の経理の状況，財務諸表のところだけを監査しているとはいいますが，結局，有価証券報告書の財務数値に関わる部分については基本的にすべて目を通してチェックしているというように理解し，また追記情報でもそれが求められていると理解してよいのでしょうか。

【八田】これも規定上はどこにも明示されていないと思いますが，基本的に例の内部統制報告制度が導入されたときに種々議論になったと思います。少なくともそこでなされた議論からするならば，財務諸表監査という言い方をしているけれども，現在の公認会計士・会計監査人監査は財務報告ないしは財務情報全般の監査という方向にひたひたと向かっているということです。

　つまり，そこで考えられていることは，非財務情報ないしは非財務報告は入っていないかというと，結果的にはすべての重要な案件は何らかの形で財務に関わってくるであろうということから，実はわれわれが考えているよりも，監査対象範囲はかなり広がりをもってきているということです。その意味で，逆

に監査人の業務は非常に大変になっている。そういうことを考えると，やはり日本の監査に対する正しい理解がなされないと，優秀な監査人へのなり手がいなかったり，あるいは監査を行った結果の監査報酬が十分に高まってこないという悪循環を繰り返すおそれがあります。したがって，このように監査が広がりをもって社会的な役割を担おうとしてきているということを知った上で，やはりきちんとした処遇ないしは対応と，社会的にも適切な評価を得られるようにしなければならないと思います。まさに監査に対する正しい理解，適切な評価が与えられる素地としての監査教育が重要なのでしょうね。

第III部

その他の基準

1．中間監査基準

【町田】中間監査基準について見ていきたいと思います。

2008（平成20）年以降，金融商品取引法の下で，四半期報告レビュー制度が導入されて以降，中間監査が適用されるのは，銀行および生命保険会社等の第2四半期の個別財務諸表に限られています。

ここでは，中間監査については，逐条解説ではなく，最低限の議論にとどめたいと思います。

【八田】そうしましょう。

【町田】はじめに，中間監査というわが国固有の制度について，どのように認識しておけばいいのでしょうか。

【八田】中間監査基準は，2000（平成12）年に公表されましたが，それ以前の中間財務諸表に対する監査基準も含めれば，わが国においては，長い歴史的経緯があるものです。つまり，この中間監査というのが，わが国独特の監査制度であるということですね。

通例であれば，1年を事業年度として見た場合の途中段階での決算，通常，これは仮決算と考えていいわけですが，そういった仮決算に対するディスクロージャーに関して，第三者である公認会計士，監査人が保証を与えるというのは，やはり年度決算と違った，ある程度信頼性の保証の水準が低い検証ということで，通例はレビューというような理解が示されるのが，一般的ではないかということです。

その意味で，中間決算の場合であっても，これを監査と呼ぶのは世界広しといえども日本だけであるということ。他に例を見ない状況があるというわけです。そうすると，基本的なコンセプトは，仮に中間であったとしても，年度決算と同じほどの信頼性を担保したいという要請があるわけですから，当然に年

度決算の中で，たとえばゴーイング・コンサーン情報の開示の監査が必要ならば，中間監査でも必要になるであろう。あるいは，リスク・アプローチを前提にして重要な虚偽表示のリスクを低減したいという要請があるならば，当然，中間監査でもあるだろうということから，本体の監査基準のほうで改訂がなされると，それに連動して見直しが起きるということだと思います。

【町田】後ほど議論があるかと思いますが，中間監査においてはやはり積極的な意見表明がされるということで，そのためには監査基準と同様に，同じ視点のリスク・アプローチが適用されて，その中で必要な範囲において監査手続が省略されたりするだけである，というように理解すればよいわけですね。

【八田】そうでしょうね。

目的基準・実施基準

中間監査基準　第一　中間監査の目的

　中間監査の目的は，経営者の作成した中間財務諸表が，一般に公正妥当と認められる中間財務諸表の作成基準に準拠して，企業の中間会計期間に係る財政状態，経営成績及びキャッシュ・フローの状況に関する有用な情報を表示しているかどうかについて，監査人が自ら入手した監査証拠に基づいて判断した結果を意見として表明することにある。

　中間財務諸表が有用な情報を表示している旨の監査人の意見は，中間財務諸表には，全体として投資者の判断を損なうような重要な虚偽の表示がないということについて，合理的な保証を得たとの監査人の判断を含んでいる。

中間監査基準　第二　実施基準

1　監査人は，原則として，当該中間財務諸表が属する年度の財務諸表の監査に係る監査計画の一環として中間監査に係る監査計画を策定するものとする。ただし，中間監査に当たり，中間財務諸表に係る投資者の判断を損なわない程度の信頼性についての合理的な保証を得ることのできる範囲で，中間監査リスクを財務諸表の監査に係る監査リスクよりも高く設定することができる。

2　監査人は，広く中間財務諸表全体に関係し特定の財務諸表項目のみに関連づけ

られない重要な虚偽表示のリスクがあると判断した場合，そのリスクの程度に応じて，補助者の増員，専門家の配置，適切な監査時間の確保等の全般的な対応を中間監査に係る監査計画に反映させなければならない。
3 　監査人は，中間監査リスクを合理的に低い水準に抑えるために，中間財務諸表における重要な虚偽表示のリスクを評価し，発見リスクの水準を決定するとともに，当該発見リスクの水準に対応した適切な監査手続を実施しなければならない。
4 　監査人は，中間監査に係る自己の意見を形成するに足る基礎を得るために，経営者が提示する中間財務諸表項目に対して監査要点を設定し，これらに適合した十分かつ適切な監査証拠を入手しなければならない。
5 　監査人は，中間監査に係る発見リスクの水準を財務諸表の監査に係る発見リスクの水準よりも高くすることができると判断し，財務諸表の監査に係る監査手続の一部を省略する場合であっても，分析的手続等を中心とする監査手続は実施しなければならない。
6 　監査人は，中間監査に係る発見リスクの水準を財務諸表の監査に係る発見リスクの水準よりも高くすることができないと判断した場合には，分析的手続等を中心とする監査手続に加えて必要な実証手続を適用しなければならない。
7 　監査人は，会計上の見積りや収益認識等の判断に関して財務諸表に重要な虚偽の表示をもたらす可能性のある事項，不正の疑いのある取引，特異な取引等，特別な検討を必要とするリスクがあると判断した場合，それが中間財務諸表における重要な虚偽表示をもたらしていないかを確かめるための実証手続を実施しなければならない。
8 　監査人は，前事業年度の決算日において，継続企業の前提に重要な疑義を生じさせるような事象又は状況が存在し，継続企業の前提に関する重要な不確実性が認められた場合には，当該事象又は状況の変化並びにこれらに係る経営者の評価及び対応策の変更について検討しなければならない。
9 　監査人は，前事業年度の決算日において，継続企業の前提に関する重要な不確実性が認められなかったものの，当中間会計期間において，継続企業の前提に重要な疑義を生じさせるような事象又は状況が存在すると判断した場合には，当該事象又は状況に関して，合理的な期間について経営者が行った評価及び対応策について検討した上で，なお継続企業の前提に関する重要な不確実性が認められるか否かを検討しなければならない。
10 　監査人は，中間財務諸表を作成する責任は経営者にあること，中間財務諸表を作成するための内部統制及び運用する責任は経営者にあること，経営者が採用した会計方針及び中間財務諸表の作成に関する基本的事項，経営者は中間監査の実

> 施に必要な資料を全て提示したこと及び監査人が必要と判断した事項について，経営者から書面をもって確認しなければならない。
> 11　監査人は，他の監査人を利用する場合には，中間監査に係る監査手続を勘案して，当該他の監査人に対して必要と認められる適切な指示を行わなければならない。

【町田】では，具体的に，基準の中身を見ていくことにしましょう。

　まず，中間監査を考える上で，とくに，いわゆるレビュー業務との違いを踏まえて考えますと，その特徴は3つの点に集約されるように思います。すなわち，有用性の概念，実施される手続の内容，および意見表明の形式の3つです。

　目的基準と実施基準については，そのうちのはじめの2つの点が関係してきますが，まずは，有用性の概念についてです。

　年度監査については，適正性の概念が用いられ，たとえば，「財務諸表は適正に表示されている」と監査報告書に記載されるわけですが，中間監査では，目的基準にあるように，「財務諸表は有用な情報を表示している」という点を究極の要証命題とするわけです。この点については，どのような経緯で導入されたものなのでしょうか。

【八田】「有用」という言葉，あるいは「有用性」という概念は，1977（昭和52）年の「半期報告書で開示すべき中間財務諸表に関する意見書」の中で登場し，1977（昭和52）年の中間財務諸表の作成基準の中で使われるようになりました。このときは，中間財務諸表作成基準の一般原則で，「中間財務諸表は，事業年度を構成する中間会計期間に係る有用な会計情報を提供するものでなければならない」という規定があったのです。

　そのときに，この「有用な会計情報」は次の3つの特徴を有したものをいうのだとされていました。1つ目が損益予測に資するものであること，2つ目が正規の決算手続とは異なる手続を経て数値を算出するものであること，そして3つ目が中間会計期間の財務状況の概況を示すものであること，いうならば確定数値ではないというようなこと。これらをもって，年度損益予測情報の提供が中間財務諸表の中心的課題なのだという理解をしていたわけです。

そして，それに対して監査を導入したときに，では有用な情報だということのお墨付きを監査はどのように与えるのかということで，侃々諤々の議論があったようですが，結果的には，「中間財務諸表作成基準に準拠して作成されていればそれは有用な会計情報なのだ」という論法で結論を導き出したようです。

ところが，1998（平成10）年の中間連結財務諸表作成基準の設定に際して，財務諸表の作成の考え方が，それまでの予測主義から実績主義に変わりました。にもかかわらず，この「有用」という言葉がそのまま温存されたわけです。そして，同年に公表された中間監査基準においても，有用性概念は踏襲されたのです。つまり，予測主義の段階で出てきた有用性概念が実績主義においても残ったということが一番大きな問題ではないか，ということが第1点としていえると思います。

そして現行の中間監査基準では，それをさらに進めて，意見を表明するに至って，監査基準が採用している適正性概念を保証する枠組みをそのまま採用している。そして，結論だけは「適正に表示」ではなく，「有用な情報を表示」という理解をしていることで，この点でも若干誤解を招く内容になっているのではないか，と思います。

【町田】有用性の概念で一番誤解を招くのは，「有用である」ということを監査人が認める，という点にあるように思います。つまり，本来，財務諸表の読者が投資意思決定を行うに当たってその情報が有用かどうかを判断するはずのものを，財務諸表の「信頼性」を保証するはずの監査人が，財務諸表の使い勝手，あるいは，投資意思決定への役立ちといったものを判断するということが可能なのかどうか，ということです。

その一方で，後で見るように，中間監査では，手続の省略が行われて，年度監査で表明される適正性という概念よりも，監査人が提供する保証の水準は低い，という枠組みになっています。つまりは，信頼性についての保証を示す概念のレベルに，有用性と適正性があって，適正性の方が上，有用性はそれに劣る，ということなのですが，一般にはなかなか理解しにくいですね。

【八田】そうですね。

中間監査において「有用性」という言葉が使われるわけですが，その枠組み

といいますか，その意見に到達するシナリオは，基本的に監査基準で用いられている適正表示の意見表明のシナリオとまったく同じなわけです。だとすれば，中間監査においても「適正に表示している」旨の意見表明でよいのではないか，とも思えるわけです。

　四半期レビューについても不正等に対応したレビュー業務を考える場合には，適正性を使った表現，たとえば，「適正ではないと認められる事項は発見されなかった」という意見表明でもよいと思っています。

【町田】次に，実施される手続の内容ですが，これには2つの側面があると思います。1つは，中間監査については年度監査よりも省略した手続でよいとする側面，もう1つは，そうであっても，不正問題とゴーイング・コンサーン問題については，年度監査と同様に見ていかなくてはならないという側面です。

　こうした手続がとられている理由として，中間監査は，年度監査に挟まれて実施されるものであるから，年度監査が実施されていることを前提に，一部省略された手続であっても有用性を判断できる，ただし，保証の枠組みとして，年度監査同様，重要な虚偽表示の有無や財務諸表の前提となるゴーイング・コンサーンについては，検討しなくてはならない，ということのようです。

　この点，前者はレビューを意識した手続規定，後者は監査であることを踏まえた規定のように思われますが，こうした中間監査基準における手続の規定はどのように考えればいいのでしょうか。

【八田】この中間監査というものは，日本に固有の制度であって，保証水準も監査よりは低いがレビューよりは上，ということで一定の整理がされているところですから，もはやあまり重要ではないでしょう。

　ただ，中間監査基準で私が問題だと以前から考えているのは，監査手続を省略する場合であっても，分析的手続などを中心とする監査手続は実施しなければならないといった具体的な手続名称を踏まえて，省略した場合の補足を規定している点です。

　具体的には，実施基準では，「分析的手続等」と書いてありますが，2002（平成14）年の中間監査基準の前文を読みますと，「分析的手続，質問及び閲覧」などを一括して「分析的手続等」といっているようです。われわれの古くから

の理解によれば，かつての監査技術か監査手続かという時代の議論かもしれませんが，これらの手続はすべて一般監査技術とか一般監査手続，いうならば個別監査技術・個別監査手続に対応する概念としてわれわれは用いていたわけです。そして，その場合の1つの特徴は，個別監査手続は，実査・立会・確認といったようなかなり強力な証明力をもった証拠を入手できるのに対して，一般監査手続は，汎用性はあるけれども証明力が非常に弱い，ただ全体に適用できるということのようですが，これらの手続がこれほど強調されて，リスク・アプローチの監査手続の省略の代替として，あるいは省略があった場合の補足として規定されるというのは，私にとっては非常に違和感があるのです。

いま，いわれたように，中間監査では，不正問題やゴーイング・コンサーン問題についても対応しており，諸外国で行われている消極的な保証しかしないレビューとは違うのだ，つまり，レビューにおける手続以上の監査手続をしていることは確かなわけですが，同時に，レビュー以上のことをしているということも含めて，こうした具体的な手続の実施を明示することによって，かえって中間監査が年度監査の一環といえるような，いわゆる信頼性の高い監査ではないのではないか，というような規定になってしまっているようにも思えるのです。

監査手続については，中間監査であっても，実施しなければならない手続を規定するのではなく，そこはあくまでプロの判断の領域として尊重し，求められる保証の水準なり，意見表明の形式なりを明確に規定して，それに応じて監査人が自己の責任において判断するという枠組みにすべきではないかと思うのです。

【町田】そうしますと，中間監査基準における手続の例示列挙というのが，中間監査の予定している保証の程度にそぐわないものである，ということでしょうか。

【八田】そうですね。例示としての個別具体的な指針であれば，日本公認会計士協会の実務指針に任せることでよいと思うのです。

【町田】では，議論を先に進めていくことにしましょう。

2005（平成17）年の改訂の際に，中間監査に関しても，実施基準のところに

リスク・アプローチの精緻化の内容が反映されました。

　最初に，実施基準2のところで，「広く中間財務諸表全体に関係し特定の財務諸表項目のみに関連づけられない重要な虚偽表示のリスクがあると判断した場合，そのリスクの程度に応じて，補助者の増員，専門家の配置，適切な監査時間の確保等の全般的な対応を中間監査に係る監査計画に反映させなければならない」とされています。

　これは，監査基準にある財務諸表全体レベルでの評価を受けて，全般的な対応を考慮するという規定と同一のものだということですね。

【八田】そうですね。基本的にリスク・アプローチという考え方について，再度精緻化するとともに，ある程度見直しをされて，監査基準本体のほうに入ったことを受けて，中間監査基準の改訂がなされたわけであって，この実施基準2で規定されている監査人の取組み規定は，監査基準の実施基準・二　監査計画の策定3とまったく同じ文章になっていますので，とりわけここで再確認する必要はないと思います。

【町田】また，中間監査に当たっても，実施基準3で「重要な虚偽表示のリスクを評価し」という用語が出てきています。これも中間財務諸表における重要な虚偽表示リスクということで，監査基準と同様のものということができるわけですね。

【八田】まったくそのとおりですね。すでに議論したように，旧来は監査リスクというものを固有リスク，統制リスク，そして発見リスクといった3つの，いうならば独立的なリスクという理解で説明をしていました。そのうちの，監査人にとっては所与のリスクであるところの，固有リスクと統制リスクについては，概念的には個々独立して理解はできるけれども，実態的には統合してこれを評価し，結果，発見リスクの程度を決定していくという問題がありますから，これをもって重要な虚偽表示のリスクという言葉に置き換わったわけです。それも，中間財務諸表に対してもそのまま受け入れたと考えていいと思います。

【町田】さらに，監査要点の件に関して，実施基準4で，監査人は経営者が提示する中間財務諸表項目に対して監査要点を設定するという形で，監査要点の設定の仕方が明確化されています。これも監査基準と同様のことであるかと思

いますが，いかがでしょうか。

【八田】そのとおりでしょうね。中間監査基準で規定されている用語のすべてにおいて，中間財務諸表，あるいは中間財務諸表項目，場合によっては「中間監査」という言葉が付加されているのであって，実質的な理解は監査基準とまったく同じだと思います。

【町田】中間監査においても，中間財務諸表全体のレベルと中間財務諸表項目のレベルの2つの段階での評価ということが求められるほかに，特別な検討を必要とするリスクへの対応も求めています。

つまり，実施基準7で，「監査人は，会計上の見積りや収益認識等の判断に関して財務諸表に重要な虚偽の表示をもたらす可能性のある事項，不正の疑いのある取引，特異な取引等，特別な検討を必要とするリスクがあると判断した場合，それが中間財務諸表における重要な虚偽表示をもたらしていないかを確かめるための実証手続を実施しなければならない」とされています。

こういった見積りや収益の認識，あるいは不正の疑いのある取引，特異な取引といったものも，中間監査の段階で判断することが求められるということなのでしょうか。

【八田】基準の要請はそうなっています。

ただ1点ここでの違いが，後半のところに書いてある，「このようなリスクがあると判断した場合に，それが中間財務諸表における重要な虚偽表示をもたらしていないかを確かめるための実証手続を実施しなければならない」という部分が強く指摘されていることです。つまり，旧来，中間監査の場合には，監査手続の一部省略が認められており，おそらく，その部分は実証手続の簡略的な対応なのであろうという議論が，一般にされていましたので，このようなリスクがあると判断した場合には，実証手続をしなさいということで，いうならば，念を押す意味でこの規定を加えたのだと思います。

それと，この中間監査においてすら，いうならば仮締めの決算の状況の中でも，特別な検討を必要とするリスクとして，このような会計上の見積りや収益認識等の判断に関しての財務諸表の重要な虚偽の表示をもたらす可能性のある事項や，不正の疑いのある事項，あるいは，特異な取引など，こういったもの

も監査人が十分に検証しなければならないということのようであり，これは理解の分かれるところですが，少なくとも基準で考えているのは，年度監査にほぼ匹敵するような監査人の対応を求めているわけですから，これは国際的な視点で受け入れられるかどうかは別として，日本ではかなり厳しいものを監査人に求めているということは，いえるでしょうね。

【町田】1点補足しますが，実施基準7で，リスクに対応する手続のところに，「重要な虚偽表示をもたらしていないかを確かめるための実証手続を実施しなければならない」とされていますが，これに対して監査基準の側では，財務諸表における特別な検討を必要とするリスクが，財務諸表における重要な虚偽表示をもたらしていないかを確かめるための実証手続の実施や，必要に応じて内部統制の整備状況の調査，運用状況の評価を実施することを求めています。

つまり，中間監査の段階では，さすがに内部統制の運用テストといったことまでは行うことができないということで，その部分の手続は省略されていると解されますね。

【八田】そうでしょうね。年度決算でも3年に1回程度の頻度で実施している運用テストであれば，中間監査で求めるということはないということでしょうね。

報告基準

> **中間監査基準　第三　報告基準**
>
> 1　監査人は，経営者の作成した中間財務諸表が，一般に公正妥当と認められる中間財務諸表の作成基準に準拠して，企業の中間会計期間に係る財政状態，経営成績及びキャッシュ・フローの状況に関する有用な情報を表示しているかどうかについて意見を表明しなければならない。
> 2　監査人は，中間監査報告書において，中間監査の対象，経営者の責任，監査人の責任，監査人の意見を明瞭かつ簡潔にそれぞれを区分した上で，記載しなければならない。ただし，監査人が中間財務諸表の記載について強調する必要がある事項及び説明を付す必要がある事項を中間監査報告書において情報として追記す

る場合には，意見の表明とは明確に区別しなければならない。
3　監査人は，経営者が採用した会計方針の選択及びその適用方法，中間財務諸表の表示方法に関して不適切なものがなく，中間財務諸表が有用な情報を表示していると判断したときは，その旨の意見を表明しなければならない。この場合には，中間監査報告書に次の記載を行うものとする。
　(1) 中間監査の対象
　　　中間監査の対象とした中間財務諸表の範囲
　(2) 経営者の責任
　　　中間財務諸表の作成責任は経営者にあること，中間財務諸表に重要な虚偽の表示がないように内部統制を整備及び運用する責任は経営者にあること
　(3) 監査人の責任
　　　監査人の責任は独立の立場から中間財務諸表に対する意見を表明することにあること
　　　一般に公正妥当と認められる中間監査の基準に準拠して中間監査を行ったこと，中間監査の基準は監査人に中間財務諸表には全体として中間財務諸表の有用な情報の表示に関して投資者の判断を損なうような重要な虚偽の表示がないかどうかの合理的な保証を得ることを求めていること，中間監査は分析的手続等を中心とした監査手続に必要に応じて追加の監査手続を適用して行われていることその他財務諸表の監査に係る監査手続との重要な相違，中間監査は経営者が採用した会計方針及びその適用方法並びに経営者によって行われた見積りの評価も含め中間財務諸表の表示を検討していること，中間監査の手続の選択及び適用は監査人の判断によること，中間監査の目的は，内部統制の有効性について意見表明するためのものではないこと，中間監査の結果として入手した監査証拠が意見表明の基礎を与える十分かつ適切なものであること
　(4) 監査人の意見
　　　経営者の作成した中間財務諸表が，一般に公正妥当と認められる中間財務諸表の作成基準に準拠して，中間会計期間に係る企業の財政状態，経営成績及びキャッシュ・フローの状況に関する有用な情報を表示していると認められること
4　監査人は，経営者が採用した会計方針の選択及びその適用方法，中間財務諸表の表示方法に関して不適切なものがある場合において，その影響が無限定意見を表明することができない程度に重要ではあるものの，中間財務諸表を全体として投資者の判断を損なうような虚偽の表示に当たるとするほどではないと判断したときには，除外事項を付した限定付意見を表明しなければならない。この場合には，別に区分を設けて，除外した不適切な事項及び中間財務諸表に与えている影

響を記載しなければならない。
5 　監査人は，経営者が採用した会計方針の選択及びその適用方法，中間財務諸表の表示方法に関して不適切なものがあり，その影響が中間財務諸表全体として投資者の判断を損なうような虚偽の表示に当たるとするほどに重要であると判断した場合には，中間財務諸表が有用な情報の表示をしていない旨の意見を表明しなければならない。この場合には，別に区分を設けて，その旨及びその理由を記載しなければならない。
6 　監査人は，中間監査に係る重要な監査手続を実施できなかったことにより，無限定意見を表明することができない場合において，その影響が中間財務諸表全体に対する意見表明ができないほどではないと判断したときには，除外事項を付した限定付意見を表明しなければならない。この場合には，別に区分を設けて，実施できなかった監査手続及び当該事実が影響する事項を記載しなければならない。
7 　監査人は，中間監査に係る重要な監査手続を実施できなかったことにより，中間財務諸表全体に対する意見表明のための基礎を得ることができなかったときには，意見を表明してはならない。この場合には，別に区分を設けて，中間財務諸表に対する意見を表明しない旨及びその理由を記載しなければならない。
8 　監査人は，継続企業の前提に重要な疑義を生じさせるような事象又は状況が存在する場合には，次のとおり意見の表明及び中間監査報告書の記載を行わなければならない。
  (1) 継続企業を前提として中間財務諸表を作成することが適切であるが，継続企業の前提に関する重要な不確実性が認められる場合において，継続企業の前提に関する事項が中間財務諸表に適切に記載されていると判断して有用な情報が表示されている旨の意見を表明するときには，当該継続企業の前提に関する事項について中間監査報告書に追記しなければならない。
  (2) 継続企業を前提として中間財務諸表を作成することが適切であるが，継続企業の前提に関する重要な不確実性が認められる場合において，継続企業の前提に関する事項が中間財務諸表に適切に記載されていないと判断したときには，当該不適切な記載についての除外事項を付した限定付意見を表明するか，又は，中間財務諸表が有用な情報を表示していない旨の意見を表明し，その理由を記載しなければならない。
  (3) 継続企業の前提に重要な疑義を生じさせるような事象又は状況に関して経営者が評価及び対応策を示さないときには，継続企業の前提に関する重要な不確実性が認められるか否かを確かめる十分かつ適切な監査証拠を入手できないことがあるため，中間監査に係る監査手続の範囲に制約があった場合に準じて意見の表明の適否を判断しなければならない。

> (4) 継続企業を前提として中間財務諸表を作成することが適切でない場合には，継続企業を前提とした中間財務諸表は有用な情報を表示していない旨の意見を表明し，その理由を記載しなければならない。
> 9　監査人は，次に掲げる強調すること又はその他説明することが適当と判断した事項は，中間監査報告書にそれらを区分した上で，情報として追記するものとする。
> (1) 正当な理由による会計方針の変更
> (2) 重要な偶発事象
> (3) 重要な後発事象
> (4) 監査人が意見を表明した中間財務諸表を含む開示書類における当該中間財務諸表の表示とその他の記載内容との重要な相違

【町田】さて，次は報告基準ですが，まずは，先ほど挙げた，中間監査の特徴の第3の点，つまり意見表明の形式について，整理しておくことにしたいと思います。

具体的な記載要件としては3つありまして，中間監査の対象，つまり財務諸表について明示するということ，それから，実施した中間監査の概要，そして，3つ目が中間財務諸表に対する意見，つまり，ここで有用な情報の表示等に関しての監査人の結論が述べられるという流れです。

詳細な検討は避けますが，基本的には，年度監査の監査報告に準じた形をとっていること，ただ，そのことで，除外事項のあるケースにおける限定の付け方や，意見を表明しないケースについて，有用性意見との関係がわかりにくいようにも思いますが。

【八田】確かに，中間監査基準の報告基準は，年度監査の監査基準に準じて，いわゆる有用性意見表明の要件を適正性意見の要件とまったく同列に並べたということで，形式的には非常にすっきりしたものがあるわけです。しかし，逆に，そのようにすっきりされてしまったがゆえに，再び堂々巡りのように，有用である旨の意見表明が適正性の意見表明とどこがどう違うのかということがまた問直しになって，トートロジーのような形で，私にはどうも整理がつかないわけです。

またもう1つの問題は，いわゆる意見不表明，つまり，意見表明の基礎を得ることができなかったときには意見を表明してはならないという問題です。報告基準7で「重要な監査手続を実施できなかったことにより，中間財務諸表全体に対する意見表明のための基礎を得ることができなかったときには，意見を表明してはならない」とありますが，適正性の意見表明の範疇においては，最終的にわれわれは結論を述べられないということがあったかもしれませんが，有用であるかどうかという場合に，こういった意見の差控といいますか，表明をしないというような論法はあるのだろうか，という点に，私は未だに拭い去れない違和感があるのです。

2. 四半期レビュー基準

H19四半期レビュー基準の公表

【町田】わが国において四半期レビュー基準が新設されたのは2007（平成19）年3月のことです。

　H19四半期レビュー基準の公表は，そもそも，2005（平成17）年1月28日の企業会計審議会総会において，監査部会に付託された「監査法人の内部統制や品質管理の向上及び監査基準をめぐる国際的な動向等を踏まえ，継続的に監査基準の改訂作業を進める。また，金融審議会における四半期開示をめぐる議論の動向を踏まえ，必要に応じ，四半期レビュー基準の策定を行う」という諮問事項に対する答申ともいえるものです。これらの諮問事項のうち，「監査に関する品質管理基準」の新設およびそれに対応する監査基準の改訂については，2005（平成17）年10月に行われ，「四半期レビュー基準の策定」の部分が，2007（平成19）年3月に意見書として公表されました。

　検討に先立って，2005（平成17）年10月以降の状況を振り返っておきたいと思います。この間，監査法人の処分問題や内部統制基準の意見書の公表など，わが国の監査環境はまさに激動の真っ只中にあったといえます。

【八田】21世紀に入って，アメリカではエンロン事件を契機に，企業改革法の制定によって会計・監査制度の大幅な改革が行われました。一方，わが国でも同様に，監査基準の改訂や商法の改正により，ひととおり，開示制度の整備がなされたというような理解もあったわけです。しかし，2004（平成16）年10月中旬以降に起きた複数の上場会社における有価証券報告書の不実開示問題に端を発して，再度，開示制度の整備が必要であるとの問題提起がなされ，2つの取組みが企業会計審議会において始まったということです。

【町田】監査部会における四半期開示制度に関する四半期レビュー基準の策定と，内部統制部会における内部統制関連基準の策定ですね。

【八田】そうですね。ただ，これから検討していく四半期レビューについては，東証マザーズの市場において，1999（平成11）年から上場会社に対して四半期業績の概況の開示を義務づけるとともに，日本公認会計士協会において，この四半期財務諸表に対する意見表明業務ということで，制度として導入された四半期開示に関する考え方はすでに示されていたと思います。

ただ，2007（平成19）年の制度改革は，もう1つの柱として，複数の会計不正事件およびその背後にある監査上の不手際，ないしは不当な監査業務が露呈したことから，監査法人に対しては品質管理の強化を求めるとともに，市場の主人公である企業自身の内部管理体制の構築と評価を求めて，内部統制報告制度が規定されたということです。これは，開示制度の整備という観点からすれば，まさに，公正ないしは誠実な情報の開示を促す制度改革だといえます。それに対して，もう1つの改革の柱である四半期開示制度は，タイムリー・ディスクロージャーといいますか，機動性のある適時な情報開示を意図したものといえるでしょうね。これらの改革は，ともに，これまでは任意のレベルで実施されていたものが，新たに法制度として金融商品取引法の下で規定されたことから，わが国の開示制度における大改革であったと捉えることができると思います。

四半期レビュー基準の特徴

【町田】四半期レビュー基準の個々の内容につきましては，順次検討していくこととして，まずはじめに，H19四半期レビュー基準のもつ意義について，簡単に整理しておきたいと思います。

まず，四半期レビューの対象となる四半期財務諸表に関する会計処理等については，2007（平成19）年3月に企業会計基準委員会（ASBJ）より，企業会計基準第12号「四半期財務諸表に関する会計基準」および企業会計基準適用指針第14号「四半期財務諸表に関する会計基準の適用指針」が公表されました。

また，四半期報告の制度上の根拠は，金融商品取引法第24条の4等において，

2008（平成20）年4月以降に開始する事業年度から，全上場会社に対して，四半期報告制度が義務づけられたことにあります。実際には，2003（平成15）年4月以降，東京証券取引所等では，自主規制として四半期報告が全上場企業に義務づけられていましたので，それを法定したということになるかと思います。

ところで，そもそも，四半期報告制度とはどのようなものなのか，そして，それがなぜ制度化されることになったのでしょうか。

【八田】一般に，企業が開示する会計情報が，利用者にとって有用かつ適切なものであるための条件としていくつかのものがあります。中でも，真実かつ適正な情報であるということと，タイムリーないしは適時な情報であるということは極めて重要なことです。前者の真実かつ適正な情報が作成されるためには，その情報が作成されてくるプロセスについても信頼し得る状況が担保されることが求められるということから，内部統制報告制度が導入されることとなったといえます。一方，この四半期報告制度というのは，後者の迅速かつ適時な情報の開示ということを満たすためのものであるといえます。つまり，このタイムリー・ディスクロージャーというのは，基本的には，意思決定に必要な情報をできるだけ早期に入手して，足もとの業績動向を適切に理解したいという投資家の観点に立った開示制度であるということです。

わが国では，上場会社に対しては，1年決算を前提とした開示制度においても，すでに1年を半分に区切って半期報告制度というのが定着してきていたわけです。ところが，諸外国においては，さらなるタイムリー・ディスクロージャーということで，すでに3ヵ月ごとの期間に区切ったクォータリー・リポート（四半期報告）というのが定着してきているという状況がありました。そうした点から見ると，わが国では情報の利用者に対して適時・適切な情報を十分に発信できていないという問題があったことから，この四半期報告制度が導入されたのです。また，報告書の提出期限においても通例の年次決算の場合には，2ヵ月程度の余裕期間をもって情報開示がなされていますが，この四半期報告制度に関しては，提出期限の早期化という観点から，1ヵ月半つまり45日以内の公表ということで，おそらく企業側においても，また，レビュー担当の監査人側においても，業務面での負荷がかかっているものと思います。

中間監査との違い

【町田】四半期レビューが実施されるとしても，一部の金融機関，すなわち，金融商品取引法が適用対象となる上場会社ではない有価証券報告書提出企業については，半期の単体の財務諸表に限ってではありますが，従来の中間監査は残るわけです。

では，具体的に，レビューと中間監査はどのように異なるのでしょう。

【八田】そうですね，最初，この四半期報告制度が正式に導入されるならば，1年間を4つに区切って，第1四半期，第2四半期，第3四半期，そして年次決算となることから，第2四半期というのは現行の中間決算と同義語ということで中間決算報告あるいは中間監査というのは，なくなるであろうというような理解もあったわけです。しかし，実際には，特定の業種に関しては，半期報告書制度および中間監査制度はそのまま残されるということです。

そこでまず，中間監査という制度についてですが，これはわれわれの知る限り，他の国には見られないわが国独特の制度であるということです。基本的に，1年という会計期間を前提にしたとき，たとえばそれを半年あるいは四半期の時点で区切り，その段階で開示される財務情報の信頼性を担保するための第三者保証というのは，一般的には，レビューという形で説明されてきているわけです。レビューというのは，年次財務情報に対して行われている第三者保証としての監査といくつかの点で違いがあるということです。第1には実施する手続上の相違が，第2として意見表明形式での相違，すなわちそこで用いられる意見表明に関しての文言の違いが，さらには，監査人ないしはレビュー担当者の責任の程度の違いなどもあるだろうということです。いわゆる監査と比べて，レビューは限られた時間の中で簡易な手続の実施を前提にして，結果的に，その財務諸表全体に対して監査と同程度の高い水準の保証を与えるものではないということです。つまり，レビューとは簡易な手続のもとに，ある程度限られた水準の保証を与えるものだということです。

【町田】ただ，わが国の場合，そもそも半期報告書制度の下での中間財務諸表に対する監査を導入するときに，当時，議論になったのは，この中間監査とい

四半期報告制度の概要

四半期開示の現況
- 2003（平成15）年4月以降，取引所ルールで段階的に導入
- 2007（平成19）年3月期の第3四半期で，既に東証上場会社の96%が財務諸表を開示

⇩

金融商品取引法（2006（平成18）年6月7日成立）
- 四半期報告を金融商品取引法上の制度として法定化
- 半期報告制度を四半期報告制度に統合
- 虚偽記載には罰則・課徴金を適用
- 2008（平成20）年4月1日以後開始する事業年度から適用

対象会社：上場会社を基本
開示時期：四半期終了後，遅くとも45日以内を原則（現行の半期報告書は90日以内）
開示内容：①企業集団の概況
　　　　　②提出会社の株主，役員の状況
　　　　　③四半期連結財務諸表　等

銀行・保険会社については，第2四半期（半期）に係る単体の財務諸表を併せて開示（第2四半期後，遅くとも60日以内）

出所：企業会計審議会総会資料を元に一部加筆

うのは年度監査の途中で行われるものではあっても，基本的には前期末の年度監査と当期末の年次監査の間に位置するものであって，年次監査ほどではないにしても，「監査」といえるほどに高い信頼性は保証可能だということでした。

　つまり，当時の説明にあったのが，中間監査では，年度監査との関係は，「吊り橋」のような関係であると説明されてきました。つまり，十分かつ適切な監査証拠の入手によって高度な保証が付与される年度監査が前期末と当期末の時点で行われるために，年度監査と年度監査に挟まれている中間監査は，簡易な手続であっても，年度監査に支えられているために，制度上，問題なく対応できるというものです。

【八田】ただ，そうはいうものの，実際には，中間監査基準の前文にも書いて

あるように，年度監査と同程度の信頼性を保証するものではないということ，つまり，投資者の判断を損なわない程度の信頼性を保証する監査ということで，この段階でもすでに年度監査と中間監査の間には保証水準の違いがあることが明らかにされていました。しかし，中間監査の場合，レビューといわれるほどに低い保証水準ではないといった，若干わかりづらい説明のもとで，実務は進んできたということがいえると思います。

　それに対して，H19四半期レビュー基準によって，わが国の制度の中に初めて「レビュー」という言葉が導入されたことから，監査というものとレビューというものの違いについて，いま一度，正しく理解しておく必要があるのではないかと思います。というのも，中間監査についても学会レベルでは早い段階から，これはやはり手続上の問題も踏まえ，あるいは意見表明形式から見ても「レビュー」と置き換えるのが正しいのではないかという意見が根強くあったわけです。しかし，わが国の場合，公認会計士法の規定を前提に置くならば，公認会計士または監査法人に対して，第三者の立場から財務情報の信頼性を保証する監査証明業務を独占的に行うことが規定されており，その結果，行政当局といいますか，監督官庁もその品質についてモニタリングすることができるという観点から，レビューとなると監査証明業務という言葉の中に位置づけられないのではないかという配慮もあったのではないかと思われます。その意味で，中間監査というものが，まさに，わが国特有の制度として生まれ落ちたという背景があったと思います。

　しかし，現実問題として，この制度もすでに10年を超えて実践されてきており，幸いにも，中間監査という制度が導入されたことで，少なくとも関係当事者において違和感ないし問題が露呈してきているとは思われません。逆に，一番厳格なものは年度監査で，あとはレビューだというような取組みをしていた国にあっては，かえって会計不正問題が露呈しているということもあって，どちらがよいのか，あるいはどちらが望ましいのかということは，なかなか答えは出ないのではないかと思われます。ただ，「レビュー」については，少なくとも中間監査よりはさらに保証水準が低いと一般に考えられるものであることから，わが国では，公認会計士または監査法人が担当する保証業務については，

監査，中間監査そしてレビューと，その保証水準が3段階にもなるということから，わが国の監査制度上，特筆に値する制度改革だと思います。

年度監査との関係

【町田】ところで，レビューになるとその手続の簡素化は一層進むわけですし，実際，四半期レビュー基準においても，レビューを実施するのは，年度監査の監査人であることが想定されています。

　年度監査との関係は，中間監査の場合と，四半期レビューの場合とでは，何か違いはあるのでしょうか。

【八田】少なくとも中間監査の場合には，年度監査と年度監査との間をつなぐ監査だということから，ある面では，その会計期間中に継続して監査業務が行われているという前提があったといえます。しかし，実際には，年度監査と同様に中間監査の場合にも，半年で区切ってという形で，いわば時点監査という形で捉えられてきたものと思います。それに対して，それをさらに半分に区切って3ヵ月という時点で検証を行っていくという点から見ると，それはもう時点監査という形での意見表明というのではなく，実際にはずっと継続して常時関与していなければ適切な意見はいえないであろうということから，いわゆる継続監査といいますか，あるいは，常駐監査というような方向に向かっているといえると思います。そのために，新たな開示制度の一環として始まった内部統制監査が，いわゆるプロセスの監査ということで，信頼し得る会計情報が作成されてくるプロセス自体の有効性を検証するという観点から見ると，この四半期レビューというのは，内部統制監査と密接不可分の関係で運用されることが大前提になっているのではないでしょうか。

四半期レビューにおける監査人の責任

【町田】先ほどのお話のように，四半期レビューでは，手続も報告形式も，年度監査や中間監査とは異なるわけですが，監査人の責任という観点からはどの

ようになるのでしょう。

【八田】レビューの場合，結果的には，限られた時間の中で，また，対象とされる財務情報が確定的金額のみではないという中にあって，簡略化された手続の適用を通じて結果を述べなくてはならないということからいうならば，監査人の責任についても，年度監査よりは，若干，軽減措置があるのではないかと捉えるのが自然ではないかと思います。しかし，逆に限られた時間の中ではあっても，また，わが国の場合，このレビューというのは，解釈上は公認会計士法第2条第1項の監査または証明業務の証明に該当するものである，との理解が示されているようですから，欧米社会でいわれている監査よりはかなり保証水準の低いレビューとはちょっと違うのではないかなという気がします。

その意味では，四半期財務情報を作成する企業側の責任についても，また，監査人の責任についても，実質的には，監査と比べてそれほど軽減されることはないようにも思われます。

実は，欧米社会においても，かつては，監査というものに対する責任とレビューに対する責任には，ある程度の差があるのではないかと解されていたようですが，実際の訴訟の場においては，双方の責任には差がないということも示されています。つまり，結果的にはレビューの報告書であっても，監査の報告書であっても，担当公認会計士が正当な注意を払っていない，あるいは十分な証拠を入手していない結果，誤った結論が述べられた場合にはその責任関係は同じであるということのようです。したがって，監査とレビューというように，言葉が変わったからといって，監査人にとっての役割あるいは責任は，基本的には変わっていないのではないかという理解をしています。

【町田】H19四半期レビュー基準で審議の焦点となった箇所は，継続企業の前提，つまりゴーイング・コンサーン問題の取扱いの部分でした。監査人が四半期レビューの実施の中で新たなゴーイング・コンサーン問題に気づいた場合には，当該四半期末から少なくとも向こう1年間にわたって，当該企業のゴーイング・コンサーン問題を検討することが求められました。このように，国際基準やアメリカの基準等では必ずしも明示されていない手続も含めて，かなり厳格なレビュー手続が規定されたと思われるのですが，この点についてはどのように考

えたらよいのでしょう。

【八田】まったくそのとおりですね。実はわが国の場合，これまで構築してきた監査制度にしても，あるいはレビュー制度もそうですが，そもそものスタートは，諸外国とりわけアメリカを中心とした監査先進国における制度の見直しの流れを汲んで，時間的には少し遅れながらも，まさに，わが国流の制度として導入を図ってきているということです。つまり，そこでの基本的な考え方とか枠組みなどの部分については国際的な視点を受け入れてはいるものの，実際の法的制度の中に位置づけたり，あるいは，実務的な基準を作る段階においては，わが国の実情に見合った形にアレンジしながら導入を図ってきているのです。したがって，このような視点に立って考えたときに，継続企業の前提に関する監査人の対応問題に関しても，米国基準あるいは国際監査基準では明確になされていないにもかかわらず，より厳格な監査対応を求めた規定を盛ったということでしょうね。わが国の場合，この継続企業の前提に重要な疑義があった場合の監査人の対応というのは，そもそもが，バブル崩壊後の複数の企業破綻事例を経験して導入されてきた制度であったということ。そのため，過去の同じ轍を踏まないために，この四半期レビューにおいても年度監査と同じように，監査人が結論を述べてから，向こう大体1年くらいまでのスパンでの見通しを監査人に求めているということがいえるのではないでしょうか。

おそらく，これは後でも取り上げられると思いますが，レビューの前提に立つ四半期財務諸表に関する会計基準でも同様な視点が示されていることから，監査人もそれに連動する形で，諸外国には見られない，若干，荷の重い役割が与えられたということはいえると思います。

【町田】さらに，その後，四半期レビュー基準は，2009（平成21）年の継続企業の前提に関する監査基準の改訂，および2010（平成22）年の監査報告に伴う監査基準の改訂に伴って，それぞれ改訂が行われてきています。

【八田】そうですね。これは，四半期報告というものが，そもそも年度の財務報告の間を埋める役割を果たす情報提供だということ，そして，四半期レビューがかなり限定された手続によって行われるということもあって，年度の監査のやり方が変われば，影響を受けるということです。

【町田】年度の監査と四半期のレビューの間には密接な関係があって，四半期レビューが独立的に存在するものではない，ということですね。

【八田】そのとおりですね。四半期レビューの過程で気づいた虚偽表示に結びつくような重要な事項によっては，レビュー手続の範囲を超えて，年度監査と同等程度の手続に入っていき，必要であれば実証手続でも何でも行って，監査人としての責任を果たしていく，ということ。まさに，年度監査と一体となって実施されるのが四半期レビューであるといえると思います。

【町田】ゴーイング・コンサーンおよび報告に関する四半期レビュー手続の具体的な改訂内容は，それぞれの項目の中で見ていくことにして，以下現行の四半期レビュー基準に沿って検討していきましょう。

1．目的基準

> 四半期レビュー基準　第一　四半期レビューの目的
>
> 　四半期レビューの目的は，経営者の作成した四半期財務諸表について，一般に公正妥当と認められる四半期財務諸表の作成基準に準拠して，企業の財政状態，経営成績及びキャッシュ・フローの状況を適正に表示していないと信じさせる事項がすべての重要な点において認められなかったかどうかに関し，監査人が自ら入手した証拠に基づいて判断した結果を結論として表明することにある。
> 　四半期レビューにおける監査人の結論は，四半期財務諸表に重要な虚偽の表示があるときに不適切な結論を表明するリスクを適度な水準に抑えるために必要な手続を実施して表明されるものであるが，四半期レビューは，財務諸表には全体として重要な虚偽の表示がないということについて合理的な保証を得るために実施される年度の財務諸表の監査と同様の保証を得ることを目的とするものではない。

四半期レビュー基準の構成と年度監査との関係

【町田】H19四半期レビュー基準の前文には，「金融商品取引法における四半期報告制度の下で開示される四半期財務諸表について，年度の財務諸表の監査を実施する監査人が行う四半期レビューの基準であり，四半期レビューの目的，

実施基準，報告基準の3つの区分から構成されている」と述べられています。

つまり，年次財務諸表の監査人が実施することを前提として，「監査基準」において監査人が備えるべき要件および監査に対する姿勢を規定したいわゆる一般基準や，監査に関する品質管理基準については，レビュー基準についても適用されるわけです。

このような基準の構成，さらにはレビューと年度監査との関連については，どのように捉えたらいいのでしょう。

【八田】四半期レビューの基準は，金融商品取引法の下で上場会社に導入される四半期報告制度でのレビュー基準であるということで，これ以外の他の開示情報ないしは他の諸法令に見合った情報に対するレビューというものについては念頭に置かれていないということです。ただ，今後，開示情報の拡大，あるいは他の諸法令等において，この四半期報告制度と同様の適時開示制度が導入されるようなことがあるならば，この制度を援用するなり，あるいはこれをベースにした対応がなされるということは，当然あると思います。

それともう1つは，レビューというものを考えていく場合，すでに金融庁の企業会計審議会では保証業務に関する枠組みを公表しており，そういった背景のもとに個別の制度的対応を図ったということがいえると思いますから，今後，この保証業務というのが広がってくるならば，そして，それにとって監査では

年度監査と四半期レビューの相違

	年度監査	四半期レビュー
手　続	実証手続： 財務数値の適正性を，帳簿との突合・現物確認等を通じて検証	質問 分析的手続： 財務数値の間や財務数値と非財務数値等の間の関係を検証 ⇨ 必要な**追加的手続**
証明文言	適正に表示しているものと認められる（積極的形式）	適正に表示していないと信じさせる事項は認められなかった（消極的形式）

出所：企業会計審議会資料

ないレビューという，もう少し広がりのもった簡易な手続でもって，ある程度，客観的な信頼性を担保できるような業務が求められるならば，四半期レビューが1つのモデルケースになって，他の開示情報に対しても受け入れられていくということは十分考えられるでしょうね。その意味で，現在の年度監査での保証とレビューでの保証については，それぞれの水準に違いがあるものの，いずれも，対象となる情報の信頼性を担保し得るレベルでの保証であるということに変わりはないということではないでしょうか。

四半期レビューの目的

【町田】 四半期レビュー基準によれば，四半期レビューの目的は，「経営者の作成した四半期財務諸表について，一般に公正妥当と認められる四半期財務諸表の作成基準に準拠して，企業の財政状態，経営成績及びキャッシュ・フローの状況を適正に表示していないと信じさせる事項がすべての重要な点において認められなかったかどうかに関し，監査人が自ら入手した証拠に基づいて判断した結果を結論として表明することにある」とされています。

レビュー基準で表明されるのは，「意見」ではなく「結論」なのですが，そもそも意見と結論はどう違うのでしょう。

【八田】 一般に「意見」というのは，一定の確立した判断規準があって，それとのすり合わせによって一定の価値判断の結果表明されるものだと思います。それに対して「結論」というのは，確かにある一定の基準があって，その基準への準拠性といいますか，基準との合致の強度いかんについて回答するものであり，その行為当事者の主観的な考え方というものについては必ずしも示されるものではないというように理解します。

それともう1つは，「意見」というのは当事者の主観が介在することから幅のあるものだということです。たとえば年度決算であるならば，すべての重要な点において適正に表示しているかいないか，あるいは中間監査の場合には，すべての重要な点において有用情報であるかどうかというような形で，ある程度，全体を包含した形での判断を下すことに「意見」という用語が用いられ

ていると思います。一方,「結論」というのは,ある程度決められたものとのすり合わせの中で,結果的に合致していたか合致していなかったかという点に限定した回答を下すことだと思います。四半期レビューに限定するならば,さらにそれが限られた手続の中で,検証した範囲でどうであったかということから,結果的には,消極的な形式での「結論」が述べられているということであり,これをもって限定的保証業務と呼ぶということです。

【町田】 さらに,四半期レビューの目的について,基準では,「四半期レビューにおける監査人の結論は,四半期財務諸表に重要な虚偽の表示があるときに不適切な結論を表明するリスクを適度な水準に抑えるために必要な手続を実施して表明されるものであるが,四半期レビューは,財務諸表には全体として重要な虚偽の表示がないということについて合理的な保証を得るために実施される年度の財務諸表の監査と同様の保証を得ることを目的とするものではない」とされています。

　要するに,四半期レビューでは,年度監査における「財務諸表には全体として重要な虚偽の表示がないということについて合理的な保証」の付与は目的としていないということですね。中間監査では,「中間財務諸表には全体として投資者の判断を損なうような重要な虚偽の表示はないということについて,合理的な保証」を付与することを目的としていたわけですから,この点は,レビューと中間監査の大きな相違でもあると思います。いったい,レビュー基準では,重要な虚偽の表示はどこまで対応されるのでしょうか。

【八田】 保証水準の問題については,「年度の財務諸表監査と同様の保証を得ることを目的とするものではない」という言い方をしていますが,そもそも,四半期レビュー基準というのは年度の財務諸表監査を実施する監査人が行うということが大前提にあるということ,そして年度の財務諸表監査あるいは中間監査といった,従来行われてきている監査とこの四半期レビューを適切に組み合わせながら実施されるのであれば,監査人による不正等の発見の機会はかなり増えてくるであろうというように思います。とくに「同様の保証を得ることを目的とするものではない」といいながらも,実際には全体として監査の実効性はより向上されることが期待されることから,実は不正の発見,あるいは重要

な虚偽表示の発見というのは旧来にもまして，高まるのではないかという期待はあったと思います。

2．実施基準

> **四半期レビュー基準　第二　実施基準**
>
> 1　内部統制を含む，企業及び企業環境の理解
> 　　監査人は，四半期レビュー計画の策定に当たり，年度の財務諸表の監査において行われる，内部統制を含む，企業及び企業環境の理解並びにそれに基づく重要な虚偽表示のリスクの評価を考慮し，四半期財務諸表の作成に係る内部統制についても十分に理解しなければならない。
>
> 2　四半期レビュー計画
> 　　監査人は，四半期レビュー計画を，年度の財務諸表の監査の監査計画のなかで策定することができる。年度の財務諸表の監査を実施する過程において，四半期レビュー計画の前提とした重要な虚偽表示のリスクの評価を変更した場合や特別な検討を必要とするリスクがあると判断した場合には，その変更等が四半期レビュー計画に与える影響を検討し，必要であれば適切な修正をしなければならない。

四半期レビュー計画と年度監査

【町田】四半期レビューの実施については，その前提として，年度監査の実施があります。

　したがって，四半期レビュー基準の実施基準においては，その冒頭で，「監査人は，四半期レビュー計画の策定に当たり，年度の財務諸表の監査において行われる，内部統制を含む，企業及び企業環境の理解並びにそれに基づく重要な虚偽表示のリスクの評価を考慮し，四半期財務諸表の作成に係る内部統制についても十分に理解しなければならない」とされていますし，そもそも，四半期レビュー計画について，「監査人は，四半期レビュー計画を，年度の財務諸表の監査の監査計画のなかで策定することができる」とされているわけです。

監査人は，四半期レビューの実施計画をあらかじめ組み込んで年度監査の計画を立て，レビュー手続の過程で得られた情報や，手続の結果を年度監査に反映させていくということでしょうか。

【八田】そうですね，これまでも話してきたように，四半期レビューというのが独立で議論されるわけではなくて，年度の監査に組み込まれて，年度監査の一部として実施されているということが前提にあるということです。したがって，当然に四半期レビューの計画の策定についても，年度監査の監査計画の中で策定されることになるということです。とりわけ，年度の財務諸表監査における内部統制を含む企業および企業環境の理解，ならびに，それに基づく重要な虚偽表示のリスクの評価を考慮しなければならないという観点から見るならば，おそらく四半期レビューの計画に与える影響というものは，年度監査の監査計画の中でも反映されてくるということがいえるのではないでしょうか。

四半期レビュー手続（質問）

> 四半期レビュー基準　第二　実施基準
>
> 3　四半期レビュー手続
> 　監査人は，質問，分析的手続その他の四半期レビュー手続を実施しなければならない。四半期レビュー手続は，経営者の作成した四半期財務諸表について，一般に公正妥当と認められる四半期財務諸表の作成基準に準拠して，企業の財政状態，経営成績及びキャッシュ・フローの状況を適正に表示していないと信じさせる事項がすべての重要な点において認められなかったかどうかについての監査人の結論の基礎を与えるものでなければならない。
>
> 4　質問
> 　監査人は，四半期財務諸表の重要な項目に関して，それらの項目が一般に公正妥当と認められる四半期財務諸表の作成基準に準拠して作成されているかどうか，会計方針の変更や新たな会計方針の適用があるかどうか，会計方針の適用に当たって経営者が設けた仮定の変更，偶発債務等の重要な会計事象又は状況が発生したかどうか，経営者や従業員等による不正や不正の兆候の有無等について，経営

> 者，財務及び会計に関する事項に責任を有する者その他適切な者に質問を実施しなければならない。

【町田】レビューの具体的な手続ですが，基準では，質問と分析的手続を挙げています。

　まず，質問についてですが，一般に，質問とは監査人が企業側にいろいろ尋ねることによって四半期財務諸表の項目をチェックしようということだと思いますが，それでは何か手緩い手続なのではないか，という印象をもたれることもあるかと思うのですが。

【八田】旧来，監査技術ともいわれていましたが，監査人が実施する主要な手続の1つに「質問」というのがあります。ただ，一般によく勘違いされるのは，何でもかんでもわからないことを単に問いただすことが質問なのだと捉える向きがあるということです。そうではなく，監査手続としての質問というのはもっと正確に理解しておく必要があります。敢えていうならば，「特別質問」ということで，監査人が何を監査上の要点として立証したいのか，そういった点が明確になって初めて第三者に問い合わせを行い，自分の立証したい点についての客観的な証拠を入手するという視点があるということ。したがって，ただ漫然として，問題意識あるいは立証項目まで明確にしないで聞くというのとは違うわけです。確かに，「実査」とか「立会」あるいは「確認」といった個別の具体的監査手続よりは，得られる証拠の証拠力が弱いという理解があるかもしれませんが，決してそうではなくて，やはり大局的な視点に立って，ある程度，企業の置かれているリスク環境といいますか，あるいは虚偽表示リスクというものを抽出する手続としては，十分に意味のあるものだと思います。

　そもそも，監査というものが"audit"といわれるように，「聴く」ということが前提にあるため，質問は監査手続の大前提にあるのではないかと考えています。しかし，監査業務全般に対する最近の一般的な理解は，何か関係帳簿書類を机の上に置いて，時間をかけてページを繰ることが監査だというふうに勘違いしている人が多いわけです。これはまさしく「木を見て，森を見ない」現象だということで，大きい視点でのリスクというのも見過ごしてしまう可能性が

ある。そういう意味で考えるならば，まさに監査人に求められているリスク・アプローチを徹底して，質問という手続について，いま一度，監査人の側においても，十分にその意味をわきまえて，効果的な適用がなされるならば，かなり意味のある厳格な手続として利用されることになるだろうと思います。

四半期レビュー手続（分析的手続）

> **四半期レビュー基準　第二　実施基準**
>
> 5　分析的手続
> 　監査人は，四半期財務諸表と過去の年度の財務諸表や四半期財務諸表の比較，重要な項目の趨勢分析，主要項目間の関連性比較，一般統計データとの比較，予算と実績との比較，非財務データとの関連性分析，部門別・製品別の分析，同業他社の比率や指数との比較等，財務数値の間や財務数値と非財務数値等の間の関係を確かめるために設計された分析的手続を，業種の特性等を踏まえて実施しなければならない。分析的手続を実施した結果，財務変動に係る矛盾又は異常な変動がある場合には追加的な質問を実施し，その原因を確かめなければならない。

【町田】もう1つの主要な手続である分析的手続については，「質問」との連携も規定されていますが，この分析的手続は，近年，国際基準でも，相当の分量を割いて記述されており，実務でもさまざまな技法が開発されているなど，現在の監査実務における最重要の手続の1つかと思うのですが，いかがでしょうか。

【八田】まったく，そのとおりです。ただ，この分析的手続が1980年代くらいからアメリカにおいても重要な手続として認識され始めたときに，実は日本の監査関係者は，若干，違和感をもって受け入れたことを記憶しています。なぜならば，日本の場合には，分析的手続重視ともいえるアメリカ的監査手法を受け入れなくても，すでに現場サイドにおいては，趨勢分析とか比率分析，あるいは期間比較分析といった監査手続については，当然のように行われていたということから，何も目新しい手続ではないということだったからです。ただそ

れは，現在では，この分析的手続を実証手続としても利用することが有用であると理解されるようになってきたことから，まさにリスク・アプローチという監査上の手法とも相まって，従来よりも広い視点で企業活動あるいは企業の財務諸表全体を鳥瞰し，どこに問題点が潜んでいるかということの当たりをつけるといった意味でも非常に有用な手法だということが強く指摘されているわけです。それと同時に，伝統的な質問というような手続との連携をもって，さらに実効性のある監査手続となるであろうともいわれています。

ただ問題は，この分析的手続というのは，単に数値上の比較とか，あるいは比率の比較を形式面ですればいいというのではなくて，その数値が意味している内容，あるいは分析結果が示す異常性ないしは，それが鳴らしている警鐘に対して意を払い，さらには，それらを正しく読み取ることが強く求められるということです。つまり，この分析的手続を有効に実施できる監査人というのは，経験豊富な熟練監査人だということです。したがって，この四半期レビューに関しては，年度監査よりも専門性が高い，あるいは監査能力の高い監査人が必要なのではないかと思っています。

【町田】そうしますと，質問にしても分析的手続にしても，決して緩い手続というわけではなく，それらの手続を駆使することによって，十分に実効性のある業務を行うことができるということでしょうか。

【八田】そうですね。時間的な問題，あるいは人的資源の問題という観点から，ある程度簡素化といいますか，簡略化した手続のもとに，しかし実効性のある監査結果といいますか，信頼し得る監査結果をもたらすために考案された手続であろうということがいえると思います。また，それともう1つは，質問にしても分析的手続にしても，いずれも汎用性の高いといいますか，一般的な監査手続であるということ。つまり，年度監査のように期末の実証手続として用いられる個別の監査手続とは違って，強い証拠力は得られないかもしれないが，一定水準の信頼性を保証し得るだけの証拠力は得られるという観点で導入されているものですから，何もこういった手続が導入されたからといって，決して，緩い監査あるいは緩い監査結果というものが念頭に置かれているというように考えるのは正しくないと思います。

四半期レビュー基準のポイント

```
┌─────────────────────────────┐
│   四半期レビュー計画の策定    │
└─────────────────────────────┘
   ↓
  ・年度監査における内部統制を含む企業及び企業環境の理解，重要な虚偽表
   示のリスクの評価を考慮
  ・四半期財務諸表の作成に係る内部統制についても十分に理解
  ・年度監査における重要な着眼点については，四半期レビューにおいても検討
  （注）四半期レビューの結果は年度の監査計画にも適切に反映

┌─────────────────────────────┐
│    質問・分析的手続の実施     │
└─────────────────────────────┘
   ↓
  ・四半期財務諸表の重要な項目に関して，経営者等適切な者に対する質問を
   実施
  ・財務数値の間や財務数値と非財務数値等の間の関係を確かめるための分析
   的手続を，業種の特性等を踏まえて実施

┌─────────────────────────────┐
│     追加的な手続の実施        │
└─────────────────────────────┘
   ↓
  ・四半期財務諸表について適正に表示していない事項が存在する可能性が高
   い場合，追加的な質問や関係書類の閲覧等の追加的な手続を実施

┌─────────────────────────────┐
│          審　　査             │
└─────────────────────────────┘
   ↓
  ・品質管理の方針及び手続きに従った適切な審査を受ける

┌─────────────────────────────┐
│   四半期レビュー報告書の発行  │
└─────────────────────────────┘
  ・四半期財務諸表の適正性に関する，消極的形式による結論の表明
  ・無限定の結論の表明，除外事項を付した限定付結論の表明，否定的結論の
   表明，結論の不表明の４つの区分

┌─────────────────────────────┐
│       継続企業の前提          │
└─────────────────────────────┘
  ・四半期レビューにおいても，継続企業の前提についての検討を実施

┌─────────────────────────────┐
│   四半期レビューの品質管理    │
└─────────────────────────────┘
  ・品質管理基準は四半期レビューにも適用
```

出所：企業会計審議会総会資料を元に一部加筆

四半期レビュー手続（追加的な手続）

四半期レビュー基準　第二　実施基準

7　追加的な手続
　監査人は，四半期財務諸表について，企業の財政状態，経営成績及びキャッシ

> ュ・フローの状況を重要な点において適正に表示していない事項が存在する可能性が高いと認められる場合には，追加的な質問や関係書類の閲覧等の追加的な手続を実施して当該事項の有無を確かめ，その事項の結論への影響を検討しなければならない。

【町田】主たるレビュー手続である質問や分析的手続を行うことによって，何か問題が発見されたときには，監査人は，「追加的な手続」を実施することが求められています。具体的な「追加的な手続」としては，「追加的な質問」や「関係書類の閲覧」が挙げられているわけですが，実際に問題があったにもかかわらず，質問したり，書類を見たりということで本当に十分な対応なのでしょうか。

【八田】基本的に追加的手続というものが求められる場合には，監査人としては，最終的に年度監査の意見にも結びつくということから，おそらく年度監査における手続に反映させながら，より詳細な監査手続を実施するものと思われます。もう1つは，ここで追加的な質問や関係書類の閲覧ということで，これまで行われてきた中間監査あるいは年度監査と同様に，監査人として納得のいくところの，より立ち入った証拠の収集あるいは監査手続の実施ということがなされることは当然だということです。

四半期レビュー手続（会計記録に基づく作成）

> **四半期レビュー基準　第二　実施基準**
>
> 6　会計記録に基づく作成
> 　監査人は，四半期財務諸表が，年度の財務諸表の作成の基礎となる会計記録に基づいて作成されていることを確かめなければならない。

【町田】また，実施基準では一風変わった規定として「会計記録に基づく作成」という規定が置かれていますが，これはどういう意味なのでしょう。

【八田】基本的に四半期財務報告であれ，年度の財務報告であれ，同一の会計

記録および同一の会計帳簿から作成されなくてはならないということを指摘している規定です。つまり、四半期の場合にあっても、たとえば時間的に省略をするために他の会計プロセス、あるいは年度監査とは別の源泉から会計データをもってきて財務数値を作成するということはあってはならないということから、同一の源泉から四半期財務諸表も作成されなくてはならないということを明確に規定したものといえるでしょう。

継続企業の前提についての検討

> **四半期レビュー基準　第二　実施基準**
>
> 9　継続企業の前提
> 　監査人は、前会計期間の決算日において、継続企業の前提に重要な疑義を生じさせるような事象又は状況が存在し、継続企業の前提に関する重要な不確実性が認められた場合には、当該事象又は状況の変化並びにこれらに係る経営者の評価及び対応策の変更について質問しなければならない。
> 　また、監査人は、前会計期間の決算日において、継続企業の前提に関する重要な不確実性が認められなかったものの、当四半期会計期間において継続企業の前提に重要な疑義を生じさせるような事象又は状況を認めた場合には、経営者に対し、経営者による評価及び対応策を含め継続企業の前提に関する開示の要否について質問しなければならない。
> 　これらの質問の結果、監査人は、継続企業の前提に関する重要な不確実性が認められると判断した場合には、継続企業の前提に関する事項について、四半期財務諸表において、一般に公正妥当と認められる四半期財務諸表の作成基準に準拠して、適正に表示されていないと信じさせる事項が認められないかどうかに関し、追加的な質問や関係書類の閲覧等の追加的な手続を実施して、検討しなければならない。

> 注記事項
> 19　四半期連結財務諸表には，次の事項を注記しなければならない。
> (14)　四半期会計期間の末日に継続企業の前提に重要な疑義を生じさせるような事象又は状況が存在する場合であって，当該事象又は状況を解消するあるいは改善するための対応をしてもなお継続企業の前提に関する重要な不確実性が認められるときは，その旨及びその内容等。ただし，四半期会計期間の末日後において，当該重要な不確実性が認められなくなった場合は，注記することを要しない。
>
> （企業会計基準第12号『四半期財務諸表に関する会計基準』）

【町田】次に，継続企業の前提についての検討に関して考えてみたいと思います。四半期レビュー基準では，「継続企業の前提」についての検討，いわゆる「ゴーイング・コンサーン問題への対応」も求められています。レビューで，ゴーイング・コンサーン（以下，GCとする）手続が求められるのは，レビューという業務の特性からも，また当該四半期末から45日以内に四半期報告書を提出しなければならないという時間的制約からも，なかなか大変だと思うのですが。

【八田】そのとおりですね。わが国の場合，少なくとも年度監査であっても，当初は，GC問題である継続企業の前提について重要な疑義がある場合の監査人の対応という点について，侃々諤々の議論があったと思います。私自身，監査人たりとも通常の人間であって，将来を100％予測ないしは予見して確定的な結論がいえる立場にはないという考え方をもっていますので，「一寸先は闇」といわれるような将来についてものをいうことはできないのではないかと。もしもできるならば，それは経営サイドが行った将来予測あるいは将来見通しについて，あるいは，継続企業の前提に対しての重要な疑義に対する取組みについて，一定の正当な手続を踏まえた上で結論が述べられてきたかという，経営判断の「プロセスの適切性」について吟味することで，結果的に，このGCについての監査を遂行することになるものと理解しています。

そのように考えると，実はこの四半期レビューにおいても，諸外国においては明確に示されていないものの，ある程度将来の一定の状況についてまで，監査人が関与していくということが期待としてあったと思います。ただ具体的に

は，わが国の会計の基準の実質的な開発を行っている企業会計基準委員会の「四半期財務諸表に関する会計基準」で示されたように，継続企業の前提に重要な疑義が存在する場合においては，必要な注記を求めているということから，それは開示対象になってきたということであり，監査人は四半期レビューにおいても，その開示の監査という観点から一定の関与をしなければならないということです。この四半期レビューの中において，GC手続が定められた状況についても，このように理解できると思います。

ゴーイング・コンサーンの手続

【町田】具体的な手続としては，220ページを見ていただきたいわけですが，まず，このチャートに入る前のプロセスについて検討したいと思います。

　まず，監査人は，年度監査においてGC問題があった場合に，それについて四半期レビューの段階においても第1四半期，第2四半期，第3四半期と，GCに疑義のある事象または状況に変化がないかどうかを確認していくことが求められています。これは当然のことかと思うのですが，次の第2段階においては，レビュー手続の過程で，既存のGC問題に大きな変化があった場合，あるいは新たなGC問題が発見された場合には，「少なくとも当会計期間末まで」のGCに関する状況の検討を求められています。これはレビューの手続の中ではなかなか難しいことのように思います。つまり，単に年度末にGC問題がありその状況の変化を第1・第2・第3四半期で見ていくというだけではなく，第1・第2・第3四半期のところで，既存のGC問題にどれくらい大きな変化があったかという大きさの変化を見たり，新たなGC問題を見つけるということは，本当にレビューでできるのでしょうか。四半期レビューという手続の中では非常に厳しい規定のように思えるのですが，いかがでしょうか。

【八田】四半期レビューの場合に求められている，いわば簡素化されたというか，あるいは例示的に示された簡易な手続によって，この継続企業の前提に影響を及ぼすような疑義を発見ないしは検証することができるかということだと思います。したがって，ここで考えているのは個々のポリシーの信頼性とか処理の

継続企業の前提に係る四半期レビューのGC手続

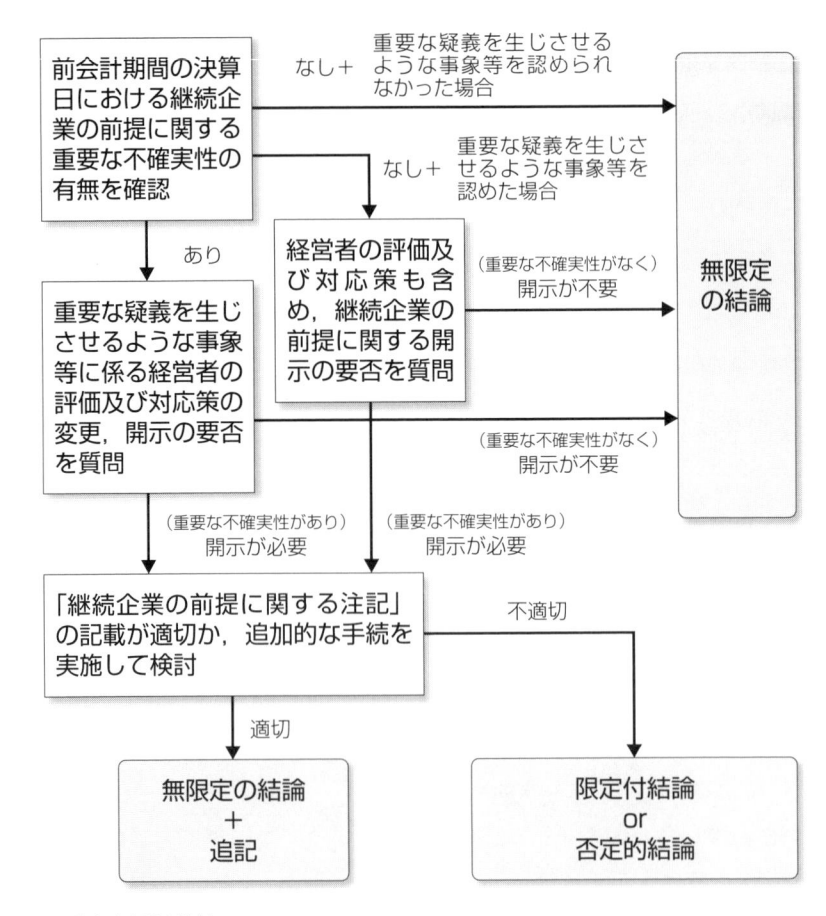

```
前会計期間の決算日における継続企業の前提に関する重要な不確実性の有無を確認
  │
  ├─なし+ 重要な疑義を生じさせるような事象等を認められなかった場合 → 無限定の結論
  │
  ├─なし+ 重要な疑義を生じさせるような事象等を認めた場合 →
  │     経営者の評価及び対応策も含め，継続企業の前提に関する開示の要否を質問
  │       ├─（重要な不確実性がなく）開示が不要 → 無限定の結論
  │       └─（重要な不確実性があり）開示が必要 ↓
  │
  └─あり→ 重要な疑義を生じさせるような事象等に係る経営者の評価及び対応策の変更，開示の要否を質問
          ├─（重要な不確実性がなく）開示が不要 → 無限定の結論
          └─（重要な不確実性があり）開示が必要 ↓

「継続企業の前提に関する注記」の記載が適切か，追加的な手続を実施して検討
  ├─適切 → 無限定の結論 ＋ 追記
  └─不適切 → 限定付結論 or 否定的結論
```

出所：企業会計審議会資料

問題ではなくて，企業経営全体の流れについて確認することではないでしょうか。敢えて内部統制の議論でいうならば，全体的な会社の統制に関わる話を議論しようとしているわけですから，これが仮に簡易なレビューであっても，いまは一部の金融機関でしかやっていない中間監査であっても，おそらく経営全体の流れを見るという観点はいささかも変わっていないと思います。つまり個々の手続が簡素化されたからといって，このGC問題について簡略化されていく

ことはないと思います。

　ただ現実問題としては，やはり個別の取引を詳細に検証しなければ，この疑義を解消できるような対応策まで説明できないかもしれません。でもそれはケースバイケースかもしれませんが，考え方としては，それも当該年度末，つまり前期末に見通した期間と同じ当年度末までの期間について，もう少し時が進んだ段階で検証・確認しなさいといっているわけですから，とくに問題ないだろうと思います。

【町田】もともとH14監査基準では，当時まだ四半期レビューは導入されていませんでしたので，中間監査基準でした。そのときはGC手続が導入された際には中間監査基準においてGCの合理的な期間は「当該年度末まで」とされていました。ところが四半期レビュー基準が導入されたときには，GC手続は当初，「新たなGC問題が発見されたときには，その後1年間のGC問題を検討する」ということで，合理的な期間は「1年間」とされてきたわけです。それが2009（平成21）年の「重要な不確実性」の概念の導入にあわせて，「少なくとも当該年度末までの継続企業の前提について」という形で期間が短縮されました。当初の中間監査基準と同様に，四半期会計期間が属する会計年度末までをもって「合理的な期間」という形に修正されたわけです。

　このように合理的な期間が伸び縮みしてきたわけですけれども，現在の「当該年度末までの会計期間」を「合理的な期間」については，どのように捉えるべきでしょうか。

【八田】少なくともこの四半期レビューそのものは，年度監査の中のいわゆる中間段階を検証しようとしているわけであって，あくまでも年度監査が大前提にある。そのディスクロージャーを確実にしたいという考え方があると思いますから，当然その途中段階で行われる四半期も，その年度決算の末尾，つまり当該会計期間の末までの確実な情報を検証できればいいという考え方ですから，逆にかつてのように四半期段階でも，向こう1年までと読み込んでいく考え方の方が整合性がないということで，まさに「合理的」な対応が図られたという理解でいいのではないでしょうか。

【町田】そもそも四半期レビュー基準においてGC手続が置かれているわけで

すが，四半期レビューでGC対応をしているというと，海外の会計士や学者からは，とても驚かれるわけです。実務上，監査人は，レビューの手続の過程であっても，GC問題を発見してしまった場合には，対応せざるを得ないということが考え方として捉えられているわけですね。

　繰り返しになるかもしれませんが，実際のところ，レビューの手続の中で，どの程度，GC問題というのは発見されるものなのでしょうか。

【八田】本来は，年度末の財務諸表が継続企業の前提によって作成されているということが大前提の議論としてあるわけであって，四半期段階ではまだ財務諸表の最終作成という議論には立ち至ってないわけですから，当然年度監査のときのGCに対する監査人の取り組みとレビューの段階のおける取り組みはだいぶ違うのではないかと思われます。その意味で発見できるかどうかといえばそれはわからないですが，少なくともレビューの段階でGCに関して深掘りした取り組みを監査人がしているとは思いません。もしもレビューの段階でそのようなリスクが顕在化しているということになると，これはかなり破綻に近いような状況なのではないかという気がします。

　それで，先ほどの指摘で，GC対応まで求められているという日本のこのレビューの取り組みに対して海外の監査関係者が驚きを覚えるという考え方は，レビューの議論よりも前，かつて日本が導入した中間監査のときにも，まさにまったく同じ議論があったわけです。

　日本では，中間財務諸表の検証において，簡素化した，いまでいうレビューを信頼性の非常に高い水準の，そして監査人の責任もかなり重い監査と読み替えて導入したことによって，在外支店とか海外に子会社のある企業に対し，他の監査人として海外の監査人を使うとき「これは監査です」というと，みんな腰が引けるわけです。

　これは，まさに日本独特の政策的な議論といえるかもしれません。日本では少なくとも公認会計士法の規定，あるいは金融商品取引法との規定によって，独占業務として会計士，監査法人が行うものは監査であるという議論があります。したがって，確かに基準上は「レビュー」だし，学問的にも「レビュー」といっていますが，実は内閣府令の監査に関する省令では，これはあくまでも

「四半期監査」と読み替えています。実態的には責任問題を絡めても，日本ではこれは「監査」なんですね。したがってこれは，海外からの期待ギャップが生じることも十分に考えられるでしょうね。逆に，その意味では日本はより重い責任を監査人に求めているという評価もあるかもしれません。

その他

四半期レビュー基準　第二　実施基準

8　後発事象
　監査人は，四半期財務諸表において修正又は開示すべき後発事象があるかどうかについて，経営者に質問しなければならない。

10　経営者からの書面による確認
　　監査人は，適正な四半期財務諸表を作成する責任は経営者にあること，四半期財務諸表を作成するための内部統制を整備及び運用する責任は経営者にあること，四半期財務諸表の作成に関する基本的な事項，経営者が採用した会計方針，経営者が四半期レビューの実施に必要な資料をすべて提示したこと及び監査人が必要と判断した事項について，経営者から書面をもって確認しなければならない。

11　経営者等への伝達と対応
　　監査人は，四半期財務諸表について，企業の財政状態，経営成績及びキャッシュ・フローの状況を重要な点において適正に表示していないと信じさせる事項が認められる場合には，経営者等にその事項を伝達し，適切な対応を求めるとともに，適切な対応がとられない場合には，当該事項の四半期レビューの結論への影響を検討しなければならない。

12　他の監査人の利用
　　監査人は，他の監査人によって行われた四半期レビュー等の結果を利用する場合には，当該他の監査人が関与した四半期財務諸表等の重要性及び他の監査人の品質管理の状況等に基づく信頼性の程度を勘案して，他の監査人の実施した四半期レビュー等の結果を利用する程度及び方法を決定しなければならない。

【町田】その他，①後発事象への対応，②経営者からの書面による確認，③経営者等への伝達と対応，および④他の監査人を利用する場合の対応についても，規定が置かれていますが，これらはすべて監査基準の文言を踏襲したものとなっていますね。

【八田】そのとおりですね。そもそも，この四半期レビューの実施においては，監査人が備えるべき要件や監査に対する姿勢について，すべて監査基準の一般基準が適用されること，あるいは，中間監査基準と同様の構成になっていることからも明らかなように，監査人のとるべき行動について，この四半期レビュー基準ですべてを言い尽くしているわけではないということです。つまり，年度監査あるいは中間監査で導入されている具体的規定に関しては，それをほぼそのまま受け入れているということで，整合性ある監査対応ができるということで理解する必要があります。

3．報告基準

結論の表明

> 四半期レビュー基準　第三　報告基準
>
> 1　結論の表明
> 　監査人は，経営者の作成した四半期財務諸表について，一般に公正妥当と認められる四半期財務諸表の作成基準に準拠して，企業の財政状態，経営成績及びキャッシュ・フローの状況を適正に表示していないと信じさせる事項がすべての重要な点において認められなかったかどうかに関する結論を表明しなければならない。
>
> 2　審査
> 　監査人は，結論の表明に先立ち，自らの結論が一般に公正妥当と認められる四半期レビューの基準に準拠して適切に形成されていることを確かめるため，結論の表明に関する審査を受けなければならない。この審査は，品質管理の方針及び手続に従った適切なものでなければならない。

【町田】次に報告基準に移りたいと思います。報告基準では，何より，消極的形式での結論表明というのが特徴的かと思います。この消極的形式の結論表明というのは，どういうものなのでしょうか。

【八田】もともと，英語で記載されていた結論表明形式を日本語に訳すときにどうやって訳すかということで，種々議論されました。当然，同じ意味を踏まえて訳さなくてはならないということからも，結果的に「適正に表示していないと信じさせる事項がすべての重要な点において認められなかった」という，いわゆる二重否定文での表現になったということです。われわれの日本語の世界において，日常的な環境の中で，二重否定で説明をするという場面はあまりないということで非常に違和感があって，逆にそれをそのまま使うと，あらぬ誤解を生じさせてしまうのではないかとの危惧もあったように思います。その1つが，「すべての重要な点において」という部分を本来の英語の表記の中にある部分と違えて，これが文頭に挿入されてしまうと「すべての重要な点において適正に表示されていない」というようになり，何かまったく違った意味になってしまうということから，最終的には，「すべての重要な点において認められなかった」ということで文末の方に置くことによって，意味を明確にしたということがいえると思います。

　少なくともここでいわんとしていることは，四半期レビューが年度監査と違って，監査人に期待されている手続がすべて実施されているわけではないということ，敢えていうならば，部分的な手続の実施が前提になっているということ，さらにはそのレビュー対象が年度監査の対象とは違って，全部の証拠書類あるいは関係帳簿書類等を念頭においた，試査による手続を行っているわけではなくて，ある程度，限定的な監査手続によっていることから，結果的には，いわゆる積極的な意味での全体としての適正性を判断したという意見表明形式ではなくて，所定の手続を行った上で，とくに問題が見られなかったということでの消極的な形式での結論の表明になったということです。したがって，わが国の場合に，監査または証明業務という公認会計士法上の理解で示すならば，この監査証明業務というものの保証水準のレベルというものは，従来にも増してかなり幅があるものとして受け入れたのではないかという気がします。しか

し，同じ用語を使っていても，その幅はアメリカ型のいわゆるレビューという監査よりはかなり低い水準の保証とはちょっと違うのではないかと思います。

　それは何も驚くことではなくて，わが国の場合には中間監査導入の時点で，すでに，年度監査と違った保証水準というものを考えて，それも監査と位置づけてきたという点から見ると，やはりかなり幅のある監査というものを，定着させようとしている気がします。

【町田】また，時間的制約のあるレビューにおいても，年度監査同様に，監査事務所において審査を受けることが求められています。

【八田】監査人が最終結論として述べる意見，あるいはレビュー制度における結論の表明といったものが示されるときに，監査報告書の読者からすれば，いずれの事務所も，また，いずれの担当者も同じ品質の業務を確保しているだろうと理解をするわけですから，当然その前提として，業務の品質管理という観点から，監査法人内での審査というのが求められるわけであって，これに対しての質の担保ということが強く求められているのだと思います。その意味で，四半期レビューにおいても，年度監査および中間監査のときに期待されている品質管理体制と同等の品質管理がなされているということが大前提になっているわけですから，監査事務所の品質管理の方針および手続についても，常時，その品質が担保されていなくてはならず，監査事務所にとっての負担もだいぶ重くなるということがいえると思います。品質管理が不十分だということであれば，独占業務として監査証明業務を担っている監査人としての責任が果たせていないということで，後日，たとえば，品質管理レビューとか，あるいは当局のモニタリングなどによって，指摘を受けるということになるわけです。

四半期レビュー報告書

> 四半期レビュー基準　第三　報告基準

> 　3　四半期レビュー報告書の記載
> 　　監査人は，四半期レビュー報告書において，四半期レビューの対象，経営者の

責任,監査人の責任,監査人の結論を明瞭かつ簡潔にそれぞれを区分し上で,記載しなければならない。ただし,結論を表明しない場合には,その旨を四半期レビュー報告書に記載しなければならない。

4　結論の表明と追記情報との区別

　監査人は,四半期財務諸表の記載において強調する必要がある事項及び説明を付す必要がある事項を四半期レビュー報告書において情報として追記する場合には,結論の表明とは明確に区別しなければならない。

5　無限定の結論

　監査人は,経営者の作成した四半期財務諸表について,一般に公正妥当と認められる四半期財務諸表の作成基準に準拠して,企業の財政状態,経営成績及びキャッシュ・フローの状況を適正に表示していないと信じさせる事項がすべての重要な点において認められなかった場合には,その旨の結論(この場合の結論を「無限定の結論」という)を表明しなければならない。この場合には,四半期レビュー報告書に次の記載を行うものとする。

(1) 四半期レビューの対象

　四半期レビューの対象とした四半期財務諸表の範囲

(2) 経営者の責任

　四半期財務諸表の作成責任は経営者にあること,四半期財務諸表に重要な虚偽の表示がないように内部統制を整備及び運用する責任は経営者にあること

(3) 監査人の責任

　監査人の責任は独立の立場から四半期財務諸表に対する結論を表明することにあること

　一般に公正妥当と認められる四半期レビューの基準に準拠して四半期レビューを行ったこと,四半期レビューは質問,分析的手続その他の四半期レビュー手続からなり,年度の財務諸表の監査に比べて限定的な手続となること,四半期レビューの結果として入手した証拠が結論の表明の基礎を与えるものであること

(4) 監査人の結論

　経営者の作成した四半期財務諸表について,一般に公正妥当と認められる四半期財務諸表の作成基準に準拠して,企業の財政状態,経営成績及びキャッシュ・フローの状況を適正に表示していないと信じさせる事項がすべての重要な点において認められなかったこと

【町田】続いて，報告基準では，四半期レビュー報告書の記載内容についても規定しています。

四半期レビュー報告書は，監査報告書同様に，(1) 四半期レビューの対象，(2) 経営者の責任 (3) 監査人の責任，および (4) 監査人の結論の4区分からなる記載様式をとっています。とくに，「四半期レビューの対象」の区分には，四半期レビューの対象とした四半期財務諸表の範囲が示され，また，「監査人の責任」の区分には，「一般に公正妥当と認められる四半期レビューの基準に準拠して四半期レビューを行ったこと，四半期レビューは質問，分析的手続その他の四半期レビュー手続からなり，年度の財務諸表の監査に比べて限定的な手続となること，四半期レビューの結果として入手した証拠が結論の表明の基礎を与えるものであること」が述べられて，四半期レビューが年度の財務諸表監査とは対象となる範囲も監査人の関与の仕方も異なるということを述べているわけですね。

【八田】そのとおりですね。少なくともこの報告基準で求めている内容というのは，すべて年度監査といいますか，大本である「監査基準」の報告基準で示される記載内容と連動する形で規定されているわけです。その1番目が四半期レビューの対象ということで，四半期財務諸表の範囲，それからいわゆる四半期財務諸表に関わる経営者と監査人の責任の明確化という観点での，二重責任の原則についての明示，こういった点が示されています。また，監査人の責任の区分では，読者の誤解を招かないために，四半期レビューの意味あるいは手続の概要について述べることで，正しい理解をしてもらうために，これについても年度監査および中間監査と同じような書きぶりになっています。とりわけわが国では，レビュー業務というのは，この四半期レビュー以外にはほとんど行われていないものですので，やはり関係者においては正しい理解をしておくことが必要だということです。また，国際社会においては監査以外の第三者保証について，保証業務という広い意味での役割期待が会計プロフェッションに求められてきているという視点から，わが国においても，このレビューという業務は，旧来のかなり確定的な，あるいはかなり限定された監査業務という世界から解き放たれて，会計プロフェッションはさらに広い業務を担っていくこ

とが強く期待されているのではないかという気がします。

結論に関する除外

> **四半期レビュー基準　第二　実施基準**
>
> 6　結論に関する除外
> 　　監査人は，経営者の作成した四半期財務諸表について，一般に公正妥当と認められる四半期財務諸表の作成基準に準拠して，企業の財政状態，経営成績及びキャッシュ・フローの状況を重要な点において適正に表示していないと信じさせる事項が認められ，その影響が無限定の結論を表明することができない程度に重要ではあるものの，四半期財務諸表全体に対して否定的結論を表明するほどではないと判断したときには，除外事項を付した限定付結論を表明し，別に区分を設けて，修正すべき事項及び可能であれば当該事項が四半期財務諸表に与える影響を記載しなければならない。
>
> 7　否定的結論
> 　　監査人は，経営者の作成した四半期財務諸表について，一般に公正妥当と認められる四半期財務諸表の作成基準に準拠して，企業の財政状態，経営成績及びキャッシュ・フローの状況を重要な点において適正に表示していないと信じさせる事項が認められる場合において，その影響が四半期財務諸表全体として虚偽の表示に当たるとするほどに重要であると判断したときには，否定的結論を表明し，別に区分を設けて，その理由を記載しなければならない。
>
> 8　四半期レビュー範囲の制約
> 　　監査人は，重要な四半期レビュー手続を実施できなかったことにより，無限定の結論を表明できない場合において，その影響が四半期財務諸表全体に対する結論の表明ができないほどではないと判断したときは，除外事項を付した限定付結論を表明しなければならない。この場合には，別に区分を設けて，実施できなかった四半期レビュー手続及び当該事実が影響する事項を記載しなければならない。
>
> 9　結論の不表明
> 　　監査人は，重要な四半期レビュー手続を実施できなかったことにより，無限定の結論の表明ができない場合において，その影響が四半期財務諸表全体に対する

> 結論の表明ができないほどに重要であると判断したときは，結論を表明してはならない。この場合には，別に区分を設けて，四半期財務諸表に対する結論を表明しない旨及びその理由を記載しなければならない。

【町田】また，四半期財務諸表に対する結論では，無限定の結論の表明，除外事項を付した限定付結論の表明，否定的結論の表明および結論の不表明の４つの種類があるとされて，それぞれの要件が規定されています。これらは，それぞれ，年度監査における監査意見の種類に準じたもので，無限定の結論は無限定適正意見，除外事項を付した限定付結論は除外事項を付した限定付適正意見，否定的結論は不適正意見，結論の不表明は意見の不表明に対応するわけです。

年度監査の意見表明と四半期レビューの結論表明との関係については，どのような問題があるのでしょう。とくに，結論の不表明については，四半期レビューの場合には，手続が簡易なものとなることや，レビューの実施期間が限られていることから，手続が十分に実施できないというケースも少なからず生じるように思うのですが。

【八田】この四半期レビューにおける結論の表明に関しては，年度監査で求められている意見表明形式に連動する形で，４通りのものが想定されています。

いま，ご指摘のあった結論の不表明というのは，年度監査でいうならば意見不表明ということで，実質的には意見を述べるに足るだけの十分な合理的な基礎，あるいは証拠が入手できなかったということから，結果として意見が述べられないということです。このことを念頭に置くならば，四半期レビューの場合にも十分な結論が述べられないということから，結論の不表明という事態が出るということは概念的には十分に想定されると思います。しかし，そもそもが，簡易な，ある意味では簡略化した手続だということを前提にこの四半期レビューの制度が立てつけられているわけですから，よほどのことがない限り，そうした結論の不表明ということはあり得ないのではないかと思います。つまり，３ヵ月間の財務諸表に対して，そして45日以内に結論を述べなくてはいけないということを考えたときに，そしてそれも年度監査が前提にあって，有効な内部統制があるということが前提に行われている場合に，結論が述べられな

いうというのは，たとえば，自然災害とか，あるいは経営サイドの恣意性を排除した第三者の不可抗力によって，業務が行えないという場合が考えられるのであって，普通はあまりないのではないかという気がしています。

その他

> **四半期レビュー基準　第三　報告基準**
>
> 10　他の監査人の利用
> 　　監査人は，他の監査人が実施した四半期レビュー等の重要な事項について，その結果を利用できないと判断したときに，更に当該事項について，重要な四半期レビュー等の手続を追加して実施できなかった場合には，重要な四半期レビュー手続が実施できなかった場合に準じて結論の表明の適否を判断しなければならない。
>
> 11　将来の帰結が予測し得ない事象等
> 　　監査人は，重要な偶発事象等の将来の帰結が予測し得ない事象又は状況について，四半期財務諸表に与える当該事象又は状況の影響が複合的かつ多岐にわたる場合には，重要な四半期レビュー手続を実施できなかった場合に準じて，結論の表明ができるか否かを慎重に判断しなければならない。
>
> 12　継続企業の前提
> 　　監査人は，継続企業の前提に関する重要な不確実性が認められる場合には，次のとおり結論の表明及び四半期レビュー報告書の記載を行わなければならない。
> 　(1) 継続企業の前提に関する事項が四半期財務諸表に適切に記載されていると判断して，無限定の結論を表明する場合には，当該継続企業の前提に関する事項について四半期レビュー報告書に追記しなければならない。
> 　(2) 継続企業の前提に関する事項が四半期財務諸表に適切に記載されていないと判断した場合は，当該不適切な記載についての除外事項を付した限定付結論又は否定的結論を表明し，その理由を記載しなければならない。
>
> 13　追記情報
> 　　監査人は，次に掲げる強調すること又はその他説明することが適当と判断した事項は，四半期レビュー報告書にそれらを区分した上で，情報として追記するものとする。
> 　(1) 正当な理由による会計方針の変更

> (2) 重要な偶発事象
> (3) 重要な後発事象
> (4) 監査人が結論を表明した四半期財務諸表を含む開示書類における当該四半期財務諸表の表示とその他の記載内容との重要な相違

【町田】その他,報告基準においても,年度の財務諸表の監査に準じて,①他の監査人の利用,②将来の帰結が予測し得ない事象等,③継続企業の前提,および④追記情報の規定が置かれています。

これらについて,何か問題はありますか。

【八田】四半期レビュー基準の位置づけについてですが,すべては年度監査のベースにある「監査基準」との整合性をもった,年度監査に準じた規定が置かれているということです。つまり,それぞれ対象となっている期間は短く,そして実際に行っている監査手続は,若干,簡略化しているという違いはありますが,その他の事項はすべて監査人として求められている対応ということですから,とくに四半期レビューだから,年度監査に比べて留意しなくてもいいとか,あるいはとくに重要なリスクを見極めた上での対応といったような,何か違った姿勢を求めているものではないということです。その意味で,とくにこの点について,指摘すべき事項はないと思います。

4. 実施時期等

> H19四半期レビュー基準　前文　三　実施時期等
>
> 2　特定の事業を行う会社(金融商品取引法第24条の4の7に定める上場会社等のうち内閣府令で定める事業を行う会社)に係る第2四半期の四半期報告書については,金融商品取引法上も,固有の取扱いが予定されているところであり,これらの会社が作成する第2四半期の四半期財務諸表については,監査人はこの基準の規定に関わらず,基本的に中間監査基準に準拠した対応を行う必要がある。

【町田】四半期報告制度の実施に伴って,多くの企業は半期報告から四半期報

告へと移行し，監査人サイドも，中間監査から，四半期レビューに移行したのですが，H19年四半期レビュー基準の前文にあるように，「特定の事業を行う会社（金融商品取引法第24条の4の7に定める上場会社等のうち内閣府令で定める事業を行う会社）」つまり，一部の金融機関については，第2四半期の四半期報告書における単体の財務諸表に関して，基本的に中間監査基準に準拠した対応を行う必要があるとされています。

このように中間監査の実務は残されたわけですが，これはずっと続いていくと考えられるのでしょうか。

【八田】そのとおり，銀行や保険会社等の特定の事業を行う会社の第2四半期の報告については，固有の取扱いが予定されており，開始時期についても第2四半期終了後60日以内の政令で定める期間内に提出するということになっています。同時に，こうした金融関連企業は自己資本の比率という問題も預金保険法のもとにおいて規制があるということから，一般事業会社とはちょっと違った対応がなされるということもあって，中間監査制度というものは，しばらく日本の上場会社の規定の中においては，四半期レビュー制度と両輪のように進められていくと考えられたわけです。

【町田】四半期報告制度の適用は，今年で5年に及ぶわけですが，そろそろ，このわが国固有の中間監査というものの歴史に終止符を打って，四半期レビューに一本化するということは考えられないのでしょうか。

【八田】そうですね。中間監査といっても，いま，お話があったように，金融機関の第2四半期の個別財務諸表に適用しているだけなわけです。さらにいえば，先ほどの「他の監査人の利用」の規定とも関連しますが，海外展開をしている企業の場合，海外の提携会計事務所には，レビューとして協力を求めているわけです。これは明らかに，「監査」という言葉だけが先行している状況だと思います。四半期レビューが導入されるまでは，「レビュー」という概念が定着していなかったわけですから，致し方ないとしても，いまや，監査とレビューを厳密に峻別して，中間監査についても，もし金融機関に特別適用したいのであれば，第2四半期のレビュー手続の拡充といったことで対応するのが本来のあり方だと思いますね。

column 四半期報告の簡素化

　2008年4月以降に開始する事業年度から全上場企業に義務付けられ導入された四半期報告制度は，その後9月のリーマンショック等による深刻な経済低迷もあり，財務諸表作成者サイドからは，開示書類の作成負担が加重であること，さらには，法定開示書類の提出期限が，期末決算の90日以内に比べて半分の45日以内とされていることも，企業の経理実務にとっては負担が大きいという批判が寄せられていた。

　そのため，2010（平成22）年6月に閣議決定された「新・成長戦略」では，四半期報告の簡素化を図ることが明記されたことから，ASBJにおいて会計基準の見直しが図られ，2011（平成23）年3月25日に「四半期財務諸表に関する会計基準」等が改正・公表され，同年4月より適用されたのである。

　その主な改正点としては，以下の点が挙げられる。

- 第1四半期および第3四半期における四半期キャッシュ・フロー計算書の開示が省略可能となったこと
- 四半期会計期間の「四半期損益計算書及び四半期包括利益計算書（又は四半期損益及び包括利益計算書）」が任意開示となったこと
- 注記の簡素化が図られたこと
- 財務諸表外の非財務情報の簡素化が図られたこと

　しかしながら，実際には，ディスクロージャーの後退と受け止められるとの懸念から，第1四半期および第3四半期における四半期キャッシュ・フロー計算書の開示等が行われるケースも多い。

　一方，2009（平成21）年11月に東京証券取引所が公表した「ディスクロージャー制度等に関する上場会社アンケート調査報告書」によれば，監査人の関与が必要とされていない四半期決算短信についても，「四半期決算短信の開示部分について会計士等から事実上の確認・了承を得た時点」で開示（40％），「注記等を含む四半期財務諸表について会計士等から事実上の確認・了解を得た時点」で開示（25.9％）と，事実上，監査人の関与が行われていること，さらには，四半期決算短信について，四半期報告書と役割分担を踏まえ迅速な開示が可能となるよう抜本的な見直しを図ることが望ましいとする回答が63.1％に上っていることが明らかにされていた。

　四半期報告とそれに対する監査人による保証業務の提供は，最適な開示制度を巡る重要な課題として，今なお議論が残されているといえよう。

3. 監査に関する品質管理基準

1. 品質管理基準設定の経緯

監査に関する品質管理基準の設定について（前文）

一　経緯

　当審議会は，平成17年1月の総会において，監査の品質管理の具体化・厳格化に関する審議を開始することを決定し，平成17年3月から監査部会において審議を進めてきた。これは，監査法人の審査体制や内部管理体制等の監査の品質管理に関連する非違事例が発生したことに対応し，公認会計士による監査の品質の向上を図ることを目的とするものである。

　平成17年7月，監査に関する品質管理の基準（以下「品質管理基準」という。）を，「監査基準及び中間監査基準の改訂並びに監査に関する品質管理基準の設定について（公開草案）」として公表して，広く各界の意見を求めた。当審議会は，寄せられた意見を参考にしつつ，更に審議を行い，公開草案の内容を一部修正して，これを「監査に関する品質管理基準の設定に係る意見書」として公表することとした。なお，国際的にも品質管理に関する基準の改訂が進められており，今回の基準は，こうした国際的な動向にも対応したものとなっている。

二　品質管理基準の位置づけ及び構成

　本品質管理基準を策定するに当たっては，我が国における監査の品質管理に関する状況を考慮するとともに，国際的な基準の動向も踏まえて検討を行い，監査基準の一般基準における品質管理の規定の一部改訂等に加えて，独立の基準を設けることとした。品質管理基準は，公認会計士による監査業務の質を合理的に確保するためのものであり，監査基準とともに一般に公正妥当と認められる監査の基準を構成し，監査基準と一体となって適用されるものである。

　また，品質管理には，監査事務所が遵守すべき品質管理と個々の監査業務を実施する監査実施者が遵守すべき品質管理があることから，品質管理基準では，各項目

> ごとに監査事務所に適用される基準と監査実施者に適用される基準に分けて規定を設けている。
> 　なお，品質管理基準は，公認会計士による財務諸表の監査において適用されるものであるが，品質管理のシステムの内容は，監査業務の質が合理的に確保される範囲において，監査事務所が扱う監査業務の目的，内容等に応じて，変化しうるものであると考えられる。
> 　また，中間監査も，財務諸表の監査の一環として行われるものであることから，本品質管理基準が適用される。

【町田】監査に関する品質管理基準について考えていきたいと思います。

　2005（平成17）年には，監査基準の改訂とあわせて，監査に関する品質管理基準が新設されましたが，この品質管理基準というものを別建てで設定する理由，あるいは，これを敢えてつくらなければならなかった意味というのは，どういうところにあるのでしょう。

【八田】そもそも，監査を行う場合の監査人の行動規範として，通常いわれているのが「一般に公正妥当と認められる監査の基準に準拠して監査を行う」ということが規定されているわけです。ところで，この中には，どこまでの基準や指針的なものが入るのかというのは，学問的にもいくつか議論のあるところですが，金融庁企業会計審議会が公表する，いわゆる「監査基準」，あるいは「中間監査基準」を中心に，さらに自主規制機関である日本公認会計士協会が，監査に関して必要な事項を取り決めた場合には，それも基本的には入るということで，何も現行の監査基準や中間監査基準だけが，いわゆる「一般に公正妥当と認められる監査の基準」ではありません。したがって，そこには，今後どういうものが入ってくるかということは，時代的背景と監査環境によって異なってくるであろうということがあるわけです。H17監査基準とともに公表された「監査に関する品質管理基準」というのは，それまでの監査基準，あるいは中間監査基準，さらには監査実務指針の中でも，必ずしも十分明確に位置づけられていなかったものを，ある程度明示的に示したということだと思います。

　もう1つは，近年，国際的にも，あるいは，日本の場合もそうですが，監査業務の中でもっとも重大な関心事が，いわゆる「監査の品質」の確保，つまり，

監査結果に対して失敗をもたらさないということです。要するに監査業務について，これを質の高い水準に担保すべきとの要請があることから，たとえば，国際会計士連盟（IFAC）の中に設置されている国際監査・保証基準審議会（IAASB）でもやはり重要項目の1つとして，品質管理に関する議論が起きてきており，わが国も同様の状況を踏まえて，1つの独立項目として策定したと考えられるわけです。

したがって，「一般に公正妥当と認められる監査の基準」の中に入ってくるわけであって，今後，もしも現行の監査基準を大幅に見直すときがあるならば，その中の1つに入っていくことも十分に考えられるだろうと思います。

【町田】現在，一般基準6および7に監査の品質管理に関する規定も置かれているわけですが，そうしますと，一般基準の品質管理の規定に基づいて，それをさらに詳細化して，品質管理の重要性や国際的な動向を踏まえて，別立ての基準を策定したと理解できるわけですね。

ところで，この品質管理基準が設定されたもう1つの背景として，前文の「品質管理基準設定の背景」において，「監査法人の審査体制や内部管理体制等の監査の品質管理に関連する非違事例が発生したことに対応し」と書かれているのですが，これは，どういう事件，または事態が生じていたのでしょうか。

【八田】これは，わが国の場合も2004（平成16）年秋に，当時の証券取引法上のいわゆるディスクロージャーを巡って，有価証券報告書における複数の不適正な事例が相次いで発覚し，それと連動する形で，公認会計士監査を巡っても，とりわけ監査法人の審査体制や内部管理体制に関しての疑義が生じてきたということです。

中でも，2005（平成17）年に発覚した，長期間にわたるカネボウ社による粉飾事例，それに伴って，担当監査人が逮捕・起訴されたという，わが国の監査史上においては，あまり例を見ないような不幸な事態が生じたということは特筆に値するものといえます。こうした事案に対して，やはりこれを直視する形で何らかの対応をしなければいけないであろうということから，大手の監査法人にあってすら，十分な監査業務の品質に関する監視ができていなかったのではないかという観点から，別枠でこの品質管理基準を策定したということです。

もう1点は，国際的な視点においても，やはり21世紀に入って，多くの国々において同様の会計不正事例と，それに見合っての監査人側の不十分な対応という点が指摘されていることから，これは国際的な潮流にも歩調をあわせるという観点から，監査の品質の向上を図るということが，喫緊のテーマであったといえると思います。

【町田】1点補足しますと，同じようにかつて発生した，地方の金融機関に関して，監査法人の地方事務所が対応していた事例について，監査法人の本部において十分な管理体制が敷かれていなかったということも，審議の過程で取り上げられていたかと思います。

監査法人における本部と地方，あるいは事務所内の監査人に対する管理・監督といった問題もあったわけですね。

【八田】当然ですね。監査法人の問題を議論する場合の原点は，1966（昭和41）年の公認会計士法改正の目玉として，当時は個人事務所をベースに行われていた監査を，組織的な監査を導入するという観点で始まったのがこの監査法人制度であったということです。それにもかかわらず，単に形式が法人組織であるとか，あるいは規模が拡大したという議論が中心にあって，本当の意味で，その法人において行われている監査業務の品質が，いずれの場所で行われても，いずれの担当者が行っても同一でなければならないという，質の高い監査というものを担保しなければならないという本来の趣旨である組織的な監査というものが十分に機能していなかったということ。それが，いま指摘されたように，たとえば本部の中央と地方，あるいは法人と個人との共同監査，さまざまな部分で問題が発覚したというように思われます。

【町田】そこで改めて，最初に，「監査の品質」について整理しておきたいのですが，たとえば，目に見えるような製造物の場合，本来の役割や機能を実際に担保できるならば，あるいは故障をしない，短期間の間に修繕も必要ではないということであれば，それは質が高いということになります。つまり，製造物の場合，かなり「品質」というものが目に見えるかと思いますが，無形のサービスについては，目に見えないことによって，品質を把握するのがなかなか難しいと思います。

その上，監査業務というのは，2つの点で非常に品質を把握することが難しい。1つには，監査業務が他の業務に比べて，非常に専門性と高度な技術的な能力をもっていないと理解できないということであり，もう1つは，その業務内容がブラックボックス化していて見えないということです。その結果，監査業務の利用者，あるいは監査結果の受益者というものは，最終的に出てきた監査報告書における意見表明の結果にしか関わりをもつことができない。となってくると，監査業務の質というのは，意見そのものが誤っていないかどうかという点に絞られると思います。

　このように考えますと，品質管理基準が新設されたということは，先ほどお聞きしたいくつかの監査の失敗事例というものが，日本でも明らかになるケースが多く，また，監査人が訴訟などにさらされるケースが多くなってきたということが，背景にあるように思うのですが。

【八田】中心はそうでしょうね。ただ，監査の場合には，やはり独占業務として公認会計士，監査法人のみがその役割を担っていますから，仮に一般社会の人々が，失敗ではなくても「あの結論は相当なのかどうか」という疑義を感じるような状況が提示された場合も，品質に関しては，若干の問題があるといわざるを得ないと思います。

　したがって，それを避けるために，最終的な結論だけが正しければいいのだということではなく，どういうプロセスを経て最終結論に到達したのか。その段階も，しかるべき手続が踏まれるような組織体制，あるいは審査体制，こうしたものが十全に備わっていなければ結果は担保できないということ。そういう状況を見える形にしておくならば，一般の人たちも監査意見に対し，全幅の信頼をもつことができるものと思います。

2．品質管理基準の目的と定義

監査に関する品質管理基準　第一　目的

本基準は，監査基準と一体として適用されるものであり，財務諸表の監査を実施

> する監査事務所及び監査実施者に，監査業務の質を合理的に確保することを求めるものである。
>
> （注）1　本基準における監査事務所及び監査実施の責任者は，監査基準における監査人に相当する。
> 　　　2　監査事務所とは，個人事務所及び監査法人をいう。
> 　　　3　監査実施者とは，監査実施の責任者及び監査業務に従事する補助者をいう。

【町田】品質管理基準では，目的基準が示されており，「本基準は，監査基準と一体として適用されるものであり，財務諸表の監査を実施する監査事務所及び監査実施者に，監査業務の質を合理的に確保することを求めるものである」と示されています。

　最初に確認しておきたいのですが，監査基準では「監査人」，公認会計士法では「業務執行社員」といういい方もありましたが，「監査事務所」という言葉は，品質管理基準で初めて登場した言葉だと思います。

　これは，日本では従来，5名以上の公認会計士からなる「監査法人」と，監査法人の要件を満たさない「個人事務所」という用語が使われてきましたが，事務所の品質管理を考える以上，それを一括して取り扱わなければいけないということで，「監査事務所」という新しい用語を提示したと理解できるかと思いますが。

【八田】そうですね。日本は，ご存知のように，公認会計士法の中で，監査独占業務を行う場合の法人形態は，監査法人に限られているということから，日本的な用語として「監査事務所」という言葉をたぶん使ったのだと思います。

　しかし，これも，いわゆる大手の監査法人から中堅・中小の監査法人という，かなりの幅がありますので，おそらく細かいところでの議論，たとえば，品質管理に関する具体的な手続項目に関する規定がありますが，これは全部一律に適用できるかという問題は残ると思います。

【町田】その監査事務所という用語法のもと，品質管理基準では，監査事務所レベルの品質管理と，この目的基準にあるように，監査の実施者，あるいは実施の責任者レベルの品質管理ということを求めているわけです。このように品質管理というものは，監査事務所レベルと，監査実施者の責任者レベルとの2

つの階層で問題になるというわけですね。

【八田】これまでも議論していますが，少なくとも現実の問題を見たときに，日本のみならず国際社会においても，監査業務の執行，あるいは契約当事者は，アカウンティング・ファーム，あるいはオーディット・ファームといいますか，監査事務所がベースになっているということ。したがって，その監査事務所全体の中での品質管理が担保されていることが，一番重要であるということです。

つまりこれは，個人事務所でもいいわけですが，通例は，ある一定の規模をもった法人化した組織。したがって，それを監査事務所と呼び，それ以外に，その中における個々の担当者，監査実施者における品質管理というものも必要であって，品質管理基準において示しているように，この品質管理に関しては，2つの柱で議論していかないと説明がつかないということがあって，明確にこれを分けたと思います。

実際に，IFACの議論も，品質管理に関しては，基本的にはファームである監査事務所をベースにした品質管理が中心になっているというように理解していますから，わが国の場合もそれに倣って，旧来は「監査人」という，監査事務所なのか，担当者個人なのか，明示的にはなっていなかった用語を，ここでは明確にしたというように理解できると思います。

【町田】また，監査事務所の品質管理という点については，昨今，海外の提携ネットワーク・ファームごとの管理といったような問題が見受けられるようです。たとえば，日本の大手監査法人が出した監査意見について，提携しているネットワーク・ファームの中で，品質管理の立場から監査意見に対してサジェッションというか，注文のようなものが入るというような事態もあるようです。

ただ，ここでいう監査事務所の品質管理という問題は，あくまでも監査事務所または法人単位というように理解していいのですね。

【八田】そうでしょうね。

それから，目的基準の1つの主体である監査実施者，これについても審議会の中でもかなりいろいろな用法が飛び交ったと思います。ここでは，監査実施者として責任者とその監査業務を補助する者ということで，何も公認会計士であるとか，あるいは会計士補であるとか，あるいは，それ以外の者というよう

に分けてはいなくて，あくまでも現場の監査実施の責任者が基本的な責任を担っていく，品質管理に関しても責任を担っていくということが明示されていると思います。

3．品質管理のシステム

第二　品質管理のシステムの整備及び運用

1　監査事務所は，監査業務の質を合理的に確保するために，監査契約の新規の締結及び更新から，監査計画の策定，監査業務の実施及び監査報告書の発行に至る品質管理のシステムを適切に整備し，運用しなければならない。
2　監査実施の責任者は，監査事務所が設けた品質管理のシステムに準拠して，監査業務を行わなければならない。
3　監査事務所は，品質管理のシステムの整備及び運用の状況を適切に記録し，保存するための方針及び手続を定め，それらが遵守されていることを確かめなければならない。

第三　品質管理のシステムの構成

監査事務所は，少なくとも，以下の事項に関する方針及び手続からなる品質管理のシステムを設けなければならない。
(1) 品質管理に関する責任
(2) 職業倫理及び独立性
(3) 監査契約の新規の締結及び更新
(4) 監査実施者の採用，教育・訓練，評価及び選任
(5) 業務の実施
(6) 品質管理のシステムの監視

第四　品質管理に関する責任

1　監査事務所は，品質管理に関する適切な方針及び手続を定め，品質管理のシステムの整備及び運用に関する責任を負わなければならない。
2　監査事務所は，品質管理のシステムの整備及び運用に関する責任者を明確にしなければならない。

> 3　監査実施の責任者は、監査事務所が定める品質管理の方針及び手続に準拠して監査を実施する責任を負わなければならない。

【町田】次に「第二　品質管理のシステムの整備及び運用」に移ります。

品質管理基準では、品質管理のシステムを整備し、運用し、最終的にそれらのプロセスを監視するということを求めています。監査事務所ではどのような形で、監査の品質を管理することができるのでしょうか。

【八田】細かい議論はなかなか難しいと思いますが、少なくとも、基準の中にも書いてあるように、ある程度品質管理システムが適切に整備され、あるいは運用されているということを見える形で担保するためには、必要な文書化、つまり記録保存が第1点あると思います。

それから、この基準でも順次示されているように、品質管理に関する一連の方針および手続について、監査事務所ベースでそれぞれに対応していくことになると思います。つまり、必要な内部規定や監査マニュアルというものを備えつつ、それを適切に監査実施者に伝達できるような状況を用意しておく、ということだと思います。

【町田】まず、監査事務所のレベルで、事務所内の品質管理に関する適切な方針および手続を定める。これが品質管理システムの整備である。そして、次の段階で、監査の実施の責任者がそれに基づいて、実際に品質管理システムの運用を図っていく。最終的に、また監査事務所の段階に戻って、途中、監査実施の責任者がずっと行ってきたプロセスを記録あるいは保存したものについて、モニタリングを行う。これは、ある意味、最近、企業に対して制度化が図られている内部統制の監査事務所版ということですね。

【八田】そのように理解して問題ないと思います。

【町田】そうしますと、内部統制に即していうならば、監査事務所において、品質管理、つまり監査事務所版の内部統制に責任を有するのは、まず、監査事務所のトップであり、それから、監査チームのトップにあたる監査実施の責任者、監査の品質をチェックする、審査にあたる人たちといった事務所内のすべての人々によって実施されるプロセスということになりますね。

【八田】まったくそのとおりですね。

　先ほどから問題になっている監査の責任者は，監査業務を実施する者の中で，とりわけ監査業務の実施および最終的に発行される監査報告書に対して，全責任を負う公認会計士ですね。だから，監査法人においては通例「業務執行社員」とされています。彼らは基本的に，それ以降に示されている品質管理に関する一連の方針と手続に対する構築，整備および運用状況を確かめるという意味で，全般的な責任を負っているといえます。したがって，敢えていうならば，監査事務所レベルでの議論とほぼイコールではないかという気がします。

　それに対して，監査実施者の中に，まだ複数の当事者がいると思います。1つは，いわゆる補助者と呼ばれる人。これは，監査業務に従事する者のうち，監査責任者以外の人を一般に「補助者」と呼んでいます。彼らは，個々の監査業務が適切に行われているということを，個人の，いうならば監査業務レベルでの品質管理という視点での規定に即しながら対応していく必要があるだろうと思います。

　それ以外に，たとえば，他の監査人，あるいは，必要に応じて他の専門家というものを採用する場合があります。彼らも，基本的に最終責任は監査責任者が負わなければいけないけれども，適切な監査業務が遂行されるためには，ある程度ここに書かれている内容を理解した上でそれぞれの専門業務に関わってもらうことになると思います。

　つまり，具体的には，個々の担当者の場合でいうならば，現場におけるそれぞれの判断，あるいは最終的な意見形成に結びつくような証拠固めについて，一連の品質管理の方針および手続に即して対応することが求められるということではないかと思います。

4．職業倫理及び独立性

> 第五　職業倫理及び独立性　─　職業倫理
>
> 1　監査事務所は，職業倫理の遵守に関する方針及び手続を定め，それらの方針及び手続が遵守されていることを確かめなければならない。

> 2 監査実施の責任者は，監査事務所の定める職業倫理の遵守に関する方針及び手続を遵守するとともに，それらが補助者により遵守されていることを確かめなければならない。

> 第五　職業倫理及び独立性　二　独立性
> 1 監査事務所は，独立性が適切に保持されるための方針及び手続を定め，それらの方針及び手続が遵守されていることを確かめなければならない。
> 2 監査実施の責任者は，監査事務所の定める独立性の保持のための方針及び手続を遵守するとともに，それらが補助者により遵守されていることを確かめなければならない。

【町田】さて，品質管理のプロセスは，監査業務の実施プロセスに沿う形で規定されているわけですが，それに先立って「第五　職業倫理及び独立性」という規定が置かれています。品質管理の中で「職業倫理及び独立性」という規定が置かれることについては，若干，違和感をもって受け止められる気がしますが，その点についてどのように理解したらよいのでしょうか。

【八田】いまご指摘の，職業倫理と独立性というのは，確かにこういった形で国際基準の中には説明がなかったと思いますが，これはとくにわが国の近時の監査人を取り巻く環境の中で，とりわけ職業倫理については，早くからその重要性が指摘されており，これはどの基準に盛り込んでもとくに違和感はないし，あるいは，反復的に畳み掛けるように，こういった要請をするということは，それなりに監査人の意識を向上させるという視点で，おそらく導入されたのだと思います。

【町田】監査にかかる非違事例をきっかけとして，独立性の観点から，監査人のローテーション，すなわち，監査人の継続監査期間の限定が，2003（平成15）年改正の公認会計士法上の7年から，2007（平成19）年改正の公認会計士法では，大規模監査法人の筆頭業務執行社員については5年に短縮され，一層厳格化されました。この職業倫理及び独立性についての規定は，監査人が関与する期間の管理，あるいは，被監査会社の合併や監査事務所の合併といったこ

とで，利害関係が問題になるということもあるかと思いますが，そうしたこともここで管理することを求めているといえるのではないでしょうか。

【八田】品質管理基準は，公開草案から最終的に確定基準になる審議の過程で，カネボウ社の非違事例を踏まえて，この規定が充実・強化される方向で整備されたと理解しています。そのような意味でも，ある程度，わが国においての必要性に応じて強調して規定されたというように，理解していいのではないでしょうか。

5．監査契約の新規の締結及び更新

> 第六　監査契約の新規の締結及び更新
>
> 1　監査事務所は，監査契約の新規の締結及び更新の判断に関する方針及び手続を定め，監査事務所の規模及び組織，当該監査業務に適した能力及び経験を有する監査実施者の確保の状況，並びに，監査契約の新規の締結及び更新の判断に重要な影響を及ぼす事項等を勘案し，適切な監査業務を実施することができるかを判断しなければならない。
> 2　監査実施の責任者は，監査契約の新規の締結及び更新が，監査事務所の定める方針及び手続に従って適切に行われていることを確かめ，当該契約の新規の締結及び更新の適切性に重要な疑義をもたらす情報を入手した場合には，監査事務所に，適宜，伝えなければならない。

【町田】次に，実際の品質管理のプロセスに移りたいと思います。

「第六　監査契約の新規の締結及び更新」ですが，従来，日本の監査基準においては，監査契約についての規定がなかったと思います。日本公認会計士協会の法規委員会では，監査契約にかかる実務の指針がありましたが，監査基準では，監査の実施においても契約という問題は殊更に取り上げてこなかった。ところが，品質管理基準では，監査契約の締結や更新に関する規定が置かれたわけです。この背景，意味というのは，どういうところにあるのでしょうか。

【八田】これまで，監査業務担当者である監査人の行動を規制する基準の中に，

監査の一連のプロセスのスタートラインに立つ監査契約に関する規定がないということは，私自身は非常に不満でした。現実には，監査契約書や，それを理解させるための監査契約約款というものが存在し，当事者間同士では取り決めの中で対応が図られていたと思いますが，実際，それ以外の監査関係者には実態がよく見えてこなかったということが指摘できます。

　したがって，最終結論である監査意見の質というものに対して光が当たるならば，そのスタート段階から高度な質を担保できるような仕組みを用意しなければ十分ではないのではないかという議論があって，晴れてここに「監査契約」という議論が始まったのだと思います。これは国際的な視点から見ても至極当然の話だと思います。

【町田】審議の過程では，従来，監査契約の問題が監査基準に取り上げられなかった理由の1つとして，監査契約というのはあくまでも法律マターだということがあって，それを監査基準で規定するということは，たとえば，公認会計士法を超えて監査基準が何かを規定するということは難しいのではないか，という議論があったかと思います。

【八田】確かにそのとおりですね。しかし，それは，いわゆる金融商品取引法監査，会社法監査といった法定監査の場合にはそういった議論はあってしかるべきだと思いますが，監査というのは任意監査の場合もあり，当事者間同士で行われるわけですから，やはり当事者間で行われている監査がどういう質のものが担保されているのかということを，一般にも理解させるためには，やはりある程度，監査基準，場合によっては実施の指針の中で示しておくことは，透明性を高めるということで，いいことではないでしょうか。

【町田】後ほどの監査事務所間の引継のところとも関係しますが，監査契約に関して，当時，監査人の途中交代が問題となる事例が散見されたように思います。

　従来，日本においては，監査人と被監査会社の間でコンフリクトが生じる状況とか，監査人が監査結果に対して責任を問われることをおそれて監査契約に慎重になるなどという事態がほとんどありませんでしたので，本来，業務の提供に当たって最も重要であるはずの監査契約がどうあるべきかということに関して，十分な取り決めがなされていなかったという点があるように思います。

それが，監査人の途中交代であるとか，さらには，もっと深刻な監査人，あるいは被監査会社に対する責任追及などの問題が表沙汰になってきたときに，その契約条項が重要な意味をもつようになったと。品質管理基準においても，監査契約の時点から監査の品質を管理するプロセスと捉えていく必要があるだろうという認識に立って今回このような規定が置かれたということかと思います。

ところで，もう1点，「監査契約の新規の締結及び更新」という用語ですが，以前は監査契約の受嘱といういい方が使われていたものが改められました。これについては，どういう経緯だったのでしょうか。

【八田】もともと日本公認会計士協会のほうは，いわゆる監査契約を行う場合に，添付される監査契約約款というのがきちんとあって，その中には，監査契約の当事者同士に対して委嘱者と受嘱者という言葉を使ってきました。これはよく契約書で見られる用語で，一般に浸透していたと思いますが，品質管理基準では，用語上の整理を図って，委嘱・受嘱というのは監査契約には馴染まない用語であるということが示されて，若干物議を醸した時期もあったようですが，結局，それをやめてまったく別枠の「契約の締結」，場合によっては「更新」という形に置き換えたわけであって，実態はまったく変わっていないと思います。

ただ，日本公認会計士協会の自主規制機関のほうでつくっている倫理規則の中では，いまもって監査契約に関しては明確に「委嘱」「受嘱」という言葉を使っています。監査契約には独特の意味合いがあるという説明をしていましたので，実質的にはまったく変わりないですから，その辺は現場で混乱のないように，同義的な意味であるということは，説明する必要があるかもしれませんね。

6．監査実施者の採用，教育・訓練，評価及び選任

第七　監査実施者の採用，教育・訓練，評価及び選任

1　監査事務所は，監査実施者の採用，教育・訓練，評価及び選任に関する方針及び手続を定め，監査業務を実施するために必要な能力，経験及び求められる職業倫理を備えた監査実施者を確保しなければならない。

2　監査事務所は，監査実施者の選任と構成に関する方針及び手続を定め，企業の

> 事業内容等に応じた適切な監査を実施するための能力，経験及び独立性を有するとともに，監査業務に十分な時間を確保できる監査実施者を選任しなければならない。
> 3 監査実施の責任者は，監査業務に補助者を使用する場合には，当該補助者が監査業務に必要な能力，経験及び独立性を有するとともに，十分な時間を確保できることを確かめなければならない。

【町田】契約の次に，「第七 監査実施者の採用，教育・訓練，評価及び選任」という項目が置かれています。これは，品質を管理するに当たって，まずは監査に当たる実施者の採用，あるいは教育といったところから始めなければ，品質は高い水準を保てないということですね。

【八田】そうでしょうね。したがって，ここの部分の書き込みは，基本的には監査事務所に対しての要請事項であるというように理解できると思います。ただ，監査実施者の選任という側面では，監査責任者が関わりをもってくる項目だと思いますので，そこの部分でいうならば，当然，職業専門家として相応しい担当者を適切に選任して，十分な監査業務に専念させるという要請があると思いますが，それ以外の採用，教育・訓練，そして評価というのは，監査事務所における健全な，そして信頼し得る監査業務を遂行するための一連の組織的対応だというように，理解できると思います。

【町田】監査に関しては，いわゆる受験教育なり，資格取得前教育といったもの，あるいは資格取得後については公認会計士協会等で実施されるCPEなどは一般に目にするところですが，監査事務所内での教育・訓練の体制というのは，品質管理の観点から，どういうものを考えたらいいのでしょう。

【八田】これはなかなか難しい問題です。

国際会計士連盟の中の重要な機関の1つである教育委員会も，21世紀に入ってやっと本格始動するようになったのですが，それまで教育に関しては，やはりケースバイケースで，一律に要請事項を規定したり，あるいは，強制することが難しいのではないかということもあって，旧来は「ガイドライン」という形で教育の方向性を示していました。

しかし，それでは遵守性が乏しいとか，内容に対して十分な理解が行われな

いということから，「基準」というものに置き換えられることになりました。これは会計の世界ではよくある話であって，余談ですが，IAASBが策定している一連の国際監査基準であっても，以前は，いわゆる「国際監査ガイドライン」と呼んでいました。ガイドラインがスタンダード，すなわち基準になってくるということは，実は，日本的な理解からするとピンとこないかもしれませんが，英語的発想でいくならば，ガイドラインはいうならば任意の，あるいは自発的なルール。したがって，それを遵守していなくても，直ちに制裁措置を受けるものではない。しかし，基準になってくると非常に遵守性が高まって，その裏返しとして，責任あるいは法律上の問題も含めて対応が求められてくるということで，その重さが全然違うのです。

　ちなみに，教育に関しましては，かつて「国際教育ガイドライン」と呼んでいたものを「国際教育基準（IES）」に置き換え，かつ，その教育基準をつくっている国際教育委員会が国際会計教育基準審議会（IAESB）という名前に変更になりましたから，おそらく教育の面も，今後，国際教育基準に対応した国際的な視点での教育が重視される時代になったという気がします。

【町田】国際的に教育のスタンダードを確立する要請がある，ということですね。日本でもそれに対応した会計プロフェッション教育というものが問われる，ということでしょうか。

【八田】まったく，そのとおりだと思います。

　ところで，具体的に監査事務所において，どのような教育・訓練が必要なのかとなると，基本的には3つあると思います。1つは，ある程度変革する時代における基準やルール，これをアップデートしたものを正しく理解できるような教育。2つ目は，いわゆるオン・ザ・ジョブ・トレーニング（OJT）という形での現場教育。つまり，監査現場に臨んで上司，あるいは関係当事者からしかるべき指導ないし査閲の下に訓練をしていく。そして3つ目，これが実はもっとも重要だと思われるわけですが，非常に微妙な監査判断が求められる場合の対応です。とくに，これは倫理に抵触するとか，独立性に抵触するとか，過去に経験のないような事柄に出会ったときに，どのような取組みができるのか。それについては自分で考え，自分で調べる力をもたなければいけない。

いま，まさに求められているのは，第3番目の，いわゆる自分の頭で考えていくという部分のトレーニング，これはやはり，書かれたものを見るだけ，あるいは現場でトレーニングされてもなかなか難しいわけであって，ある程度組織的にこのような対応が図られるために，おそらく，その実践を支えているのがCPEと呼ばれる，専門研修ではないかという気がします。この3本柱が教育・訓練として具体的にあるのかなという気がします。

【町田】大手の監査法人であれば，そういった教育体制を取ることも可能かと思いますし，CPEに関しても，大規模法人に関しては，実質的に法人の研修体制に委ねている，という現実があるかと思います。

しかし，個人事務所や小さな監査法人になりますと，そうした体制を取ることがなかなか難しい。したがって，個人の会計士または中小の監査法人に属する会計士のCPEは，日本公認会計士協会の集合研修で，あるいは同協会の機関誌である『会計・監査ジャーナル』の論文を読むなどの個人的な学習によって，単位を取得していくほかないという現実があるかと思います。

今後，教育・訓練の体制というのは，中小の監査法人や事務所も含めたときに，どのように変わっていくものなのでしょうか。

【八田】これは，容易に結論は出ない問題ですが，おそらく，同じ公認会計士，会計プロフェッションと呼ばれても，監査業務に特化する会計専門職業人と，それ以外のいわゆる会計一般業務，あるいは税務業務，さらには，会計的知識をコアにしたコンサルティング業務といった部分に主力を注ぐ会計士と，基本的には二分していくのではないかという気がします。

そして，「監査に関する品質管理基準」で求めようとしている教育・訓練というのは，監査人としての役割を担う場合のものだということ。つまり，これは他の会計職業と比べるならば，監査結果の利用者というものは不特定多数の一般大衆投資家，もっというならば社会の人々であるということから，公共の利益を守るという，まさに社会的な役割・使命を担おうとする監査人にとって必要な教育・訓練を示しているものといえます。したがって，それ以外の人たちは，公共の利益を守るという視点ではなく，おそらく，特定の当事者の利益擁護，あるいは，特定の当事者に対しての判断結果を伝達するという部分で，

役割についても違うということがいえると思います。

　その意味で，監査に関わる人に関しては，規模の大小にかかわらず，少なくとも社会的な使命を負うという自負が求められるならば，それは自らの自助努力によっても，教育・訓練あるいは経験を積み重ねることで，レベルアップするということは，専門職すなわちプロフェッションとして当然のことだと思います。

【町田】監査に関わる以上は，厳しい教育要件が課せられたとしても，致し方ない，ということですね。

　では，一方の会計士の資格取得前教育について，要は，日本の場合，受験教育ということになるのかもしれませんが，この点については，どのような方向性を見定めるべきなんでしょう。

【八田】教育というのは結局，取って付けたように，あるいは短期間で完成するというものではなく，長いスパンで議論していかなければいけない。日本の場合に，よくいわれているのが，公認会計士になる入口までの教育，これがいわゆる受験詰め込み型教育であったということで，その後，現場に臨んだときに，受験本あるいは受験用のサブノートやマニュアル本，そういうものが座右にないと，自らの頭で判断できない会計士が多いのではないかという批判があるわけです。

　ただ，これは日本に限った問題ではなくて，国際社会，たとえばアメリカをひとつ取ってみても，確かに会計士になるためには，ある程度の受験勉強は必要です。しかし，アメリカの制度，あるいは，他の諸外国の制度を見てもわかるように，基本的にはその国の厳然たる教育システム，日本でいうならば，文部科学省が設定している教育システムとリンクする形でプロフェッション教育，あるいはプロフェッション養成がなされているということ。残念ながら日本の場合，2003（平成15）年改正の公認会計士法においては，公認会計士の受験資格要件がすべて撤廃されたことから，いわゆる大学を中心とした正規の高等教育機関とのリンクが断たれたということ。これは，どう考えても時代に逆行するものではないかという気がします。

　ちなみに，IFACの教育基準の中においても，受験要件に，最低大学学部卒

業程度という規定が入っているようですが，それに対して日本公認会計士協会は，それを認めてしまうと日本の公認会計士試験制度そのものが根底から崩れるということから，大学卒業およびそれと同程度の水準というコメントを出したようですが，なかなか苦しい説明だと思います。わが国の公認会計士試験制度についても，可及的速やかに，高等教育機関とリンクする形にしなければ，本当に求められているような独立性，あるいは倫理観を養成する教育現場もなく，ますます国際社会において孤立してしまうおそれがあるように思われます。

【町田】大学の学部卒業程度の水準というと，会計専門職大学院のことが想起されますね。アメリカなどでは，試験自体は1年間のうち複数回受験することができますが，学部ではなかなか取得しきれない単位数が課される州もあるようで，大学院修了が必要という実情もあるようです。

【八田】まったくそのとおりですが，わが国の場合，一方で，従来の高等教育機関の側にも問題があったこと，それによって会計プロフェッションや関係者が，高等教育機関とのリンクに消極的であったということはあるでしょう。ただ，日本でも会計専門職大学院が存在するわけですから，正規の教育機関との間での本来の適切なリンケージというものをもっと前向きに考えなくてはならないと思いますね。

7．業務の実施

第八　業務の実施　一　監査業務の実施

1　監査事務所は，監査業務の実施に関する品質管理の方針及び手続を定め，監査に必要な情報及び技法を蓄積し，監査実施者に適時かつ的確に情報を伝達するとともに，適切な指示及び指導を行う体制を整備し，監査業務の品質が合理的に確保されるようにしなければならない。

2　監査事務所は，監査業務の実施に関する品質管理の方針及び手続に，監査手続の遂行，監督及び査閲の方法，監査調書としての記録及び保存の方法等に関する適切な規程を含めなければならない。

3　監査実施の責任者は，監査事務所の定める，監査業務の実施に関する品質管理

の方針及び手続を遵守し，補助者に対し適切な指示及び監督を行い，監査調書が適切に作成されているかを確かめなければならない。
4　監査実施の責任者は，監査意見の表明に先立ち，監査調書の査閲等を通して，十分かつ適切な監査証拠が入手されていることを確かめなければならない。

【町田】「第八　業務の実施」に関しては，前文のところで「過去の非違事例等を踏まえると，監査事務所は，企業の業態や経営状況に応じて，監査事務所が有する情報や監査の手法を，監査実施者に的確に伝達するとともに，監査実施者に適切な指示や指導を行う体制を整備することが必要と考えられた」とされています。

続けて，「また，リスク・アプローチの適用や見積りの要素の増大等により，監査人の判断の部分が多くなっていることから，監査手続書等を整備すること，判断の過程を監査調書に十分に記載することが重要と考えられる。そこで，監査調書の記録及び保存の方法等を定めること，及び監査調書を適切に作成することを求めている」とも記載されています。

かつては，監査業務の実施に関して，現場レベルでの監督というものは，監査責任者による監査調書のレビューなどを通じて実施されてきたと理解していますが，品質管理基準では，このように監査事務所が情報や監査の手法を伝達する，さらには，監査調書に関しても見積り判断が介在するということから，その監査プロセスを監査調書に記録し，保存し，その作成を適切に管理するということが，求められているようです。これは，従来のやり方と比べて，どのような変更だと理解すればいいのでしょう。

【八田】いわんとしていることは，従来ととくに変わっているとは思わないわけですが，いまご指摘のように，旧来はいわゆる監査調書の査閲を通じて補助者の指導・監督および業務の実施に対する品質の担保を行うということでした。さらには，業務の品質管理については審査という形で行っていたわけですが，残念ながらいくつか出ている非違事例を見ると，その趣旨に適った対応が十分に取られていなかったということがあって，このように明示的に業務内容を指示したということだと思います。

その一番の理由は，すでに日本公認会計士協会で自主的に始まり，かつ，公認会計士法の中でも明確に位置づけられた，いわゆる監査業務結果に対する品質管理レビューを受けて，公認会計士・監査審査会がその品質管理レビュー結果についてモニタリングを行うようになったことです。このように，後日，さらなる第三者が監査業務の質というものに対して確認をしようとするときに，監査事務所に対しては，見える形で対応を取ってもらう必要があるだろうということから，一連の反省事項を前提に，このような詳細な監査業務の実施に関しての方針および手続の状況について定めた，というように理解できると思います。

【町田】従来の手続を明確化したということですが，それでも監査業務の実施の部分を見てみますと，調書の記録・保存，あるいは調書の査閲ということが，非常に強調されているように思えます。さらには，また後で検討しますが，業務の実施・四　監査業務に係る審査3では，「監査事務所及び審査の担当者は，監査事務所の定める方針及び手続に従って，監査業務に係る審査の内容及び結論を，監査調書として記録及び保存しなければならない」として，審査の結果も監査調書の一部を構成するということが，明確に規定されることになりました。

　このように，監査調書に関しては，従来に比して非常に重要な位置づけをされたと思いますが，この点についてはいかがでしょうか。

【八田】まったくそのとおりですね。基本的に，やはり監査の失敗を防止する，あるいは疑義のある監査結果を創出させない対応をするためには，その途中段階でのいくつかのハードルをつくる必要がある。それは，監査事務所でいうならば，最終的な意見形成に至るときの最終コーナーである審査というのが，機能していなければならないだろうということから，ここがまず強調されたと思います。

　そして，その審査担当者から見るならば，個別の監査業務が本来の趣旨に則って，あるいは，十全な監査業務，手続が実施され，監査証拠を入手し，かつ合理的な基礎が得られているかどうかということを多面的に確認する。その材料は，監査業務の場合には，監査調書しかないわけです。

われわれはよく「監査調書は監査証拠の塊である」といういい方をします。それを品質管理基準では，より明示的な形で，監査調書の重要性，記録および保存，それに対する審査というものについて強調しており，監査調査こそがまさに監査業務の生命線だという理解を示したものと思います。したがって，監査現場に関わる人たちは，より心して対応する必要があるであろうという気がします。

　とりわけ重視したいのは，監査調書は監査人が自分のために書いているわけではなく，必ず第三者に見られるということ，すなわち，査閲を受けるという点を確認することが重要です。あるいは，後日何らかの責任を問われた場合の立証証拠にもなるかもしれないということから，少なくとも透明性が高く，かつ網羅的，脈絡ある形で作成されなければいけないということです。つまり，単に勉強しているときのサブノートを作っているような，軽いタッチの感覚での理解ではないということ。あるいは，必要な資料を収集すればそれが証拠であると思ったら大間違いで，それは単なる素材である監査証拠資料にしか過ぎないのであって，それをきちんと立証できるだけの跡づけをしたのかどうか。そこが重要なわけであって，この監査調書の問題というのは，監査業務全般にも通じるものであり，品質管理の面から見ても非常に重要な要因ではないかという気がします。

> **第八　業務の実施　二　専門的な見解の問合せ**
>
> 1　監査事務所は，監査事務所内外の適切な者から専門的な見解を得るための方針及び手続を定め，監査実施の責任者がそれらを遵守していることを確かめなければならない。
> 2　監査実施の責任者は，監査事務所の定める方針及び手続に従い，監査事務所内外の適切な者から見解を得た場合には，その内容を適切に記録し，得られた見解が監査業務の実施及び監査意見の形成において十分に検討されているかを確かめなければならない。
> 　（注）専門的な見解の問合せとは，監査業務に関して，監査事務所内外の専門的な知識，経験等を有する者から，専門的な事項に係る見解を得ることをいう。

【町田】業務の実施・二　専門的な見解の問合せについてですが，ここには注がついていて，「専門的な見解の問合せとは，監査業務に関して，監査事務所内外の専門的な知識，経験等を有する者から，専門的な事項に係る見解を得ることをいう」と示されています。

　監査事務所は，専門的な見解の問合せに関する方針および手続を定めて，監査実施の責任者は，それに従わなければいけないということですが，この「専門的な見解」というのは，いったい誰にどういったことを問い合わせることを想定しているのでしょうか。

【八田】たぶん，これは審議会の議論のときに，もっとも議論百出したところではないかという気がします。いまの質問にもありましたが，2つの視点がありますね。

　1つは，監査人である公認会計士以外に，どういう人たちを専門家あるいは専門的な見解の持ち主であると考えているのかという部分。もう1つは，監査業務の遂行に際しては，守秘義務という非常に高い壁があるときに，監査当事者ではない人が，監査状況において生じた個々のケースを耳にし，目にし，あるいは，それに対して相談を受けて何か対応するというのは，守秘義務に抵触するのではないかという議論であったと思います。

　そういう前提から議論していくならば，基本的には，複雑化し，あるいは高度化していく経済環境において，少なくとも現場で監査に関わっている人および監査事務所において，たとえば，後日審査担当になる人といった，専門的な会計監査知識をもった人以外の人たちに問い合わせる場合を，専門的な見解の問合せというように理解できると思います。

　いわゆる法律の専門家，ITの専門家，場合によっては年金数理士といった計算の専門家，さまざまな専門家がいるわけですから，そういった人たちに対して，実際の監査現場における監査担当者，すなわち監査実施者が疑義を感じたため，あるいは，より正確な情報を入手したいということから，問い合わせを行うということです。しかし，その場合には当然ながら守秘義務ということを前提に，そして，得られた見解に関しての最終的責任は，監査責任者が負うという1点を前提に対応が図られることが求められているのではないかという

気がします。

　したがって，その場合には，同じ監査事務所の中にいる法律の専門家に問う場合も，専門的な問い合わせになると思います。逆に，そういった人材が監査事務所内にはいないということで，外部に求める場合もある。その場合は，とくに守秘義務の問題もあるかもしれませんが，一助言者としてそういった人の活用も必要な場合があると思います。

【町田】監査基準では，「他の専門家の利用」ということが定められているわけですが，そうしますとこの場合，監査事務所内での専門知識をもった者の利用といったことが，まず念頭にあるということですね。

【八田】そうですね。端的にいうならば，監査事務所内外の適切な者に対して，専門的な見解を問い合わせるということで，1つは，当然ながら，できるならば事務所の中にいる専門家が考えられます。日本の場合は最近，会計士だけではなく，法の専門家，あるいはITの専門家，コンサルタント部門での専門家等，さまざまな専門家が存在しているというように聞いていますから，そういった人たちに問い合わせるということです。

　あるいは，その中では十分に対応できない場合には，監査事務所外のほうに問い合わせる。とくに，監査事務所外に問い合わせる場合に，先ほど指摘した守秘義務の問題，あるいは正当な注意という問題が十分に考慮されなければいけない，という問題は残っていると思います。

【町田】それに加えて，海外では，たとえば公認会計士協会やSECのような規制当局に対して，新しい取引や複雑な取引等であって判断が難しい事柄について，会計基準の適用や監査上の判断に関する問い合わせを行って，ノーアクションレターなどの一定の回答を得ることができますね。国際監査基準等では，そういった海外の状況を想定していると解されます。

　今後，日本においても，複雑な会計事象を目の前にして，その一方でどんどん拡充する監査責任を課せられている監査人のためにも，そういったシステムが用意されてしかるべきではないか，もっといえば，この規定はそういう将来のことを見据えた規定なのではないかとも思われますが，いかがでしょうか。

【八田】まったくそのとおりですね。やはり，当事者だけでは十分な判断に至

らない，あるいは，過去に前例がないような事案に遭遇したときに，それをしかるべく判断できるような，いわゆるホットラインのようなものがあっていいのではないかと思われます。たとえば倫理問題に関しては，日本公認会計士協会の場合は，倫理委員会をつくっていますから，今後そうした対応は広がっていくのではないでしょうか。

第八　業務の実施　三　監査上の判断の相違

1　監査事務所は，監査実施者間又は監査実施の責任者と監査業務に係る審査の担当者等との間の判断の相違を解決するために必要な方針及び手続を定め，それらの方針及び手続に従って監査実施の責任者が判断の相違を適切に解決していることを確かめなければならない。
2　監査実施の責任者は，監査事務所の定める方針及び手続に従って，監査実施者間又は監査実施の責任者と監査業務に係る審査の担当者等との間の判断の相違を解決しなければならない。
3　監査事務所は，監査実施の責任者と監査業務に係る審査の担当者等との間の判断の相違が解決しない限り，監査報告書を発行してはならない。

【町田】業務の実施・三　監査上の判断の相違に話を進めたいと思います。「監査上の判断の相違」ということで，監査事務所は，監査実施者間または監査実施の責任者と監査業務にかかる審査の担当者等との間の判断の相違を解決するために必要な方針および手続を定めなければならない。監査実施の責任者は，それに従って判断の相違の解決を図らなければならない。そして最終的に，ここが一番重要かと思いますが，監査事務所は，そうした判断の相違が解決しない限り，監査報告書を発行してはならないという規定が置かれました。

まず，「監査上の判断の相違」とあるように，たとえば実施者間，あるいは監査実施者と審査担当者との間で実際に判断の相違が大きなコンフリクトとなるということはあるのでしょうか。

【八田】これは監査事務所の，まさしく目に見えない領域での議論だと思います。少なくとも，関係当事者の間において，監査判断に相違があったという状況が

第三者の視点から見て取れる場面というのは、これまでまったくなかったと思います。

結果として、実は現場での問題事項に関して審査担当者は理解していなかったとか、あるいは情報を得ていなかったという場合があったようです。もしも情報を得ていたならば、それに対してはNOの結論を出したはずだと。確かにこういった「たら・れば」の議論はあるかもしれませんが、少なくともこれまでは、実態は別にして、そのような判断の相違がないから、監査事務所として当然最終結論が述べられていたわけであって、この点はなかったと信じたいわけです。

しかし、実際問題として、非違事例、あるいは金融庁の処分を受けた事例、その処分のプロセスを見る限り、やはりこの部分で各関係当事者の間に、必ずしも整合性のある判断が確立されていなかったという事案が散見されるわけです。したがって、この点はやはり明確に、監査事務所全体に対して、少なくとも監査報告書の責任者に対して警鐘を鳴らす意味で、こういう規定が盛られたと思います。

【町田】では、監査実施者間での判断の相違、監査実施の責任者と審査担当者との間での判断の相違、というのを解決するプロセスとしては、具体的にどのようなものが考えられるのでしょう。

【八田】これは非常に難しいですね。それから相違ということでは、もう1つ、専門的な見解の問い合わせの依頼者と助言者との間の違いというものもあると思います。つまり、いくつかの場面で、監査上の判断の相違が生じる可能性がなきにしもあらず。本来は、「ない」というのが理想的な姿なわけですが、やはり、状況によってそういう場面があるかもしれないというときに、これをどうやって解決していくのかというのは、非常に難しい問題だと思います。

したがって、それを事前に品質管理プロセス、方針および手続の中において、やはりデュー・プロセスを明確にしておくということから、事務所においては、その手続を具体的に定めておく、ということをいっているのだと思います。

ただ、最終的には、制度的にも、監査責任者が監査報告書に署名を行うことになります。しかし、それは監査法人の場合には、監査法人が責任を負うとい

う視点がありますから,おそらく最終的には,その監査事務所の最終結論にゴーサインを出す審査担当者に,一番の権限と責任が与えられていると思いますから,そこでの決着が最後の砦だと思います。

第八 業務の実施 四 監査業務に係る審査

1 監査事務所は,監査業務に係る審査に関する方針及び手続を定め,企業の状況等に応じて審査の範囲,担当者,時期等を考慮し,監査手続,監査上の判断及び監査意見の形成について,適切な審査が行われていることを確かめなければならない。
2 監査事務所は,監査業務に係る審査の担当者として,十分な知識,経験,能力及び当該監査業務に対する客観性を有する者を選任しなければならない。
3 監査事務所及び審査の担当者は,監査事務所の定める方針及び手続に従って,監査業務に係る審査の内容及び結論を,監査調書として記録及び保存しなければならない。

【町田】業務の実施・四 監査業務に係る審査について見ていきたいと思います。

これは,前文でも同じように審査に関して,その審査プロセスについても,審査の内容および結論は適切に記録および保存されなければならないと述べられています。そして,審査に関する方針および手続を定めてその実施を確保し,かつ審査担当者に監査調書を作成するように求めている,というように説明されています。

そもそも「監査業務に係る審査」というのは,どういうものなのでしょうか。日本の場合は,監査事務所の中で審査会などの会議がもたれて,監査実施の現場からの結果をチェックするという機構かと思いますが,たとえば,アメリカ等では,コンカリング・パートナーと呼ばれる,監査実施責任者と同等のレベルの監査人が,監査業務を一緒に,同時並行的に見ていって,監査業務が適切に行われているかどうかをチェックするという形で行われているようです。このように,審査体制については,国によって,あるいは内外ともに大きな違いがあるようですが,この審査というものの意義はどのように考えたらよろしいでしょうか。

【八田】具体的には，個別の監査業務に対して十分な対応が取られていたか，ということを吟味するわけですから，必要不可欠な監査手続がしかるべき時期に，しかるべき担当者によって実施されていたかどうか。あるいは，個々の重要性を帯びるような判断に関して，正しい判断が下されていたかどうか。そして，それを集約する監査意見形成のプロセスにおいて，十分な議論がされてきたのかどうか。この辺の積み重ねを適切にレビューするといいますか，第三者として，それも高度な熟練，経験をもった専門家が吟味している，ということだと思います。

その場合，当然ながら，形式的ではなく，もう少し実態に立ち入って，その業務を行った監査人，あるいは監査補助者の適格性，能力，さらには文書化の正当性といったものも，随時確認をしていくと思いますので，まさに監査現場で行われた監査内容の総ざらいをするのだろうということだと思います。

その意味で，単に表面的なレビュー，あるいは，事後結果を聴聞するだけで済むというのではなく，今後求められるのは，もう少し実効性のあるといいますか，実態に立ち入った業務内容の審査というのが，想定されているのではないでしょうか。

【町田】品質管理基準が創設される背景の1つとなった非違事例においては，監査事務所が，その非違事例の原因として，審査プロセスに当該事例が上がってこなかったことを挙げていました。つまり，審査に上がってくるのは，審査に上げるかどうかを判断する者がいて，その担当者が「これは審査にかけるべきだ」と判断したものだけが審査に上げられるということであったかと思います。

この点については，監査基準の一般基準で，監査業務は審査を経なければならない，というように規定されているので，すべての事案を審査に上げないのは，もともと監査基準違反ではないかという批判もあるようです。

ただ，実際に，すべての業務を審査に上げるということは，監査事務所として可能なのだろうか，とも思います。仮にそれが不可能だとすると，どういう選別基準で監査業務の審査を行っていくかが重要になると思うのですが，この点はいかがでしょうか。

【八田】確かに，監査業務の審査という場合に，すべての当該監査事務所における監査業務を審査にかけるかどうかという議論と同時に，それをどのレベルや時間をかけた審査まで求めるかというのは，監査基準では必ずしも十分には示されていないということはあると思います。

これは各監査事務所によってだいぶ温度差があるのかもしれませんが，すべての監査業務に関して，形式的には審査部門に上げたけれども，現場サイドにおいてまったく何も問題もないということであるならば，おそらく形式的な書面ぐらいのレビューで終えられていたのかもしれない。実際，大監査法人の場合に，かなりの数の監査業務を同時並行的に行っており，そして，日本のように決算期が集中しているような時期に，本当に実効性のある審査が，すべての監査業務に対してできるかどうかという問題はあると思います。

しかし，少なくとも社会の要請，あるいは品質管理基準の本旨からいうならば，実効性ある審査を行うことが本来の姿であるわけです。なぜならば，監査法人という名のもとに同質のレベルの監査結果を表明するという使命が託されているからです。実際には監査報告書に担当監査人の個人名が記載されることになっていますが，おそらくこうした対応というのは私が知る限り日本だけであるということです。やはり，あくまでも監査事務所の名前でブランド価値をもって，信用力をもって市場に発行されるわけであって，その事務所が発行するならば，当然その事務所で行われている業務は，最終的なハードルである同一の審査結果を経たものが公表されなければ，監査報告書の読者は当然ながら事務所としても安心して眠れないというような気がするわけです。

ですから，実態的にどこまでできるかという問題は，ケースバイケースで，なんともいえません。なぜならば，同業他社であっても，同じようにリスクの高いような会社とリスクの低い会社，あるいは，業務内容によっては規模が小さくても非常にリスキーな経済活動を行っている会社とそうでない会社があるからです。あるいは，IT業界のように，過去に経験のないような取引が発生しているような会社の場合，非常にリスクが高いとわれわれは考える。そうではなく，もう伝統的に10年変わりなく，堅実な経営を行っている会社の監査という場合とは，審査に当たっても全然重きが違うということです。それはプロ

が判断する問題であって，外部が個別に口を挟む問題ではないのかなという気がします。

8．品質管理のシステムの監視

> **第九　品質管理のシステムの監視**
>
> 1　監査事務所は，品質管理のシステムの監視に関する方針及び手続を定め，それらが遵守されていることを確かめなければならない。当該方針及び手続には，品質管理のシステムに関する日常的監視及び監査業務の定期的な検証が含まれる。
> 2　監査事務所は，品質管理のシステムの日常的監視及び監査業務の定期的な検証によって発見された不備及びこれに対して改善すべき事項が，品質管理のシステムの整備及び運用に関する責任者，監査実施の責任者等に伝えられ，必要な措置が講じられていることを確かめなければならない。
> 3　監査実施の責任者は，指摘された不備が監査意見の適切な形成に影響を与えていないこと，及び必要な措置が的確に講じられたかどうかを確かめなければならない。
> 4　監査事務所は，監査業務に係る監査実施者の不適切な行為，判断並びに意見表明，関連する法令に対する違反及び監査事務所の定める品質管理のシステムへの抵触等に関して，監査事務所内外からもたらされる情報に対処するための方針及び手続を定め，それらが遵守されていることを確かめなければならない。

【町田】次に，「第九　品質管理のシステムの監視」に移ります。

　以上のプロセスで，監査契約から審査，そして監査報告書の提出というところまで，一連の監査プロセスに従って品質管理の規定が置かれているわけですが，その最後に，「品質管理のシステムの監視」というものが置かれています。ここでは，監査事務所に品質管理のシステムの日常的監視ということと，監査業務の定期的な検証に関する方針および手続を定めること，そして，遵守状況を確かめることを求めています。

　これは，いわゆる品質管理システムにおけるモニタリングの要請ということかと思いますが，監査事務所の中に内部監査部門を置いて，品質管理システム

および監査業務を監視しなさい，という規定だと考えられますが。

【八田】途中でも出ましたが，この一連の品質管理に関する基準の根底に流れている発想というのは，いわゆる監査事務所における有効な内部統制システムの構築というような読み替えで，十分に説明がつくと思います。

そのように考えると，監査法人，あるいは監査事務所の中におけるモニタリングとして，名称はなんであれ，やはり独立の部署として内部監査機能を担った部署，つまり，当該監査業務に直接関わっていない人が，随時定期的に検証できるようなシステムを構築するということが要請されている，というように理解していいと思います。

【町田】これについても，カネボウ事件の後に公表された，同社に関与していた監査法人の業務改善策の中に，内部監査部門を設置するというものがありました。このような内部監査部門は，監査事務所においては従来なかったということなのでしょうか。もしもそうだとすると，その理由はどういうところにあるのでしょうか。

【八田】従来あったか，なかったかというのは，ケースバイケースで，おそらく，基本的にはないという答えが正しいのではないかと思います。

それから，そもそも一般の事業会社における内部統制の議論と，監査事務所における内部統制の議論で決定的に違うところが1つあります。それは，何度も触れるように，監査業務に関わっている人たちは，すべて会計プロフェッションであるということです。つまり，彼らはすべて専門職業人であって，専門職業人として業務を行っている場合には，監査基準を1つ取ってみても，明らかなように，他の一般人とはまったく違った，非常に高度な専門技術性，あるいは倫理観，独立性，こうしたさまざまな諸要件を遵守しなければならないということです。

さらに，教育要件としての資格制度もあるということから，彼らが行った業務に対して他者が逐一口を挟むという環境は考えられていないわけです。つまり，専門職業人であり，会計士であるということが認知されているならば，それはすべて会計プロフェッションという形で，誰がやっても同じ結果が用意されてくるという理解を，われわれはしているわけですから，それに対して，い

くら監査事務所の中にあっても，他人がとやかく物をいう発想は，基本的に生まれてこないと思います。

　しかし，そうはいうものの，専門職の領域においても日進月歩する技術革新，あるいは高度化する経済環境，さらには国際化する状況の中において，なんでもかんでもすべて1人で，能力的にも資質的にも具備できるものではないということは明らかなわけです。つまり，このような理解が組織的監査というものの原点にあるはずですが，組織的に監査を実施するとなると，やはり異分子の介入ということもあり得る。なかには，能力的には劣っていなくても，監査人としての資質という部分で若干問題がある者もいるかもしれない。そういう者をできるだけ排除するためには，屋上屋を架すような形かもしれませんが，行われた監査結果に対して，別途第三者によるモニタリングを監査事務所の中に用意するというのは，時代の流れなのかもしれません。また，逆に，モニタリングを導入することによって，この品質管理基準が求めているように監査業務の質が高まるという確信があるならば，率先して対応していくことはいいのではないかと思います。

【町田】たとえば，日本の監査法人は，個人事務所の集合体のような，いわば相撲部屋のような形になっていて，それぞれの監査チームごと，部門ごとに縦割りになっているといわれることが多いように思います。

　そのような状況からすると，監査事務所全体を網羅するような形での監視システムの重要性というのは，日本の法人の場合は，非常に強いようにも思われますが。

【八田】確かに，もともとは個人事務所でスタートしたものという意識がまだ根底にあるような監査事務所は，監査事務所全体としての質を担保したり，あるいは，監査事務所を一律的に品質管理のもとに置いてコントロールしていく，ということに関しては，出遅れていた感があるのかもしれないと思います。

　しかし，品質管理基準で求められているのは，本来の監査法人の姿に戻れということ。それは，監査法人として同一の，質の高い監査結果を提供するということを原点に考えるならば，当然しなければならない役割があると思います。ましてや，規模が大きくなって，同じ組織内の担当者同士の顔もよく知らない

ような状況があった場合には，ますますこうした締めつけといいますか，品質管理に対する第三者モニタリングが重要な意味を有してくると思います。

その意味で，これは皮肉な話ですが，エンロン事件が起きてから，より質の高い監査業務が提供できるのは，クライアント数の少ない，いうならば大会計事務所ではない，中小規模の会計事務所ではないかとの評価も生まれたようです。つまり，ある程度事務所内の担当者同士がお互いに気兼ねなく議論ができ，事務所の責任者に近い人たちがほとんどの業務を掌握できるような環境にある事務所の方が，クライアントとしても，そのトップに質問することが可能であり，親身な回答も返ってくるということから，一部のクライアントは，大会計事務所から中小レベルの会計事務所に契約を更改して，大会計事務所から離れたということも伝えられています。

つまり，本当に実態的に質が担保できているような，そして，目の行き届くような環境にある監査事務所は，内部監査云々という議論は必ずしも必要ではないと思います。その辺はケースバイケース，あるいは，事務所の状況によって吟味しなければならないですが，世界共通の議論は，法定監査のほとんどが大規模監査法人に収斂してきているということから，それを前提に，やはり監査事務所の中に，独立的な検証ができるような部署というものを用意することは，時代の要請でしょうね。

【町田】「第九　品質管理のシステムの監視」のところでは，もう1点，「監査業務に係る監査実施者の不適切な行為，判断並びに意見表明，関連する法令に対する違反及び監査事務所の定める品質管理のシステムへの抵触等に関して，監査事務所内外からもたらされる情報に対処するための方針及び手続」を整備し，適切に運用することが求められています。これは，いわゆる内部通報，あるいは外部からの情報提供といったことかと思います。

言い換えれば，監査人の業務の実施に関して，監査事務所の中の内部通報，あるいは監査人の業務の実施に関して，監査事務所外から何らかの監査人の不適切な行為の指摘を受けて，襟を正していこうということになりますね。

【八田】それと，実際に被監査会社において，すでに法令違反や非違行為があったというときに，それを黙認しているのではないかという点に関して，やは

り第三者からの，いわゆる内部告発的な議論にも耳を傾ける必要があるのではないかという，これも時代的な要請ではないかと思います。

ちなみに，わが国のカネボウ事件では，すでに事件となる数年前からメディアを通じて警鐘が発せられた事案であったわけですが，それに対して，監査人側は，それを等閑視，あるいは黙認するというような姿勢があったように思われています。こうしたこともやはり1つの反省材料になっているのではないでしょうか。

9．監査事務所間の引継

> 第十　監査事務所間の引継
>
> 1　監査事務所は，後任の監査事務所への引継に関する方針及び手続を定め，それらが遵守されていることを確かめなければならない。なお，財務諸表における重要な虚偽の表示に関わる情報又は状況を把握していた場合には，後任の監査事務所に，それらを伝達しなければならない。
> 2　監査事務所は，前任の監査事務所からの引継に関する方針及び手続を定め，それらが遵守されていることを確かめなければならない。

【町田】「第十　監査事務所間の引継」について触れたいと思います。

「監査事務所間の引継」については，監査事務所が交代する際に，後任の監査事務所にとって重要である過年度の情報を，前任の監査事務所が適切に引き継がなければならないということを定めた規定かと思います。とくに，「前任の監査事務所が重要な虚偽の表示に関わる情報又は状況を把握している場合には，それらを後任の監査事務所に適切に引き継ぐことが求められる」という規定になっています。

この「監査事務所間の引継」というのは，一見すると，監査の品質管理とは直接的な関連性がないようにも思われるのですが，こういう規定が置かれることの意義というのは，いかなる点にあるのでしょうか。

【八田】少なくともわが国の監査環境で見るならば，かつては，長期間にわた

って同一監査事務所が当該クライアント、つまり被監査会社をずっと担当することが通例であったということで、あまりこういった監査人の交代や引継ということに関しては、現実の問題として露呈してこなかったと思います。しかし、H14監査基準のもとにおいて流れが大きく変わりました。その1つは、ゴーイング・コンサーン情報に関する開示の監査が始まったということと、もう1つが、いわゆる実質的な判断というものを要請したということ。

　つまり、単なる形式的な会計基準との整合性だけを確認すれば事足りるという監査の時代は終わって、企業の置かれている実態的環境に深く関わったような監査行為が求められるようになったのです。そして、それに対して誤った対応が取られた場合には、直ちに監査人の責任が追及されるのではないかという問題が提起されたものと思われます。このような状況に火を注ぐように、2002年にアメリカで起きた監査人の責任追及事案が、アーサー・アンダーセン会計事務所の消滅であったといえます。つまり、エンロン社の監査人であったアーサー・アンダーセンがエンロン社に対する監査上の不信感から信用を失墜し、89年の歴史ある事務所の幕を閉じざるを得なかったということです。その結果、監査事務所もリスクの高いような業務に関しては、慎重にならざるを得ないということもあり、逆に途中で監査人の側から辞任するケースも出始めているようです。あるいは、本当は企業における不祥事を発見し、それを摘発して不適正意見を表明すべき場合でありながら、表向きは会社側との意見が対立したということで、監査事務所の交代というのが、今後かなり起きるであろうとも考えられているようです。

　では、辞任したり、あるいは交代させられた前任の監査事務所に対して、後任の監査事務所はどういう対応をするのかというと、残念ながらこれまでは、日本だけではないのですが、それをこぞって引き受ける事務所が後を断たないという状況も見られます。ちなみに、オリンパス事件の場合には、長年にわたって監査を担当してきた前任の監査法人からの引継を行った2年後に、長年にわたる会計不正が露呈するわけです。結果的に、適切な引継がなされていなかったことが明らかとなり、金融庁の処分もなされています。そもそも著名企業でもあり、また、経営成績も優良な企業が、突然に監査人を交代するというこ

とについて，後任の監査法人サイドでは何らの疑念も持たなかったのであろうか。このような事例を企業関係者が見ると，会社側の言い分のみを認めて安易に監査を引き受けてくれるような監査事務所があるということがわかるならば，自らに都合のいい監査意見を述べてもらえるような監査事務所を選択するという，いわゆるオピニオン・ショッピングに走る環境を醸成してしまうのではないかという懸念があります。そのため，この点はやはり厳格に食い止める必要があるものと思われます。そもそも監査事務所として，最終的な監査意見は一定の品質が担保されていなければいけないということから，この点を明確にし，責任関係を明らかにするために，引継の内容を具体的に示したのだということで，これは非常に重要な意味をもっていると思っています。

【町田】これは，監査事務所の強制的交代制度に関する議論，あるいは監査事務所のいわゆるローテーションに関する議論で必ず出てくる問題ですが，監査事務所が交代すると，前任の監査事務所はクライアントについて十分な理解をもっていたのに対して，後任の監査事務所は最初のうちはクライアントに対する十分な理解をもっていないため，監査の品質が最初の数年間は低下しかねない。さらにいえば，監査の失敗事例は，交代後の2，3年のうちに8割方発生している，との報告もあります。

そのことに対して，監査事務所が交代する事態がすでに多くなっており，今後もますます増えていく可能性があるという中で，品質管理基準では，この引継の規定を置くことで，なんとか監査の品質を維持していこうという観点から対応を図っている，ということでしょうか。

【八田】そうですね。ただ，一方で，監査事務所の交代によって，フレッシュアイ，つまり新たな視点で監査対象を見ることになることから，前任の監査人が見逃してきたような事柄を発見したり，検討し直したりすることになるという利点も指摘されるところです。

ただ，情の世界で考えるならば，長年付き合っている方が，よりよくその企業の実情を熟知しているということは，いえると思います。しかし，逆にいうならば，長年付き合っていることにより親密度も高まって，馴れ合いの関係になってしまうということもあり得るかもしれないため，これはなかなか難しい

問題です。

　そこで、少なくとも、誰が担当しても、社会に公表される監査結果の質は担保されていなければならないということから、最低限の取り決めとして、前任の監査事務所と後任の監査事務所とが同じ責任関係を維持しながら、あるいは、同じ責任意識をもって、望ましい監査結果をもたらすために、双方の事務所が努力せよという規定であると理解すべきだと思います。

【町田】審議の過程でも問題になりましたが、この引継の規定の導入の背景には、特定の事情があったかと思います。公認会計士法の守秘義務の規定に抵触するのではないかという点です。

　つまり、公認会計士法では守秘義務の規定が置かれており、「正当な理由」がない限り、それを解除すること、つまりクライアントについて知り得た情報を他に伝達することは認められていない。そしてその正当な理由には、それまで、監査事務所間の引継ということは挙げられていなかった。したがって、公認会計士の守秘義務の規定に厳格に従うならば、監査事務所間の引継に当たって、勝手に監査事務所が後任の監査事務所にクライアントの虚偽の表示に関わる情報または状況を知らせるということは、公認会計士法違反になってしまう、ということで、監査事務所間の引継に当たっては、前任事務所が情報提供を拒否してきたという背景があったというのです。

　この点については、どのように理解したらいいのでしょうか。

【八田】確かに、この点がこの規定の導入の背景といっても過言ではないと思います。

　ただ、誤解してもらっては困るのは、ここでいっている守秘義務というのは、いわゆる会計プロフェッションである公認会計士たる者は、関わっているすべての業務に関して守秘義務があるということ。それを第三者に不用意に漏らしてはいけませんという話です。同時に、今度は被監査会社側から見ると、自分たちの機密事項、あるいは秘密事項が不用意に自分たちの手を離れて公開されたのでは、競争力を喪失したり、さまざまな損失を被ってしまうということです。実は、この守秘義務というものの企業側に対する問題というのは、もしも秘密を暴露されたり、あるいは秘密を開示されることで、その企業が損失を被

るような場合についてはなんとしても防止しなければならないということだと思います。しかし，仮にその企業が行っている違法行為を前任監査事務所が発見し，それを後任監査事務所に伝達したとする。それを守秘義務違反だというのは通用しない。そもそも違法行為を行っていること自体に非違事例が存在するわけであって，そのことを漏らされたからといって，これはそもそも，守秘義務違反には当たらないということです。

そのように考えてくると，法律の上での議論はこれからまた解釈が起きるかもしれませんが，同じ会計プロフェッションの中で行われている，質の高い監査を担保するためになされる開示においては，ほとんどの場合，守秘義務は解除されるというように理解しています。つまり，Aという監査法人がBという監査法人に代わったときに，Aが知り得た状況を次の監査人であるBにバトンタッチしていく。これは，いうならば知識ないしは知り得た情報の健全な伝達，あるいはバトンタッチですから，それこそ十分に行うべきであって，被監査会社から何か問われる問題ではないと思います。

【町田】実は，この引継の問題に関しては，クライアントと前任の監査事務所の関係が問題なのではなく，前任と後任の監査事務所の間の問題なのだともいわれています。つまり，クライアントと前任監査事務所の間の守秘義務問題というのはあくまで建前のことであって，実際には監査事務所間で，引継に当たり前任の事務所が，後任の事務所に自らの監査調書や監査の内容を見せたくない，ということから，守秘義務の規定を盾に適切な引継を行ってこなかったということが，問題の本質なのではないか，と思えるわけです。

したがって，監査事務所に対して，前任の監査事務所については，後任の監査事務所への引継に関する方針及び手続の整備と運用，さらには，不正な財務報告に係る情報または状況を把握していた場合には，それを伝達することを求めているわけですね。

【八田】そのとおりで，引継に当たって，各監査事務所において，後任の監査事務所に対する引継をきちんと行う体制の整備が図られることが必要であるし，それに準拠して，きちんと引継をしていたかどうかが後日問われることになるものと思われます。したがって，今後は，ケースバイケースで「この部分は引

き継ぐが，これはやらない」とか「これは引き継いでもいいが，これは隠す」という議論は，起きてこないと思います。

　その意味で，以前と比べるならば，前任監査事務所に対する役割期待ないし責任の大きさというのは，非常に高まったと考えざるを得ないと思います。つまり，不当な問題，あるいは，クライアントにとっては耳の痛い情報についても，健全なディスクロージャーを支える番人としての役割を達成するためには，事務所間の引継を健全に，かつ円滑に行うことが必要だと思います。そして，さらに後任監査事務所のほうは，自らの最終的な責任を十全に達成するために，前任監査事務所に対して必要な情報の開示要求をすることになると思われます。その辺の具体的な対応については今後の課題かもしれませんが，旧来とは比べものにならないくらいに，この監査事務所間の引継に関する要請内容は高まっているというように，理解できると思います。

　ただ，非常に残念であったのは，こうした規定があったにもかかわらず，長年にわたって，不正会計を見逃してきたオリンパス社の前任の監査人の場合，やはり，監査の失敗の原因を明確に検証することが強く求められているものと思います。それなくしては，わが国の本当の意味での監査制度の信頼性の向上と充実は図れないのではないでしょうか。

【町田】　その点に関しては，不正リスク対応基準のところで改めて詳しく検討することにしたいと思います。

10．共同監査

> **第十一　共同監査**
>
> 　監査事務所及び監査実施の責任者は，複数の監査事務所が共同して監査業務を行う場合には，他の監査事務所の品質管理のシステムが，本基準に準拠し，当該監査業務の質を合理的に確保するものであるかどうかを，監査契約の新規の締結及び更新の際，並びに，必要に応じて監査業務の実施の過程において確かめなければならない。

【町田】次は,「第十一　共同監査」です。

監査事務所が,他の監査事務所と共同で監査を実施する際に,一定の品質管理の基準に従わなければならないということで,共同で行う他の監査事務所の品質管理のシステムが品質管理基準に準拠し,監査業務の質を合理的に確保するものであるかどうかを,確かめなければならないということが求められています。

実は,この「共同監査」という規定は,国際監査基準,あるいは国際品質管理基準においては,個別の独立規定としては置かれていないもので,日本の品質管理基準に固有の規定であるともいえるわけですが,これはどういった背景があって,置かれることになったのでしょうか。

【八田】わが国の金融商品取引法監査制度の歴史を紐解けば一目瞭然であって,そもそもわが国の監査は,個人の会計士,いわゆる個人事務所をベースに監査契約の締結がなされていたということです。それが途中で組織的監査というものの要請があり,公認会計士法の改正によって監査法人制度が始まったのです。

しかし,監査事務所は何も監査法人でなければならないという規定はどこにもありません。確かに,監督機関などは強い意味での行政指導で,以前から大会社等に関しては,監査法人でなければダメだという理解を示しています。しかし,法定監査以外に任意監査もあるわけですから,それを全部監査法人にしなければいけないということになると,これは職業の自由といいますか,おそらく憲法違反になるといった議論にもつながるのではないかと思います。

その意味で,実際に監査法人に所属しない人たち,監査に関わることが必要かもしれないということから,たとえば,共同監査,場合によっては,昔は監査団という形で,その業務を行うときだけグループを形成するという流れもありました。そうすると,個々人の集合体,本来であれば,その個々人のレベルが一定の水準に達していなければいけないけれども,長い間他の専門家による監視,あるいは閲覧を受けていない人たちが,突然のようにグループを形成しても,それはギクシャクした感じとなって,おそらく監査基準が求めている高いレベルの監査結果は,なかなか達成できないのではないかということもあって,確かに国際社会においては議論されていないような共同監査に関するわ

が国特有の規定がなされたということです。したがって，この場合の「他の監査事務所」というのは，場合によっては個人事務所かもしれないし，あるいは，主たる監査事務所が個人事務所かもしれないという部分で，かなりバラエティに富んだ組み合わせが想定されているものと思います。

そうなってくると，そこで行われている監査業務の質も一律に規定できない可能性がある。それでは困るということから，本来ならば同一の水準を達成したいわけですが，そこまで厳格にいうのはなかなか無理があるということから，このような，一応，監査責任者のレベルで納得のいく水準が用意されることを，担保する方向性を示したのだと思います。

【町田】そこで具体的に考えてみますと，監査事務所が共同で監査を実施するという場合に，想定されるのは，まず大手の監査法人と大手の監査法人という組み合わせと，個人の会計事務所のような小さい事務所と大手監査法人のような大きい事務所との共同監査というケースだと思います。もちろん，個人事務所と個人事務所という共同監査も組み合わせの議論としてはあり得ますが，現在の公認会計士法が，組織的監査の立場から，大会社等に関して，原則として公認会計士の個人単独監査を禁止し，「他の公認会計士又は監査法人との共同監査若しくは他の公認会計士を補助者として使用すること」を義務づけていることからすると，現実的ではないでしょう。

そこで，想定される2つのケースのうち，まず，大きい監査事務所と小さな監査事務所の関係の場合には，大手の監査法人の品質管理システムに則って品質管理が行われると考えていいのでしょうか。

【八田】基本的には，より高いレベルの品質管理システムをもっている方が，第一義的に考えられると思います。そうなってくると，常識的に考えて大手の組織化された事務所の方が，品質管理基準の求めるシステムを完備していると思いますから，一応それに準拠することが要請されることになると思いますが，それもやはりケースバイケースで考えられるべきものと思います。

ただ，結果的に，監査責任者は最終責任を全部負わなければいけませんから，そこが納得いかない，あるいは，そこがどうしても不安であるという場合には，当然に個人事務所の担当者に対しても，大手の監査法人が用意しているレベル

の品質管理基準に引き上げてもらうという要請はするのではないでしょうか。

【町田】　もしも個人事務所のほうの品質管理が適切ではないというように，大手の監査事務所もしくは，大手の監査事務所の監査実施の責任者が考えた場合は，個人の事務所に対して，品質管理のシステムを適切にするよう求める。あるいは，自分たちの品質管理システム，とくに審査などのプロセスにのるように求めるということなのでしょうか。

【八田】　それもあるでしょうし，共同監査を断ち切るということもあるでしょうね。

　つまり，日本でも起きたいくつかの不祥事では，実際に大手の監査法人と地方の個人事務所，あるいは，それに匹敵するような小さなレベルのところとの共同監査で，その最終的な監査の質が担保されていなかったという問題が指摘されていますから，それは最終的に，監査報告書に記載される監査事務所，そして，その責任者が本当に安心できる状況なのかということを，判断するのではないでしょうか。

【町田】　一方，もう１つの大手の監査事務所同士のケースですが，大手の監査事務所では，共同監査によらなくても監査を実施できるだけの資源を有しているとは思いますが，稀に，非常に大きなクライアントの場合に，政策的な意味合いも含めて，大手の監査法人が共同で行うという例もあるかと思いますし，クライアント側の合併によって一時的に共同監査となるケースもあるかと思います。

　この場合，大手の監査事務所は，お互いに相手の品質管理システムをチェックするということなのでしょうか。それとも，監査事務所同士が，お互いに，相手は大手の監査法人だからということで，相手の品質管理システムは的確なものであろうということを信頼し，それぞれに適切な品質管理が行われていることを前提に，監査を進めていくということになるのでしょうか。

【八田】　これもなかなか難しい問題で，大手の監査法人同士の品質管理システムを，それぞれに総合チェックしていくのかとなると，実際問題はあまり考えられないことだと思います。

　問題は，共同監査を行うという場合に，当事者同士が共同監査契約，あるい

は共同で行う場合の，各事務所相互間の業務分担というのが，何らかの形で明示されると思います。そのときに，おそらくそれぞれが準拠しなければならない，それぞれが守らなければならないような対応というのが書かれているし，最終的にどのような審査を経るか，どちらの事務所の審査なのかという問題も起きますので，その辺はトラブルがない形で，事務所相互間で取り交わすべき書類の中で，詳細が規定されるのではないかという気がします。

11. 適用・その他

【町田】品質管理基準については，2007（平成19）年3月決算に係る財務諸表の監査から実施するとなっていました。ただし，早期適用として2006（平成18）年3月決算に係る財務諸表の監査から実施することを妨げないとしていたわけですので，本基準の公表後直ちに監査法人，あるいは中小も含めた監査事務所においては，品質管理基準への対応が求められていたというわけですね。

【八田】そうですね。

【町田】監査基準の場合と同様に，この品質管理基準をもとに，日本公認会計士協会では，実務の指針を策定・公表することになりました。

　実は，すでに，日本公認会計士協会では，当時，監査基準委員会報告書第15号で，「監査の品質管理」というものを出していたわけですが，H17監査基準と一体となって適用される品質管理基準ができたために，品質管理基準との整合性を図るという観点から見直しが行われました。

　具体的には，監査の品質管理基準は，いわゆる監査事務所レベルでの品質管理と，監査業務レベルでの品質管理の2本柱になっており，従来の実務指針の監査の品質管理は，そのほとんどすべてが，いわゆる監査業務レベルにおける品質管理だったということから，これを大幅に見直しをして，監査基準委員会報告書第32号「監査業務における品質管理」（現在の同220号）として別枠で，監査事務所レベルの品質管理に関しては，新たに品質管理基準委員会報告書第1号「監査事務所における品質管理」という形で公表するということになったわけです。

【八田】そうですね。これは，再三説明してきたように，国際監査基準の枠組みと軌を一にするものです。監査の品質管理が，事務所レベルと現場レベルの双方で行われることが求められるわけですから，必然的な対応かと思います。

そして，これにプラスして，日本公認会計士協会の品質管理レビュー，さらには公認会計士・監査審査会によるモニタリングが加わって，大枠としての品質管理の仕組みが構築されました。そして，今後も，この枠組みの運用の中で，見直しが行われていくものと理解しています。

【町田】さて，ここまで見てきた品質管理基準ですが，大手の監査法人では，国際的なネットワーク・ファームとの提携関係の中で，ここに定めていたような内容はすでに実施に移していたのだというような声も聞いています。

実際のところは，どうだったのでしょうか。

【八田】これは，外から見てわかるという問題ではないですから，必ずしも確定的なことはいえません。しかし，少なくとも，21世紀に入り，わが国の場合も監査基準が改訂され，また，公認会計士法が改正になったものの，その後も監査不祥事，あるいは，監査責任が問われるような問題が厳然たる事実として発覚し，さらに損害賠償請求という訴訟の中での責任追及も起きてきているという状況を見ると，必ずしも十分な対応が図られていたと確信をもっていうことはできないように思います。

ただ，いずれにしても，どの監査事務所も安閑としていられないということ。つまり，本気の監査業務を行うという観点から，この品質管理基準が求めているような対応が図られていなければならない，というように理解します。

【町田】企業における内部統制が，企業や経営者にとってのある意味でのセーフガードであるように，品質管理基準も，もし，そのような体制が整備・運用されていないと，安心して日々の監査業務はできない，というようなものだということですね。

最後に，品質管理基準が設定され，日本の品質管理に関する監査の規範というものが整備されるようになったわけですが，監査の品質管理の問題に関して残された課題，あるいは，今後早急に対応が求められる課題というものは，いったい何でしょうか。

【八田】これは品質管理だけではありませんが，何しろ監査環境は日進月歩に近いぐらいに激変する環境の中にあると同時に，それを踏まえて，社会の目も日々刻々厳しいものになってきています。さらに，グローバル化し，あるいはボーダーレス化する証券資本市場の番人の一翼を担っている監査人であるならば，その時代の流れに即する形で監査の質を高め，あるいは見直しをしていかなければいけないという観点で見るならば，まさに品質管理の基準に関しても，すべての内容を実践に移すことがまずもって大事であるといえます。しかし，果たして，この内容が実務を規制していく中で，適切なものかどうかという見直しは，常に起きると思います。

したがって，その適用状況については常にウォッチしながら，その実践度合いというものをレビューしていく必要があると思います。それは，結果的にわが国の場合には，日本公認会計士協会が行っている品質管理レビューの結果に成果を見て取ることができるし，公認会計士・監査審査会が行うモニタリングの中で，報告書を検証することによって確認できると思います。

それでまだまだ十分でない場合には，見直しが起きるであろうし，だいぶよくなったというならば，それをさらに継続して実践してもらうような対応を，会計プロフェッションの側において講じていくことが必要だという気がします。

もう1つは，常にいえることではありますが，国際的な対応を見誤ってはならないということ。国際会計基準もそうですが，国際監査基準は国際会計士連盟のイニシアチブのもとに，順次見直しが行われてきています。したがって，やはりそれに対しても，機動力をもって対応できるような仕組みを備えておくことが必要でしょうね。

しかし，いかんせん品質管理というのは，監査の質が高まったか，低まったか，あるいは，担保されているかどうかというのは，少なくとも当事者以外の第三者はほとんど見て取ることができないということ。したがって，監査人自体を信用せざるを得ないということです。逆にいうならば，その信用に一点でも曇りがあるような状況を監査人側がもたらしたならば，監査制度は一気に瓦解する可能性がある。この怖さというものを十分に理解して，監査人は品質管理基準の遵守に取り組んでもらいたいと思います。

> **column** オリンパス事件に関する監査法人に対する行政処分

　2012年7月6日，オリンパス社の不正事件に関連して，同社の監査を担当していた前任および後任の2つの大手監査法人に対して，「公認会計士法第34条の21第2項第3号に該当する事実が認められた」として，行政処分が公表された。

　公認会計士法第34条の21第2項第3号とは，同第1号の故意による虚偽の監査証明，同第2号の正当な注意義務違反による虚偽の監査証明とは異なり，「この法律若しくはこの法律に基づく命令に違反し，又は運営が著しく不当と認められるとき」という事由による処分である。

　処分の内容は，いずれに対しても同様に「業務改善命令（業務管理体制の改善）」であり，それぞれ異なる3項目の業務改善命令を履行するための「業務の改善計画を，平成24年8月6日までに提出し，直ちに実行すること」，および，その実行後，「当該業務の改善計画の実施完了までの間，平成25年1月末日を第一回目とし，以後，6ヶ月ごとに計画の進捗・実施および改善状況を取りまとめ，翌月15日までに報告すること」というものであった。

オリンパス社事件にかかる行政処分における認定事実

> a）前任監査法人の処分理由となった事実
> イ．過去に問題のあった被監査会社に対するリスク評価に係る情報を法人本部に集約し，フォローする体制が不十分であったため，…略…法人本部としての実効性のある監査の実施に向けた取り組みが十分ではなかった。
> ロ．…略…監査チームと法人本部とが連携した専門部署の機動的な活用等による，より深度ある組織的な監査が行われていなかった。
> ハ．監査人の交代に際して，…略…監査で把握された問題点が的確に後任監査人に引き継がれていなかったが，法人本部も引継ぎについて適切なフォローを行わなかった。
> b）後任監査法人の処分理由となった事実
> イ．…略…監査契約の受嘱の可否を検討するに当たっては，…略…前任監査人にその見解や経緯等の詳細な説明を求めた上で，受嘱の決定をすべきであった。以下略。
> ロ．監査チームは，…略…前任監査人との間で十分な引継ぎを行っておらず，監査チームにも法人本部にも前任監査人が把握した問題点が適切に引き継がれなかった。
> ハ．…略…法人本部も受嘱時に認識していたリスクについて，特段の分析や監査チームからの聴取を行っていなかった点において，法人として組織的な監査を実施するための仕組みが十分に機能していなかった。

　当該処分内容での問題点は，大きく2つの側面からなることがわかる。1つは，監査法人内の監査チームと法人本部との間の連携，とくに法人本部における情報の集約や本部から監査チームへの指示等が十分に行われていなかったこと，もう1つは，監査契約の引継における前任および後任の監査人のそれぞれの手続が不十分であったことというものである。

4. 監査における不正リスク対応基準

1. 職業的懐疑心の強調

職業的懐疑心の強調

> 第一　職業的懐疑心の強調
>
> 1　監査人は，経営者等の誠実性に関する監査人の過去の経験にかかわらず，不正リスクに常に留意し，監査の全過程を通じて，職業的懐疑心を保持しなければならない。
>
> 2　監査人は，職業的懐疑心を発揮して，不正の持つ特性に留意し，不正リスクを評価しなければならない。
>
> 3　監査人は，職業的懐疑心を発揮して，識別した不正リスクに対応する監査手続を実施しなければならない。
>
> 4　監査人は，職業的懐疑心を発揮し，不正による重要な虚偽の表示を示唆する状況を看過することがないように，入手した監査証拠を評価しなければならない。
>
> 5　監査人は，職業的懐疑心を高め，不正による重要な虚偽の表示の疑義に該当するかどうかを判断し，当該疑義に対応する監査手続を実施しなければならない。

【町田】不正リスク対応基準は，主に3つの項目からなるとされていて，その1つが職業的懐疑心の強調です。まず，「職業的懐疑心」というのは，どういうものなのでしょうか。

【八田】これは，すでに「監査基準」の一般基準のときにも触れたように，言葉どおりにいうならば，職業的専門家としての懐疑的な心をもちなさいということ。ではこの「懐疑心」という言葉が，監査人にとってどういう意味をもっているのかというときに，いろいろな議論があると思いますが，これまでの諸外国の監査基準等で見られる内容としては2つの視点があります。

1つは，まず健全な視点でのQuestioning mindといいますか，「疑う心」をもつということであり，監査人にとっての精神的な支柱となります。そしてもう1つ，それを実際に監査現場に生かすというときには，監査証拠としてこれが本当に意見形成の基礎となり得るかということを批判的に評価しなさいという視点。この2つ，つまり「疑う心」と「監査証拠の批判的評価」，これらが適切に行われているかどうかが，懐疑心の有する意味だということです。

【町田】懐疑心については，すでに現行の監査基準においても，一般基準3において「監査人は，職業的専門家としての正当な注意を払い，懐疑心を保持して監査を行わなければならない」として規定されているわけですが，今回，改めて不正リスク対応基準の中で規定する理由は何なのでしょうか。

【八田】これは，不正リスク対応基準の第一のテーマが，「職業的懐疑心の強調」となっていることからもわかるように，まさに懐疑心というものの重要性を「強調」するためだといえます。

さらに，具体的にその中身を見ると実は5項目の規定があります。私は「職業的懐疑心の三段論法」という理解をしています。具体的に見ていくと，まず，監査の全過程を通じて懐疑心を「保持」しなさいということ。次に，単に保持するだけではなくて，必要に応じて懐疑心を「発揮」しなさいということ。さらに必要な場合には，懐疑心を「高めなさい」ということです。つまり，保持，発揮，高揚というように3段階にわたって，たたみかけるように規定しているということです。一般基準では単に「保持しなさい」という規定でした。それがどうも監査人サイドにおいて，監査現場の監査業務に十分に生かされてきていないというもどかしさ，ジレンマ，批判があったために，いわば念には念をという観点から，より詳細な書きぶりになっていると理解するわけです。

したがって，実質的な部分はさほど変わったというようには理解していない

のですが，やはりここまで細かく規定されると，さすがに監査人のみならず監査関係者には，監査にとっての懐疑心の重要性を十分に理解できるのではないでしょうか。

【町田】ただ一方で，懐疑心をいくら強調しても，それだけで何か監査実務が変わることはないのではないか，という意見もあるかと思いますが。

【八田】おっしゃるとおりですね。いくらお念仏を唱えても，それが実際に自らの業務の中に生かし切れていない場合があるかもしれない。したがって，おそらくこういった精神論に近いような議論をしていくときには，それを支える議論として，適切な監査教育ないし訓練が不可欠だということです。

つまり監査現場の各当事者のみに任せるのではなくて，やはり監査事務所の組織全体として継続的な研修，あるいは経験豊富な上司が経験の浅い部下を適切に指導監督する，そういった議論と連動して考えていかなくては実効性が高まらないと思っています。本基準の文言上示されているだけでは，決して十分ではないということです。

監査の各段階における懐疑心

【町田】先ほど，不正リスク対応基準の中では，職業的懐疑心が3段階に分けて規定されているという説明がありました。具体的には，「第一　職業的懐疑心の強調」は5項目からなり，それらはそれぞれ異なる監査の5つのフェーズを取り上げています。これら各フェーズにおける懐疑心についてはどのように理解したらいいのでしょうか。

【八田】まず全般的には監査の全過程において懐疑心を保持し続けなさいということで，現行の一般基準と同じ書きぶりになっています。

そして，2番目，3番目，4番目で懐疑心を発揮しなさいという規定があります。その中身を見ていくと，1つは，不正のもつ特性に留意して不正リスクの評価をする段階，それから識別した不正リスクに対応する監査手続を実施する段階，そして，「不正による重要な虚偽の表示を示唆する状況」を看過しないように，入手した証拠を評価する段階です。つまり，「不正リスクの評価」，

「リスク対応手続の実施」，「監査証拠の評価」といった各監査の具体的局面において，単に保持ではなくて，それをさらに後押しする形の「発揮」という表現で規定しているといえます。

そして最後。これが一番問題になるのだと思いますが，監査現場において「不正による重要な虚偽の表示を示唆する状況」が見て取れた場合に，それが本当に「不正による重要な虚偽の表示」なのかどうかを判断することが求められるわけですが，その際には，通常よりも懐疑心を「高めて」監査手続を行いなさいということが書かれています。つまり，不正のリスクが高まった状況下では，監査人の疑いをもつ姿勢も高めていきなさいということなのです。

【町田】監査基準では，「監査人は，職業的専門家としての正当な注意を払い，懐疑心を保持して監査を行わなければならない。」と書かれているものの，この「正当な注意」と「職業的懐疑心」の関係については，監査基準上，とくに説明されてはきませんでしたが，今回，不正リスク対応基準の前文において，「職業的懐疑心の保持は，正当な注意義務に含まれるもの」であると明記されました。こうした職業的懐疑心と正当な注意義務の関係の記述については，どのように理解すべきでしょうか。

【八田】監査の領域では，両者の関係が議論されるわけですが，やはりあくまでも職業的懐疑心を保持していない場合には，監査人としての役割・任務を履行していないという視点で捉えるならば，明らかに職業的懐疑心は正当な注意の範疇に入るテーマ・内容です。したがって，監査基準の解釈としても，職業的懐疑心の保持というのは正当な注意の履行の中に包含されてくると思います。

今回，前文でそうした理解を再確認したということであり，とくに目新しい議論ではなくて，いま一度それを明確にしたということではないでしょうか。

【町田】さらに前文では，職業的懐疑心とともによく議論される概念である「経営者の誠実性」についても，従来のリスク・アプローチの考え方を踏襲して，「経営者が誠実であるとも不誠実であるとも想定しないという中立的な観点を変更するものではない」と述べています。これはどういう意味なのでしょうか。

【八田】これは，先ほど述べた「疑う心」の問題として，経営者に対峙するときにどの程度の疑いをもって臨むかという観点から，懐疑心の議論では，「経

営者の誠実性」ということが問題にされるわけですね。そして，リスク・アプローチによる現在のような監査手法が導入されて以降は，監査人は前提として，経営者を疑うのでもなくまた信じるのでもないということで，中立の立場で監査に臨むことになるということがいわれるようになりました。それまでの監査では，ともすれば経営者は信頼に足るとか，これまでの経験からして，そんなに悪いことをするはずはないとか，そういった先入観をもって監査に臨むことが往々にしてあったわけですが，それを改めて中立の立場に立って行うことを要請しているということ。

　ところが，これをさらに進めて，最初から疑ってかかる，疑義があることを前提とするといった姿勢を強調する考え方ともいえる，不正摘発型の監査を提唱する向きもあります。そのこともあって，今般，不正リスク対応基準が新設されるに当たって，懐疑心の問題が取り上げられているわけですが，企業サイドからは，今後，この基準が適用になると，監査人は経営者は，あたかも不誠実であるとか，不正を起こすものであるといったような極めてネガティブな視点で，監査業務を行うのではないかという疑問が示されたところです。

　ところが，今回，前文にも書いてあるとおり，不正リスク対応基準は，現行の基準と変わるものではなく，より有効な監査を行うために規定がなされているのだいうことで，現行の監査基準での基本的な考え方に変更はないということを，念のために，明記したものと理解しています。

2．不正リスクに対応した監査の実施

不正リスクに対応した監査計画の策定

> 第二　不正リスクに対応した監査の実施
>
> 　1　企業及び当該企業が属する産業における不正事例の理解
> 　　監査人は，不正リスクを適切に評価するため，企業及び当該企業が属する産業を取り巻く環境を理解するに当たって，公表されている主な不正事例並びに不正に利用される可能性のある一般的及び当該企業の属する産業特有の取引慣行を理

解しなければならない。

2　不正リスクに関連する質問
　　監査人は，経営者，監査役等及び必要な場合には関連するその他の企業構成員に，不正リスクに関連して把握している事実を質問しなければならない。
　　また，監査人は，経営者に対して，当該企業において想定される不正の要因，態様及び不正への対応策等に関する経営者の考え方を質問し，リスク評価に反映しなければならない。

3　不正リスク要因を考慮した監査計画の策定
　　監査人は，監査計画の策定に当たり，入手した情報が不正リスク要因の存在を示しているかどうか評価し，それらを財務諸表全体及び財務諸表項目の不正リスクの識別及び評価において考慮しなければならない。監査人は，評価した不正リスクに応じた全般的な対応と個別の監査手続に係る監査計画を策定しなければならない。
　　典型的な不正リスク要因は，付録1に例示されているが，この他にも不正リスク要因が存在することがあることに留意しなければならない。

4　監査チーム内の討議・情報共有
　　監査人は，監査実施の責任者と監査チームの主要構成員の間において，不正による重要な虚偽の表示が財務諸表のどこにどのように行われる可能性があるのかについて討議を行うとともに，知識や情報を共有しなければならない。
　　監査実施の責任者は，監査の過程で発見した事業上の合理性等に疑問を抱かせる特異な取引など重要な会計及び監査上の問題となる可能性のある事項を，監査実施の責任者及び監査チーム内のより経験のある構成員に報告する必要があることを監査チームの構成員に指示しなければならない。

5　不正リスクに対応する監査人の手続
　　監査人は，識別した不正リスクに関連する監査要点に対しては，当該監査要点について不正リスクを識別していない場合に比べ，より適合性が高く，より証明力が強く，又はより多くの監査証拠を入手しなければならない。

6　企業が想定しない要素の組み込み
　　監査人は，財務諸表全体に関連する不正リスクが識別された場合には，実施す

> る監査手続の種類，実施の時期及び範囲の決定に当たって，企業が想定しない要素を監査計画に組み込まなければならない。

【町田】次に「第二　不正リスクに対応した監査の実施」について検討していきたいと思います。

　不正リスクに対応した監査の実施の中で，まず，監査計画の策定についてですが，監査人は，入手した情報が不正リスク要因の存在を示しているかどうかを評価し，それらを財務諸表全体および財務諸表項目の不正リスクの識別において考慮することが求められています。この不正リスク要因については，従来，監査基準の前文では触れられてきましたが，今回，初めて基準本文で規定されたわけです。

　まず，この不正リスク要因とはいかなるものかを確認しておきたいのですが。
【八田】これは，今般の不正リスク対応基準の「付録1」（巻末資料を参照）を見ると，そこに「動機・プレッシャー」，「機会」，「姿勢・正当化」の3つに分けて例示されています。これらは，従来からいわれているように，不正を誘引する要因となるものであって，まさに「不正の三角形」ということで知られている不正リスクの3つの要因のことなんですね。不正リスク対応基準では，これらの意味するところを説明した上で，それぞれに関わる要因別の事例と不正リスクというものを具体的に例示しているというところに大きな特徴があると思います。
【町田】その「付録1」ですが，すでに監査基準委員会報告書240に掲載されていたものです。これを今回，不正リスク対応基準の付録という監査基準としては異例の形で掲載したのはなぜなのでしょう。
【八田】おっしゃるとおり，不正リスク要因というのは，決して新しい考え方ではなく，日本の実務指針にはすでに導入されています。あるいは，諸外国の例を見るならば，アメリカでは2002年2月公表の監査基準書99号の中でも取り上げられてきています。

　では，なぜ付録という形まで使って基準化しなくてはならなかったかというとですが，これは，第一には，不正リスク要因という用語を不正リスク対応基

準本体の中で使ったことによって，この実質的な意味合いを正しく理解してもらいたいということから，具体例をもって説明したということがあると思います。

【町田】そうした不正リスク要因の検討の上で，財務諸表全体に関連する不正リスクが識別された場合には，監査人は，評価した不正リスクに応じて，監査手続の種類，時期もしくは範囲の変更，往査先の選択方法の変更または予告なしに往査することなど，企業が想定しない要素を監査計画に組み込むことが求められているわけですが，こうした対応は，一部マスコミで大きく取り上げられ，「抜き打ち監査の実施」といった表現で報道されたわけですが，いったい，どうしてこのような報道になったのでしょうか。

【八田】今回の不正リスク対応基準の中では，監査人に求める監査手続として，企業が想定しない要素を組み込んだ監査手続の実施が示されています。これをメディアは，「抜き打ちの監査手続が始まる」というような書きぶりで伝えましたけれども，実はこの点も決して目新しい話ではないということです。この点はやはり，十分に留意すべきではないかなという気がします。

つまり先ほどから問題になっている日本公認会計士協会の実務指針240「財務諸表監査における不正」の中でも，もうすでに「企業が想定しない要素の組込み」という考え方が規定されています。それどころか，さらに遡ること2006（平成18）年，その前身である監査基準委員会報告書第35号においても，この「企業が想定しない要素の組込み」を監査計画の中で行うという考え方が示されていて，実はこのときも，一部メディアは早い段階で「抜き打ち監査を推奨する」という報道を行っていましたので，今回の報道もそのときの繰り返しのような議論なのです。

ただ，こうした話は，不正リスク対応基準の規定のすべてに共通すると思うのですが，どうも日本公認会計士協会の実務指針に書かれているだけでは，関係者の間で十分な理解が浸透していなかったのかもしれない，ということがあります。関係者というのは，監査人サイドだけでなく，監査を受ける側も含めてのことです。監査を受ける側は細かい実務指針を知らなくても仕方ないのかもしれませんが，もっとも深刻なのは，すでに2006（平成18）年の段階で実務指針に入っていたにもかかわらず，実態として監査実務においてそういった対

応がほとんどなされて来なかったということです。今回こういった問題が露呈しているわけですから、やはりこれは「仏作って魂入れず」という環境があったということを如実に示しているという気がしますので、この問題についてはやはり監査人サイドは大いに反省することが求められるのではないかと思います。

【町田】 ところで、この「予告なしの往査」の具体的な内容についてですが、いったいどういうものなのでしょうか。「企業が想定しない要素の組込み」というだけですと、ちょっと意味がわかりにくいところですが。

【八田】 意味としては、不正リスクが高いと判断したならば、監査計画において、具体的に実施する監査手続の種類とか時期、範囲などを、日頃の監査で行っていて会社サイドが予想しているものにとどまらず、それ以外の部分も監査計画に組み込むという意味での「企業が想定しない要素」ということです。いわば不正を隠蔽するような企業サイドの事前の対応を許さない、そういった機会を作らせないように監査計画を立てる、ということだと理解しています。

【町田】 公開草案のときに用いられていた「抜き打ち」という表現は穏当ではないということで会計に業界や経済界からの反対も多かったため結局は、この言葉はなくなって、「予告なしの往査」という表現になりましたが、いずれにしても、監査法人の社員が集団で子会社に乗り込んでいきなり監査を始めるといった内容ではないわけですね。

【八田】 当然でしょうね。まあ、現行のすべての監査が、監査を受ける企業と密な連絡をとりながらスケジュールを決めて対応しているということから考えると、査察や一斉捜査のようなやり方は想定できません。

　ただし、不正リスクが高いときに、通常の体制で行っている監査とは若干異なる対応になるわけですから、もしもそのような非常時の監査対応がなされたときには、やはりクライアント側、被監査会社側には、それなりの緊張感をもって受け止められることは間違いないでしょうね。

不正リスクに対応して実施する確認

> **第二　不正リスクに対応した監査の実施**
>
> 7　不正リスクに対応して実施する確認
> 　監査人は，不正リスクに対応する手続として積極的確認を実施する場合において，回答がない又は回答が不十分なときには，代替的な手続により十分かつ適切な監査証拠を入手できるか否か慎重に判断しなければならない。
> 　監査人は，代替的な手続を実施する場合は，監査要点に適合した証明力のある監査証拠が入手できるかどうかを判断しなければならない。代替的な手続を実施する場合において，監査証拠として企業及び当該企業の子会社等が作成した情報のみを利用するときは，当該情報の信頼性についてより慎重に判断しなければならない。

【町田】さて次に，「不正リスクに対応して実施する確認」ということについて見ていきたいと思います。

　リスク対応手続については，とくに「確認」について，積極的確認を実施する場合には，回答がないまたは回答が不十分なときには，安易に代替的な手続に移行してはならない，といった趣旨の規定が置かれました。今回，確認手続が敢えて取り上げられたのはなぜなのでしょうか。また，従来の監査実務ではどうだったのでしょうか。

【八田】オリンパス問題も国内だけではなくて，海外との取引，海外での経済行為をベースに不正が仕組まれていたということがあり，どうも日本の慣習とは異なった対応が講じられた可能性があると考えられます。その中でも，証拠力の強い，外部証拠を入手することができるといわれている「確認」については，オリンパスの監査では，十分な回答が得られていないまま，それ以上追及しないで途中で断念してしまったともいわれている。そうしたことを背景として，監査人としては，あくまでも納得のいく回答が得られるまで手続を執らなくてはならないという観点から，この確認の手続について，特段に取り上げて規定しているのだと思います。

ただ，監査論的にいうならば，確認手続として，「金額に齟齬がある場合には回答してください」とか「疑義がある場合には回答をください」という消極的確認と，「どんな場合であっても，必ず返答してください」という積極的確認があって，たとえば売掛金の確認をするときには，リスクが高い項目なので，証明力を高めるために積極的確認を行うことを推奨してきたわけです。しかし，どうも一部では，必ずしも監査人としては納得のいく監査証拠が得られないまま監査意見の表明にまでいっていたのではないかという疑念も見て取れるわけです。したがって，これは何度もいいますが，本来であれば監査人としてやるべきことをやっていない，そういう実務が黙認されていたのではないかという危惧から，この辺をもう一度整理しようということであったのではないでしょうか。

不正リスクに関連する監査証拠

> **第二　不正リスクに対応した監査の実施**
>
> 8　入手した監査証拠の十分性及び適切性の評価
> 　　監査人は，実施した監査手続及び入手した監査証拠に基づき，不正リスクに関連する監査要点に対する十分かつ適切な監査証拠を入手したかどうかを判断しなければならない。監査人は，十分かつ適切な監査証拠を入手していないと判断した場合は，追加的な監査手続を実施しなければならない。
>
> 9　矛盾した監査証拠があった場合等の監査手続の実施
> 　　監査人は，監査実施の過程で把握した状況により，ある記録や証憑書類が真正ではないと疑われる場合，又は文言が後から変更されていると疑われる場合，また，矛盾した監査証拠が発見された場合には，監査手続の変更又は追加（例えば，第三者への直接確認，専門家の利用等）が必要であるかを判断しなければならない。

【町田】次に，不正リスクに関連する監査証拠というところですが，不正リスク対応基準は，リスク対応手続に特徴があるといえます。

不正リスク対応基準では，基準とともに公表された「不正リスクに対応した

監査のプロセス」の図（294ページ）に見られるように，不正による重要な虚偽表示を識別するルートとしては，2つのルートが想定されています。

その1つが，十分かつ適切な監査証拠が入手できない場合のルートです。つまり，監査人は，不正リスクに関連する監査要点に対しては，不正リスクを識別していない他の監査要点に対するものに比べ，より適合性が高く，より証明力が強く，またはより多くの監査証拠を入手しなければならないのですが，もしも，「十分かつ適切な監査証拠を入手していない」と判断した場合は，追加的な監査手続を実施しなければならず，それでも十分かつ適切な監査証拠が入手できないとなると，「不正による重要な虚偽表示の疑義」があるかどうかを判断しなければなりません。

この第1のルートについては，一見，通常の監査でも見られる当たり前の手続のように見受けられますが，どういう意味があるのでしょうか。

【八田】これは，実務的な視点で考えると，従来と変わってないという見方もできれば，そうでないという見方もできるかもしれません。

従来も最終的な財務諸表の適否に関する意見表明に際して，重要な虚偽表示に結びつくようなリスクがあった場合，あるいはそうしたリスクが疑念として残った場合に，十分かつ適切な監査証拠を入手し得たか，または入手し得ていないかにより最終結論が分かれるわけです。しかし，十分かつ適切な監査証拠が入手できたといえない状況でも，たとえば時間的な制約等から，とくに問題なしといった形で無限定意見の監査報告に至ってしまってきたのではないでしょうか。つまり，これまでは，意見表明のところで本来は除外事項を付す必要があるような状況であっても，除外事項を付すことはなく，無限定適正意見を表明するという安易な対応がとられてきたのではないかということです。

それが今回は，「不正による重要な虚偽の表示の疑義」があるということでの監査手続，徹底調査的な手続の方に落とし込んでいかないといけないということになっています。それゆえに十分かつ適切な監査証拠を集められなかったならば，除外事項を付した限定意見であったり，さらには意見不表明としなくてはならないわけで，おそらくこの対応に関しては旧来よりもさらに強化された内容になっていると考えるべきでしょうね。

【町田】また，入手した監査証拠の評価という点でも，それらの間に矛盾がないかどうか，あった場合には，専門家の利用も含めて，不正リスクに対応した手続の実施が求められていますね。この「矛盾した監査証拠」というのは，具体的にはどういうケースを指すのでしょう。

【八田】基本的には，企業側の関係者による説明等を裏づけるために入手した証拠がそれまでになされた説明等と明らかに齟齬をきたしているという場合などが考えられるでしょうね。オリンパス事件では，企業買収に際してなされた企業価値の評価報告書が，明らかに，実態とかけ離れており，矛盾した監査証拠でありながら，それを受け入れざるを得なかったことで，不正の発覚が遅れたということもありますので，監査証拠の真実性ないしは信頼性にとくに配慮すべきことが求められたものと思います。

不正による重要な虚偽の表示を示唆する状況

> 第二　不正リスクに対応した監査の実施
>
> 10　不正による重要な虚偽の表示を示唆する状況
> 　　監査人は，監査実施の過程において，不正による重要な虚偽の表示を示唆する状況を識別した場合には，不正による重要な虚偽の表示の疑義が存在していないかどうかを判断するために，経営者に質問し説明を求めるとともに，追加的な監査手続を実施しなければならない。
> 　　なお，不正による重要な虚偽の表示を示唆する状況は，付録2に例示されているが，この他の状況が該当することがあることに留意しなければならない。

【町田】不正による重要な虚偽の表示を識別するもう1つのルートは，監査実施の過程において，不正リスク対応基準の「付録2」（巻末資料参照）に例示されている「不正による重要な虚偽の表示を示唆する状況」を識別した場合のルートです。

　そのような場合，監査人は，「不正による重要な虚偽の表示の疑義」が存在していないかどうかを判断するために，経営者に質問し説明を求めるとともに，

不正リスクに対応した監査のプロセス

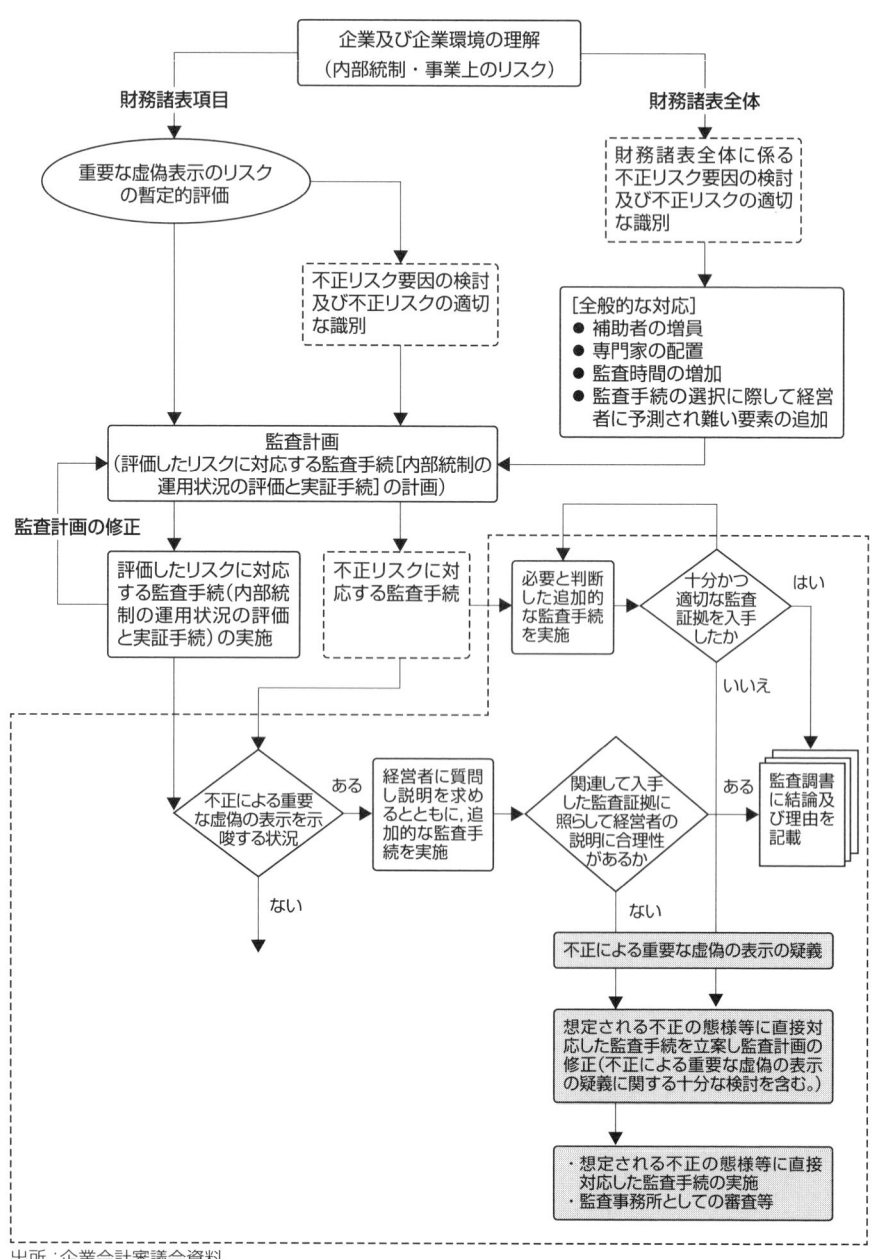

```
                        企業及び企業環境の理解
          ┌─────────（内部統制・事業上のリスク）─────────┐
          │                                                │
      財務諸表項目                                     財務諸表全体
          │                                                │
          ▼                                                ▼
   ┌──────────────┐                           ┌──────────────┐
   │ 重要な虚偽表示のリスク│                           │ 財務諸表全体に係る │
   │   の暫定的評価    │                           │ 不正リスク要因の検討│
   └──────┬───────┘                           │ 及び不正リスクの適切│
          │         ┌─────────────┐          │   な識別      │
          │         │ 不正リスク要因の検討│          └──────┬───────┘
          │         │ 及び不正リスクの適切│                 │
          │         │   な識別      │                 ▼
          │         └──────┬──────┘          ┌──────────────┐
          │                │                 │［全般的な対応］   │
          │                │                 │ ● 補助者の増員   │
          │                │                 │ ● 専門家の配置   │
          │                │                 │ ● 監査時間の増加  │
          │                │                 │ ● 監査手続の選択に際して経営│
          │                │                 │   者に予測され難い要素の追加│
          │                │                 └──────┬───────┘
          ▼                ▼                        │
   ┌────────────────────────────────┐               │
   │        監査計画              │◄──────────────┘
   │（評価したリスクに対応する監査手続［内部統制の│
   │ 運用状況の評価と実証手続］の計画）      │
   └────┬───────────┬───────────┘
監査計画の修正 │           │
        ▼           ▼                         ┌───────────────────┐
  ┌──────────┐ ┌──────────┐         ┌────────┐  ┌──────┐ はい
  │評価したリスクに対応│ │不正リスクに対│ ──────► │必要と判断 │  │十分かつ│─────┐
  │する監査手続（内部統│ │応する監査手続│         │した追加的 │  │適切な監査│    │
  │制の運用状況の評価 │ └──────────┘         │な監査手続 │  │証拠を入手│    │
  │と実証手続）の実施 │                       │を実施   │  │したか  │    │
  └──────┬─────┘                         └────────┘  └──┬───┘    │
         │                                                    │いいえ    │
         ▼                                                    ▼        ▼
  ┌──────────┐  ある  ┌────────┐   ┌────────────┐ある ┌──────┐
  │不正による重要│────►│経営者に質問│──►│関連して入手│────►│監査調書│
  │な虚偽の表示を示│     │し説明を求め│   │した監査証拠│     │に結論及│
  │唆する状況   │     │るとともに，追│   │に照らして経営│     │び理由を│
  └──────┬─────┘     │加的な監査手│   │者の説明に合理│     │記載  │
         │ない        │続を実施   │   │性があるか  │     └──────┘
         ▼            └────────┘   └──────┬─────┘
                                               │ない
                                               ▼
                                      ┌────────────────┐
                                      │不正による重要な虚偽の表示の疑義│
                                      └──────┬─────────┘
                                               ▼
                                      ┌────────────────────┐
                                      │想定される不正の態様等に直接対 │
                                      │応した監査手続を立案し監査計画の│
                                      │修正（不正による重要な虚偽の表示│
                                      │の疑義に関する十分な検討を含む。）│
                                      └──────┬─────────┘
                                               ▼
                                      ┌────────────────────┐
                                      │・想定される不正の態様等に直接 │
                                      │ 対応した監査手続の実施    │
                                      │・監査事務所としての審査等   │
                                      └────────────────────┘
```

出所：企業会計審議会資料

追加的な監査手続を実施しなければならない，と規定されています。この第2のルートに関しては，従来の監査手続にない部分かと思いますが，いかがでしょうか。

【八田】従来の監査基準においても，H17監査基準で，事業上のリスク等を重視したリスク・アプローチの考え方が図示されていて，最終的な監査意見を表明するまでの手続のチャートがあったのですが，今般の不正リスク対応基準では，不正による重要な虚偽の表示を示唆する状況があった場合にとるべき追加的な手続を新たに付け加えた参考図が示されたわけです。

したがって，これを見た会計プロフェッション側は，やはり自らの監査手続が過重になると受け止め，逆に企業サイドから見ると，余分な手続がなされて結果的に監査報酬の上昇につながるのではないかという危惧があって，審議会でもいろいろ議論があったわけです。しかし，これは「付録2」に示されたような状況があった場合の手続であって，例外とはいいませんが，ある程度想定される事案ではあるけれども，現実的にはさほど多くある例ではないのではないかという気がします。

【町田】その「付録2」は，どういう性質のものなのでしょうか。

【八田】「付録2」は，不正による重要な虚偽表示を示唆するような状況ということで，どんな場合があるのかということを例示的に示しているわけです。これについては，先ほど見た「付録1」の不正リスク要因の場合と同じように，すでに，実務指針である監査基準委員会報告書240に，「付録3　不正による重要な虚偽表示の兆候」を示す状況の例示というものがあります。

ただし，今般示された「付録2」は，「付録1」と違って，単にそれを基準化したのではなく，現在のわが国の監査環境を踏まえた上で，ある程度特筆すべき，あるいは注意を払ってもらいたい事項を抽出したり，加筆したりして策定されていますので，監査人としても慎重に受け止める必要があるように思います。

【町田】不正リスク対応基準の前文では，この「付録2」の扱いについて，これはチェックリストとして扱われるべきものではないというふうに書かれています。そうだとすると，監査人は，この「不正による重要な虚偽の表示を示唆

する状況」をチェックするのではなく，監査の過程でそうした状況に遭った場合に，追加的な手続を実施するきっかけとなる状況，ということでしょうか。
【八田】そうでしょうね。

　ただし，これらはあくまでも例示に過ぎません。どうも，わが国の場合には，ある程度個別・具体的なことが列挙されると，まさにチェックリストとして，項目のすべてについて確実に従わなければいけないということで，現場の監査人の専門的な判断とは乖離した対応がとられ，そのためかえって重要な点を見損なうという懸念があります。したがって，これはあくまでも例示であって，これに類するような，あるいは，匹敵するような状況があった場合には，自らの判断でここに示されているのと同様の手続をしっかりととってもらいたいと思います。

不正による重要な虚偽の表示の疑義があると判断した場合の監査手続

第二　不正リスクに対応した監査の実施

11　不正による重要な虚偽の表示の疑義
　　監査人は，識別した不正による重要な虚偽の表示を示唆する状況について，関連して入手した監査証拠に基づいて経営者の説明に合理性がないと判断した場合には，不正による重要な虚偽の表示の疑義があるとして扱わなければならない。
　　また，識別した不正リスクに対応して当初計画した監査手続を実施した結果必要と判断した追加的な監査手続を実施してもなお，不正リスクに関連する十分かつ適切な監査証拠を入手できない場合には，不正による重要な虚偽の表示の疑義があるとして扱わなければならない。

　　監査人は，不正による重要な虚偽の表示の疑義がないと判断したときは，その旨と理由を監査調書に記載しなければならない。

12　不正による重要な虚偽の表示の疑義があると判断した場合の監査計画の修正
　　監査人は，監査計画の策定後，監査の実施過程において不正による重要な虚偽の表示の疑義があると判断した場合には，当該疑義に関する十分かつ適切な監査証拠を入手するため，不正による重要な虚偽の表示の疑義に関する十分な検討を含め，想定される不正の態様等に直接対応した監査手続を立案し監査計画を修正

> しなければならない。
>
> 13 不正による重要な虚偽の表示の疑義があると判断した場合の監査手続の実施
>   監査人は，不正による重要な虚偽の表示の疑義に関連する監査要点について十分かつ適切な監査証拠を入手するため，修正した監査計画にしたがい監査手続を実施しなければならない。

【町田】続いて，不正による重要な虚偽の表示の疑義があると判断した場合の監査手続についてです。

前述のように，不正による重要な虚偽の表示を示唆する状況について，関連して入手した監査証拠に照らして経営者の説明に合理性がないと判断した場合や，識別した不正リスクに対応して追加的な監査手続を実施してもなお十分かつ適切な監査証拠を入手できない場合には，「不正による重要な虚偽の表示の疑義」として扱うことになります。

概念図にあるように，その後の対応としては，想定される不正の態様等に直接対応した監査手続を立案し監査計画を修正するとともに，修正した監査計画にしたがって監査手続を実施しなければならない，とされているわけですが，ここでいう「追加的な手続」というのは，それに先立って行われていたであろう監査手続とは，どう異なるのでしょうか。

【八田】おそらくこの場合は，虚偽表示の疑義が生じたわけですから，単なる性善説的な視点での監査手続の実施というよりも，もう少し「不正の調査」といったものを加味した，通常の業務の中で行っている手続とは異なった対応，あるいはその当事者である監査担当者だけが行うのではなくて，事務所全体を挙げて行う調査といった追加的な対応がその中に入ってくると理解していいと思います。

【町田】一方，不正による重要な虚偽の表示を示唆する状況を把握した場合に，追加的な監査手続を実施した結果，不正による重要な虚偽の表示の疑義がないという判断に至ったとしても，その旨と理由を監査調書に記載しておかなければならない，とされています。

調書への記載は当然の監査手続だと思いますが，この規定の意義は，どうい

う点にあるのでしょうか。

【八田】監査調書の作成に関していいますと，監査調書は証拠の塊りといわれるように，将来，たとえば監査人としての説明が求められたり，あるいは責任が問われるという事態が生じたときには，監査人として適切な監査を実施したことを立証できる，そんな内容を含んでいなければなりません。その立場からするならば，一旦は，不正による重要な虚偽の表示を示唆する状況だと認識したけれども，調べてみたところとくに問題がなかったというような結果が得られるならば，それもきちんと記録し保存しておきなさいということです。また，そうした情報は，次年度の監査ないしは引き継ぎを行うときの後任監査人にとっての重要な情報にもなると思います。

　しかしながら，通常であれば，監査調書には，その期の監査意見に直結するような内容を簡潔に書くことが一般的ですから，そうではない補足的な情報が求められるということで，若干，監査人サイドから見ると負担が大きい対応ではないかなという理解はしています。

専門家の業務の利用

> 第二　不正リスクに対応した監査の実施
>
> 14　専門家の業務の利用
> 　　監査人は，不正リスクの評価，監査手続の実施，監査証拠の評価及びその他の監査実施の過程において，不正リスクの内容や程度に応じて専門家の技能又は知識を利用する必要があるかどうかを判断しなければならない。

【町田】不正リスク対応基準では，「不正による重要な虚偽の表示の疑義」があると判断した場合を含めて，不正リスクの内容や程度に応じて，各種の専門家を利用する必要性を検討するように求められています。従来も，監査基準には，専門家の利用に関する規定があったわけですが，ここで求められているのは，何か異なる内容なのでしょうか。

【八田】従来の専門家の利用というのは，他の監査人をはじめ，鑑定人あるい

は保険数理士とか，さまざまな専門知識を有している専門家のことで，これらの技能を用いて初めて健全な監査業務が行われるという観点から，その利用に当たっての規定が置かれているわけです。

　今回，不正問題に取り組む中でも，適切に不正リスクに対応するには，高度化ないしは複雑化する環境の中で，ITや不正調査の専門家等々を利用することが考えられるわけですから，その点を強調するために規定されたものと理解しています。

【町田】いま，お話のあった不正調査の専門家というと，アメリカを中心に，国際的な資格ともなっている公認不正検査士（CFE）という専門資格がありますね。近年，日本でも注目を集めていますが，いまや，不正に対応するには専門的な資格や技能・経験が必要なのでしょうか。

【八田】ご指摘のように，すでに民間資格で公認不正検査士というのがありますが，彼らが修得しなければならない専門知識，あるいは実際に行っているような業務を見てみますと，やはり財務諸表監査を行うことを専門とするような監査人では修得していないような，たとえば犯罪心理学の問題とか調査の手法，インタビューの方法等，それに見合った専門知識が求められているわけです。

　したがって，それに相応しい能力・技能をもっている人を利用することもあっていいと思いますし，願わくば資格の取得云々は別として，今後わが国の監査人，公認会計士においても，こういった不正調査能力を高めるようなトレーニング，あるいはこういった資格取得のために求められている教育・研修を受けることも意義のあることだと思います。

不正リスクに関連する審査

第二　不正リスクに対応した監査の実施

15　不正リスクに対応した審査
　　監査人は，不正リスクへの対応に関する重要な判断とその結論について，監査事務所の方針と手続に従って，監査の適切な段階で審査を受けなければならない。

> 16 不正による重要な虚偽の表示の疑義があると判断した場合の審査
> 　監査人は，不正による財務諸表の重要な虚偽の表示の疑義があると判断した場合には，当該疑義に係る監査人の対応について，監査事務所の方針と手続に従って，適切な審査の担当者による審査が完了するまでは意見の表明をしてはならない。

【町田】不正リスク対応基準では，いわゆる意見審査に関する規定も置かれています。つまり，不正による重要な虚偽の表示の疑義が識別された場合には，監査事務所の方針と手続に従って，適切な審査の担当者による審査を行い，それが完了するまでは意見の表明ができないというわけです。

　これについても，現行の「品質管理基準」において，審査を受けた上でなければ意見表明できない，あるいは，監査実施の責任者と審査担当者の間に判断の差異があった場合には意見表明ができない，と定められているところと同じではないかと思うのですが。

【八田】実質的には変わらないでしょうね。ただ，これも，これまでのわが国の監査の実態を確認すると，必ずしも十分な審査が行われていない，あるいは審査は名ばかりであって，形式に流れて十分な内容を伴っていなかったということが見て取れたために，このルールについては遵守しなさいという趣旨で，屋上屋を架すようなものではあるけれども，同じような規定を不正リスク対応基準に盛り込んだということでしょうね。

　また，若干，新しい部分としては，不正による重要な虚偽の表示の疑義が識別された場合の適切な審査の担当者というのは，通常の審査担当者ではなく，たとえば，後で品質管理のところで出てくると思いますが，監査事務所としての審査，地方事務所や部門ごとの審査ではなく，いわゆる本部審査であったり，不正問題について経験豊かな監査人による審査ということが想定されているといえるでしょうね。

監査役等との連携

> 第二 不正リスクに対応した監査の実施
>
> 17 監査役等との連携
>   監査人は,監査の各段階において,不正リスクの内容や程度に応じ,適切に監査役等と協議する等,監査役等との連携を図らなければならない。
>   監査人は,不正による重要な虚偽の表示の疑義があると判断した場合には,速やかに監査役等に報告するとともに,監査を完了するために必要となる監査手続の種類,時期及び範囲についても協議しなければならない。
>
> 18 経営者の関与が疑われる不正への対応
>   監査人は,監査実施の過程において経営者の関与が疑われる不正を発見した場合には,監査役等に報告し,協議の上,経営者に問題点の是正等適切な措置を求めるとともに,当該不正が財務諸表に与える影響を評価しなければならない。

【町田】次に監査役等との連携の問題ですが,監査基準の改訂の箇所でも確認しましたが,今般の改訂の大きなポイントの1つとして,監査役等との連携という点があります。不正リスク対応基準では,監査人は,不正による重要な虚偽の表示の疑義があると判断した場合や経営者の関与が疑われる不正を発見した場合には,監査役等と適切に協議して連携を図ることが求められています。

　これはいったいどういうことを期待して置かれた規定なのでしょうか。

【八田】ここではやはり企業で行われている不正の問題について,それも経営者レベルの不正に対して直接的に関わりを有する,いわばガバナンスに責任を有する立場の者は,何といっても日本の場合は,監査役ないしは監査委員会です。そういうことで,まず一義的に彼らの役割を明確にしておきたいということがあります。

　そして実際に監査人サイドから見ても,監査役との密な意見交換によって企業内において潜在するかもしれない不正をあぶり出すことができるということもあるわけですから,この点を再度強調している点が重要でしょうね。

【町田】監査役等の連携としては,具体的に,どういうタイミング,どういう

内容での連携が行われることが期待されるのでしょう。

【八田】これはすでに，監査人を選任する場合にも，わが国の場合は会社法において監査役の同意権が求められている，あるいは監査報酬の決定に関しても同様の対応がとられているということから，健全な財務諸表監査が推進されるためのその重要なカギを握っているのが，やはり監査役であるということです。一方，監査役としても，自らの役割と責任として，執行の監視・監督を行わなければならないということから，専門家である監査人とともに，二人三脚というか，密な連絡をとることが必要ですし，期待されているのです。

したがって，現在は四半期報告制度が入っていますから，最低でも四半期ごとのレビュー結果の報告のときに議論するなり，あるいは確認するのがよいと思います。もちろんそれ以外でも，監査役のほうで疑問に思ったり質問がある場合には問いかけをするだろうし，監査人も自ら手を下すのではなく内部にいる監査役が調べた方がいいという場合には，そちらの方に問題提起をして確認をとるということもあるでしょうから，どのようにということでいえば，監査の全プロセスにおいて，協議ないし協働が求められてくるのではないかということです。

【町田】数年前の日本監査役協会の調査結果にあったように，会計監査人と監査役の協議の機会が1年間に平均で3.5回というのではいけないということですね。

【八田】一概にはいえませんが，監査人として，また，監査役として本来の役割を適切に履行するために必要とされる程度の協議が求められているということでしょうね。それぞれに多忙な場合には，どうしても時間的な制約があるかもしれませんが，少なくとも，四半期ごとには，ある程度あらかじめ協議の機会を設けておくべきではないかなという気がしますね。

監査調書

> **第二　不正リスクに対応した監査の実施**
>
> 19　監査調書
> 　監査人は，不正による財務諸表の重要な虚偽の表示の疑義があると判断した場合，当該疑義の内容，実施した監査手続とその結果，監査人としての結論及びその際になされた職業的専門家としての重要な判断について，監査調書に記載しなければならない。

【町田】先ほど，不正による重要な虚偽の表示の疑義がないと判断した場合には，その旨および理由を監査調書に残さなくてはならないということだったわけですが，逆に，不正による重要な虚偽の表示の疑義があると判断した場合には，それだけではなく，監査人が当該疑義に対して実施した監査手続の内容とその結果，また，監査人としての結論およびその際になされた重要な判断についてまで監査調書に記載しなければならないとされました。

　この規定は，いったいどういう意味をもっているのでしょう。それと，実際には，監査人は，すべての手続を監査調書に記載しているはずではないのでしょうか。

【八田】おっしゃるとおり，最終的に監査意見を表明するに足るだけの根拠，あるいは自信をもって監査意見を表明できるような根拠を得て初めて監査が終了するわけですから，それに必要かつ十分な情報等は，常に監査調書に盛り込まれていなければいけないわけです。

　ただ今般の問題を踏まえても，やはり監査人にとってネガティブな，あるいは監査人としては想定していないような不正という問題が起きたときには，どうしてもそれを明示的に監査調書に記すという覚悟が備わっていなかったのではないかということもあって，その点について，十分な対応を求めているのだと思います。

　また，たとえばオリンパス事件でも問題になったように，監査人を退任した場合の引継ぎ，あるいは，万が一監査訴訟を提起された場合の証拠資料として

提出することを想定して，詳細な記載が求められているというふうにも理解できるでしょうね。

3．不正リスクに対応した監査事務所の品質管理

不正リスクに対応した品質管理システム

> 第三　不正リスクに対応した監査事務所の品質管理
>
> 1　不正リスクに対応した品質管理
> 　監査事務所は，不正リスクに留意して品質管理に関する適切な方針及び手続を定め，不正リスクに対応する品質管理の責任者を明確にしなければならない。
>
> 3　不正に関する教育・訓練
> 　監査事務所は，監査実施者の教育・訓練に関する方針及び手続を定め，監査実施者が監査業務を行う上で必要な不正事例に関する知識を習得し，能力を開発できるよう，監査事務所内外の研修等を含め，不正に関する教育・訓練の適切な機会を提供しなければならない。
>
> 4　不正リスクに対応した監督及び査閲
> 　監査事務所は，不正リスクに適切に対応できるように，監査業務に係る監督及び査閲に関する方針及び手続を定めなければならない。
>
> 5　不正リスクに関連して監査事務所内外からもたらされる情報への対処
> 　監査事務所は，監査事務所内外からもたらされる情報に対処するための方針及び手続において，不正リスクに関連して監査事務所に寄せられた情報を受け付け，関連する監査チームに適時に伝達し，監査チームが監査の実施において当該情報をどのように検討したかについて，監査チーム外の監査事務所の適切な部署又は者に報告することを求めなければならない。
>
> 6　不正による重要な虚偽の表示の疑義があると判断した場合等の専門的な見解の問合せ
> 　監査事務所は，不正による重要な虚偽の表示を示唆する状況が識別された場合，

> 又は不正による重要な虚偽の表示の疑義があると判断された場合には，必要に応じ監査事務所内外の適切な者（例えば，監査事務所の専門的な調査部門等）から専門的な見解を得られるようにするための方針及び手続を定めなければならない。
>
> 10　不正リスクへの対応状況の定期的な検証
> 　　監査事務所は，不正リスクへの対応状況についての定期的な検証により，次に掲げる項目が監査事務所の品質管理の方針及び手続に準拠して実施されていることを確かめなければならない。
> 　― 監査契約の新規の締結及び更新
> 　― 不正に関する教育・訓練
> 　― 業務の実施（監督及び査閲，監査事務所内外からもたらされる情報への対処，専門的な見解の問合せ，審査，監査実施の責任者間の引継を含む）
> 　― 監査事務所間の引継

【町田】不正リスク対応基準は，「第三　不正リスクに対応した監査事務所の品質管理」で監査の実施手続だけではなく，その実施が適切に行われるように，監査事務所における品質管理上の対応も求めています。

　これは，オリンパス事件に関与していた２つの監査事務所がいずれも，品質管理に関して業務改善命令を受けたことの影響もあると思いますが，不正リスク対応に当たっての品質管理というのは，いったいいかなるものになるのでしょう。

【八田】難しい問題ですね。

　少なくとも，品質管理に関しては，個別の業務についての品質管理と，事務所全体の品質管理があるわけです。ただ，不正リスク対応基準の中では，個々のレベルでの品質管理というよりも事務所全体としての格上げを志向した対応をしていますから，この品質管理についても事務所の管理のレベルを上げるということが中心に規定されていると思います。

　実際問題，オリンパス事件において指摘された事案がこの品質管理，とりわけ十分な情報を入手した上で現場サイドに対して適切な指示を行い，その結果を踏まえた上での審査が行われていたかどうかとなると，若干心許ないところがあったといえるわけです。たとえば監査の受託に関しても本来行うべきリスク評価がなされていたかどうか，あるいは監査を引き継がせる側，つまり前任

の監査人としても適切な対応を引き継ぎ時に行っていたかどうかということもあります。この辺を強調したものと解しています。

【町田】品質管理システムとして整備が求められている点のうち,「5 不正リスクに関連して監査事務所内外からもたらされる情報への対処」および「6 不正による重要な虚偽の表示の疑義があると判断した場合等の専門的な見解の問合せ」というのは,過去の不正事例での監査対応への反省に立ったものではないかと想定されるわけですが,いかなる経緯で導入されたのでしょうか。

【八田】よく,いかにして企業の不正は発覚するのかという議論がなされたときに,先ほども出ました公認不正検査士協会（ACFE）が2年に1回,不正検査士に対して行ったアンケート結果を公表しています。その中で,これは多分世界共通の傾向かもしれませんが,もっとも多く不正が発覚される理由は内部通報だということです。オリンパス事件しかり,カネボウ事件しかり,後から振り返ると,いずれも内部通報によって不正に関する情報が明らかにされてきたわけです。したがって,この際,監査事務所に対して,情報入手の手段として有効な内部通報等の仕組みを適切に整備・運用させ,通報者の人権を守りつつ,通報を受けた場合の監査人サイドの対応の方法も明確にしたいということがあるのだと思います。

それから,仮に「不正による重要な虚偽表示の疑義」があると判断した場合であっても,必ずしも担当者が聞いたときに直ちにその意味内容を理解できない場合があるかもしれません。これも2001年に起きたエンロン事件のときに教訓として示されたことですが,不正の端緒やそういった傾向が見て取れるのだけれども,そこから先の検証や調査が十分に行われてみないと,その全貌や真相がわからないこともあります。また,不正問題に一定の知識や技能がある熟練会計士でないと適切な対応がとれない,あるいは,結果として見落としてしまうということもあり得ますので,そのような情報が発せられた場合には,専門的なチーム,専門家の人たちが複数関わって対応できるようなことが必要ではないかといったことを規定しているものと思います。

【町田】また,同じく10において,「不正リスクへの対応状況の定期的な検証」が明記され,これらのシステムが十分に機能しているかどうかを監査事務所と

して定期的に内部監査することが求められています。こうした体制は，従来の監査事務所では不十分だったのでしょうか。

【八田】 これはおそらく，各事務所においてだいぶ差があるのではないかと思います。大規模な，人的にも能力的にもリソースが潤沢な監査事務所の場合には，そして国際ネットワークの会計事務所の傘下に置かれているところでは，かなり厳格な対応もなされているのかもしれません。しかしながら，中小規模の監査事務所では，なかなかそこまで手が回らなかったというのが実情ではないでしょうか。

ただ，そうはいうものの，今般，オリンパス事件で処分を受けた事務所が大規模なレベルの事務所であったということに鑑みると，やはり監査事務所全体の品質管理システムが，必ずしも説得力あるレベルの水準に達していなかったのではないかということです。したがって，これはまさに監査事務所の内部統制システムの運用面の確認をするという観点での，内部監査が求められたと理解できるのではないでしょうか。

監査契約の新規の締結及び更新

> 第三　不正リスクに対応した監査事務所の品質管理
>
> 2　監査契約の新規の締結及び更新における不正リスクの考慮
> 　　監査事務所は，監査契約の新規の締結及び更新の判断に関する方針及び手続に，不正リスクを考慮して監査契約の締結及び更新に伴うリスクを評価すること，並びに，当該評価の妥当性について，新規の締結等，及び更新時はリスクの程度に応じて，監査チーム外の適切な部署又は者により検討することを含めなければならない。

【町田】 監査契約の新規の締結および更新についても，不正リスクを考慮して監査契約の締結および更新に伴うリスクを評価するとともに，監査契約の新規の締結および更新の判断に際しての監査事務所としての検討を行うことが求められています。こうした手続は，いわゆる受任審査と呼ばれているものですが，これがこれまでは不十分だったということなのでしょうか。

【八田】　昨今，監査人側から見ると極めてリスクの高い環境，つまり監査人の責任が問われるような場面が出てきましたので，不用意に監査業務を受託するということはないと思っています。

　ただ残念ながら，これは日本だけではありませんが，やはり法定監査を中心とした監査法人の場合には，その収益の確保という観点から見ると，新たな顧客確保が重要な課題であるといえます。そういうことから，十分な審査をせずに引き受けていた場面もあったやに聞いていますので，そうした背景からこの規定が出てきたのではないかと思います。

　また，1つの例ではありますが，オリンパスの問題でも後任の監査法人についてはそのような点が若干指摘されていますから，この規定はそれに対応したものであると理解できると思います。

【町田】　かつて，監査事務所がリスクの高い，この場合には監査事務所にとっての契約リスクが高いという意味ですが，そういう企業の監査を引き受けたがらないという事態が生じて，「監査難民」などといわれたことがありましたが，今後，監査事務所が受任審査の判断を厳格化したならば，監査を受けられない企業が数多く出てくることにはなりませんか。

【八田】　本当に原理原則に則って，監査の厳格化が担保されるならば，監査を引き受ける事務所が出てこない企業が現れるという事態はあり得ないことではないと思います。

　ただ，そこまでリスクの高い，あるいは誠実性が脆弱な企業が，いわゆる公開会社・上場会社として存在すること自体が実は大きな問題ですから，その位の毅然たる態度をもって監査人が臨むということは，本来，あってしかるべきではないかと思っています。

不正による重要な虚偽の表示の疑義があると判断された場合の審査

> 第三　不正リスクに対応した監査事務所の品質管理
>
> 7　不正による重要な虚偽の表示の疑義があると判断された場合の審査
> 　監査事務所は，不正による重要な虚偽の表示の疑義があると判断された場合には，修正後の監査計画及び監査手続が妥当であるかどうか，入手した監査証拠が十分かつ適切であるかどうかについて，監査事務所としての審査が行われるよう，審査に関する方針及び手続を定めなければならない。
> 　監査事務所は，当該疑義に対応する十分かつ適切な経験や職位等の資格を有する審査の担当者（適格者で構成される会議体を含む）を監査事務所として選任しなければならない。

【町田】前述の不正による重要な虚偽の表示の疑義があると判断された場合の審査に関して，通常の審査よりも慎重な審査を行うために，監査事務所として，十分かつ適切な経験や職位等の資格を有する担当者や機関を選任することが要請されています。

　大規模事務所では本部審査，小規模事務所では，社員全員による社員会がそれに当たるといわれているわけですが，通常の審査部門と，こうした審査の機関とは，組織上異なるのでしょうか。また，その審査内容はどのように異なるのでしょうか。

【八田】不正による重要な虚偽の表示の疑義に対応する場合には，これは失敗すれば不正を見逃すということになりかねないわけですから，そうした場合には，事務所自体の存立にも関わる重要課題であるという観点から，やはり事務所全体を挙げて対応しなさいということで，いわゆる本部審査という，新たな上位のランクの審査が要請されているものと思います。

　ただ，実際問題としては，これはかなり実務的な話ですので，一律の答えはないような気もします。たとえば，大規模監査法人の場合には，経験豊かな監査人によって構成される審査部門や，場合によっては，不正問題を含む事案を検討する拡大審査といったことも行われていくのではないでしょうか。それに

対して，小規模事務所の場合には，スタッフというかリソースの問題として数に限りがあるという観点から，やはり事務所全体としての意見表明に関しては社員全体に関わるということになると思います。いずれにしても，不正による重要な虚偽の表示の疑義に対しては，監査事務所を挙げて対応するという考え方が重要なのだと思います。

監査実施の責任者間の引継

> **第三　不正リスクに対応した監査事務所の品質管理**
>
> 8　監査事務所内における監査実施の責任者の間の引継
> 　監査事務所は，監査業務の実施に関する品質管理の方針及び手続において，同一の企業の監査業務を担当する監査実施の責任者が全員交代した場合，不正リスクを含む監査上の重要な事項が適切に伝達されるように定めなければならない。

【町田】従来の品質管理基準と異なる点として，監査事務所内の引継ぎの問題が明記された点があると思います。

　たしかに，監査事務所内では，監査実施者の交代制がとられているため，こうした引継ぎの規定も必要かもしれませんが，一方では，監査業務は監査事務所内のいくつかの監査部門または監査チームによって行われており，それらの担当者が一斉に交代するケースは想定しにくいのではないか，という意見も本基準の審議の中では表明されました。

【八田】これも一概にいえないわけでして，複数のケースが想定できると思います。加えて，監査事務所の規模の問題，あるいは方針の問題もあって一律的にはいえませんが，おそらく大規模監査法人の場合には，ある特定の企業の監査担当者全員が一時に交替することはちょっと考えづらいと思います。ローテーションがかかったとしても順次交代していくことになる。問題は小規模監査法人の場合であって，その場合にどうするかということがあります。したがって，やはりそういうことも念頭に置いて，事務所内における責任者間の引継ぎも，重要な事項については，必ず伝達しなさいということで，念を押したのだ

と理解しています。

監査事務所間の引継

> 第三　不正リスクに対応した監査事務所の品質管理
>
> 9　監査事務所間の引継
>   監査事務所は，後任の監査事務所への引継に関する方針及び手続において，後任の監査事務所に対して，不正リスクへの対応状況を含め，監査上の重要な事項を伝達するとともに，後任の監査事務所から要請のあったそれらに関連する調書の閲覧に応じるように定めなければならない。
>   監査事務所は，前任の監査事務所からの引継に関する方針及び手続において，前任の監査事務所に対して，監査事務所の交代事由，及び不正リスクへの対応状況等の監査上の重要な事項について質問するように定めなければならない。
>   監査事務所は，監査事務所間の引継に関する方針及び手続において，監査チームが実施した引継の状況について監査チーム外の適切な部署又は者に報告することを定めなければならない。

【町田】オリンパス事件では，監査事務所間の引継ぎが不十分であったことが問題の発覚を遅らせた原因の1つであったといわれ，金融庁による業務改善命令においても，引継ぎの問題点が指摘されています。

そこで，不正リスク対応基準では，監査事務所交代時において，前任監査事務所と後任監査事務所のそれぞれに対して，十分な引継ぎを実施するように規定が置かれているわけです。

まず，そもそもオリンパス事件は，引継ぎが問題だったのでしょうか。また，引継ぎというのは，前任監査事務所にとっては監査業務の終了後のことであり，後任事務所にとっては，結局，全部，自らリスク評価を行わなければならないのだから，引継ぎばかりを問題視するのはオカシイのではないか，という見解もありますが，この点についてはいかがでしょうか。

【八田】オリンパスの事案は，必ずしもすべてが明らかになっているわけではありませんから，軽々しくは答えられない部分もあります。ただ1点いえるこ

とは，確かにご指摘のように引継ぎそのものが問題であるというより，もっと根源的には，前任監査人が長きにわたって，いかなる監査を実施して，その結果，なぜこういう会計不正を見逃してきた，あるいは放置してきたのか，ということについて先ず検証されなければならないということです。

引継ぎの問題についていうならば，後任監査人が，先ほどのように十分に受任審査等がなされていないという観点から，ほぼ同罪，同じような責めを問われているように思いますが，私はまったく次元が違うと理解しています。つまり，いま，申し上げたように，事務所間の引継ぎに問題があったということよりも，前任監査事務所においていかなる監査が行われてきたか，ということの方が大事だということです。

ただそれは後の祭りなので，今後の問題として見るならば，前任と後任，少なくとも会計プロフェッション同士の同じ立場での議論なわけですから，両方が相応の役割と責任を負うということが重要になります。この引継ぎの規定は，前任監査人は十分な情報を開示する，後任監査人も納得いく情報を入手するということを明確に定めることによって，その役割と責任を再確認させるとともに，もしも両事務所間において何か情報の受発信にトラブルが生じた場合には，この規定は健全な情報共有に向けて非常に大きな意味をもつことになるという理解ができるのではないでしょうか。

資　料

1　監査基準の改訂に関する意見書（平成25年3月26日）……………… 315
2　平成14年以降公表の「監査基準の改訂に関する意見書」の前文
　　　　　　　　　（平成14年1月25日）……………………………………323
　　　　　　　　　（平成17年10月28日）……………………………………335
　　　　　　　　　（平成21年4月9日）………………………………………338
　　　　　　　　　（平成22年3月26日）……………………………………340
3　中間監査基準の改訂に関する意見書（平成23年6月30日）……… 344
4　四半期レビュー基準の改訂に関する意見書
　（平成23年6月30日）……………………………………………………… 350
5　監査に関する品質管理基準の設定に係る意見書
　（平成17年10月28日）……………………………………………………… 357
6　監査における不正リスク対応基準の設定に関する意見書
　（平成25年3月26日）……………………………………………………… 363

資料1

監 査 基 準

監査基準の改訂に関する意見書

〔平成25年3月26日 企業会計審議会〕

監査基準の改訂について

一 経緯

1 審議の背景

公認会計士（監査法人を含む。）による財務諸表の監査（以下「公認会計士監査」という。）は、財務諸表の信頼性を担保するための制度であり、その規範となる監査基準は、財務諸表の作成規範である会計基準とともに、適正なディスクロージャーを確保するための資本市場の重要なインフラストラクチャーである。こうした観点から、当審議会では、監査をめぐる内外の動向を踏まえ、これまでも必要に応じて監査基準の改訂を行ってきている。

近時、金融商品取引法上のディスクロージャーをめぐり、不正による有価証券報告書の虚偽記載等の不適切な事例が相次いでおり、こうした事例においては、結果として公認会計士監査が有効に機能しておらず、より実効的な監査手続を求める指摘があるところである。

この点に関しては、監査基準をめぐる国際的な動向を見ても、重要な虚偽の表示の原因となる不正（以下単に「不正」という。）に対応した基準の見直しが継続的に行われており、また、各国において、職業的専門家としての懐疑心（以下「職業的懐疑心」という。）の重要性が再認識されているところである。

こうしたことから、当審議会においては、国際的な議論の動向等も踏まえつつ、我が国の公認会計士監査をより実効性のあるものとするとの観点から、不正に対応した監査手続等の検討を行い、監査基準等の所要の見直しを行うこととした。

なお、不正に関しては、財務諸表作成者である経営者に責任があるところであり、その対応としては、公認会計士監査における監査手続等の充実とともに、企業におけるコーポレート・ガバナンスのあり方の検討などを含め、幅広い観点からの取組みが重要であると考えられる。また、平成20年4月より上場企業を対象に内部統制報告制度が導入されており、企業においては適正な財務報告を作成するための取組みが継続して行われているところであり、虚偽表示のリスクの評価に当たっては、企業の内部統制の整備状況等が重要な要素となる。したがって、監査人は、企業における内部統制の取組みを考慮するとともに、取締役の職務の執行を監査する監査役等と適切に連携を図っていくことが重要である。

2 審議の経過等

当審議会における監査基準等の見直しに関する議論は、平成24年5月から監査部会において審議が進められた。同部会においては、不正に関する公認会計士監査の実務の状況や監査基準の国際的な改訂の状況等を踏まえ、不正による重要な虚偽表示のリスクに対応した監査手続等の明確化等に向けた監査基準等の見直しの審議を行い、平成24年12月、公開草案として公表し、広く各界の意見を求めた。当審議会では、寄せられた意見を参考にしつつ、更に審議を行い、公開草案の内容を一部修正して、これを「監査基準の改訂及び

315

監査における不正リスク対応基準」として公表することとした。

なお、監査部会の審議においては、いわゆる「循環取引」のように被監査企業と取引先企業の通謀が疑われる場合等に、監査人として採ることが考えられる監査手続として、「取引先企業の監査人との連携」が議論された。検討された「取引先企業の監査人との連携」は、被監査企業と取引先企業の通謀が疑われる場合の一つの監査手続であると考えられるものの、解決すべき論点が多いことから、今回の公開草案には含めず、循環取引等への対応について、当審議会において継続して検討を行うこととしている。

また、監査報告書の記載内容の見直し、特別目的の財務報告に対する監査の位置づけを監査基準上明確にするかどうか、といった論点も議論されたところであるが、国際的な議論の動向や利用者のニーズに関する調査等を踏まえつつ、今後、当審議会において検討を行うこととしている。

二　監査基準の設定について

今般の監査部会における審議の結果、現行の監査基準の一部の改訂を行うこととした。

1　審査

現行の監査基準においては、「監査人は、意見表明に先立ち、自らの意見が一般に公正妥当と認められる監査の基準に準拠して適切に形成されていることを確かめるため、意見表明に関する審査を受けなければならない。この審査は、品質管理の方針及び手続に従った適切なものでなければならない。」として、監査には、それに対する審査の実施が求められている。

監査基準は、財務諸表の種類や意見として表明すべき事項を異にする監査も含め、公認会計士監査のすべてに共通するものであることから、監査業務の種類により、その取扱いに差が設けられていないところである。今般の不正リスク対応基準の検討においては、一定の場合には、通常の審査より慎重な審査が求められることになったが、一方で、公認会計士の行う監査業務が多様化する中で、特定の目的のために監査が義務づけられ、監査報告の対象となる財務諸表の社会的影響が小さく、監査報告の利用者も限定されているようなものの中には、上場会社に対して行っている監査と同様の審査を求める必要はないものもあるのではないかとの指摘があり、国際的な監査の基準においても、上場会社とそれ以外の企業に対する審査は、その取扱いに差を設けているところである。

こうしたことから、品質管理の方針及び手続において、意見が適切に形成されていることを確認できる他の方法が定められている場合には、審査を受けないことができることを明記した。なお、他の方法については、日本公認会計士協会の実務指針において定められることが要請される。

2　監査役等との連携

今般の不正リスク対応基準の検討において、不正リスクの内容や程度に応じ、適切に監査役等と協議する等、監査役等と連携を図らなければならないとされたところである。

現行の監査基準においては監査役等との連携に関する規定がないが、監査における監査役等との連携は、不正が疑われる場合に限らず重要であると考えられることから、監査人は、監査の各段階において、適切に監査役等と協議する等、監査役等と連携を図らなければならないことを明記することとした。

三　実施時期等

1　改訂監査基準は、平成26年３月決算に係る財務諸表の監査から実施する。

2　改訂監査基準の実施に当たり、関係法令において、所要の規定の整備を行うことが適当である。

3　改訂監査基準を実務に適用するに当たっ

て必要となる実務の指針については、日本公認会計士協会において、関係者とも協議の上、適切な手続の下で、早急に作成されることが要請される。

監査基準

第一　監査の目的

財務諸表の監査の目的は、経営者の作成した財務諸表が、一般に公正妥当と認められる企業会計の基準に準拠して、企業の財政状態、経営成績及びキャッシュ・フローの状況をすべての重要な点において適正に表示しているかどうかについて、監査人が自ら入手した監査証拠に基づいて判断した結果を意見として表明することにある。

財務諸表の表示が適正である旨の監査人の意見は、財務諸表には、全体として重要な虚偽の表示がないということについて、合理的な保証を得たとの監査人の判断を含んでいる。

第二　一般基準

1　監査人は、職業的専門家として、その専門能力の向上と実務経験等から得られる知識の蓄積に常に努めなければならない。
2　監査人は、監査を行うに当たって、常に公正不偏の態度を保持し、独立の立場を損なう利害や独立の立場に疑いを招く外観を有してはならない。
3　監査人は、職業的専門家としての正当な注意を払い、懐疑心を保持して監査を行わなければならない。
4　監査人は、財務諸表の利用者に対する不正な報告あるいは資産の流用の隠蔽を目的とした重要な虚偽の表示が、財務諸表に含まれる可能性を考慮しなければならない。また、違法行為が財務諸表に重要な影響を及ぼす場合があることにも留意しなければならない。
5　監査人は、監査計画及びこれに基づき実施した監査の内容並びに判断の過程及び結果を記録し、監査調書として保存しなければならない。
6　監査人は、自らの組織として、すべての監査が一般に公正妥当と認められる監査の基準に準拠して適切に実施されるために必要な質の管理（以下「品質管理」という。）の方針と手続を定め、これらに従って監査が実施されていることを確かめなければならない。
7　監査人は、監査を行うに当たって、品質管理の方針と手続に従い、指揮命令の系統及び職務の分担を明らかにし、また、当該監査に従事する補助者に対しては適切な指示、指導及び監督を行わなければならない。
8　監査人は、業務上知り得た事項を正当な理由なく他に漏らし、又は窃用してはならない。

第三　実施基準

一　基本原則

1　監査人は、監査リスクを合理的に低い水準に抑えるために、財務諸表における重要な虚偽表示のリスクを評価し、発見リスクの水準を決定するとともに、監査上の重要性を勘案して監査計画を策定し、これに基づき監査を実施しなければならない。
2　監査人は、監査の実施において、内部統制を含む、企業及び企業環境を理解し、こ

れらに内在する事業上のリスク等が財務諸表に重要な虚偽の表示をもたらす可能性を考慮しなければならない。
3 監査人は、自己の意見を形成するに足る基礎を得るために、経営者が提示する財務諸表項目に対して、実在性、網羅性、権利と義務の帰属、評価の妥当性、期間配分の適切性及び表示の妥当性等の監査要点を設定し、これらに適合した十分かつ適切な監査証拠を入手しなければならない。
4 監査人は、十分かつ適切な監査証拠を入手するに当たっては、財務諸表における重要な虚偽表示のリスクを暫定的に評価し、リスクに対応した監査手続を、原則として試査に基づき実施しなければならない。
5 監査人は、職業的専門家としての懐疑心をもって、不正及び誤謬により財務諸表に重要な虚偽の表示がもたらされる可能性に関して評価を行い、その結果を監査計画に反映し、これに基づき監査を実施しなければならない。
6 監査人は、監査計画の策定及びこれに基づく監査の実施において、企業が将来にわたって事業活動を継続するとの前提(以下「継続企業の前提」という。)に基づき経営者が財務諸表を作成することが適切であるか否かを検討しなければならない。
7 監査人は、監査の各段階において、監査役等と協議する等適切な連携を図らなければならない。

二 監査計画の策定

1 監査人は、監査を効果的かつ効率的に実施するために、監査リスクと監査上の重要性を勘案して監査計画を策定しなければならない。
2 監査人は、監査計画の策定に当たり、景気の動向、企業が属する産業の状況、企業の事業内容及び組織、経営者の経営理念、経営方針、内部統制の整備状況、情報技術の利用状況その他企業の経営活動に関わる情報を入手し、企業及び企業環境に内在する事業上のリスク等がもたらす財務諸表における重要な虚偽表示のリスクを暫定的に評価しなければならない。
3 監査人は、広く財務諸表全体に関係し特定の財務諸表項目のみに関連づけられない重要な虚偽表示のリスクがあると判断した場合には、そのリスクの程度に応じて、補助者の増員、専門家の配置、適切な監査時間の確保等の全般的な対応を監査計画に反映させなければならない。
4 監査人は、財務諸表項目に関連して暫定的に評価した重要な虚偽表示のリスクに対応する、内部統制の運用状況の評価手続及び発見リスクの水準に応じた実証手続に係る監査計画を策定し、実施すべき監査手続、実施の時期及び範囲を決定しなければならない。
5 監査人は、会計上の見積りや収益認識等の判断に関して財務諸表に重要な虚偽の表示をもたらす可能性のある事項、不正の疑いのある取引、特異な取引等、特別な検討を必要とするリスクがあると判断した場合には、そのリスクに対応する監査手続に係る監査計画を策定しなければならない。
6 監査人は、企業が利用する情報技術が監査に及ぼす影響を検討し、その利用状況に適合した監査計画を策定しなければならない。
7 監査人は、監査計画の策定に当たって、財務指標の悪化の傾向、財政破綻の可能性その他継続企業の前提に重要な疑義を生じさせるような事象又は状況の有無を確かめなければならない。
8 監査人は、監査計画の前提として把握した事象や状況が変化した場合、あるいは監査の実施過程で新たな事実を発見した場合には、適宜、監査計画を修正しなければならない。

三　監査の実施

1. 監査人は、実施した監査手続及び入手した監査証拠に基づき、暫定的に評価した重要な虚偽表示のリスクの程度を変更する必要がないと判断した場合には、当初の監査計画において策定した内部統制の運用状況の評価手続及び実証手続を実施しなければならない。また、重要な虚偽表示のリスクの程度が暫定的な評価よりも高いと判断した場合には、発見リスクの水準を低くするために監査計画を修正し、十分かつ適切な監査証拠を入手できるように監査手続を実施しなければならない。
2. 監査人は、ある特定の監査要点について、内部統制が存在しないか、あるいは有効に運用されていない可能性が高いと判断した場合には、内部統制に依拠することなく、実証手続により十分かつ適切な監査証拠を入手しなければならない。
3. 監査人は、特別な検討を必要とするリスクがあると判断した場合には、それが財務諸表における重要な虚偽の表示をもたらしていないかを確かめるための実証手続を実施し、また、必要に応じて、内部統制の整備状況を調査し、その運用状況の評価手続を実施しなければならない。
4. 監査人は、監査の実施の過程において、広く財務諸表全体に関係し特定の財務諸表項目のみに関連づけられない重要な虚偽表示のリスクを新たに発見した場合及び当初の監査計画における全般的な対応が不十分であると判断した場合には、当初の監査計画を修正し、全般的な対応を見直して監査を実施しなければならない。
5. 監査人は、会計上の見積りの合理性を判断するために、経営者が行った見積りの方法の評価、その見積りと監査人の行った見積りや実績との比較等により、十分かつ適切な監査証拠を入手しなければならない。
6. 監査人は、監査の実施において不正又は誤謬を発見した場合には、経営者等に報告して適切な対応を求めるとともに、適宜、監査手続を追加して十分かつ適切な監査証拠を入手し、当該不正等が財務諸表に与える影響を評価しなければならない。
7. 監査人は、継続企業を前提として財務諸表を作成することの適切性に関して合理的な期間について経営者が行った評価を検討しなければならない。
8. 監査人は、継続企業の前提に重要な疑義を生じさせるような事象又は状況が存在すると判断した場合には、当該事象又は状況に関して合理的な期間について経営者が行った評価及び対応策について検討した上で、なお継続企業の前提に関する重要な不確実性が認められるか否かを確かめなければならない。
9. 監査人は、適正な財務諸表を作成する責任は経営者にあること、財務諸表の作成に関する基本的な事項、経営者が採用した会計方針、経営者は監査の実施に必要な資料を全て提示したこと及び監査人が必要と判断した事項について、経営者から書面をもって確認しなければならない。

四　他の監査人等の利用

1. 監査人は、他の監査人によって行われた監査の結果を利用する場合には、当該他の監査人によって監査された財務諸表等の重要性、及び他の監査人の品質管理の状況等に基づく信頼性の程度を勘案して、他の監査人の実施した監査の結果を利用する程度及び方法を決定しなければならない。
2. 監査人は、専門家の業務を利用する場合には、専門家としての能力及びその業務の客観性を評価し、その業務の結果が監査証拠として十分かつ適切であるかどうかを検討しなければならない。
3. 監査人は、企業の内部監査の目的及び手

続が監査人の監査の目的に適合するかどうか、内部監査の方法及び結果が信頼できるかどうかを評価した上で、内部監査の結果を利用できると判断した場合には、財務諸表の項目に与える影響等を勘案して、その利用の程度を決定しなければならない。

第四　報告基準

一　基本原則

1　監査人は、経営者の作成した財務諸表が、一般に公正妥当と認められる企業会計の基準に準拠して、企業の財政状態、経営成績及びキャッシュ・フローの状況をすべての重要な点において適正に表示しているかどうかについて意見を表明しなければならない。

2　監査人は、財務諸表が一般に公正妥当と認められる企業会計の基準に準拠して適正に表示されているかどうかの判断に当たっては、経営者が採用した会計方針が、企業会計の基準に準拠して継続的に適用されているかどうかのみならず、その選択及び適用方法が会計事象や取引を適切に反映するものであるかどうか並びに財務諸表の表示方法が適切であるかどうかについても評価しなければならない。

3　監査人は、監査意見の表明に当たっては、監査リスクを合理的に低い水準に抑えた上で、自己の意見を形成するに足る基礎を得なければならない。

4　監査人は、重要な監査手続を実施できなかったことにより、自己の意見を形成するに足る基礎を得られないときは、意見を表明してはならない。

5　監査人は、意見の表明に先立ち、自らの意見が一般に公正妥当と認められる監査の基準に準拠して適切に形成されていることを確かめるため、意見表明に関する審査を受けなければならない。この審査は、品質管理の方針及び手続に従った適切なものでなければならない。品質管理の方針及び手続において、意見が適切に形成されていることを確認できる他の方法が定められている場合には、この限りではない。

二　監査報告書の記載区分

1　監査人は、監査報告書において、監査の対象、経営者の責任、監査人の責任、監査人の意見を明瞭かつ簡潔にそれぞれを区分した上で、記載しなければならない。ただし、意見を表明しない場合には、その旨を監査報告書に記載しなければならない。

2　監査人は、財務諸表の記載について強調する必要がある事項及び説明を付す必要がある事項を監査報告書において情報として追記する場合には、意見の表明とは明確に区別しなければならない。

三　無限定適正意見の記載事項

監査人は、経営者の作成した財務諸表が、一般に公正妥当と認められる企業会計の基準に準拠して、企業の財政状態、経営成績及びキャッシュ・フローの状況をすべての重要な点において適正に表示していると認められると判断したときは、その旨の意見（この場合の意見を「無限定適正意見」という。）を表明しなければならない。この場合には、監査報告書に次の記載を行うものとする。

（1）　**監査の対象**
　　監査対象とした財務諸表の範囲

（2）　**経営者の責任**
　　財務諸表の作成責任は経営者にあること、財務諸表に重要な虚偽の表示がないように内部統制を整備及び運用する責任は経営者にあること

（3）　**監査人の責任**
　　監査人の責任は独立の立場から財務諸表に対する意見を表明することにあること
　　一般に公正妥当と認められる監査の基準

に準拠して監査を行ったこと、監査の基準は監査人に財務諸表に重要な虚偽の表示がないかどうかの合理的な保証を得ることを求めていること、監査は財務諸表項目に関する監査証拠を得るための手続を含むこと、監査は経営者が採用した会計方針及びその適用方法並びに経営者によって行われた見積りの評価も含め全体としての財務諸表の表示を検討していること、監査手続の選択及び適用は監査人の判断によること、財務諸表監査の目的は、内部統制の有効性について意見表明するためのものではないこと、監査の結果として入手した監査証拠が意見表明の基礎を与える十分かつ適切なものであること

(4) 監査人の意見

経営者の作成した財務諸表が、一般に公正妥当と認められる企業会計の基準に準拠して、企業の財政状態、経営成績及びキャッシュ・フローの状況をすべての重要な点において適正に表示していると認められること

四　意見に関する除外

1　監査人は、経営者が採用した会計方針の選択及びその適用方法、財務諸表の表示方法に関して不適切なものがあり、その影響が無限定適正意見を表明することができない程度に重要ではあるものの、財務諸表を全体として虚偽の表示に当たるとするほどではないと判断したときには、除外事項を付した限定付適正意見を表明しなければならない。この場合には、別に区分を設けて、除外した不適切な事項及び財務諸表に与えている影響を記載しなければならない。

2　監査人は、経営者が採用した会計方針の選択及びその適用方法、財務諸表の表示方法に関して不適切なものがあり、その影響が財務諸表全体として虚偽の表示に当たるとするほどに重要であると判断した場合には、財務諸表が不適正である旨の意見を表明しなければならない。この場合には、別に区分を設けて、財務諸表が不適正であるとした理由を記載しなければならない。

五　監査範囲の制約

1　監査人は、重要な監査手続を実施できなかったことにより、無限定適正意見を表明することができない場合において、その影響が財務諸表全体に対する意見表明ができないほどではないと判断したときには、除外事項を付した限定付適正意見を表明しなければならない。この場合には、別に区分を設けて、実施できなかった監査手続及び当該事実が影響する事項を記載しなければならない。

2　監査人は、重要な監査手続を実施できなかったことにより、財務諸表全体に対する意見表明のための基礎を得ることができなかったときには、意見を表明してはならない。この場合には、別に区分を設けて、財務諸表に対する意見を表明しない旨及びその理由を記載しなければならない。

3　監査人は、他の監査人が実施した監査の重要な事項について、その監査の結果を利用できないと判断したときに、更に当該事項について、重要な監査手続を追加して実施できなかった場合には、重要な監査手続を実施できなかった場合に準じて意見の表明の適否を判断しなければならない。

4　監査人は、将来の帰結が予測し得ない事象又は状況について、財務諸表に与える当該事象又は状況の影響が複合的かつ多岐にわたる場合には、重要な監査手続を実施できなかった場合に準じて意見の表明ができるか否かを慎重に判断しなければならない。

六　継続企業の前提

1　監査人は、継続企業を前提として財務諸表を作成することが適切であるが、継続企

業の前提に関する重要な不確実性が認められる場合において、継続企業の前提に関する事項が財務諸表に適切に記載されていると判断して無限定適正意見を表明するときには、継続企業の前提に関する事項について監査報告書に追記しなければならない。
2 　監査人は、継続企業を前提として財務諸表を作成することが適切であるが、継続企業の前提に関する重要な不確実性が認められる場合において、継続企業の前提に関する事項が財務諸表に適切に記載されていないと判断したときには、当該不適切な記載についての除外事項を付した限定付適正意見を表明するか、又は、財務諸表が不適正である旨の意見を表明し、その理由を記載しなければならない。
3 　監査人は、継続企業の前提に重要な疑義を生じさせるような事象又は状況に関して経営者が評価及び対応策を示さないときには、継続企業の前提に関する重要な不確実性が認められるか否かを確かめる十分かつ適切な監査証拠を入手できないことがあるため、重要な監査手続を実施できなかった場合に準じて意見の表明の適否を判断しなければならない。
4 　監査人は、継続企業を前提として財務諸表を作成することが適切でない場合には、継続企業を前提とした財務諸表については不適正である旨の意見を表明し、その理由を記載しなければならない。

七　追記情報

　監査人は、次に掲げる強調すること又はその他説明することが適当と判断した事項は、監査報告書にそれらを区分した上で、情報として追記するものとする。
（1）　正当な理由による会計方針の変更
（2）　重要な偶発事象
（3）　重要な後発事象
（4）　監査した財務諸表を含む開示書類における当該財務諸表の表示とその他の記載内容との重要な相違

資料2

平成14年以降公表の「監査基準の改訂に関する意見書」の前文

監査基準の改訂に関する意見書

〔平成14年1月25日 企業会計審議会〕

監査基準の改訂について

一 経緯

1 審議の背景

公認会計士（監査法人を含む。）による財務諸表の監査（以下「公認会計士監査」という。）は、財務諸表の信頼性を担保するための制度であり、その規範となる監査基準は、財務諸表の作成規範である会計基準とともに、適正なディスクロージャーを確保するための重要なインフラストラクチャーである。

我が国の監査基準は、証券取引法に基づく公認会計士監査が昭和25年に導入されたことに伴い、「監査基準」及び「監査実施準則」という構成で設けられ、その後、昭和31年には正規の監査の実施に伴い「監査報告準則」も加わって今日の監査基準の構成が固まった。また、昭和40年から41年にかけて粉飾決算事件の発生等に対処する「監査実施準則」及び「監査報告準則」の大幅な改訂、昭和57年には企業会計原則の一部修正に伴う改訂、昭和58年には後発事象に関する改訂が行われた。さらに、平成元年から平成3年にかけての「監査基準」、「監査実施準則」及び「監査報告準則」の改訂においては、いわゆるリスク・アプローチの考え方が採用され、新たな内部統制概念の導入、監査報告書における特記事項の記載、経営者確認書の入手の義務づけ等による監査基準の充実強化と個別具体的な監査手続の削除による監査基準の純化が図られたところである。直近では、平成10年に、キャッシュ・フロー計算書が証券取引法上の財務諸表に加えられたことに対応して若干の改訂が行われ、現在の監査基準となっている。

平成3年の監査基準の改訂から既に10年余が経過しており、我が国企業の活動の複雑化や資本市場の国際的な一体化を背景として、公認会計士監査による適正なディスクロージャーの確保とともに、公認会計士監査の質の向上に対する要求が国際的にも高まっている。さらに、最近、経営が破綻した企業の中には、直前の決算において公認会計士の適正意見が付されていたにも関わらず、破綻後には大幅な債務超過となっているとされているものや、破綻に至るまで経営者が不正を行っていたとされるものもある。こういった事態に対し、なぜ、公認会計士監査でこれらを発見することができなかったのか、公認会計士監査は果たして有効に機能していたのか等の厳しい指摘や批判が行われている。

このような状況を背景として、平成11年10月に開催された当審議会総会において、「監査基準等の一層の充実」を審議事項とすることが決定され、第二部会において審議が行われることとなった。

2 審議の経緯

当審議会では、国際的な監査基準の動向をも踏まえ、「監査基準」、「監査実施準則」及び「監査報告準則」全般にわたって改訂すべき事項について網羅的に検討を行い、平成12年6月に「監査基準等の一層の充実に関する論点整理」（以下「論点整理」という。）を公

表した。

論点整理では、企業が公表する財務諸表に対して公認会計士が独立の立場から実施する監査について、その信頼性の一層の向上を各方面から求められていることが明らかになったとの認識が示された。その背景を要約すれば、(1)過剰流動性が現出させた飽和経済の崩壊に伴う企業破綻、あるいは信用力の低下が、企業の公表する財務諸表だけでなく、その信頼性に関し独立の立場から職業的専門家としての意見を表明する監査の機能に対しても批判を引き起こしたこと、(2)近年の情報技術（ＩＴ）の高度化は世界的な規模での市場経済化を促し、資本市場ならびに企業活動の国際化も進展させ、企業が公表する財務諸表の監査に対しても、国際的な水準での機能向上が求められていることが挙げられる。

このような認識に基づき、我が国のコーポレート・ガバナンスの変化や国際的な監査基準の展開をも視野に入れ、監査基準の具体的な改訂について審議を行った。平成13年6月には、財務諸表の重要な虚偽の表示の原因となる不正を発見する姿勢の強化、ゴーイング・コンサーン（継続企業の前提）問題への対処、リスク・アプローチの徹底、新たな会計基準への対応及び監査報告書の充実を図ることを改訂の重要なポイントとし、前文を含め監査基準を全面的に見直した「監査基準の改訂に関する意見書（公開草案）」を公表して、広く各界の意見を求めた。当審議会は、寄せられた意見を参考にしつつ更に審議を行い、公開草案の内容を一部修正して、これを「監査基準の改訂に関する意見書」として公表することとした。

二　改訂基準の性格、構成及び位置付け

1　改訂基準の性格

監査基準の基本的性格は、昭和25年に我が国に監査基準が設けられた折、「監査基準は、監査実務の中に慣習として発達したもののなかから、一般に公正妥当と認められたところを帰納要約した原則であつて、職業的監査人は、財務諸表の監査を行うに当り、法令によつて強制されなくとも、常にこれを遵守しなければならない。」と明示されたところであり、今日においても、その性格は変わるものではない。

しかし、前述のように、近年、資本市場や企業活動の国際化、企業が採用する情報技術の高度化、さらに連結財務諸表原則の改訂を初めとする会計基準の改訂や新設など、我が国における公認会計士監査をめぐる環境は大きく変貌している。これらの動きに対応して、監査人個々人のみならず監査事務所などの組織としても監査の実施体制を充実し、さらに監査の質の管理と向上に注意を払う必要性が認識されているところであり、また、これらは国際的な動向とも歩調を合わせることが求められている。

一方、国民経済的な視点からは、市場経済が一層の進展を見せ、いわゆる投資者の自己責任原則が種々の方面で徹底されるようになるにつれ、企業が公表する財務情報の信頼性の確保について、従来とは比較できないほどに社会の期待と関心が高まっている。当然に、公認会計士監査に対しても、その充実が求められている。

このような背景を踏まえ、今般の改訂では、単に我が国の公認会計士監査の最大公約数的な実務を基準化するという方針ではなく、将来にわたっての公認会計士監査の方向性を捉え、また、国際的にも遜色のない監査の水準を達成できるようにするための基準を設定することを目的としている。さらに、公認会計士監査に対する社会の種々の期待に可能な範囲で応えることも改訂基準の意図したところである。

2　改訂基準の構成

今般の改訂では、諸外国のように各項目ごとに個々の基準を設けるという形式は採ら

ず、一つの基準とする形式は維持することとしたが、「監査実施準則」及び「監査報告準則」を廃止し、監査基準という一つの枠組みの中で、一般基準、実施基準及び報告基準の区分とした。その上で、実施基準及び報告基準について基本原則を置くとともに、項目を区分して基準化する方法を採った。

「監査実施準則」及び「監査報告準則」は、監査慣行が十分に確立していない状況において、抽象的な監査基準を補足するものとして設けられたという経緯がある。平成3年の監査基準の改訂において、「監査実施準則」の純化が大幅に行われ、監査基準を補足する具体的な指針を示す役割は日本公認会計士協会に委ねられることとなった。その後、日本公認会計士協会から、逐次、監査に係る具体的な指針が公表され、相当の整備が行われている。このような状況を踏まえると、各準則の位置付けが曖昧なものとなることから、各準則を廃止し、監査基準とこれを具体化した日本公認会計士協会の指針により、我が国における一般に公正妥当と認められる監査の基準の体系とすることが適切と判断した。なお、改訂基準の解釈にあたっては、この前文に示された趣旨を含めて理解することが必要である。

3　監査基準の位置付け

改訂基準における監査の目的が示す枠組み及びこれから引き出されたそれぞれの基準は、証券取引法に基づく監査のみならず、株式会社の監査等に関する商法の特例に関する法律に基づく監査など、財務諸表の種類や意見として表明すべき事項を異にする監査も含め、公認会計士監査のすべてに共通するものである。

一方、監査に類似する証明の業務としていわゆるレビューがある。レビューは、諸外国では、財務諸表には会計基準に照らして特に修正を要する重要な事項は見当たらなかったことを、限定した手続により消極的に証明する業務であるとされており、財務諸表全体が適正であるかどうかについて意見の表明を行う監査とは、その保証水準を明確に異にするものである。したがって、レビューが監査の一環又は一部であると誤解され、監査と混同されると、却って監査に対する信頼を損ねる虞が生じることから、レビューについては監査基準の対象としていない。このような消極的な証明を行う業務については、種々異なる需要があるので、日本公認会計士協会が適切な指針を作成する方が、実務に柔軟に対応することができると考えられる。

三　主な改訂点とその考え方

1　監査の目的

従来、監査基準は監査それ自体の目的を明確にしてこなかったために、監査の役割について種々の理解を与え、これがいわゆる「期待のギャップ」を醸成させてきたことは否めない。また、監査の目的を明確にすることにより、監査基準の枠組みも自ずと決まることになる。このような趣旨から、改訂基準において監査の目的を明らかにすることとしたが、その内容については、以下の点に留意して理解することが必要である。

(1) 監査の目的は、経営者の作成した財務諸表に対して監査人が意見を表明することにあり、財務諸表の作成に対する経営者の責任と、当該財務諸表の適正表示に関する意見表明に対する監査人の責任との区別（二重責任の原則）を明示した。

(2) 監査人が表明する意見は、財務諸表が一般に公正妥当と認められる企業会計の基準に準拠して、企業の財政状態、経営成績及びキャッシュ・フローの状況をすべての重要な点において適正に表示しているかどうかについて、監査人が自ら入手した監査証拠に基づいて判断した結果を表明したものであることを明確にした。

(3) 改訂基準では、基本的な構成からなる財務諸表に対する監査を前提として、財務諸

表が企業の財政状態、経営成績及びキャッシュ・フローの状況を適正に表示しているかどうかについて意見を表明するとしているが、監査の対象となる財務諸表の種類、あるいは監査の根拠となる制度や契約事項が異なれば、それに応じて、意見の表明の形式は異なるものとなる。
(4) 適正意見と虚偽の表示との関係について、監査人が財務諸表は適正に表示されているとの意見を表明することには、財務諸表には全体として重要な虚偽の表示がないことの合理的な保証を得たとの自らの判断が含まれていることを明確にした。
(5) 合理的な保証を得たとは、監査が対象とする財務諸表の性格的な特徴(例えば、財務諸表の作成には経営者による見積りの要素が多く含まれること)や監査の特性(例えば、試査で行われること)などの条件がある中で、職業的専門家としての監査人が一般に公正妥当と認められる監査の基準に従って監査を実施して、絶対的ではないが相当程度の心証を得たことを意味する。

なお、監査報告書における適正意見の表明は、財務諸表及び監査報告書の利用者からは、結果的に、財務諸表には全体として重要な虚偽の表示がないことについて、合理的な範囲での保証を与えているものと理解されることになる。

2 一般基準の改訂について

近年の監査を巡る環境の変化は、従来の一般基準により監査人に求められていた専門的能力や実務経験、独立性、公正不偏性、注意義務などの要件を一層徹底させ、また、監査人の自主的かつ道義的な判断や行動に任せていた点を制度的に担保する方向へと動かすものとなっていることも事実である。それらの現代的な動向は従来の監査基準では必ずしも十分に反映されていなかったので、改訂基準は以下の点でこれを改めることとした。

(1) **専門的能力の向上と知識の蓄積**

監査人は、近年の資本市場の国際化、企業の大規模化や取引活動の複雑化、会計処理の技術的進展、会計基準の高度の専門化などに対応するために、職業的専門家としての能力の維持・研鑽に努め、実務経験を積み、これらの能力や知識を監査の実務に活かすことにより、これまで以上に監査に対する社会の期待に応えることが求められている。

(2) **公正不偏の態度と独立性の保持**

監査人は、監査の実施に当たって、精神的に公正不偏の態度を保持することが求められ、独立性の保持を最も重視しなければならない。そのため、公正不偏な態度に影響を及ぼす可能性という観点から、独立の立場を損なう特定の利害関係を有することはもとより、このような関係を有しているとの疑いを招く外観を呈することがあってはならないことを明確にした。

(3) **職業的懐疑心**

監査人としての責任の遂行の基本は、職業的専門家としての正当な注意を払うことにある。その中で、監査という業務の性格上、監査計画の策定から、その実施、監査証拠の評価、意見の形成に至るまで、財務諸表に重要な虚偽の表示が存在する虞に常に注意を払うことを求めるとの観点から、職業的懐疑心を保持すべきことを特に強調した。

(4) **不正等に起因する虚偽の表示への対応**

財務諸表の虚偽の表示は、経営者による会計方針の選択や適用などの際の判断の誤りのみならず事務的な過誤によってももたらされるが、重要な虚偽の表示の多くは、財務諸表の利用者を欺くために不正な報告(いわゆる粉飾)をすること、あるいは、資産の流用などの行為を隠蔽するために意図的に虚偽の記録や改竄等を行うことに起因すると考えられる。そこで、監査人はこのような不正等について特段の注意を払うとともに、監査の過程において不正等を発見した場合には、経営者

等に適切な対応を求めるとともに、その財務諸表への影響について評価することを求めることとした。

なお、違法行為については、それ自体を発見することが監査人の責任ではなく、その判断には法律の専門的な知識が必要となることも多い。また、違法行為は必ずしも財務諸表の重要な虚偽の表示の原因となるものではないが、監査人が重要な虚偽の表示につながる虞のある違法行為を発見した場合には、不正等を発見した場合に準じて適切な対応をとることになる。

(5) 監査調書

企業の大規模化や企業活動の複雑化は、とりもなおさず監査人の膨大な作業と高度な判断を要求するが、それらの作業や判断の質を自らあるいは組織的に管理するためには、監査調書の作成が不可欠である。また、監査人は自らの責任を問われるような事態に対処し、説明責任を果たすためにも、監査計画の策定から意見の形成に至るまでの監査全体について、判断の過程も含めて記録を残すことを求めることとした。なお、今後、コンピュータを利用して監査調書を作成することも視野に入れ、特に、文書による保存という表現は用いていない。

(6) 監査の質の管理

財務諸表の監査に携わる監査人に対して、自らの監査業務の質の確保に十全な注意を払うとともに、組織としても監査業務の質を担保するための管理の方針と手続を定め、さらに、その実効性の確認までを求めることを明確にした。監査業務の質の確保は、監査補助者の監督、他の監査人の監査結果の利用などに関しても同様に求められるものである。また、監査業務の質の確保には、新規に監査契約を締結する際における調査や前任監査人との引き継ぎ等も含まれる。

(7) 守秘義務

監査人が監査業務上知り得た事項を正当な理由なく他に漏らしたり、窃用することは、職業倫理の上から許されないことは当然であり、そのような行為は監査を受ける企業との信頼関係を損ない、監査業務の効率的な遂行を妨げる原因ともなりかねないことから、敢えて一般基準の一つとして維持することとした。ただし、監査人の交代に当たっての前任監査人からの引継ぎ、親子会社で監査人が異なるときに親会社の監査人が子会社の監査人から情報を入手すること、監査の質の管理のために必要な外部の審査を受けることなどは監査業務の充実に関連することであり、そのような場合には、関係者間の合意を得るなどにより、守秘義務の解除を図る必要がある。

3 リスク・アプローチの明確化について

(1) リスク・アプローチの意義

平成3年の監査基準の改訂でリスク・アプローチの考え方をとり入れたところであるが、なおも我が国の監査実務に浸透するには至っていない。その原因の一端は監査基準の中でリスク・アプローチの枠組みが必ずしも明確に示されなかったことにもある。しかし、リスク・アプローチに基づく監査は、重要な虚偽の表示が生じる可能性が高い事項について重点的に監査の人員や時間を充てることにより、監査を効果的かつ効率的なものとすることができることから、国際的な監査基準においても採用されているものである。我が国の監査実務においてもさらなる浸透を図るべく、改訂基準ではリスク・アプローチに基づく監査の仕組みをより一層明確にした。

(2) リスクの諸概念及び用語法

従来「監査上の危険性」としていた用語を国際的な用語法に改めて「監査リスク」とし、固有リスク、統制リスク、発見リスクという三つのリスク要素と監査リスクの関係を明らかにすることとした。監査実務において、これらのリスクは、実際には複合的な状態で存在することもあり、必ずしも明確に切りわけられるものではないが、改訂基準では

リスク・アプローチの基本的な枠組みを示すことを主眼としており、実際の監査においてはより工夫した手続が用いられることになる。なお、改訂基準におけるこれらの用語は以下の意味で用いられている。
① 「監査リスク」とは、監査人が、財務諸表の重要な虚偽の表示を看過して誤った意見を形成する可能性をいう。
② 「固有リスク」とは、関連する内部統制が存在していないとの仮定の上で、財務諸表に重要な虚偽の表示がなされる可能性をいい、経営環境により影響を受ける種々のリスク、特定の取引記録及び財務諸表項目が本来有するリスクからなる。
③ 「統制リスク」とは、財務諸表の重要な虚偽の表示が、企業の内部統制によって防止又は適時に発見されない可能性をいう。
④ 「発見リスク」とは、企業の内部統制によって防止又は発見されなかった財務諸表の重要な虚偽の表示が、監査手続を実施してもなお発見されない可能性をいう。

(3) リスク・アプローチの考え方
　リスク・アプローチに基づく監査の実施においては、監査リスクを合理的に低い水準に抑えることが求められる。すなわち、監査人の権限や監査時間等には制約もある中で、財務諸表の利用者の判断を誤らせることになるような重要な虚偽の表示を看過するリスクを合理的な水準に抑えることが求められるのである。このため、固有リスクと統制リスクとを評価することにより、虚偽の表示が行われる可能性に応じて、監査人が自ら行う監査手続やその実施の時期及び範囲を策定するための基礎となる発見リスクの水準を決定することが求められる。例えば、固有リスク及び統制リスクが高い（虚偽の表示が行われる可能性が高い）と判断したときは、自ら設定した合理的な監査リスクの水準が達成されるように、発見リスクの水準を低く（虚偽の表示を看過する可能性を低く）設定し、より詳細な監査手続を実施することが必要となる。また、固有リスク及び統制リスクが低いと判断したときは、発見リスクを高めに設定し、適度な監査手続により合理的な監査リスクの水準が達成できることとなる。このように、固有リスクと統制リスクの評価を通じて、発見リスクの水準が決定される。

(4) リスク評価の位置付け
　このようなリスク・アプローチの考え方は、虚偽の表示が行われる可能性の要因に着目し、その評価を通じて実施する監査手続やその実施の時期及び範囲を決定することにより、より効果的でかつ効率的な監査を実現しようとするものである。これは、企業が自ら十分な内部統制を構築し適切に運用することにより、虚偽の表示が行われる可能性を減少させるほど、監査も効率的に実施され得ることにもなる。したがって、リスク・アプローチに基づいて監査を実施するためには、監査人による各リスクの評価が決定的に重要となる。そのために、景気の動向、企業が属する産業の状況、企業の社会的信用、企業の事業内容、経営者の経営方針や理念、情報技術の利用状況、事業組織や人的構成、経営者や従業員の資質、内部統制の機能、その他経営活動に関わる情報を入手することが求められる。監査人がこれらの情報の入手やリスクの評価を行うに当たっては、経営者等とのディスカッションが有効であると考えられ、こういった手法を通じて、経営者等の認識や評価を理解することが重要となる。

4　監査上の重要性について
　監査上の重要性は、監査計画の策定と監査の実施、監査証拠の評価ならびに意見形成のすべてに関わる監査人の判断の規準であり、次のように適用される。

(1) 監査人は、監査計画の策定に当たり、財務諸表の重要な虚偽の表示を看過しないようにするために、容認可能な重要性の基準値（通常は、金額的な数値が設けられる）を決定し、これをもとに、達成すべき監査リスクの水準も勘案しながら、特定の勘定や取引について実施すべき監査手続、その実施の時期及び範囲を決定し、監査を実施する。

(2) 監査人は、監査の実施の過程で判明した重要な虚偽の表示につながる可能性のある事項については、その金額的影響及び質的影響（例えば、少額であっても他の関連項目や次年度以降に重要な影響を与える可能性がある）を検討し、必要であれば、監査の実施の結果を見直したり、追加の監査手続を実施するが、このような金額的・質的影響の評価に関わる判断の規準も監査上の重要性の一部となる。

(3) 監査人は、監査意見の形成に当たって、会計方針の選択やその適用方法、あるいは財務諸表の表示方法について不適切な事項がある場合に、当該事項を除外した上で適正とするか又は財務諸表を不適正とするかを判断するが、この判断の規準も監査上の重要性を構成する。

(4) 監査人は、監査を実施する上で一部の監査手続を実施できなかったり、必要な証拠の提供を得られないなどの制約を受けた場合に、当該事実が影響する事項を除外した上で意見を表明するか又は意見の表明をしないかを判断するが、この場合の判断の規準も監査上の重要性の一部となる。

5 内部統制の概念について

リスク・アプローチを採用する場合、アプローチを構成する各リスクの評価が肝要となるが、なかでも統制リスクの評価は監査の成否の鍵となる。監査人としては、企業に内部統制が整備されていない場合には、意見形成の合理的な基礎を得ることが著しく困難なものとなる。したがって、企業としても、効果的かつ効率的な監査を受けるためには内部統制の充実を図ることが欠かせないことになる。十分かつ適切に内部統制が運用されている企業については、利用し得る範囲において内部監査との連携等も考慮して、一層の効果的かつ効率的な監査が行われることが期待される。監査人としても、内部統制の重要な欠陥を発見した場合には、経営者等にその改善を促すことが望ましい。

ここで、内部統制とは、企業の財務報告の信頼性を確保し、事業経営の有効性と効率性を高め、かつ事業経営に関わる法規の遵守を促すことを目的として企業内部に設けられ、運用される仕組みと理解される。

内部統制は、(1)経営者の経営理念や基本的経営方針、取締役会や監査役の有する機能、社風や慣行などからなる統制環境、(2)企業目的に影響を与えるすべての経営リスクを認識し、その性質を分類し、発生の頻度や影響を評価するリスク評価の機能、(3)権限や職責の付与及び職務の分掌を含む諸種の統制活動、(4)必要な情報が関係する組織や責任者に、適宜、適切に伝えられることを確保する情報・伝達の機能、(5)これらの機能の状況が常時監視され、評価され、是正されることを可能とする監視活動という5つの要素から構成され、これらの諸要素が経営管理の仕組みに組み込まれて一体となって機能することで上記の目的が達成される。

このような内部統制の概念と構成要素は国際的にも共通に理解されているものであるが、それぞれの企業において、具体的にどのような内部統制の仕組みを構築し、どのように運用するかということについては、各国の法制や社会慣行あるいは個々の企業の置かれた環境や事業の特性等を踏まえ、経営者自らが、ここに示した内部統制の機能と役割を効果的

資料2　意見書の前文

に達成し得るよう工夫していくべきものである。

なお、監査人による統制リスクの評価対象は、基本的に、企業の財務報告の信頼性を確保する目的に係る内部統制であるが、そのための具体的な仕組み及び運用の状況は企業によって異なるため、監査人が内部統制を評価するに当たっては上記5つの要素に留意しなければならない。

6 継続企業の前提について

(1) 継続企業の前提に対する対処

企業が将来にわたって事業活動を継続するとの前提(以下「継続企業の前提」という。)について、監査人が検討することに対する社会の期待が存在する。背景には、近年我が国で企業破綻の事例が相次ぎ、利害関係者の要望が強くなったことがある。さらに、すでに米国をはじめとする主要国の監査基準、ならびに国際監査基準(ISA)は、継続企業の前提に関して監査人が検討を行うことを義務づけていることからも、改訂基準で導入することが適当と判断したものである。

(2) 監査上の判断の枠組み

継続企業の前提に関わる監査基準のあり方としては、監査人の責任はあくまでも二重責任の原則に裏付けられたものとしている。経営者は、財務諸表の作成に当たって継続企業の前提が成立しているかどうかを判断し、継続企業の前提に重要な疑義を抱かせる事象や状況について、適切な開示を行わなければならない。したがって、継続企業の前提に重要な疑義が認められる場合においても、監査人の責任は、企業の事業継続能力そのものを認定し、企業の存続を保証することにはなく、適切な開示が行われているか否かの判断、すなわち、会計処理や開示の適正性に関する意見表明の枠組みの中で対応することにある。

監査人による継続企業の前提に関する検討は、経営者による継続企業の前提に関する評価を踏まえて行われるものである。具体的には、継続企業の前提に重要な疑義を抱かせる事象や状況の有無、合理的な期間(少なくとも決算日から1年間)について経営者が行った評価、当該事象等を解消あるいは大幅に改善させるための経営者の対応及び経営計画について検討する。

その結果、継続企業の前提に重要な疑義を抱かせる事象や状況が存在し、当該事象等の解消や大幅な改善に重要な不確実性が残るため、継続企業の前提に重要な疑義が認められる場合には、その疑義に関わる事項が財務諸表において適切に開示されていれば(他に除外すべき事項がない場合には)無限定適正意見を表明し、それらの開示が適切でなければ除外事項を付した限定付適正意見を表明するか又は不適正意見を表明する。なお、無限定適正意見を表明する場合には、監査報告書において、財務諸表が継続企業の前提に基づき作成されていることや当該重要な疑義の影響が財務諸表に反映されていないことなどを含め、当該重要な疑義に関する開示について情報を追記することになる。また、経営者が適切な評価を行わず、合理的な経営計画等が経営者から提示されない場合には、監査範囲の制約に相当することとなり、除外事項を付した限定付適正意見を表明するか又は意見を表明しない。ただし、事業の継続が困難であり継続企業の前提が成立していないことが一定の事実をもって明らかなときは不適正意見を表明することになる。

これらは、基本的に国際的ないし主要国の監査基準に沿ったものである。要は、企業の事業継続能力に関わる情報の財務諸表における適切な開示を促すことが継続企業の前提に関わる監査基準の考え方である。

(3) 継続企業の前提に関わる開示

継続企業の前提に影響を与える可能性が

ある事象や状況を余り広範に捉えると、その影響の重要度や発見時期が混淆し、却って投資判断に関する有用性を損なうとともに、監査人が対処できる限界を超えると考えられる。したがって、公認会計士監査においては、相当程度具体的であってその影響が重要であると認められるような、重要な疑義を抱かせる事象又は状況についてのみ対処することとした。

継続企業の前提に重要な疑義を抱かせる事象や状況としては、企業の破綻の要因を一義的に定義することは困難であることから、財務指標の悪化の傾向、財政破綻の可能性等概括的な表現を用いている。より具体的に例示するとすれば、財務指標の悪化の傾向としては、売上の著しい減少、継続的な営業損失の発生や営業キャッシュ・フローのマイナス、債務超過等が挙げられる。財政破綻の可能性としては、重要な債務の不履行や返済の困難性、新たな資金調達が困難な状況、取引先からの与信の拒絶等が挙げられる。また、事業の継続に不可欠な重要な資産の毀損や権利の失効、重要な市場や取引先の喪失、巨額の損害賠償の履行、その他法令に基づく事業の制約等も考慮すべき事象や状況となると考えられる。いずれにせよ、このような事象や状況が存在する場合には、その旨、その内容、継続企業の前提に関する重要な疑義の存在、当該事象や状況に対する経営者の対応及び経営計画、当該重要な疑義の影響を財務諸表に反映しているか否か等について、財務諸表に注記を義務づけていくことが必要である。

一方、企業活動の継続が損なわれるような重要な事象や状況は突然生起することは稀であり、財務諸表の注記が行われるまで何ら投資者に情報が開示されないことも問題であると考えられる。したがって、上記のような事象や状況につながる虞のある重要な事項については、有価証券報告書や営業報告書等において適切に開示されることが求められる。

7 情報技術（IT）の利用と監査の対応について

企業における情報技術の利用は監査実務にも大きな影響を与えている。特に、監査対象の財務諸表の基礎となる会計情報を処理するシステムが情報技術を高度に取り入れたものである場合は、監査の実施に当たって、統制リスク等の各種のリスク評価に大きく関係する。また、企業が利用している情報技術とシステムに関する十分な知識と対応できる技術的な能力の保持が監査人に求められるという意味で、監査人自身にとってもその責任の履行上、重要な影響が生じることとなる。

改訂基準では、このような状況を背景にして、企業における情報技術の利用に対応したいくつかの措置を講じているが、これも基本的な指示に止まっており、より技術的な指示は日本公認会計士協会の指針において設けられる必要がある。

8 実施基準に関わるその他の改訂事項

(1) 監査計画の充実

監査計画を策定することの重要性については、これまでも「監査基準」で指示されてきたところであるが、リスク・アプローチのもとでは、各リスクの評価と監査手続、監査証拠の評価ならびに意見の形成との間の相関性が一層強くなり、この間の一体性を維持し、監査業務の適切な管理をするために監査計画はより重要性を増している。改訂基準では、これらの点に鑑み、リスク・アプローチに基づいた監査計画の策定のあり方を指示した。

(2) 監査要点と監査証拠

監査要点とは、財務諸表の基礎となる取引や会計事象等の構成要素について立証すべき目標であり、実施基準において、実在性、網羅性、権利と義務の帰属、評価の妥

当性、期間配分の適切性、表示の妥当性等を挙げるとともに、監査要点に適合した十分かつ適切な監査証拠を入手することを求めている。なお、監査要点は、監査を受ける企業の業種、組織、情報処理システムなどに対応して監査人が自らの判断で設定することが基本となる。

(3) **監査手続**

改訂前の「監査基準」においては、監査人が自己の意見表明の合理的な基礎を得るために必要と認めて実施する監査手続として「通常実施すべき監査手続」という概念を用いたが、この表現は、あたかも定型的な監査手続の組み合わせとその適用方法があるかのような誤解を与えることもあるので、使用しないこととした。また、監査手続については、改訂前の「監査実施準則」で、実査、立会、確認、質問、視察、閲覧、証憑突合、帳簿突合、計算突合、勘定分析、分析的手続等として個々の監査の手法を列挙していた。しかし、改訂基準では監査手続を、統制リスクを評価するために行う統制評価手続と監査要点の直接的な立証のために行う実証手続という概念に区分した上で、監査人が選択する具体的な監査の手法の例示は削除した。重要な監査の手法については、日本公認会計士協会が指針において、その種類や適用方法を明確にすることが必要である。

(4) **会計上の見積りの合理性**

新たな会計基準の導入等により、会計上の認識・測定において、従来にも増して経営者の見積りに基づく要素が重要となってきている。改訂基準では、会計上の見積りの合理性について、監査人自身も、十分かつ適切な監査証拠を入手して判断すべきことを指示し、そのために、経営者が行った見積りの方法の評価ばかりでなく、その見積りと監査人自身の見積りや決算日後に判明した実績とを比較したりすることが必要

となる場合もあることを明記している。

(5) **経営者からの書面による確認**

改訂前の「監査実施準則」における経営者確認書の入手は、それ自体が監査手続の一部を構成するものであるかが曖昧であるとの指摘があり、また、監査人が必要と認めた事項について経営者から書面により陳述を得ることが本来の趣旨であることから、経営者確認書という固定的なものとしてではなく、経営者からの書面による確認を監査手続として明確に位置付けた。したがって、必ずしも経営者からの書面による確認を監査の終了時に限るものではなく、監査人の判断により、適宜、適切に行うことになる。

(6) **他の監査人の監査結果の利用**

企業活動の国際化・多角化及び連結対象会社の増加による監査範囲の拡大に伴い、他の監査人の監査の結果を利用する範囲も拡大することから、主たる監査人と他の監査人との責任のあり方についての議論があるが、改訂基準では従来の考え方を変更していない。すなわち、他の監査人の監査の結果を利用する場合も、監査に関わる責任は主たる監査人が負うものであり、報告基準においても他の監査人の監査の結果を利用した場合に特別の記載を求めることはしていない。

なお、監査範囲の大半について他の監査人の監査の結果を利用しなければならない場合には、実質的には他の監査人が監査を行うという結果となることから、監査人として監査を実施することについて、監査契約の締結の可否を含めて慎重に判断すべきである。

9 監査意見及び監査報告書

我が国の監査実務を国際的に遜色のないものとすることは改訂の目的の一つであり、監査報告書の書式の改訂もその一環である。また、近年、監査を巡る社会の関心が高まるな

かで、監査がどのように行われ、またいかなる判断が監査人により行われ、その結果としていかなる意見が表明されるかについて、これまで必ずしも社会的な理解が得られていたとは言えない。このような事情を背景として、改訂基準では、自己の意見を形成するに足る合理的な基礎を得て意見を表明することを報告基準においても明確にした。また、改訂前の「監査実施準則」では「適当な審査機能を備えなければならない」との表現をしていた点について、監査の質の管理の一環として設けられる審査機能を踏まえ、報告基準では意見の表明に先立ち審査を受けなければならないことを明確にし、さらに、次のように監査報告に関する抜本的な改訂を行った。

(1) 適正性の判断
① 監査意見の形成と表明に当たっての監査人による判断の規準を示すことに重点を置いた。これまでの「監査基準」や「監査報告準則」が監査報告書の記載要件を示すことを重視していた点、ならびに、結果として、会計基準への準拠性、会計方針の継続性及び表示方法の基準への準拠性という、適正である旨の意見表明に関する従来の三つの記載要件が、ともすれば形式的な監査判断に陥らせるものとなりがちであった点を改め、改訂基準は、監査人が意見を形成するに当たっての判断の規準を示すことを重視している。

② 監査人が財務諸表の適正性を判断するに当たり、実質的に判断する必要があることを示した。監査人は、経営者が採用した会計方針が会計基準のいずれかに準拠し、それが単に継続的に適用されているかどうかのみならず、その会計方針の選択や適用方法が会計事象や取引の実態を適切に反映するものであるかどうかを判断し、その上で財務諸表における表示が利用者に理解されるために適切であるかどうかについても評価しなければならない。

③ 会計方針の選択や適用方法が会計事象や取引の実態を適切に反映するものであるかの判断においては、会計処理や財務諸表の表示方法に関する法令又は明文化された会計基準やその解釈に関わる指針等に基づいて判断するが、その中で、会計事象や取引について適用すべき会計基準等が明確でない場合には、経営者が採用した会計方針が当該会計事象や取引の実態を適切に反映するものであるかどうかについて、監査人が自己の判断で評価しなければならない。また、会計基準等において詳細な定めのない場合も、会計基準等の趣旨を踏まえ、同様に監査人が自己の判断で評価することとなる。新しい会計事象や取引、例えば、複雑な金融取引や情報技術を利用した電子的な取引についても、経営者が選択し、適用した会計方針がその事象や取引の実態を適切に反映するものであるかどうかを監査人は自己の判断で評価しなければならない。

なお、財務諸表において収益の認識等の重要な会計方針が明確に開示されることも必要である。

(2) 監査報告書の記載
① 監査報告書は、基本的に、監査の対象、実施した監査の概要及び財務諸表に対する意見という三つの区分に分けて記載することとした。監査の対象には、いわゆる二重責任の原則についても記述することを明記した。また、監査の概要に関する記述を国際的な監査基準に合わせて、より詳細なものとし、監査が試査を基礎として実施されることや経営者によって行われた見積りの評価も含まれることなどを明記し、監査の内容に関する利用者の理解を促すようにした。

② 監査範囲の制約を受けた場合の意見表明のあり方を含め、監査人の意見がいかなる規準で形成され、表明されるかを示した。特に、意見を表明しない場合と不適正意見の場合だけでなく、除外事項を付した限定付適正意見の位置付けも明確にした。さらに、訴訟に代表されるような将来の帰結が予測し得ない事象や状況が生じ、しかも財務諸表に与える当該事象や状況の影響が複合的で多岐にわたる場合（それらが継続企業の前提にも関わるようなときもある）に、入手した監査証拠の範囲では意見の表明ができないとの判断を監査人が下すこともあり得ることを明記したが、基本的には、そのような判断は慎重になされるべきことを理解しなければならない。

③ 継続企業の前提に関わる問題については、前述のとおり、監査人の意見表明についての判断の規準と監査報告書において記載すべき事項を示した。

(3) **追記情報**

① 監査人による情報の追記について示した。本来、意見表明に関する監査人の責任は自らの意見を通しての保証の枠組みのなかで果たされるべきものであり、その枠組みから外れる事項は監査人の意見とは明確に区別することが必要である。このように考え方を整理した上で、財務諸表の表示に関して適正であると判断し、なおもその判断に関して説明を付す必要がある事項や財務諸表の記載について強調する必要がある事項を監査報告書で情報として追記する場合には、意見の表明と明確に区分し、監査人からの情報として追記するものとした。具体的には、監査報告書の基本的な三つの区分による記載事項とは別に記載することとなる。したがって、除外すべき事項を追記情報として記載することはできない。これに関連して、監査人の意見との関係が曖昧であるとの指摘もある特記事項は廃止した。

② 監査意見からの除外事項及び追記する情報に関連して、従来、除外事項とされていた正当な理由による会計方針の変更は、不適切な理由による変更と同様に取り扱うことは誤解を招くことから、除外事項の対象とせずに、追記する情報の例示としたが、会計方針の変更理由が明確でないものがあるとの指摘もある点を踏まえ、監査人には厳格な判断が求められることは言うまでもない。また、この改訂に伴い、会計基準の変更に伴う会計方針の変更についても、正当な理由による会計方針の変更として取り扱うこととすることが適当である。なお、会計方針の変更があった場合における財務諸表の期間比較の観点からは、変更後の会計方針による過年度への影響に関する情報提供についても、財務諸表の表示方法の問題として検討することが必要である。

③ 追記する情報には、監査報告書を添付した財務諸表を含む開示情報と財務諸表の記載内容との重要な相違を挙げているが、これは、財務諸表と共に開示される情報において、財務諸表の表示やその根拠となっている数値等と重要な相違があるときには、監査人が適正と判断した財務諸表に誤りがあるのではないかとの誤解を招く虞があるため、追記する情報として例示した。

(4) **監査報告書の日付及び署名**

監査報告書の日付は、後発事象の範囲等も含め監査人の責任に関わる重要な事項である。したがって、監査人が自らの責任において監査が終了したと判断したときに監査報告書を作成することが基本であると考えられる。しかし、これは、財務諸表の開示制度上あるいは監査の終了をどう捉えるか等の問題であり、改訂基準においては特定の時点を示すことは

しなかった。

　また、個人名や捺印が必要か否か、あるいは監査事務所などの名称のみの記載が適切か否かという問題は、むしろ、監査に関わる責任主体についての法律的あるいは制度的な問題であり、監査基準には馴染まないものと考えられることから、改訂基準においては監査人の具体的な記名方法を示すことはしなかった。

四　実施時期等

1　改訂基準は、平成15年3月決算に係る財務諸表の監査から実施する。

　なお、改訂基準の実施に当たり、関係法令において、改訂基準に基づく監査報告書の記載事項、継続企業の前提に重要な疑義を抱かせる事象又は状況に関する注記事項等について所要の整備を行うことが適当である。

2　監査基準は、すでに述べたとおり、日本公認会計士協会の指針と一体となって一般に公正妥当と認められる監査の基準を形成するものである。したがって、改訂基準を実務に適用するに当たっては、監査人に対してより具体的な指示が明確にされることが必要であり、日本公認会計士協会において、関係者とも協議の上、早急に、改訂基準を実施するための具体的な指針を作成することが要請される。さらに、経済社会の変化が著しい状況において、国際的にも監査実務が高度化されていくと考えられることから、国際的な動向も踏まえ、具体的な指針について柔軟に見直しを行っていくことが求められる。

監査基準の改訂に関する意見書

〔平成17年10月28日　企業会計審議会〕

監査基準の改訂について

一　経緯

　当審議会は、平成17年1月の総会において、監査基準の改訂に関する審議を開始することを決定し、平成17年3月から監査部会において審議を進めてきた。これは、証券取引法上のディスクロージャーをめぐり不適正な事例が相次ぎ、公認会計士・監査審査会のモニタリングの結果等からは、リスク・アプローチが適切に適用されておらず、その改善が求められる事例が多数見受けられたことに対応したものである。また、監査基準をめぐる国際的な動向をみても、近年、リスク・アプローチの適用等に関する基準の改訂が精力的に進められており、これを我が国にも取り入れることにより、監査の水準の向上を図ると共に、監査実務の国際的な調和を図ることができると判断した。

　平成17年7月、これらを取り入れた改訂監査基準を「監査基準及び中間監査基準の改訂並びに監査に関する品質管理基準の設定について（公開草案）」として公表し、広く各界の意見を求めた。当審議会は、寄せられた意見を参考にしつつ、更に審議を行い、公開草案の内容を一部修正して、これを「監査基準の改訂に関する意見書」として公表することとした。

　なお、国際的には、継続的に監査基準の改訂が行われ、その作業はこれまで以上に頻繁なものとなってきている。我が国においても、こうした動きを踏まえて、継続的に監査基準を見直し、先端的な監査の考え方や手法等を積極的に取り入れ、公認会計士監査の質の向上を不断に図っていくことが重要であると考えられる。このため、当審議会では、今後も、継続的な監査基準の改訂作業を進めていく考えである。

二 主な改訂点とその考え方

1 事業上のリスク等を重視したリスク・アプローチの導入

リスク・アプローチに基づく監査は、重要な虚偽の表示が生じる可能性が高い事項について重点的に監査の人員や時間を充てることにより、監査を効果的かつ効率的に実施できることから、我が国でも、平成３年の監査基準の改訂で採用し、さらに、平成14年の監査基準の改訂で、リスク・アプローチに基づく監査の仕組みをより一層明確にしたところである。

しかし、現実の企業における日常的な取引や会計記録は、多くがシステム化され、ルーティン化されてきており、財務諸表の重要な虚偽の表示は、経営者レベルでの不正や、事業経営の状況を糊塗することを目的とした会計方針の適用等に関する経営者の関与等から生ずる可能性が相対的に高くなってきていると考えられる。また、経営者による関与は、経営者の経営姿勢、内部統制の重要な欠陥、ビジネス・モデル等の内部的な要因と、企業環境の変化や業界慣行等の外部的な要因、あるいは内部的な要因と外部的な要因が複合的に絡みあってもたらされる場合が多い。

一方、監査人の監査上の判断は、財務諸表の個々の項目に集中する傾向があり、このことが、経営者の関与によりもたらされる重要な虚偽の表示を看過する原因となることが指摘されている。そこで、リスク・アプローチの適用において、リスク評価の対象を広げ、監査人に、内部統制を含む、企業及び企業環境を十分に理解し、財務諸表に重要な虚偽の表示をもたらす可能性のある事業上のリスク等を考慮することを求めることとした。

さらに、こうした観点から、固有リスクと統制リスクを結合した「重要な虚偽表示のリスク」の評価、「財務諸表全体」及び「財務諸表項目」の二つのレベルにおける評価等の考え方を導入した。このようなリスク・アプローチを「事業上のリスク等を重視したリスク・アプローチ」という。

なお、財務諸表に重要な虚偽の表示が生じる可能性に応じて、発見リスクの水準を決定し、これに基づいて監査手続、その実施の時期及び範囲を計画し、実施するというリスク・アプローチの基本的な考え方は変わらないことから、今回の改訂に係る部分を除いて、平成14年の改正における「監査基準の改訂について」に記載されている概念や考え方は踏襲されていることに留意が必要である。

2 「重要な虚偽表示のリスク」の評価

従来のリスク・アプローチでは、監査人は、監査リスクを合理的に低い水準に抑えるため、固有リスクと統制リスクを個々に評価して、発見リスクの水準を決定することとしていた。しかし、固有リスクと統制リスクは実際には複合的な状態で存在することが多く、また、固有リスクと統制リスクとが独立して存在する場合であっても、監査人は、重要な虚偽の表示が生じる可能性を適切に評価し、発見リスクの水準を決定することが重要であり、固有リスクと統制リスクを分けて評価することは、必ずしも重要ではない。むしろ固有リスクと統制リスクを分けて評価することにこだわることは、リスク評価が形式的になり、発見リスクの水準の的確な判断ができなくなるおそれもあると考えられる。そこで、原則として、固有リスクと統制リスクを結合した「重要な虚偽表示のリスク」を評価したうえで、発見リスクの水準を決定することとした。

3 「財務諸表全体」及び「財務諸表項目」の二つのレベルでの評価

財務諸表における重要な虚偽の表示は、経営者の関与等から生ずる可能性が相対的に高くなってきていると考えられるが、従来のリスク・アプローチでは、財務諸表項目における固有リスクと統制リスクの評価、及びこれらと発見リスクの水準の決定との対応関係に

重点が置かれていることから、監査人は自らの関心を、財務諸表項目に狭めてしまう傾向や、財務諸表に重要な虚偽の表示をもたらす要因の検討が不十分になる傾向があることから、広く財務諸表全体における重要な虚偽の表示を看過しないための対応が必要と考えられた。そこで、財務諸表における「重要な虚偽表示のリスク」を「財務諸表全体」及び「財務諸表項目」の二つのレベルで評価することとした。

財務諸表全体レベルにおいて重要な虚偽表示のリスクが認められた場合には、そのリスクの程度に応じて、補助者の増員、専門家の配置、適切な監査時間の確保等の全般的な対応を監査計画に反映させ、監査リスクを一定の合理的に低い水準に抑えるための措置を講じることが求められる。

また、財務諸表項目レベルでは、統制リスクの評価に関する実務的な手順を考慮して、まず、内部統制の整備状況の調査を行い、重要な虚偽表示のリスクを暫定的に評価し、次に、当該リスク評価に対応した監査手続として、内部統制の有効性を評価する手続と監査要点の直接的な立証を行う実証手続を実施することとしている。

4 「特別な検討を必要とするリスク」への対応

会計上の見積りや収益認識等の重要な会計上の判断に関して財務諸表に重要な虚偽の表示をもたらす可能性のある事項、不正の疑いのある取引、関連当事者間で行われる通常ではない取引等の特異な取引等は、監査実施の過程において特別な検討を行う必要があることから、「特別な検討を必要とするリスク」として、それが財務諸表における重要な虚偽の表示をもたらしていないかを確かめるための実証手続の実施、及び、必要に応じて内部統制の整備状況の調査や運用状況の評価を実施することを求めている。

5 経営者が提示する財務諸表項目と監査要点

財務諸表の監査の目的は、財務諸表の適正性に対して、監査人が自らの意見を表明することにある。そのためには、監査人は、経営者が提示する財務諸表項目について立証すべき監査要点を設定し、監査要点ごとに監査手続を実施して監査証拠を入手し、監査要点に関して立証した事項を積み上げて統合化し、財務諸表の適正性に関する結論を得ることになる。

経営者の提示する財務諸表項目は経営者が責任の主体であるのに対し、監査要点は監査人が設定した立証すべき目標であることを明示することにより、両者の関係を明確にすることとした。

三 実施時期等

1 改訂監査基準は、平成19年3月決算に係る財務諸表の監査から実施する。ただし、平成18年3月決算に係る財務諸表の監査から実施することを妨げない。なお、改訂基準の実施に当たり、関係法令において、基準の改訂に伴う所要の整備を行うことが適当である。2 改訂基準を実務に適用するに当たって必要となる実務の指針については、日本公認会計士協会において、関係者とも協議の上、適切な手続の下で、早急に作成されることが要請される。

監査基準の改訂に関する意見書

〔平成21年4月9日〕
〔企業会計審議会〕

監査基準の改訂について

一 経緯

　企業が将来にわたって事業活動を継続するとの前提（以下「継続企業の前提」という。）に関する監査基準については、平成14年の監査基準の改訂に際して、企業破綻の事例が相次ぎ、利害関係者の要望が強くなったことなどを背景に国際監査基準（ＩＳＡ）などでも義務づけられていたことなどから導入されたものである。

　近時の企業業績の急激な悪化に伴い、（四半期）財務諸表に継続企業の前提に関する注記や監査報告書に追記情報が付される企業が増加しているが、その背景として、継続企業の前提に関する注記の開示を規定している財務諸表等規則等やその監査を規定する監査基準において、一定の事象や状況が存在すれば直ちに継続企業の前提に関する注記及び追記情報の記載を要するとの規定となっているとの理解がなされ、一定の事実の存在により画一的に当該注記を行う実務となっているとの指摘がある。また、それらの規定や実務は国際的な基準とも必ずしも整合的でないとも指摘されている。

　こうしたことから、当審議会は、平成21年3月、監査部会において、投資者により有用な情報を提供する等との観点から検討を行い、一定の事象や状況が存在すれば直ちに継続企業の前提に関する注記を要するとともに追記情報の対象と理解される現行の規定を改め、これらの事象や状況に対する経営者の対応策等を勘案してもなお、継続企業の前提に関する重要な不確実性がある場合に、適切な注記がなされているかどうかを監査人が判断することとした。当審議会では、これらを取り入れた公開草案を公表し広く意見を求め、寄せられた意見を参考にしつつ、更に審議を行い、公開草案の内容を一部修正して、これを「監査基準の改訂に関する意見書」として公表することとした。今回の監査基準の改訂により、継続企業の前提に関する監査実務の国際的な調和を図ることができるものと考えられる。

　なお、中間監査基準及び四半期レビュー基準においても、継続企業の前提に関わる同様の基準が規定されていることから、今後、監査部会において同様の観点からの改訂を検討することが必要である。

　また、国際的には、継続的に監査基準の改訂が行われており、国際監査基準については、すべての基準を必須手続とそれ以外の手続に明確に区分することなどを内容とする明瞭性（クラリティ）プロジェクトが2009年（平成21年）3月に完了したところである。さらに、当審議会の企画調整部会において、「我が国における国際会計基準の取扱い」が検討されているところであり、仮に国際会計基準を導入する場合には、それが任意適用の段階であっても、国際会計基準に基づく財務諸表を適切に監査できることが必要である。我が国においても、こうした動きを踏まえて、継続的に監査基準を見直し、国際的な監査の基準との整合性をより高めつつ、公認会計士監査の質の向上を不断に図っていくことが重要であると考えられる。このため、当審議会では、今後も、継続的な監査基準の改訂作業を進めていく考えである。

二 主な改訂点とその考え方

1 継続企業の前提に関する監査の実施手続

　我が国においては、経営者が継続企業の前提について評価すること、その結果について注記することについては、明確な会計基準が存在していない。このため、財務諸表の表示

のルールを定めた内閣府令である財務諸表等規則等にしたがって継続企業の前提に関する開示の実務が行われていると考えられる。今般、投資者により有用な情報を提供する観点から国際会計基準などとの整合性をも踏まえ、財務諸表等規則等を改正し、継続企業の前提に重要な疑義を生じさせるような事象又は状況が存在する場合であつて、当該事象又は状況を解消し、又は改善するための対応をしてもなお、継続企業の前提に関する重要な不確実性が認められるときは、経営者は、その評価の手順にしたがって、①当該事象又は状況が存在する旨及びその内容、②当該事象又は状況を解消し、又は改善するための対応策、③当該重要な不確実性が認められる旨及びその理由などを注記することが検討されている。

　このような財務諸表等規則等の検討と合わせ、監査基準においても、国際監査基準における監査の実施手続と同様の手続を明確化することとした。すなわち、監査人は、継続企業の前提に重要な疑義を生じさせるような事象又は状況が存在すると判断した場合には、当該事象又は状況に関して合理的な期間について経営者が行った評価及び対応策について検討した上で、なお継続企業の前提に関する重要な不確実性が認められるか否かを確かめなければならないこととし、経営者が行った継続企業の前提に関する評価の手順を監査人においても確認するものとした。

　なお、財務諸表の表示のルールや国際監査基準との整合性の観点も踏まえた「継続企業の前提に関する重要な不確実性」の文言については、継続企業の前提に関する監査の実施手続の文脈において、一続きで意味を持つ表現として使用することとしたものである。

2　継続企業の前提に関する意見表明

　実施基準において、継続企業の前提に関し、監査人は、「継続企業の前提に関する重要な不確実性が認められるか否か」を確認することとなるよう改訂されることから、監査報告においても監査人は「継続企業の前提に関する重要な不確実性」が認められるときの財務諸表の記載に関して意見を表明することとした。

　また、現行の報告基準において、重要な疑義を抱かせる事象又は状況が存在している場合において、経営者がその疑義を解消させるための合理的な経営計画等を示さないときには、重要な監査手続を実施できなかった場合に準じ、意見の表明の適否を判断することとされている。この規定については、疑義を解消できる確実性の高い経営計画等が示されない場合には、監査人は意見を表明できないとの実務が行われているとの指摘がある。今般、国際的な実務をも踏まえ同規定を見直し、経営者が評価及び一定の対応策も示さない場合には、監査人は十分かつ適切な監査証拠を入手できないことがあるため、重要な監査手続を実施できなかった場合に準じ意見の表明の適否を判断することとした。

　なお、従来、「継続企業の前提に関する注記」がなされてきたケースの一部について、経営者の対応策等から継続企業の前提に関する重要な不確実性が認められないため、「注記」に至らないケースが生じることもある。上場会社等において、継続企業の前提に関する重要な不確実性が認められず当該注記を行わないケースにおいても、例えば、有価証券報告書の「事業等のリスク」等において、一定の事象や経営者の対応策等を開示し、利害関係者に情報提供が行われることが適切である。

三　実施時期等

1　改訂監査基準は、平成21年3月決算に係る財務諸表の監査から実施する。なお、改訂基準の実施に当たり、関係法令において、基準の改訂に伴う所要の整備を行うことが適当である。

2　改訂基準を実務に適用するに当たって必要となる実務の指針については、日本公認

会計士協会において、関係者とも協議の上、適切な手続の下で、早急に作成されることが要請される。

監査基準の改訂に関する意見書

〔平成22年3月26日〕
〔企業会計審議会〕

監査基準の改訂について

一 経緯

公認会計士（監査法人を含む。）による財務諸表の監査（以下「公認会計士監査」という。）を行うに際しての規範である監査基準は、財務諸表の作成規範である企業会計の基準とともに、適正なディスクロージャーを確保するための重要なインフラストラクチャーである。こうした観点から、当審議会では、国際的な監査の基準や監査をめぐる内外の動向を踏まえ、これまでも必要に応じて監査基準の改訂を行ってきており、現行の監査基準は、国際監査基準（ISA）と比して内容等において遜色のないものとなっている。

当審議会では、平成21年4月9日に公表された「監査基準の改訂に関する意見書」においても、「国際的には、継続的に監査基準の改訂が行われており、国際監査基準については、すべての基準を必須手続とそれ以外の手続に明確に区分することなどを内容とする明瞭性（クラリティ）プロジェクトが2009年（平成21年）3月に完了したところである。さらに、当審議会の企画調整部会において、『我が国における国際会計基準の取扱い』が検討されているところであり、仮に国際会計基準を導入する場合には、それが任意適用の段階であっても、国際会計基準に基づく財務諸表を適切に監査できることが必要である。我が国においても、こうした動きを踏まえて、継続的に監査基準を見直し、国際的な監査の基準との整合性をより高めつつ、公認会計士監査の質の向上を不断に図っていくことが重要であると考えられる。このため、当審議会では、今後も、継続的な監査基準の改訂作業を進めていく」との考え方を明らかにしてきた。

国際監査基準については、従前より、我が国からも国際監査・保証基準審議会（IAASB）や公益監視委員会（PIOB）のメンバー等として参加し、基準の策定に我が国の考え方を反映してきているところである。今般の国際監査基準の明瞭性プロジェクトは、前述のように、基準の規定文言を明確化するための技術的な改正を中心とするものであるが、改正後の国際監査基準と我が国の監査基準との間には、一部に差異が生じることになった。

こうしたことから、当審議会は、平成22年3月に開催された監査部会において、改正された国際監査基準との整合性等に関して検討を行い、国際監査基準の明瞭性プロジェクトによる改正に対応して、監査人の監査報告書における意見表明の内容等を規定している報告基準における国際基準との差異を調整することを中心に、現行の我が国監査基準を改訂することとした。

なお、中間監査基準及び四半期レビュー基準についても、今後、同様の観点からの改訂を検討することが必要である。

二 主な改訂点とその考え方

1 国際監査基準の改正と我が国の監査基準・監査実務指針の関係について

我が国の監査の基準の体系としては、平成3年の監査基準の改訂において、監査基準では原則的な規定を定め、監査基準を具体化した実務的・詳細な規定は日本公認会計士協会の指針（監査実務指針）に委ね、両者により

我が国における一般に公正妥当と認められる監査の基準とすることが適切とされたところである。

日本公認会計士協会では、国際監査基準の明瞭性プロジェクトにより改正された37の国際監査基準等（36の国際監査基準及び品質管理基準）に対応した監査実務指針の改正を進めているところである。

したがって、今回の監査基準の改訂は、明瞭性プロジェクトによる国際監査基準との差異と考えられる項目のうち、監査基準の改訂が必要な項目と監査実務指針のみの改正で対応することが適切である項目についての検討を行い、監査実務指針の改正に先立って監査基準の改訂が必要と考えられる第四報告基準についての改訂を行ったものである。

2 報告基準の改訂について

(1) 監査報告書の記載区分等

現行の我が国の監査基準では、監査報告書には①監査の対象、②実施した監査の概要、③財務諸表に対する意見を記載することが求められている。一方、明瞭性プロジェクト後の国際監査基準では、監査報告書を①監査の対象、②経営者の責任、③監査人の責任、④監査人の意見に区分した上で、①の監査の対象以外については、それぞれ見出しを付して明瞭に表示することを要求していることから、我が国の監査基準においても、監査報告書の記載区分を現行の3区分から4区分にするとともに、国際監査基準において求められている記載内容を踏まえてそれぞれの記載区分における記載内容を整理した。例えば、監査の対象に含まれていた「財務諸表の作成責任は経営者にあること」という記載を経営者の責任の区分に記載することにより明確化したほか、「監査手続の選択及び適用は監査人の判断によること」等の記載を監査人の責任の区分に記載することを求めることとした。

また、監査人による監査意見の形成過程そのものは、実質的に従前とは変わらないものの、意見に関する除外及び監査範囲の制約に関して、従来の我が国の監査基準では、重要な影響として一括して扱っていた、「重要性」と「広範性」について、国際監査基準では2つの要素を明示的に示すことになっており、今般の改訂においては、当該影響について、「重要性」と財務諸表全体に及ぶのかという「広範性」の2つの要素から判断が行われることを明確にした。

(2) 追記情報

現行の監査基準では、監査人は、監査人の意見とは別に、説明又は強調することが適当と判断した事項については、情報として追記するものとされているが、財務諸表における記載を特に強調するために当該記載を前提に強調する強調事項と、監査人の判断において説明することが適当として記載される説明事項との区分がなく、混在して規定されている。明瞭性プロジェクト後の国際監査基準では、両者を区分した上で記載することが求められていることから、我が国の監査基準においても、会計方針の変更、重要な偶発事象、重要な後発事象、監査した財務諸表を含む開示書類における当該財務諸表の表示とその他の記載内容との重要な相違などの、財務諸表における記載を前提に強調することが適当と判断した事項と監査人がその他説明することを適当と判断した事項について、それぞれを区分して記載することを求めることとした。

3 監査実務指針での対応について

上述の監査報告書に係る改訂以外の部分については、監査基準に基づき、監査実務指針において対応が必要となると考えられるため、日本公認会計士協会において、関係者とも協議の上、適切な手続の下で、実務上の指針として早急に作成されることが要請される。

なお、その際に、監査上の後発事象については、以下の点に留意する必要がある。

後発事象に関して、我が国の監査基準においては、昭和58年の監査実施準則の改訂において後発事象に係る監査手続を規定したが、これまで明確な定義が置かれていなかった。一方で、明瞭性プロジェクト後の国際監査基準では、後発事象とは、決算日の翌日から監査報告書日の間に発生している事象、及び監査報告書日後に監査人が知るところとなった事実と定義されている。したがって、我が国においても監査上の後発事象の定義について、国際監査基準を参考に検討することが適当である。

4 「会計上の変更及び誤謬の訂正に関する会計基準」の適用に伴う対応について

(1) 「会計上の変更及び誤謬の訂正に関する会計基準」の適用に伴う対応の必要性

平成21年12月4日、企業会計基準委員会（ＡＳＢＪ）は、「会計上の変更及び誤謬の訂正に関する会計基準」及び「会計上の変更及び誤謬の訂正に関する会計基準の適用指針」を公表した。本基準は、会計基準のコンバージェンス（収れん）並びに財務諸表の期間比較可能性及び企業間の比較可能性が向上することが財務諸表の意思決定有用性を高めることができるとの観点から、会計方針や表示方法の変更、過去の誤謬の訂正があった場合には、あたかも新たな会計方針や表示方法等を過去の財務諸表に遡って適用していたかのように会計処理又は表示の変更等を行うものである。

現行の金融商品取引法上の開示としては、当期の財務諸表と前期の財務諸表を並記することとされている。ただし、前期の財務諸表は、原則として、前期に提出された有価証券報告書に含まれていた財務諸表がそのまま記載されており、当期に会計方針の変更等があった場合に、必ずしも財務諸表の期間比較可能性が確保されたものとはなっていない。

今般、この会計基準が適用されることに対応して、財務諸表の期間比較可能性を確保・向上し、投資者に有用な情報を提供する観点から、金融商品取引法上、前期の財務諸表は、当期の財務諸表の一部を構成するものとして、当期の財務数値に対応する前期の財務数値を比較情報として位置づけ、これを開示することが適当である。したがって、この比較情報としての前期の財務数値は、上述の新基準にしたがって修正されたものではあるが、前期に提出された財務諸表自体を全体として修正したものではなく、当期の財務諸表に含まれる比較情報の当期の財務数値に対応する前期の数値を期間比較の観点から、必要な限りで修正・記載したものであると位置づけられる。

(2) 監査意見の表明

このような比較情報に関する監査手続について、国際監査基準においては、当期の財務諸表に含まれる比較情報に対するものとして限定した形で行うこととされており、我が国においても同様に考えることが適当である。

また、比較情報に関する監査意見の表明の方法については、同基準では2つの方法が記載されており、各国の制度によりいずれもあり得るとされているところである。我が国においては、従来、当期の財務諸表に限定して監査意見を表明する実務が定着しており、上述のとおり、当事業年度における監査では、比較情報としての前期の財務数値については、限定された監査手続を行うこととされていることを踏まえれば、2つの方法のうち、監査意見は当期の財務諸表に対してのみ言及し、比較情報には明示的に言及しない方式（以下「対応数値方式」という。）の方が監査実務になじみやすく、投資者の理解にも資するものと考えられる。このような考え方に基づき、関係法令について、現在、当期及び前期の財務

諸表に対して監査証明を求めている規定を当期の財務諸表のみを対象とするなど、所要の整備を行うことが適当である。

なお、今般の遡及処理が行われた場合の監査手続や監査意見の表明方法について、関係法令の整備に併せて、日本公認会計士協会において、関係者とも協議の上、適切な手続の下で、早急に実務の指針が作成されることが要請される。

三 実施時期等

1 改訂監査基準は、平成24年3月決算に係る財務諸表の監査から実施する。なお、改訂基準の実施に当たり、関係法令において、基準の改訂に伴う所要の整備を行うことが適当である。

2 改訂基準を実務に適用するに当たって必要となる実務の指針については、日本公認会計士協会において、関係者とも協議の上、適切な手続の下で、早急に作成されることが要請される。

3 国際的には、今後とも継続的に国際監査基準の改正が行われていくことが考えられる。我が国としては、引き続き、国際監査基準の策定の議論に積極的に参加し、我が国として意見を発信していくことが必要である。

資料3

中間監査基準

中間監査基準の改訂に関する意見書

〔平成23年6月30日〕
〔企業会計審議会〕

中間監査基準の改訂について

一 経緯

当審議会では、国際的な監査の基準や監査をめぐる内外の動向を踏まえ、これまでも必要に応じて監査基準等の改訂を行ってきており、現行の監査基準等は、国際監査基準（ISA）と比して内容等において遜色のないものとなっている。

当審議会は、平成22年3月に開催された監査部会において、すべての基準を必須手続とそれ以外の手続に明確に区分することなどを内容とする明瞭性（クラリティ）プロジェクトにより改正された国際監査基準との整合性等に関して検討した。

検討の結果、監査人の監査報告書における意見表明の内容等を規定している報告基準における国際監査基準との差異を調整することを中心とした改訂を行い、「監査基準の改訂に関する意見書」を平成22年3月26日に公表した。

今般、同様の観点から、中間監査基準の改訂案を公開草案として公表し、広く意見を求め、寄せられた意見を参考にしつつ、公開草案の内容を一部修正し、これを「中間監査基準の改訂に関する意見書」として公表することとした。

二 主な改訂点とその考え方

1 報告基準の改訂について

(1) 中間監査報告書の記載区分等

現行の我が国の中間監査基準では、中間監査報告書（以下「報告書」という。）に①中間監査の対象、②実施した中間監査の概要、③中間財務諸表に対する意見を記載することが求められている。一方、明瞭性プロジェクト後の国際監査基準では、監査報告書を①監査の対象、②経営者の責任、③監査人の責任、④監査人の意見に区分した上で、①の監査の対象以外については、それぞれ見出しを付して明瞭に表示することが要求されている。このことから、我が国の中間監査基準においても、報告書の記載区分を現行の3区分から4区分にするとともに、国際監査基準において求められている記載内容を踏まえて、それぞれの記載区分における記載内容を整理した。例えば、中間監査の対象に含まれていた中間財務諸表の作成責任は経営者にあることという記載を経営者の責任の区分に記載することにより明確化したほか、中間監査の手続の選択及び適用は監査人の判断によること等の記載を新たに監査人の責任の区分に記載することとした。

また、意見に関する除外及び監査範囲の制約に関して、従来の我が国の中間監査基準では、除外事項の識別と当該除外事項が有用な情報の表示をしていない旨の意見又は意見不表明等に至るか否かの判断について、当該除外事項が及ぼす影響の重要性に照らして判断することとされていた。この

点について、国際監査基準では、影響の「重要性」と「広範性」の２つの要素を明示的に示すことになっており、今般の改訂においては、監査人による意見の形成過程そのものは、実質的に従前とは変わらないものの、当該影響について、「重要性」と中間財務諸表全体に及ぶのかという「広範性」の２つの要素から判断が行われることを明確にした。

(2) 追記情報

現行の中間監査基準では、監査人は、監査人の意見とは別に、説明又は強調することが適当と判断した事項については、追記情報として記載するものとされているが、監査人が中間財務諸表の記載を前提に当該記載を強調することが適当であると判断して追記する強調事項と、投資者等に対して説明することが適当であると判断して追記する説明事項との区分がなく、混在して規定されている。明瞭性プロジェクト後の国際監査基準では、両者を区分した上で記載することが求められていることから、我が国の中間監査基準においても、監査人が当該記載を強調するために追記する強調事項とその他監査人が投資者等に説明することが適当であると判断して追記する説明事項とを区分して記載することとした。

2 「会計上の変更及び誤謬の訂正に関する会計基準」の適用に伴う対応について

(1) 「会計上の変更及び誤謬の訂正に関する会計基準」の適用に伴う対応の必要性

平成21年12月４日、企業会計基準委員会（ASBJ）は、「会計上の変更及び誤謬の訂正に関する会計基準」及び「会計上の変更及び誤謬の訂正に関する会計基準の適用指針」を公表した。本基準は、会計基準のコンバージェンス（収れん）並びに財務諸表の期間比較可能性及び企業間の比較可能性が向上することが財務諸表の意思決定有用性を高めるとの観点から、会計方針や表示方法の変更、過去の誤謬の訂正があった場合に、あたかも新たな会計方針や表示方法等を過去の財務諸表に遡って適用していたかのように会計処理又は表示の変更等を行うものである。

現行の金融商品取引法上の開示としては、当期の中間財務諸表と前期の中間財務諸表とを並記することとされており、前期の中間財務諸表は、原則として、前期に提出された半期報告書に含まれていた中間財務諸表を概ねそのまま記載することとされている。

今般、上述の会計基準が適用されることに対応して、中間財務諸表の期間比較可能性の確保・向上を図り、投資者に有用な情報を提供する観点から、金融商品取引法上、前期の中間財務諸表は、当期の中間財務諸表の一部を構成するものとして、前期の財務数値を当期の財務数値に対応する比較情報として位置づけ、これを開示することが適当であるとされた。この比較情報としての前期の財務数値は、上述の新基準にしたがって修正されたものではあるが、前期に提出された中間財務諸表自体を全体として修正したものではなく、当期の財務数値に対応する前期の財務数値を期間比較の観点から、必要な限りで修正・記載したものであると位置づけられる。

(2) 意見の表明

このような比較情報に関する中間監査手続については、年度の財務諸表における比較情報と同様、当期の中間財務諸表に含まれる比較情報に対するものとして限定した形で行うことが適当である。

また、比較情報に関する意見の表明の方法については、年度の財務諸表と同様、意見は当期の中間財務諸表に対してのみ言及し、比較情報には明示的に言及しない方式（対応数値方式）によることが適当と考えられる。

なお、上記の遡及処理が行われた場合の中間監査の手続や意見の表明方法については、関係法令の整備に併せて、日本公認会計士協会において、関係者とも協議の上、適切な手続の下で、早急に実務の指針が作成されることが要請される。

三 実施時期等

1 改訂中間監査基準は、平成23年9月30日以後終了する中間会計期間に係る中間財務諸表の中間監査から実施する。

2 改訂基準を実務に適用するに当たって必要となる実務の指針については、日本公認会計士協会において、関係者とも協議の上、適切な手続の下で、早急に作成されることが要請される。

中間監査基準

第一　中間監査の目的

中間監査の目的は、経営者の作成した中間財務諸表が、一般に公正妥当と認められる中間財務諸表の作成基準に準拠して、企業の中間会計期間に係る財政状態、経営成績及びキャッシュ・フローの状況に関する有用な情報を表示しているかどうかについて、監査人が自ら入手した監査証拠に基づいて判断した結果を意見として表明することにある。

中間財務諸表が有用な情報を表示している旨の監査人の意見は、中間財務諸表には、全体として投資者の判断を損なうような重要な虚偽の表示がないということについて、合理的な保証を得たとの監査人の判断を含んでいる。

第二　実施基準

1 監査人は、原則として、当該中間財務諸表が属する年度の財務諸表の監査に係る監査計画の一環として中間監査に係る監査計画を策定するものとする。ただし、中間監査に当たり、中間財務諸表に係る投資者の判断を損なわない程度の信頼性についての合理的な保証を得ることのできる範囲で、中間監査リスクを財務諸表の監査に係る監査リスクよりも高く設定することができる。

2 監査人は、広く中間財務諸表全体に関係し特定の財務諸表項目のみに関連づけられない重要な虚偽表示のリスクがあると判断した場合、そのリスクの程度に応じて、補助者の増員、専門家の配置、適切な監査時間の確保等の全般的な対応を中間監査に係る監査計画に反映させなければならない。

3 監査人は、中間監査リスクを合理的に低い水準に抑えるために、中間財務諸表における重要な虚偽表示のリスクを評価し、発見リスクの水準を決定するとともに、当該発見リスクの水準に対応した適切な監査手続を実施しなければならない。

4 監査人は、中間監査に係る自己の意見を形成するに足る基礎を得るために、経営者が提示する中間財務諸表項目に対して監査要点を設定し、これらに適合した十分かつ適切な監査証拠を入手しなければならない。

5 監査人は、中間監査に係る発見リスクの水準を財務諸表の監査に係る発見リスクの水準よりも高くすることができると判断

し、財務諸表の監査に係る監査手続の一部を省略する場合であっても、分析的手続等を中心とする監査手続は実施しなければならない。
6 　監査人は、中間監査に係る発見リスクの水準を財務諸表の監査に係る発見リスクの水準よりも高くすることができないと判断した場合には、分析的手続等を中心とする監査手続に加えて必要な実証手続を適用しなければならない。
7 　監査人は、会計上の見積りや収益認識等の判断に関して財務諸表に重要な虚偽の表示をもたらす可能性のある事項、不正の疑いのある取引、特異な取引等、特別な検討を必要とするリスクがあると判断した場合、それが中間財務諸表における重要な虚偽表示をもたらしていないかを確かめるための実証手続を実施しなければならない。
8 　監査人は、前事業年度の決算日において、継続企業の前提に重要な疑義を生じさせるような事象又は状況が存在し、継続企業の前提に関する重要な不確実性が認められた場合には、当該事象又は状況の変化並びにこれらに係る経営者の評価及び対応策の変更について検討しなければならない。
9 　監査人は、前事業年度の決算日において、継続企業の前提に関する重要な不確実性が認められなかったものの、当中間会計期間において、継続企業の前提に重要な疑義を生じさせるような事象又は状況が存在すると判断した場合には、当該事象又は状況に関して、合理的な期間について経営者が行った評価及び対応策について検討した上で、なお継続企業の前提に関する重要な不確実性が認められるか否かを検討しなければならない。
10 　監査人は、中間財務諸表を作成する責任は経営者にあること、中間財務諸表を作成するための内部統制を整備及び運用する責任は経営者にあること、経営者が採用した会計方針及び中間財務諸表の作成に関する基本的事項、経営者は中間監査の実施に必要な資料を全て提示したこと及び監査人が必要と判断した事項について、経営者から書面をもって確認しなければならない。
11 　監査人は、他の監査人を利用する場合には、中間監査に係る監査手続を勘案して、当該他の監査人に対して必要と認められる適切な指示を行わなければならない。

第三　報告基準

1 　監査人は、経営者の作成した中間財務諸表が、一般に公正妥当と認められる中間財務諸表の作成基準に準拠して、企業の中間会計期間に係る財政状態、経営成績及びキャッシュ・フローの状況に関する有用な情報を表示しているかどうかについて意見を表明しなければならない。
2 　監査人は、中間監査報告書において、中間監査の対象、経営者の責任、監査人の責任、監査人の意見を明瞭かつ簡潔にそれぞれを区分した上で、記載しなければならない。ただし、監査人が中間財務諸表の記載について強調する必要がある事項及び説明を付す必要がある事項を中間監査報告書において情報として追記する場合には、意見の表明とは明確に区別しなければならない。
3 　監査人は、経営者が採用した会計方針の選択及びその適用方法、中間財務諸表の表示方法に関して不適切なものがなく、中間財務諸表が有用な情報を表示していると判断したときは、その旨の意見を表明しなければならない。この場合には、中間監査報告書に次の記載を行うものとする。
(1) **中間監査の対象**
　　中間監査の対象とした中間財務諸表の範囲
(2) **経営者の責任**
　　中間財務諸表の作成責任は経営者にあること、中間財務諸表に重要な虚偽の表示が

ないように内部統制を整備及び運用する責任は経営者にあること

(3) **監査人の責任**

監査人の責任は独立の立場から中間財務諸表に対する意見を表明することにあること一般に公正妥当と認められる中間監査の基準に準拠して中間監査を行ったこと、中間監査の基準は監査人に中間財務諸表には全体として中間財務諸表の有用な情報の表示に関して投資者の判断を損なうような重要な虚偽の表示がないかどうかの合理的な保証を得ることを求めていること、中間監査は分析的手続等を中心とした監査手続に必要に応じて追加の監査手続を適用して行われていることその他財務諸表の監査に係る監査手続との重要な相違、中間監査は経営者が採用した会計方針及びその適用方法並びに経営者によって行われた見積りの評価も含め中間財務諸表の表示を検討していること、中間監査の手続の選択及び適用は監査人の判断によること、中間監査の目的は、内部統制の有効性について意見表明するためのものではないこと、中間監査の結果として入手した監査証拠が意見表明の基礎を与える十分かつ適切なものであること

(4) **監査人の意見**

経営者の作成した中間財務諸表が、一般に公正妥当と認められる中間財務諸表の作成基準に準拠して、中間会計期間に係る企業の財政状態、経営成績及びキャッシュ・フローの状況に関する有用な情報を表示していると認められること

4 　監査人は、経営者が採用した会計方針の選択及びその適用方法、中間財務諸表の表示方法に関して不適切なものがある場合において、その影響が無限定意見を表明することができない程度に重要ではあるものの、中間財務諸表を全体として投資者の判断を損なうような虚偽の表示に当たるとするほどではないと判断したときには、除外事項を付した限定付意見を表明しなければならない。この場合には、別に区分を設けて、除外した不適切な事項及び中間財務諸表に与えている影響を記載しなければならない。

5 　監査人は、経営者が採用した会計方針の選択及びその適用方法、中間財務諸表の表示方法に関して不適切なものがあり、その影響が中間財務諸表全体として投資者の判断を損なうような虚偽の表示に当たるとするほどに重要であると判断した場合には、中間財務諸表が有用な情報の表示をしていない旨の意見を表明しなければならない。この場合には、別に区分を設けて、その旨及びその理由を記載しなければならない。

6 　監査人は、中間監査に係る重要な監査手続を実施できなかったことにより、無限定意見を表明することができない場合において、その影響が中間財務諸表全体に対する意見表明ができないほどではないと判断したときには、除外事項を付した限定付意見を表明しなければならない。この場合には、別に区分を設けて、実施できなかった監査手続及び当該事実が影響する事項を記載しなければならない。

7 　監査人は、中間監査に係る重要な監査手続を実施できなかったことにより、中間財務諸表全体に対する意見表明のための基礎を得ることができなかったときには、意見を表明してはならない。この場合には、別に区分を設けて、中間財務諸表に対する意見を表明しない旨及びその理由を記載しなければならない。

8 　監査人は、継続企業の前提に重要な疑義を生じさせるような事象又は状況が存在する場合には、次のとおり意見の表明及び中間監査報告書の記載を行わなければならない。

(1) 継続企業を前提として中間財務諸表を作成することが適切であるが、継続企業

の前提に関する重要な不確実性が認められる場合において、継続企業の前提に関する事項が中間財務諸表に適切に記載されていると判断して有用な情報が表示されている旨の意見を表明するときには、当該継続企業の前提に関する事項について中間監査報告書に追記しなければならない。
(2) 継続企業を前提として中間財務諸表を作成することが適切であるが、継続企業の前提に関する重要な不確実性が認められる場合において、継続企業の前提に関する事項が中間財務諸表に適切に記載されていないと判断したときには、当該不適切な記載についての除外事項を付した限定付意見を表明するか、又は、中間財務諸表が有用な情報を表示していない旨の意見を表明し、その理由を記載しなければならない。
(3) 継続企業の前提に重要な疑義を生じさせるような事象又は状況に関して経営者が評価及び対応策を示さないときには、継続企業の前提に関する重要な不確実性が認められるか否かを確かめる十分かつ適切な監査証拠を入手できないことがあるため、中間監査に係る監査手続の範囲に制約があった場合に準じて意見の表明の適否を判断しなければならない。
(4) 継続企業を前提として中間財務諸表を作成することが適切でない場合には、継続企業を前提とした中間財務諸表は有用な情報を表示していない旨の意見を表明し、その理由を記載しなければならない。
9 監査人は、次に掲げる強調すること又はその他説明することが適当と判断した事項は、中間監査報告書にそれらを区分した上で、情報として追記するものとする。
(1) 正当な理由による会計方針の変更
(2) 重要な偶発事象
(3) 重要な後発事象
(4) 監査人が意見を表明した中間財務諸表を含む開示書類における当該中間財務諸表の表示とその他の記載内容との重要な相違

資料4

四半期レビュー基準

四半期レビュー基準の改訂に関する意見書

〔平成23年6月30日〕
〔企業会計審議会〕

四半期レビュー基準の改訂について

一 経緯

当審議会では、国際的な監査の基準や監査をめぐる内外の動向を踏まえ、これまでも必要に応じて監査基準等の改訂を行ってきており、現行の監査基準等は、国際監査基準（ISA）と比して内容等において遜色のないものとなっている。

当審議会は、平成22年3月に開催された監査部会において、すべての基準を必須手続とそれ以外の手続に明確に区分することなどを内容とする明瞭性（クラリティ）プロジェクトにより改正された国際監査基準との整合性等に関して検討した。検討の結果、監査人の監査報告書における意見表明の内容等を規定している報告基準における国際監査基準との差異を調整することを中心とした改訂を行い、「監査基準の改訂に関する意見書」を平成22年3月26日に公表した。

今般、同様の観点から、四半期レビュー基準の改訂案を公開草案として公表し、広く意見を求め、寄せられた意見を参考にしつつ、公開草案の内容を一部修正し、これを「四半期レビュー基準の改訂に関する意見書」として公表することとした。

二 主な改訂点とその考え方

1 報告基準の改訂について

(1) 四半期レビュー報告書の記載区分等

現行の我が国の四半期レビュー基準では、四半期レビュー報告書（以下「報告書」という。）に①四半期レビューの対象、②実施した四半期レビューの概要、③四半期財務諸表に対する結論を記載することが求められている。一方、明瞭性プロジェクト後の国際監査基準では、監査報告書を①監査の対象、②経営者の責任、③監査人の責任、④監査人の意見に区分した上で、①の監査の対象以外については、それぞれ見出しを付して明瞭に表示することが要求されている。このことから、我が国の四半期レビュー基準においても、報告書の記載区分を現行の3区分から4区分にするとともに、国際監査基準において求められている記載内容を踏まえて、それぞれの記載区分における記載内容を整理した。例えば、四半期レビューの対象に含まれていた四半期財務諸表の作成責任は経営者にあることという記載を経営者の責任の区分に記載することにより明確化した。

また、結論に関する除外及び四半期レビュー範囲の制約に関して、従来の我が国の四半期レビュー基準では、除外事項の識別と当該除外事項が否定的結論又は結論の不表明等に至るか否かの判断について、当該除外事項が及ぼす影響の重要性に照らして判断することとされていた。この点について、国際監査基準では、影響の「重要性」と「広範性」の2つの要素を明示的に示す

ことになっており、今般の改訂においては、監査人による結論の形成過程そのものは、実質的に従前とは変わらないものの、当該影響について、「重要性」と四半期財務諸表全体に及ぶのかという「広範性」の2つの要素から判断が行われることを明確にした。

(2) 追記情報

現行の四半期レビュー基準では、監査人は、監査人の結論とは別に、説明又は強調することが適当と判断した事項については、追記情報として記載するものとされているが、監査人が四半期財務諸表の記載を前提に当該記載を強調することが適当であると判断して追記する強調事項と、投資者等に対して説明することが適当であると判断して追記する説明事項との区分がなく、混在して規定されている。明瞭性プロジェクト後の国際監査基準では、両者を区分した上で記載することが求められていることから、我が国の四半期レビュー基準においても、監査人が当該記載を強調するために追記する強調事項とその他監査人が投資者等に説明することが適当であると判断して追記する説明事項とを区分して記載することとした。

2 「会計上の変更及び誤謬の訂正に関する会計基準」の適用に伴う対応について

(1) 「会計上の変更及び誤謬の訂正に関する会計基準」の適用に伴う対応の必要性

平成21年12月4日、企業会計基準委員会（ＡＳＢＪ）は、「会計上の変更及び誤謬の訂正に関する会計基準」及び「会計上の変更及び誤謬の訂正に関する会計基準の適用指針」を公表した。本基準は、会計基準のコンバージェンス（収れん）並びに財務諸表の期間比較可能性及び企業間の比較可能性が向上することが財務諸表の意思決定有用性を高めるとの観点から、会計方針や表示方法の変更、過去の誤謬の訂正があった場合に、あたかも新たな会計方針や表示方法等を過去の財務諸表に遡って適用していたかのように会計処理又は表示の変更等を行うものである。

現行の金融商品取引法上の開示としては、当期の四半期財務諸表と前期の四半期財務諸表とを並記することとされており、前期の四半期財務諸表は、原則として、前期に提出された四半期報告書に含まれていた四半期財務諸表を概ねそのまま記載することとされている。

今般、上述の会計基準が適用されることに対応して、四半期財務諸表の期間比較可能性の確保・向上を図り、投資者に有用な情報を提供する観点から、金融商品取引法上、前期の四半期財務諸表は、当期の四半期財務諸表の一部を構成するものとして、前期の財務数値を当期の財務数値に対応する比較情報として位置づけ、これを開示することが適当であるとされた。この比較情報としての前期の財務数値は、上述の新基準にしたがって修正されたものではあるが、前期に提出された四半期財務諸表自体を全体として修正したものではなく、当期の財務数値に対応する前期の財務数値を期間比較の観点から、必要な限りで修正・記載したものであると位置づけられる。

(2) 結論の表明

このような比較情報に関する四半期レビュー手続については、年度の財務諸表における比較情報と同様、当期の四半期財務諸表に含まれる比較情報に対するものとして限定した形で行うことが適当である。

また、比較情報に関する結論の表明の方法については、年度の財務諸表と同様、結論は当期の四半期財務諸表に対してのみ言及し、比較情報には明示的に言及しない方式（対応数値方式）によることが適当と考えられる。

なお、上記の遡及処理が行われた場合の四半期レビューの手続や結論の表明方法については、関係法令の整備に併せて、日本公認会計士協会において、関係者とも協議の上、適切な手続の下で、早急に実務の指針が作成されることが要請される。

三　実施時期等

1　改訂四半期レビュー基準は、平成23年4月1日以後開始する事業年度に係る四半期財務諸表の監査証明から適用する。
2　特定の事業を行う会社（金融商品取引法第24条の4の7に定める上場会社等のうち内閣府令で定める事業を行う会社）に係る第2四半期の四半期報告書において、これらの会社が作成する第2四半期の四半期財務諸表については、引き続き、基本的に中間監査基準に準拠した対応を行う必要がある。
3　改訂基準を実務に適用するに当たって必要となる実務の指針については、日本公認会計士協会において、関係者とも協議の上、適切な手続の下で、早急に作成されることが要請される。

四半期レビュー基準

第一　四半期レビューの目的

　四半期レビューの目的は、経営者の作成した四半期財務諸表について、一般に公正妥当と認められる四半期財務諸表の作成基準に準拠して、企業の財政状態、経営成績及びキャッシュ・フローの状況を適正に表示していないと信じさせる事項がすべての重要な点において認められなかったかどうかに関し、監査人が自ら入手した証拠に基づいて判断した結果を結論として表明することにある。
　四半期レビューにおける監査人の結論は、四半期財務諸表に重要な虚偽の表示があるときに不適切な結論を表明するリスクを適度な水準に抑えるために必要な手続を実施して表明されるものであるが、四半期レビューは、財務諸表には全体として重要な虚偽の表示がないということについて合理的な保証を得るために実施される年度の財務諸表の監査と同様の保証を得ることを目的とするものではない。

第二　実施基準

1　内部統制を含む、企業及び企業環境の理解

　監査人は、四半期レビュー計画の策定に当たり、年度の財務諸表の監査において行われる、内部統制を含む、企業及び企業環境の理解並びにそれに基づく重要な虚偽表示のリスクの評価を考慮し、四半期財務諸表の作成に係る内部統制についても十分に理解しなければならない。

2　四半期レビュー計画

　監査人は、四半期レビュー計画を、年度の財務諸表の監査の監査計画のなかで策定することができる。年度の財務諸表の監査を実施する過程において、四半期レビュー計画の前提とした重要な虚偽表示のリスクの評価を変更した場合や特別な検討を必要とするリスクがあると判断した場合には、その変更等が四半期レビュー計画に与える影響を検討し、必要であれば適切な修正をしなければならない。

3　四半期レビュー手続

監査人は、質問、分析的手続その他の四半期レビュー手続を実施しなければならない。四半期レビュー手続は、経営者の作成した四半期財務諸表について、一般に公正妥当と認められる四半期財務諸表の作成基準に準拠して、企業の財政状態、経営成績及びキャッシュ・フローの状況を適正に表示していないと信じさせる事項がすべての重要な点において認められなかったかどうかについての監査人の結論の基礎を与えるものでなければならない。

4　質問

監査人は、四半期財務諸表の重要な項目に関して、それらの項目が一般に公正妥当と認められる四半期財務諸表の作成基準に準拠して作成されているかどうか、会計方針の変更や新たな会計方針の適用があるかどうか、会計方針の適用に当たって経営者が設けた仮定の変更、偶発債務等の重要な会計事象又は状況が発生したかどうか、経営者や従業員等による不正や不正の兆候の有無等について、経営者、財務及び会計に関する事項に責任を有する者その他適切な者に質問を実施しなければならない。

5　分析的手続

監査人は、四半期財務諸表と過去の年度の財務諸表や四半期財務諸表の比較、重要な項目の趨勢分析、主要項目間の関連性比較、一般統計データとの比較、予算と実績との比較、非財務データとの関連性分析、部門別・製品別の分析、同業他社の比率や指数との比較等、財務数値の間や財務数値と非財務数値等の間の関係を確かめるために設計された分析的手続を、業種の特性等を踏まえて実施しなければならない。分析的手続を実施した結果、財務変動に係る矛盾又は異常な変動がある場合には追加的な質問を実施し、その原因を確かめなければならない。

6　会計記録に基づく作成

監査人は、四半期財務諸表が、年度の財務諸表の作成の基礎となる会計記録に基づいて作成されていることを確かめなければならない。

7　追加的な手続

監査人は、四半期財務諸表について、企業の財政状態、経営成績及びキャッシュ・フローの状況を重要な点において適正に表示していない事項が存在する可能性が高いと認められる場合には、追加的な質問や関係書類の閲覧等の追加的な手続を実施して当該事項の有無を確かめ、その事項の結論への影響を検討しなければならない。

8　後発事象

監査人は、四半期財務諸表において修正又は開示すべき後発事象があるかどうかについて、経営者に質問しなければならない。

9　継続企業の前提

監査人は、前会計期間の決算日において、継続企業の前提に重要な疑義を生じさせるような事象又は状況が存在し、継続企業の前提に関する重要な不確実性が認められた場合には、当該事象又は状況の変化並びにこれらに係る経営者の評価及び対応策の変更について質問しなければならない。

また、監査人は、前会計期間の決算日において、継続企業の前提に関する重要な不確実性が認められなかったものの、当四半期会計期間において、継続企業の前提に重要な疑義を生じさせるような事象又は状況を認めた場合には、経営者に対し、経営者による評価及び対応策を含め継続企業の前提に関する開示の要否について質問しなければならない。

これらの質問の結果、監査人は、継続企業

の前提に関する重要な不確実性が認められると判断した場合には、継続企業の前提に関する事項について、四半期財務諸表において、一般に公正妥当と認められる四半期財務諸表の作成基準に準拠して、適正に表示されていないと信じさせる事項が認められないかどうかに関し、追加的な質問や関係書類の閲覧等の追加的な手続を実施して、検討しなければならない。

10 経営者からの書面による確認

監査人は、適正な四半期財務諸表を作成する責任は経営者にあること、四半期財務諸表を作成するための内部統制を整備及び運用する責任は経営者にあること、四半期財務諸表の作成に関する基本的な事項、経営者が採用した会計方針、経営者が四半期レビューの実施に必要な資料をすべて提示したこと及び監査人が必要と判断した事項について、経営者から書面をもって確認しなければならない。

11 経営者等への伝達と対応

監査人は、四半期財務諸表について、企業の財政状態、経営成績及びキャッシュ・フローの状況を重要な点において適正に表示していないと信じさせる事項が認められる場合には、経営者等にその事項を伝達し、適切な対応を求めるとともに、適切な対応がとられない場合には、当該事項の四半期レビューの結論への影響を検討しなければならない。

12 他の監査人の利用

監査人は、他の監査人によって行われた四半期レビュー等の結果を利用する場合には、当該他の監査人が関与した四半期財務諸表等の重要性及び他の監査人の品質管理の状況等に基づく信頼性の程度を勘案して、他の監査人の実施した四半期レビュー等の結果を利用する程度及び方法を決定しなければならない。

第三 報告基準

1 結論の表明

監査人は、経営者の作成した四半期財務諸表について、一般に公正妥当と認められる四半期財務諸表の作成基準に準拠して、企業の財政状態、経営成績及びキャッシュ・フローの状況を適正に表示していないと信じさせる事項がすべての重要な点において認められなかったかどうかに関する結論を表明しなければならない。

2 審査

監査人は、結論の表明に先立ち、自らの結論が一般に公正妥当と認められる四半期レビューの基準に準拠して適切に形成されていることを確かめるため、結論の表明に関する審査を受けなければならない。この審査は、品質管理の方針及び手続に従った適切なものでなければならない。

3 四半期レビュー報告書の記載

監査人は、四半期レビュー報告書において、四半期レビューの対象、経営者の責任、監査人の責任、監査人の結論を明瞭かつ簡潔にそれぞれを区分した上で、記載しなければならない。ただし、結論を表明しない場合には、その旨を四半期レビュー報告書に記載しなければならない。

4 結論の表明と追記情報との区別

監査人は、四半期財務諸表の記載において強調する必要がある事項及び説明を付す必要がある事項を四半期レビュー報告書において情報として追記する場合には、結論の表明とは明確に区別しなければならない。

5 無限定の結論

監査人は、経営者の作成した四半期財務諸表について、一般に公正妥当と認められる四

半期財務諸表の作成基準に準拠して、企業の財政状態、経営成績及びキャッシュ・フローの状況を適正に表示していないと信じさせる事項がすべての重要な点において認められなかった場合には、その旨の結論（この場合の結論を「無限定の結論」という）を表明しなければならない。この場合には、四半期レビュー報告書に次の記載を行うものとする。

(1) 四半期レビューの対象

四半期レビューの対象とした四半期財務諸表の範囲

(2) 経営者の責任

四半期財務諸表の作成責任は経営者にあること、四半期財務諸表に重要な虚偽の表示がないように内部統制を整備及び運用する責任は経営者にあること

(3) 監査人の責任

監査人の責任は独立の立場から四半期財務諸表に対する結論を表明することにあること

一般に公正妥当と認められる四半期レビューの基準に準拠して四半期レビューを行ったこと、四半期レビューは質問、分析的手続その他の四半期レビュー手続からなり、年度の財務諸表の監査に比べて限定的な手続となること、四半期レビューの結果として入手した証拠が結論の表明の基礎を与えるものであること

(4) 監査人の結論

経営者の作成した四半期財務諸表について、一般に公正妥当と認められる四半期財務諸表の作成基準に準拠して、企業の財政状態、経営成績及びキャッシュ・フローの状況を適正に表示していないと信じさせる事項がすべての重要な点において認められなかったこと

6 結論に関する除外

監査人は、経営者の作成した四半期財務諸表について、一般に公正妥当と認められる四半期財務諸表の作成基準に準拠して、企業の財政状態、経営成績及びキャッシュ・フローの状況を重要な点において適正に表示していないと信じさせる事項が認められ、その影響が無限定の結論を表明することができない程度に重要ではあるものの、四半期財務諸表全体に対して否定的結論を表明するほどではないと判断したときには、除外事項を付した限定付結論を表明し、別に区分を設けて、修正すべき事項及び可能であれば当該事項が四半期財務諸表に与える影響を記載しなければならない。

7 否定的結論

監査人は、経営者の作成した四半期財務諸表について、一般に公正妥当と認められる四半期財務諸表の作成基準に準拠して、企業の財政状態、経営成績及びキャッシュ・フローの状況を重要な点において適正に表示していないと信じさせる事項が認められる場合において、その影響が四半期財務諸表全体として虚偽の表示に当たるとするほどに重要であると判断したときには、否定的結論を表明し、別に区分を設けて、その理由を記載しなければならない。

8 四半期レビュー範囲の制約

監査人は、重要な四半期レビュー手続を実施できなかったことにより、無限定の結論を表明できない場合において、その影響が四半期財務諸表全体に対する結論の表明ができないほどではないと判断したときは、除外事項を付した限定付結論を表明しなければならない。この場合には、別に区分を設けて、実施できなかった四半期レビュー手続及び当該事実が影響する事項を記載しなければならない。

9 結論の不表明

監査人は、重要な四半期レビュー手続を実施できなかったことにより、無限定の結論の

表明ができない場合において、その影響が四半期財務諸表全体に対する結論の表明ができないほどに重要であると判断したときは、結論を表明してはならない。この場合には、別に区分を設けて、四半期財務諸表に対する結論を表明しない旨及びその理由を記載しなければならない。

10　他の監査人の利用

監査人は、他の監査人が実施した四半期レビュー等の重要な事項について、その結果を利用できないと判断したときに、更に当該事項について、重要な四半期レビュー等の手続を追加して実施できなかった場合には、重要な四半期レビュー手続が実施できなかった場合に準じて結論の表明の適否を判断しなければならない。

11　将来の帰結が予測し得ない事象等

監査人は、重要な偶発事象等の将来の帰結が予測し得ない事象又は状況について、四半期財務諸表に与える当該事象又は状況の影響が複合的かつ多岐にわたる場合には、重要な四半期レビュー手続を実施できなかった場合に準じて、結論の表明ができるか否かを慎重に判断しなければならない。

12　継続企業の前提

監査人は、継続企業の前提に関する重要な不確実性が認められる場合には、次のとおり結論の表明及び四半期レビュー報告書の記載を行わなければならない。

(1) 継続企業の前提に関する事項が四半期財務諸表に適切に記載されていると判断して、無限定の結論を表明する場合には、当該継続企業の前提に関する事項について四半期レビュー報告書に追記しなければならない。

(2) 継続企業の前提に関する事項が四半期財務諸表に適切に記載されていないと判断した場合は、当該不適切な記載についての除外事項を付した限定付結論又は否定的結論を表明し、その理由を記載しなければならない。

13　追記情報

監査人は、次に掲げる強調すること又はその他説明することが適当と判断した事項は、四半期レビュー報告書にそれらを区分した上で、情報として追記するものとする。

(1)　正当な理由による会計方針の変更
(2)　重要な偶発事象
(3)　重要な後発事象
(4)　監査人が結論を表明した四半期財務諸表を含む開示書類における当該四半期財務諸表の表示とその他の記載内容との重要な相違

資料5

監査に関する品質管理基準

監査に関する品質管理基準の設定に係る意見書
〔平成17年10月28日〕
〔企業会計審議会〕

監査に関する品質管理基準の設定について

一　経緯

　当審議会は、平成17年1月の総会において、監査の品質管理の具体化・厳格化に関する審議を開始することを決定し、平成17年3月から監査部会において審議を進めてきた。これは、監査法人の審査体制や内部管理体制等の監査の品質管理に関連する非違事例が発生したことに対応し、公認会計士による監査の品質の向上を図ることを目的とするものである。

　平成17年7月、監査に関する品質管理の基準（以下「品質管理基準」という。）を、「監査基準及び中間監査基準の改訂並びに監査に関する品質管理基準の設定について（公開草案）」として公表して、広く各界の意見を求めた。当審議会は、寄せられた意見を参考にしつつ、更に審議を行い、公開草案の内容を一部修正して、これを「監査に関する品質管理基準の設定に係る意見書」として公表することとした。なお、国際的にも品質管理に関する基準の改訂が進められており、今回の基準は、こうした国際的な動向にも対応したものとなっている。

二　品質管理基準の位置づけ及び構成

　本品質管理基準を策定するに当たっては、我が国における監査の品質管理に関する状況を考慮するとともに、国際的な基準の動向も踏まえて検討を行い、監査基準の一般基準における品質管理の規定の一部改訂等に加えて、独立の基準を設けることとした。品質管理基準は、公認会計士による監査業務の質を合理的に確保するためのものであり、監査基準とともに一般に公正妥当と認められる監査の基準を構成し、監査基準と一体となって適用されるものである。

　また、品質管理には、監査事務所が遵守すべき品質管理と個々の監査業務を実施する監査実施者が遵守すべき品質管理があることから、品質管理基準では、各項目ごとに監査事務所に適用される基準と監査実施者に適用される基準に分けて規定を設けている。

　なお、品質管理基準は、公認会計士による財務諸表の監査において適用されるものであるが、品質管理のシステムの内容は、監査業務の質が合理的に確保される範囲において、監査事務所が扱う監査業務の目的、内容等に応じて、変化しうるものであると考えられる。

　また、中間監査も、財務諸表の監査の一環として行われるものであることから、本品質管理基準が適用される。

三　主な内容と考え方

1　品質管理のシステムの整備及び運用

　最近の非違事例等を踏まえると、監査事務所は、監査契約の新規の締結及び更新に関する意思決定、監査人の適格性の判断、監査業務の実施、監査業務に係る審査等のそれぞれの過程において、個々の監査業務を管理する体制を整備し、こうした体制を適切に運用することが必要であると考えられる。

　そこで、監査事務所に、監査業務の各段階

357

における品質管理のシステムを整備及び運用するとともに、品質管理のシステムの監視を求めることとした。また、監査実施の責任者は、これらに従って監査業務を実施すること、監査事務所は、品質管理のシステムの整備及び運用の状況を適切に記録及び保存すること、品質管理に関する責任者を明確にすること等が求められている。

2 職業倫理及び独立性

公認会計士による監査が信頼されるためには、監査人が特定の利害に関係せず公正不偏の態度を保持し、財務諸表の適正性について公正な判断を下すことが重要である。監査基準は、一般基準において、公正不偏の態度及び独立性の保持を求めているが、監査事務所は、監査実施者が法令や監査基準等で求められている独立性の要件等を、その趣旨に照らして的確に確保しているかの判断を行う必要があると考えられる。そこで、品質管理基準は、監査事務所に、職業倫理及び独立性の遵守に関する方針及び手続を策定すること、監査実施の責任者に、方針及び手続を遵守し、補助者が遵守していることを確かめること等を求めている。

3 監査契約の新規の締結及び更新

監査事務所は、監査契約の新規の締結及び更新に関する方針及び手続を策定し、監査契約を締結する企業の状況だけでなく、監査事務所の規模及び組織、当該監査業務に適した能力及び経験を有する監査実施者の確保の状況等を勘案して、適切な監査業務が実施できるかを判断することが求められている。また、監査実施の責任者は、監査契約が監査事務所の定める方針及び手続に従っていることを確かめることが求められている。

4 監査実施者の採用、教育・訓練、評価及び選任

監査事務所は、監査契約の新規の締結及び更新並びに監査業務の実施において、当該監査業務に関わる監査実施者が適切に監査業務を実施できる能力及び経験等を有しているかを判断することが必要である。そこで、監査事務所に、監査実施者の採用、教育・訓練、評価及び選任に関する方針及び手続を策定し、これを遵守すべきことを求めている。

5 業務の実施

(1) 監査業務の実施

過去の非違事例等を踏まえると、監査事務所は、企業の業態や経営状況に応じて、監査事務所が有する情報や監査の手法を、監査実施者に的確に伝達するとともに、監査実施者に適切な指示や指導を行う体制を整備することが必要と考えられた。そこで、監査事務所には、これらが実行されるような監査の実施に関する方針及び手続を求めることとした。

また、リスク・アプローチの適用や見積りの要素の増大等により、監査人の判断の部分が多くなっていることから、監査手続書等を整備すること、判断の過程を監査調書に十分に記載することが重要と考えられる。そこで、監査調書の記録及び保存の方法等を定めること、及び監査調書を適切に作成することを求めている。

(2) 監査業務に係る審査

監査基準の報告基準では、監査意見の表明に関する審査が求められている。監査事務所は、個々の監査業務に応じて適切な審査がなされるようなルールを整備することが重要であるとともに、こうした審査の内容及び結論は適切に記録及び保存されなければならないと考えられる。そこで、品質管理基準では、監査事務所に、審査に関する方針及び手続を定め、適切な審査の実施を確かめるとともに、監査事務所及び審査の担当者に、審査の内容及び結論を監査調書として記録及び保存することを求めている。

(3) その他

専門的な見解の問合せ、監査上の判断の

相違の解決等についても規定を設けている。

6 品質管理のシステムの監視

監査事務所が定める品質管理のシステムに従って品質管理が行われていない等の問題がある場合には、適時に発見され改善が図られることが必要であり、これにより監査業務の質が合理的に保たれることとなる。そこで、品質管理基準は、監査事務所に、品質管理のシステムの日常的監視及び監査業務の定期的な検証に関する方針及び手続を定め、遵守を確かめることを求めている。

また、監査業務の実施における法令違反、監査事務所の定める品質管理のシステムの抵触等に関して情報がもたらされる場合があることから、監査事務所は、これらに対処するための方針及び手続を定めておくことが求められている。

7 監査事務所間の引継

監査事務所が交代する場合には、後任の監査事務所にとって過年度における情報は非常に重要である。そこで、監査事務所に、監査事務所間の引継に関する方針及び手続を定め、適切な引継を行うことを求めている。なお、前任の監査事務所が重要な虚偽の表示に関わる情報又は状況を把握している場合には、それらを後任の監査事務所に適切に引継ぐことが求められている。

8 共同監査

監査事務所が、他の監査事務所と共同で監査を実施する場合においても、監査業務の質は合理的に保たれる必要があるのは当然のことである。共同監査を担当する複数の監査事務所の品質管理のシステムが同一でないとしても、それらが品質管理基準に準拠したものであれば、監査業務の質は合理的に確保できると考えられる。そこで、他の監査事務所の品質管理のシステムが、品質管理基準に準拠し、監査の質を合理的に確保するものであるかを確かめることが求められている。

四 実施時期等

1 品質管理基準は、平成19年3月決算に係る財務諸表の監査から実施する。ただし、平成18年3月決算に係る財務諸表の監査から実施することを妨げない。なお、改訂基準の実施に当たり、関係法令において、基準の改訂に伴う所要の整備を行うことが適当である。
2 改訂基準を実務に適用するに当たって必要となる実務の指針については、日本公認会計士協会において、関係者とも協議の上、適切な手続の下で、早急に作成されることが要請される。

監査に関する品質管理基準

第一 目的

本基準は、監査基準と一体として適用されるものであり、財務諸表の監査を実施する監査事務所及び監査実施者に、監査業務の質を合理的に確保することを求めるものである。

（注）1 本基準における監査事務所及び監査実施の責任者は、監査基準における監査人に相当する。

2 監査事務所とは、個人事務所及び監査法人をいう。

3 監査実施者とは、監査実施の責任者及び監査業務に従事する補助者をいう。

第二　品質管理のシステムの整備及び運用

1　監査事務所は、監査業務の質を合理的に確保するために、監査契約の新規の締結及び更新から、監査計画の策定、監査業務の実施及び監査報告書の発行に至る品質管理のシステムを適切に整備し、運用しなければならない。
2　監査実施の責任者は、監査事務所が設けた品質管理のシステムに準拠して、監査業務を行わなければならない。
3　監査事務所は、品質管理のシステムの整備及び運用の状況を適切に記録し、保存するための方針及び手続を定め、それらが遵守されていることを確かめなければならない。

第三　品質管理のシステムの構成

監査事務所は、少なくとも、以下の事項に関する方針及び手続からなる品質管理のシステムを設けなければならない。
(1)　品質管理に関する責任
(2)　職業倫理及び独立性
(3)　監査契約の新規の締結及び更新
(4)　監査実施者の採用、教育・訓練、評価及び選任
(5)　業務の実施
(6)　品質管理のシステムの監視

第四　品質管理に関する責任

1　監査事務所は、品質管理に関する適切な方針及び手続を定め、品質管理のシステムの整備及び運用に関する責任を負わなければならない。
2　監査事務所は、品質管理のシステムの整備及び運用に関する責任者を明確にしなければならない。
3　監査実施の責任者は、監査事務所が定める品質管理の方針及び手続に準拠して監査を実施する責任を負わなければならない。

第五　職業倫理及び独立性

一　職業倫理

1　監査事務所は、職業倫理の遵守に関する方針及び手続を定め、それらの方針及び手続が遵守されていることを確かめなければならない。
2　監査実施の責任者は、監査事務所の定める職業倫理の遵守に関する方針及び手続を遵守するとともに、それらが補助者により遵守されていることを確かめなければならない。

二　独立性

1　監査事務所は、独立性が適切に保持されるための方針及び手続を定め、それらの方針及び手続が遵守されていることを確かめなければならない。
2　監査実施の責任者は、監査事務所の定める独立性の保持のための方針及び手続を遵守するとともに、それらが補助者により遵守されていることを確かめなければならない。

第六　監査契約の新規の締結及び更新

1　監査事務所は、監査契約の新規の締結及び更新の判断に関する方針及び手続を定め、監査事務所の規模及び組織、当該監査業務に適した能力及び経験を有する監査実施者の確保の状況、並びに、監査契約の新規の締結及び更新の判断に重要な影響を及ぼす事項等を勘案し、適切な監査業務を実施することができるかを判断しなければならない。
2　監査実施の責任者は、監査契約の新規の締結及び更新が、監査事務所の定める方針及び手続に従って適切に行われていることを確かめ、当該契約の新規の締結及び更新

の適切性に重要な疑義をもたらす情報を入手した場合には、監査事務所に、適宜、伝えなければならない。

第七　監査実施者の採用、教育・訓練、評価及び選任

1　監査事務所は、監査実施者の採用、教育・訓練、評価及び選任に関する方針及び手続を定め、監査業務を実施するために必要な能力、経験及び求められる職業倫理を備えた監査実施者を確保しなければならない。
2　監査事務所は、監査実施者の選任と構成に関する方針及び手続を定め、企業の事業内容等に応じた適切な監査を実施するための能力、経験及び独立性を有するとともに、監査業務に十分な時間を確保できる監査実施者を選任しなければならない。
3　監査実施の責任者は、監査業務に補助者を使用する場合には、当該補助者が監査業務に必要な能力、経験及び独立性を有するとともに、十分な時間を確保できることを確かめなければならない。

第八　業務の実施

一　監査業務の実施

1　監査事務所は、監査業務の実施に関する品質管理の方針及び手続を定め、監査に必要な情報及び技法を蓄積し、監査実施者に適時かつ的確に情報を伝達するとともに、適切な指示及び指導を行う体制を整備し、監査業務の品質が合理的に確保されるようにしなければならない。
2　監査事務所は、監査業務の実施に関する品質管理の方針及び手続に、監査手続の遂行、監督及び査閲の方法、監査調書としての記録及び保存の方法等に関する適切な規程を含めなければならない。
3　監査実施の責任者は、監査事務所の定める、監査業務の実施に関する品質管理の方針及び手続を遵守し、補助者に対し適切な指示及び監督を行い、監査調書が適切に作成されているかを確かめなければならない。
4　監査実施の責任者は、監査意見の表明に先立ち、監査調書の査閲等を通して、十分かつ適切な監査証拠が入手されていることを確かめなければならない。

二　専門的な見解の問合せ

1　監査事務所は、監査事務所内外の適切な者から専門的な見解を得るための方針及び手続を定め、監査実施の責任者がそれらを遵守していることを確かめなければならない。
2　監査実施の責任者は、監査事務所の定める方針及び手続に従い、監査事務所内外の適切な者から見解を得た場合には、その内容を適切に記録し、得られた見解が監査業務の実施及び監査意見の形成において十分に検討されているかを確かめなければならない。
　（注）専門的な見解の問合せとは、監査業務に関して、監査事務所内外の専門的な知識、経験等を有する者から、専門的な事項に係る見解を得ることをいう。

三　監査上の判断の相違

1　監査事務所は、監査実施者間又は監査実施の責任者と監査業務に係る審査の担当者等との間の判断の相違を解決するために必要な方針及び手続を定め、それらの方針及び手続に従って監査実施の責任者が判断の相違を適切に解決していることを確かめなければならない。
2　監査実施の責任者は、監査事務所の定める方針及び手続に従って、監査実施者間又は監査実施の責任者と監査業務に係る審査

の担当者等との間の判断の相違を解決しなければならない。
3　監査事務所は、監査実施の責任者と監査業務に係る審査の担当者等との間の判断の相違が解決しない限り、監査報告書を発行してはならない。

四　監査業務に係る審査

1　監査事務所は、監査業務に係る審査に関する方針及び手続を定め、企業の状況等に応じて審査の範囲、担当者、時期等を考慮し、監査手続、監査上の判断及び監査意見の形成について、適切な審査が行われていることを確かめなければならない。
2　監査事務所は、監査業務に係る審査の担当者として、十分な知識、経験、能力及び当該監査業務に対する客観性を有する者を選任しなければならない。
3　監査事務所及び審査の担当者は、監査事務所の定める方針及び手続に従って、監査業務に係る審査の内容及び結論を、監査調書として記録及び保存しなければならない。

第九　品質管理のシステムの監視

1　監査事務所は、品質管理のシステムの監視に関する方針及び手続を定め、それらが遵守されていることを確かめなければならない。当該方針及び手続には、品質管理のシステムに関する日常的監視及び監査業務の定期的な検証が含まれる。
2　監査事務所は、品質管理のシステムの日常的監視及び監査業務の定期的な検証によって発見された不備及びこれに対して改善すべき事項が、品質管理のシステムの整備及び運用に関する責任者、監査実施の責任者等に伝えられ、必要な措置が講じられていることを確かめなければならない。
3　監査実施の責任者は、指摘された不備が監査意見の適切な形成に影響を与えていないこと、及び必要な措置が的確に講じられたかどうかを確かめなければならない。
4　監査事務所は、監査業務に係る監査実施者の不適切な行為、判断並びに意見表明、関連する法令に対する違反及び監査事務所の定める品質管理のシステムへの抵触等に関して、監査事務所内外からもたらされる情報に対処するための方針及び手続を定め、それらが遵守されていることを確かめなければならない。

第十　監査事務所間の引継

1　監査事務所は、後任の監査事務所への引継に関する方針及び手続を定め、それらが遵守されていることを確かめなければならない。なお、財務諸表における重要な虚偽の表示に関わる情報又は状況を把握していた場合には、後任の監査事務所に、それらを伝達しなければならない。
2　監査事務所は、前任の監査事務所からの引継に関する方針及び手続を定め、それらが遵守されていることを確かめなければならない。

第十一　共同監査

監査事務所及び監査実施の責任者は、複数の監査事務所が共同して監査業務を行う場合には、他の監査事務所の品質管理のシステムが、本基準に準拠し、当該監査業務の質を合理的に確保するものであるかどうかを、監査契約の新規の締結及び更新の際、並びに、必要に応じて監査業務の実施の過程において確かめなければならない。

第十二　中間監査への準用

本基準は、中間監査について準用する。

資料6

監査における不正リスク対応基準

監査における不正リスク対応基準の設定に関する意見書

〔平成25年3月26日〕
〔企業会計審議会〕

監査における不正リスク対応基準の設定について

一 経緯

1 審議の背景

公認会計士（監査法人を含む。）による財務諸表の監査（以下「公認会計士監査」という。）は、財務諸表の信頼性を担保するための制度であり、その規範となる監査基準は、財務諸表の作成規範である会計基準とともに、適正なディスクロージャーを確保するための資本市場の重要なインフラストラクチャーである。こうした観点から、当審議会では、監査をめぐる内外の動向を踏まえ、これまでも必要に応じて監査基準の改訂を行ってきている。

近時、金融商品取引法上のディスクロージャーをめぐり、不正による有価証券報告書の虚偽記載等の不適切な事例が相次いでおり、こうした事例においては、結果として公認会計士監査が有効に機能しておらず、より実効的な監査手続を求める指摘があるところである。

この点に関しては、監査基準をめぐる国際的な動向を見ても、重要な虚偽の表示の原因となる不正（以下単に「不正」という。）に対応した基準の見直しが継続的に行われており、また、各国において、職業的専門家としての懐疑心（以下「職業的懐疑心」という。）の重要性が再認識されているところである。

こうしたことから、当審議会においては、国際的な議論の動向等も踏まえつつ、我が国の公認会計士監査をより実効性のあるものとするとの観点から、不正に対応した監査手続等の検討を行い、監査基準等の所要の見直しを行うこととした。

なお、不正に関しては、財務諸表作成者である経営者に責任があるところであり、その対応としては、公認会計士監査における監査手続等の充実とともに、企業におけるコーポレート・ガバナンスのあり方の検討などを含め、幅広い観点からの取組みが重要であると考えられる。また、平成20年4月より上場企業を対象に内部統制報告制度が導入されており、企業においては適正な財務報告を作成するための取組みが継続して行われているところであり、虚偽表示のリスクの評価に当たっては、企業の内部統制の整備状況等が重要な要素となる。したがって、監査人は、企業における内部統制の取組みを考慮するとともに、取締役の職務の執行を監査する監査役等と適切に連携を図っていくことが重要である。

2 審議の経過等

当審議会における監査基準等の見直しに関する議論は、平成24年5月から監査部会において審議が進められた。同部会においては、不正に関する公認会計士監査の実務の状況や監査基準の国際的な改訂の状況等を踏まえ、不正による重要な虚偽表示のリスクに対応した監査手続等の明確化等に向けた監査基準等の見直しの審議を行い、平成24年12月、公開草案として公表し、広く各界の意見を求めた。当審議会では、寄せられた意見を参考にしつつ、更に審議を行い、公開草案の内容を

一部修正して、これを「監査基準の改訂及び監査における不正リスク対応基準」として公表することとした。

なお、監査部会の審議においては、いわゆる「循環取引」のように被監査企業と取引先企業の通謀が疑われる場合等に、監査人として採ることが考えられる監査手続として、「取引先企業の監査人との連携」が議論された。検討された「取引先企業の監査人との連携」は、被監査企業と取引先企業の通謀が疑われる場合の一つの監査手続であると考えられるものの、解決すべき論点が多いことから、今回の公開草案には含めず、循環取引等への対応について、当審議会において継続して検討を行うこととしている。

また、監査報告書の記載内容の見直し、特別目的の財務報告に対する監査の位置づけを監査基準上明確にするかどうか、といった論点も議論されたところであるが、国際的な議論の動向や利用者のニーズに関する調査等を踏まえつつ、今後、当審議会において検討を行うこととしている。

二 監査における不正リスク対応基準の設定について

1 監査における不正リスク対応基準の設定

現行の監査基準では、「監査人は、職業的専門家としての懐疑心をもって、不正及び誤謬により財務諸表に重要な虚偽の表示がもたらされる可能性に関して評価を行い、その結果を監査計画に反映し、これに基づき監査を実施しなければならない」とされている。しかしながら、不正は他者を欺く行為を伴う意図的な行為であるために、監査人にとって、不正による重要な虚偽の表示を発見できない可能性は、誤謬による重要な虚偽の表示を発見できない可能性よりも高くなる。また、経営者により不正が行われる場合には、内部統制が無効化される場合が多いので、監査人が経営者不正による重要な虚偽の表示を発見できない可能性は、従業員不正による場合よりも高い。

近時相次いでいる不正による不適切な事例に対しては、現行の監査基準では、不正による重要な虚偽の表示を示唆する状況等があるような場合に、どのように対応すべきかが必ずしも明確でなく、実務にばらつきが生じているという指摘や、そうした状況等がある時に、上記のような不正の特徴から、監査手続をより慎重に行うべきであるとの指摘がある。

こうしたことから、監査をめぐる内外の動向を踏まえ、不正による重要な虚偽表示のリスクに対応した監査手続を明確化するとともに、一定の場合には監査手続をより慎重に実施することを求めるとの観点から、監査における不正リスク対応基準（以下「不正リスク対応基準」という。）を設けることとした。

2 不正リスク対応基準の基本的な考え方

本基準は、以下の基本的な考え方に基づいて策定されている。

(1) 財務諸表の虚偽の表示は、不正又は誤謬から生じるが、本基準においては、監査人が財務諸表監査において対象とする重要な虚偽の表示の原因となる不正について取り扱う。ここで「不正」とは、不当又は違法な利益を得る等のために、他者を欺く行為を伴う、経営者、従業員等又は第三者による意図的な行為をいう。したがって、本基準は、重要な虚偽の表示とは関係のない不正は対象としていない。

(2) 本基準は、財務諸表監査の目的を変えるものではなく、不正摘発自体を意図するものでもない。本基準は、財務諸表監査における不正による重要な虚偽表示のリスク（以下「不正リスク」という。）に対応する監査手続等を規定しているものである。

(3) 本基準は、すべての財務諸表監査において画一的に不正リスクに対応するための追加的な監査手続の実施を求めることを意図しているものではなく、被監査企業に不正

による財務諸表に重要な虚偽の表示を示唆するような状況がないような場合や監査人において既に本基準に規定されているような監査手続等を実施している場合には、現行の監査基準に基づく監査の実務と基本的には変わらないこととなる。本基準は、過重な監査手続を求めるものではなく、現行の監査基準において既に採用されているリスク・アプローチの考え方を前提として、公認会計士監査の有効性を確保するため、不正リスクを適切に評価し、評価した不正リスクに対応した適切な監査手続が実施されるように監査手続の明確化を図ったものである。

(4) 監査人の責任は、経営者の作成した財務諸表に対して監査意見を表明することにあり、財務諸表の作成に対する経営者の責任と、当該財務諸表の意見表明に対する監査人の責任とは区別されている（二重責任の原則）。経営者の作成した財務諸表に重要な虚偽の表示がないことについて、職業的専門家としての正当な注意を払って監査を行った場合には、監査人としてはその責任を果たしたことになる。

3 不正リスク対応基準の位置付け

(1) 不正リスク対応基準の適用

本基準は、企業の不正による重要な虚偽表示のリスクにより有効に対応することにより、我が国資本市場の透明性、公正性を確保することが最終的な目的となっているところから、すべての監査において実施されるのではなく、主として、財務諸表及び監査報告について広範な利用者が存在する金融商品取引法に基づいて開示を行っている企業（非上場企業のうち資本金5億円未満又は売上高10億円未満かつ負債総額200億円未満の企業は除く。以下「上場企業等」という。）に対する監査において実施することを念頭に作成されている。なお、本基準の適用範囲は関係法令において明確化されるものであり、関係法令において明示的に求められていない限り、本基準に準拠することを要しない。

(2) 不正リスク対応基準の位置付け

監査基準は、財務諸表の種類や意見として表明すべき事項を異にする監査も含め、公認会計士監査のすべてに共通するものである。これに対し、本基準は、前述のように、上場企業等に対する監査に限定して実施すること、不正リスクに対応するために特に監査人が行うべき監査手続等を一括して整理した方が理解しやすいと考えられることから、現行の監査基準、監査に関する品質管理基準（以下「品質管理基準」という。）からは独立した基準とすることとした。

なお、本基準は、上場企業等の不正リスクへの対応に関し監査基準及び品質管理基準に追加して準拠すべき基準であり、法令により準拠が求められている場合は、監査基準及び品質管理基準とともに、一般に公正妥当と認められる監査の基準を構成し、監査基準及び品質管理基準と一体となって適用されるものである。また、本基準の実施に当たっては、一般に公正妥当と認められる監査の基準を構成する日本公認会計士協会の作成する実務の指針と一体となって適用していくことが必要である。

(3) 不正リスク対応基準と中間監査及び四半期レビューとの関係

本基準は、年度監査のみではなく、基準上不正に関する実証手続が定められている中間監査にも準用される。

また、四半期レビューについては、年度監査と同様の合理的保証を得ることを目的としているものではないことから、本基準は四半期レビューには適用されない。なお、四半期レビューの過程において、四半期財務諸表に本基準に規定している不正による重要な虚偽の表示の疑義に相当するものがあると判断した場合など、四半期財務諸表に重要な点において適正に表示していない事項が存在する可

能性が高い場合には、監査人は、四半期レビュー基準に従って、追加的手続を実施することになる。

4 不正リスク対応基準の主な内容
(1) 不正リスク対応基準の構成
　本基準は、①職業的懐疑心の強調、②不正リスクに対応した監査の実施、及び③不正リスクに対応した監査事務所の品質管理の三つから構成される。

(2) 職業的懐疑心の強調
　現行の監査基準においては、監査人は、監査の実施に際しては、「職業的専門家としての正当な注意を払い、懐疑心を保持して監査を行」うことが求められるとともに、「職業的専門家としての懐疑心をもって、不正及び誤謬により財務諸表に重要な虚偽の表示がもたらされる可能性に関して評価を行い、その結果を監査計画に反映」しなければならないとされている。

　本来、この職業的懐疑心の保持は、正当な注意義務に含まれるものであり、監査人が職業的懐疑心を常に保持して監査を行うことこそが重要な虚偽の表示の指摘につながることを特に強調するために、監査基準では、正当な注意とともに列記されている。

　監査人は、不正リスクに対応するためには、誤謬による重要な虚偽表示のリスクに比し、より注意深く、批判的な姿勢で臨むことが必要であり、監査人としての職業的懐疑心の保持及びその発揮が特に重要であると考えられる。このため、本基準においては、「職業的懐疑心の強調」として冒頭に掲記し、不正リスクの評価、評価した不正リスクに対応する監査手続の実施及び監査証拠の評価の各段階において、職業的懐疑心を発揮することを求めている。さらに、監査手続を実施した結果、不正による重要な虚偽の表示の疑義に該当するかどうかを判断する場合や、不正による重要な虚偽の表示の疑義に該当すると判断した場合には、職業的懐疑心を高めて監査手続を実施することを求めている。

　職業的懐疑心の保持や発揮が適切であったか否かは、具体的な状況において監査人の行った監査手続の内容で判断されるものと考えられることから、監査人は本基準に基づいて監査の各段階で必要とされる職業的懐疑心を保持又は発揮し、具体的な監査手続を実施することが求められる。

　なお、本基準における職業的懐疑心の考え方は、これまでの監査基準で採られている、監査を行うに際し、経営者が誠実であるとも不誠実であるとも想定しないという中立的な観点を変更するものではないことに留意が必要である。

(3) 不正リスクに対応した監査の実施
　本基準においては、監査の各段階における不正リスクに対応した監査手続等を規定している。

① 不正リスクに対応した監査計画の策定
　平成17年の監査基準の改訂により、会計上の見積りや収益認識等の重要な会計上の判断に関して財務諸表に重要な虚偽の表示をもたらす可能性のある事項、不正の疑いのある取引、関連当事者間で行われる通常でない取引等は、「特別な検討を必要とするリスク」として、それが財務諸表における重要な虚偽の表示をもたらしていないかを確かめるための監査計画の策定や監査手続の実施等が求められている。

　本基準においては、現行の重要な虚偽表示のリスクの検討に際し、不正リスク要因の検討や不正リスクを把握するために必要な手続を規定した。

　監査人は、入手した情報が不正リスク要因の存在を示しているかどうかを検討し、それらを財務諸表全体及び財務諸表項目の不正リスクの識別において考慮しなければならないこととした。その上で、監査人は、識別・評価した不正リス

クに応じた監査計画を策定することが求められる。

不正リスク要因とは、不正を実行する動機やプレッシャーの存在を示し、不正を実行する機会を与え、又は、不正を実行する際にそれを正当化する事象や状況を指し、典型的な不正リスク要因は付録１に例示されている。

また、監査人は、財務諸表全体に関連する不正リスクが識別された場合には、実施する監査手続の種類、時期及び範囲の選択に当たり、評価した不正リスクに応じて、監査手続の種類、時期若しくは範囲の変更、往査先の選択方法の変更又は予告なしに往査することなど、企業が想定しない要素を監査計画に組み込むことが必要になる。特に、不正による重要な虚偽の表示の疑義があると判断した場合において、その状況によっては、修正する監査計画に企業が想定しない要素を組み込むこと（予告なしに往査することを含む。）が有効なことがあると考えられる。

② **不正リスクに対応して実施する確認**

監査人が、不正リスクに対応する監査手続として、照会事項の内容の正否にかかわらず回答を求める積極的確認を実施する場合には、回答がない又は回答が不十分なときには、代替的な手続により十分かつ適切な監査証拠を入手できるか否か慎重に判断しなければならないことを明確にした。特に、不正リスクが存在する場合の確認状に回答が得られない又は回答が不十分な場合には（例えば、担保差入その他引出制限のある資産の状況等）、すべての記載事項についての回答を入手できるよう留意し、代替的な手続に移行する場合には慎重に判断する必要がある。

③ **不正リスクに関連する監査証拠**

監査人は、不正リスクを識別している監査要点に対しては、当該監査要点について不正リスクを識別していない場合に比べ、より適合性が高く、より証明力が強く、又はより多くの監査証拠を入手しなければならないこと、十分かつ適切な監査証拠を入手していないと判断した場合は、追加的な監査手続を実施しなければならないことを明確にした。

④ **不正による重要な虚偽の表示を示唆する状況**

監査実施の過程において、付録２に例示されているような「不正による重要な虚偽の表示を示唆する状況」を識別した場合には、「不正による重要な虚偽の表示の疑義」が存在していないかどうかを判断するために、適切な階層の経営者に質問し説明を求めるとともに、追加的な監査手続を実施しなければならないこととしている。

付録２に例示されている状況は、現行の監査基準に基づく現在の実務においても、監査人としては、重要な虚偽の表示の可能性が高いものとして、特に注意すべき状況を念頭に記載されている。

なお、付録２はあくまで例示であり、監査実施の過程においてそのような状況に遭遇した場合に、「不正による重要な虚偽の表示を示唆する状況」として追加的な監査手続を求めているものである。したがって、付録２に記載されている状況の有無について網羅的に監査証拠をもって確かめなければならないということではなく、必ずしも付録２をチェック・リストとして取り扱うことを意図したものではない。

⑤ **不正による重要な虚偽の表示の疑義があると判断した場合の監査手続**

不正による重要な虚偽の表示を示唆する状況について、関連して入手した監査

証拠に基づいて経営者の説明に合理性がないと判断した場合や、識別した不正リスクに対応して追加的な監査手続を実施してもなお十分かつ適切な監査証拠を入手できない場合には、不正による重要な虚偽の表示の疑いがより強くなることから、これを不正による重要な虚偽の表示の疑義と扱わなければならないものとした。追加的な監査手続の実施の結果、不正による重要な虚偽の表示の疑義がないと判断した場合には、その旨と理由を監査調書に記載しなければならないことを明記した。

不正による重要な虚偽の表示の疑義があると判断した場合には、想定される不正の態様等に直接対応した監査手続を立案し監査計画を修正するとともに、修正した監査計画に従って監査手続を実施しなければならないこととなる。

⑥ 専門家の業務の利用

不正リスクに関連する監査実施の過程において、不正リスクの内容や程度に応じて、例えば、不正リスクに対応した金融商品の評価、企業価値評価、不動産の評価、不正調査、IT等に関する専門家等の技能又は知識を利用する必要があるかどうかを判断しなければならないことを明記した。

⑦ 不正リスクに関連する審査

不正による重要な虚偽の表示の疑義があると判断した場合には、監査事務所として適切な監査意見を形成するため、審査についてもより慎重な対応が求められる。したがって、監査事務所の方針と手続に従って、適切な審査の担当者による審査が完了するまでは意見の表明ができないことを明記した。

⑧ 監査役等との連携

監査人は、不正による重要な虚偽の表示の疑義があると判断した場合や経営者の関与が疑われる不正を発見した場合には、取締役の職務の執行を監査する監査役や監査委員会と適切に協議する等、連携を図ることが有効である。また、監査人は、監査の各段階において、監査役等との連携を図らなければならないことを明記した。

⑨ 監査調書

不正による重要な虚偽の表示の疑義があると判断した場合には、監査人が当該疑義に対して実施した監査手続の内容とその結果、また、監査人としての結論及びその際になされた重要な判断は、監査意見に重要な意味を有していると考えられることから、そうした内容については、監査調書に記載しなければならないことを明記した。

(4) **不正リスクに対応した監査事務所の品質管理**

本基準においては、監査実施の各段階における不正リスクに対応した監査手続を実施するための監査事務所としての品質管理を規定している。ただし、不正リスク対応基準のうち品質管理に係る規定は、現在各監査事務所で行っている品質管理のシステムに加えて、新たな品質管理のシステムの導入を求めているものではなく、監査事務所が整備すべき品質管理のシステムにおいて、不正リスクに対応する観点から特に留意すべき点を明記したものである。

また、整備及び運用が求められる監査事務所の方針と手続は、監査事務所の規模及び組織、当該監査業務の内容等により異なることから、すべての監査事務所において画一的な不正リスクに対応した品質管理の方針と手続が求められているものではないことは言うまでもない。

① **不正リスクに対応した品質管理のシステムの整備及び運用**

監査事務所に、不正リスクに適切に対

応できるよう、監査業務の各段階における品質管理のシステムを整備及び運用するとともに、品質管理システムの監視を求めることとした。

② 監査契約の新規の締結及び更新

監査契約の新規の締結及び更新に関する方針及び手続に、不正リスクを考慮して監査契約の締結及び更新に伴うリスクを評価することを含めるとともに、監査契約の新規の締結及び更新の判断に際して（更新時はリスクの程度に応じ）、監査事務所としての検討を求めている。

③ 不正による重要な虚偽の表示の疑義があると判断された場合の審査

不正による重要な虚偽の表示の疑義があると判断された場合には、通常の審査担当者による審査に比べて、監査事務所としてより慎重な審査が行われる必要がある。このため、当該監査業務の監査意見が適切に形成されるよう、当該疑義に対応する十分かつ適切な経験や職位等の資格を有する審査の担当者（適格者で構成される会議体を含む）を監査事務所として選任することを、審査に関する方針及び手続に定めなければならないこととした。

この監査事務所としての審査は、監査事務所の規模や組織等により、名称や体制等は異なることとなると考えられるが、例えば、大規模監査事務所の場合には、監査事務所本部における審査など、小規模事務所の場合には、社員全員による社員会における審査などが該当するものと考えられる。

④ 監査事務所間の引継

監査事務所交代時において、前任監査事務所は、後任の監査事務所に対して、不正リスクへの対応状況を含め、企業との間の重要な意見の相違等の監査上の重要な事項を伝達するとともに、後任監査事務所から要請のあったそれらに関連する監査調書の閲覧に応じるように、引継に関する方針と手続に定めなければならないこととした。

また、後任監査事務所は、前任監査事務所に対して、監査事務所の交代理由のほか、不正リスクへの対応状況、企業との間の重要な意見の相違等の監査上の重要な事項について質問するように、引継に関する方針及び手続に定めなければならないこととした。

⑤ 監査実施の責任者間の引継

監査事務所内において、同一の企業の監査業務を担当する監査実施の責任者が全員交代する場合（監査実施の責任者が一人である場合の交代を含む）は、監査上の重要な事項が適切に伝達されなければならないこととした。

三 実施時期等

1 不正リスク対応基準は、平成26年3月決算に係る財務諸表の監査から実施する。なお、不正リスク対応基準中、第三不正リスクに対応した監査事務所の品質管理については、平成25年10月1日から実施する。

不正リスク対応基準は、中間監査に準用し、平成26年9月30日以後終了する中間会計期間に係る中間財務諸表の中間監査から実施する。

2 不正リスク対応基準の実施に当たり、関係法令において、所要の規定の整備を行うことが適当である。

3 不正リスク対応基準を実務に適用するに当たって必要となる実務の指針については、日本公認会計士協会において、関係者とも協議の上、適切な手続の下で、早急に作成されることが要請される。

監査における不正リスク対応基準

第一 職業的懐疑心の強調

1 監査人は、経営者等の誠実性に関する監査人の過去の経験にかかわらず、不正リスクに常に留意し、監査の全過程を通じて、職業的懐疑心を保持しなければならない。
2 監査人は、職業的懐疑心を発揮して、不正の持つ特性に留意し、不正リスクを評価しなければならない。
3 監査人は、職業的懐疑心を発揮して、識別した不正リスクに対応する監査手続を実施しなければならない。
4 監査人は、職業的懐疑心を発揮して、不正による重要な虚偽の表示を示唆する状況を看過することがないように、入手した監査証拠を評価しなければならない。
5 監査人は、職業的懐疑心を高め、不正による重要な虚偽の表示の疑義に該当するかどうかを判断し、当該疑義に対応する監査手続を実施しなければならない。

第二 不正リスクに対応した監査の実施

1 企業及び当該企業が属する産業における不正事例の理解

　監査人は、不正リスクを適切に評価するため、企業及び当該企業が属する産業を取り巻く環境を理解するに当たって、公表されている主な不正事例並びに不正に利用される可能性のある一般的及び当該企業の属する産業特有の取引慣行を理解しなければならない。

2 不正リスクに関連する質問

　監査人は、経営者、監査役等及び必要な場合には関連するその他の企業構成員に、不正リスクに関連して把握している事実を質問しなければならない。
　また、監査人は、経営者に対して、当該企業において想定される不正の要因、態様及び不正への対応策等に関する経営者の考え方を質問し、リスク評価に反映しなければならない。

3 不正リスク要因を考慮した監査計画の策定

　監査人は、監査計画の策定に当たり、入手した情報が不正リスク要因の存在を示しているかどうか検討し、それらを財務諸表全体及び財務諸表項目の不正リスクの識別及び評価において考慮しなければならない。監査人は、評価した不正リスクに応じた全般的な対応と個別の監査手続に係る監査計画を策定しなければならない。
　典型的な不正リスク要因は、付録1に例示されているが、この他にも不正リスク要因が存在することがあることに留意しなければならない。

4 監査チーム内の討議・情報共有

　監査人は、監査実施の責任者と監査チームの主要構成員の間において、不正による重要な虚偽の表示が財務諸表のどこにどのように行われる可能性があるのかについて討議を行うとともに、知識や情報を共有しなければならない。
　監査実施の責任者は、監査の過程で発見した事業上の合理性に疑問を抱かせる特異な取引など重要な会計及び監査上の問題となる可能性のある事項を、監査実施の責任者及び監査チーム内のより経験のある構成員に報告する必要があることを監査チームの構成員に指示しなければならない。

5 不正リスクに対応する監査人の手続

　監査人は、識別した不正リスクに関連する監査要点に対しては、当該監査要点について不正リスクを識別していない場合に比

べ、より適合性が高く、より証明力が強く、又はより多くの監査証拠を入手しなければならない。

6 企業が想定しない要素の組み込み

監査人は、財務諸表全体に関連する不正リスクが識別された場合には、実施する監査手続の種類、実施の時期及び範囲の決定に当たって、企業が想定しない要素を監査計画に組み込まなければならない。

7 不正リスクに対応して実施する確認

監査人は、不正リスクに対応する手続として積極的確認を実施する場合において、回答がない又は回答が不十分なときには、代替的な手続により十分かつ適切な監査証拠を入手できるか否か慎重に判断しなければならない。

監査人は、代替的な手続を実施する場合は、監査要点に適合した証明力のある監査証拠が入手できるかどうかを判断しなければならない。代替的な手続を実施する場合において、監査証拠として企業及び当該企業の子会社等が作成した情報のみを利用するときは、当該情報の信頼性についてより慎重に判断しなければならない。

8 入手した監査証拠の十分性及び適切性の評価

監査人は、実施した監査手続及び入手した監査証拠に基づき、不正リスクに関連する監査要点に対する十分かつ適切な監査証拠を入手したかどうかを判断しなければならない。監査人は、十分かつ適切な監査証拠を入手していないと判断した場合は、追加的な監査手続を実施しなければならない。

9 矛盾した監査証拠があった場合等の監査手続の実施

監査人は、監査実施の過程で把握した状況により、ある記録や証憑書類が真正ではないと疑われる場合、又は文言が後から変更されていると疑われる場合、また、矛盾した監査証拠が発見された場合には、監査手続の変更又は追加（例えば、第三者への直接確認、専門家の利用等）が必要であるかを判断しなければならない。

10 不正による重要な虚偽の表示を示唆する状況

監査人は、監査実施の過程において、不正による重要な虚偽の表示を示唆する状況を識別した場合には、不正による重要な虚偽の表示の疑義が存在していないかどうかを判断するために、経営者に質問し説明を求めるとともに、追加的な監査手続を実施しなければならない。

なお、不正による重要な虚偽の表示を示唆する状況は、付録2に例示されているが、この他の状況が該当することがあることに留意しなければならない。

11 不正による重要な虚偽の表示の疑義

監査人は、識別した不正による重要な虚偽の表示を示唆する状況について、関連して入手した監査証拠に基づいて経営者の説明に合理性がないと判断した場合には、不正による重要な虚偽の表示の疑義があるとして扱わなければならない。

また、識別した不正リスクに対応して当初計画した監査手続を実施した結果必要と判断した追加的な監査手続を実施してもなお、不正リスクに関連する十分かつ適切な監査証拠を入手できない場合には、不正による重要な虚偽の表示の疑義があるとして扱わなければならない。

監査人は、不正による重要な虚偽の表示の疑義がないと判断したときは、その旨と理由を監査調書に記載しなければならない。

12 不正による重要な虚偽の表示の疑義があると判断した場合の監査計画の修正

監査人は、監査計画の策定後、監査の実施過程において不正による重要な虚偽の表示の疑義があると判断した場合には、当該疑義に関する十分かつ適切な監査証拠を入手するため、不正による重要な虚偽の表示

の疑義に関する十分な検討を含め、想定される不正の態様等に直接対応した監査手続を立案し監査計画を修正しなければならない。

13 不正による重要な虚偽の表示の疑義があると判断した場合の監査手続の実施

監査人は、不正による重要な虚偽の表示の疑義に関連する監査要点について十分かつ適切な監査証拠を入手するため、修正した監査計画にしたがい監査手続を実施しなければならない。

14 専門家の業務の利用

監査人は、不正リスクの評価、監査手続の実施、監査証拠の評価及びその他の監査実施の過程において、不正リスクの内容や程度に応じて専門家の技能又は知識を利用する必要があるかどうかを判断しなければならない。

15 不正リスクに対応した審査

監査人は、不正リスクへの対応に関する重要な判断とその結論について、監査事務所の方針と手続に従って、監査の適切な段階で審査を受けなければならない。

16 不正による重要な虚偽の表示の疑義があると判断した場合の審査

監査人は、不正による財務諸表の重要な虚偽の表示の疑義があると判断した場合には、当該疑義に係る監査人の対応について、監査事務所の方針と手続に従って、適切な審査の担当者による審査が完了するまでは意見の表明をしてはならない。

17 監査役等との連携

監査人は、監査の各段階において、不正リスクの内容や程度に応じ、適切に監査役等と協議する等、監査役等との連携を図らなければならない。

監査人は、不正による重要な虚偽の表示の疑義があると判断した場合には、速やかに監査役等に報告するとともに、監査を完了するために必要となる監査手続の種類、時期及び範囲についても協議しなければならない。

18 経営者の関与が疑われる不正への対応

監査人は、監査実施の過程において経営者の関与が疑われる不正を発見した場合には、監査役等に報告し、協議の上、経営者に問題点の是正等適切な措置を求めるとともに、当該不正が財務諸表に与える影響を評価しなければならない。

19 監査調書

監査人は、不正による財務諸表の重要な虚偽の表示の疑義があると判断した場合、当該疑義の内容、実施した監査手続とその結果、監査人としての結論及びその際になされた職業的専門家としての重要な判断について、監査調書に記載しなければならない。

第三 不正リスクに対応した監査事務所の品質管理

1 不正リスクに対応した品質管理

監査事務所は、不正リスクに留意して品質管理に関する適切な方針及び手続を定め、不正リスクに対応する品質管理の責任者を明確にしなければならない。

2 監査契約の新規の締結及び更新における不正リスクの考慮

監査事務所は、監査契約の新規の締結及び更新の判断に関する方針及び手続に、不正リスクを考慮して監査契約の締結及び更新に伴うリスクを評価すること、並びに、当該評価の妥当性について、新規の締結時、及び更新時はリスクの程度に応じて、監査チーム外の適切な部署又は者により検討することを含めなければならない。

3 不正に関する教育・訓練

監査事務所は、監査実施者の教育・訓練に関する方針及び手続を定め、監査実施者が監査業務を行う上で必要な不正事例に関

する知識を習得し、能力を開発できるよう、監査事務所内外の研修等を含め、不正に関する教育・訓練の適切な機会を提供しなければならない。

4 不正リスクに対応した監督及び査閲

監査事務所は、不正リスクに適切に対応できるように、監査業務に係る監督及び査閲に関する方針及び手続を定めなければならない。

5 不正リスクに関連して監査事務所内外からもたらされる情報への対処

監査事務所は、監査事務所内外からもたらされる情報に対処するための方針及び手続において、不正リスクに関連して監査事務所に寄せられた情報を受け付け、関連する監査チームに適時に伝達し、監査チームが監査の実施において当該情報をどのように検討したかについて、監査チーム外の監査事務所の適切な部署又は者に報告することを求めなければならない。

6 不正による重要な虚偽の表示の疑義があると判断した場合等の専門的な見解の問合せ

監査事務所は、不正による重要な虚偽の表示を示唆する状況が識別された場合、又は不正による重要な虚偽の表示の疑義があると判断された場合には、必要に応じ監査事務所内外の適切な者(例えば、監査事務所の専門的な調査部門等)から専門的な見解を得られるようにするための方針及び手続を定めなければならない。

7 不正による重要な虚偽の表示の疑義があると判断された場合の審査

監査事務所は、不正による重要な虚偽の表示の疑義があると判断された場合には、修正後の監査計画及び監査手続が妥当であるかどうか、入手した監査証拠が十分かつ適切であるかどうかについて、監査事務所としての審査が行われるよう、審査に関する方針及び手続を定めなければならない。

監査事務所は、当該疑義に対応する十分かつ適切な経験や職位等の資格を有する審査の担当者(適格者で構成される会議体を含む)を監査事務所として選任しなければならない。

8 監査事務所内における監査実施の責任者の間の引継

監査事務所は、監査業務の実施に関する品質管理の方針及び手続において、同一の企業の監査業務を担当する監査実施の責任者が全員交代した場合、不正リスクを含む監査上の重要な事項が適切に伝達されるように定めなければならない。

9 監査事務所間の引継

監査事務所は、後任の監査事務所への引継に関する方針及び手続において、後任の監査事務所に対して、不正リスクへの対応状況を含め、監査上の重要な事項を伝達するとともに、後任の監査事務所から要請のあったそれらに関連する調書の閲覧に応じるように定めなければならない。

監査事務所は、前任の監査事務所からの引継に関する方針及び手続において、前任の監査事務所に対して、監査事務所の交代事由、及び不正リスクへの対応状況等の監査上の重要な事項について質問するように定めなければならない。

監査事務所は、監査事務所間の引継に関する方針及び手続において、監査チームが実施した引継の状況について監査チーム外の適切な部署又は者に報告することを定めなければならない。

10 不正リスクへの対応状況の定期的な検証

監査事務所は、不正リスクへの対応状況についての定期的な検証により、次に掲げる項目が監査事務所の品質管理の方針及び手続に準拠して実施されていることを確かめなければならない。

―監査契約の新規の締結及び更新
―不正に関する教育・訓練

―業務の実施（監督及び査閲、監査事務所内外からもたらされる情報への対処、専門的な見解の問合せ、審査、監査実施の責任者間の引継を含む）
―監査事務所間の引継

付録1

不正リスク要因の例示

　監査人は、リスク評価を行うにあたって、不正リスクの有無を判断するために、下記に例示された典型的な不正リスク要因を検討し、それらが不正リスクに該当するか検討を行わなければならない。

1　動機・プレッシャー
（1）財務的安定性又は収益性が、次のような一般的経済状況、企業の属する産業又は企業の事業環境により脅かされている。
　　（例）
　　　　・利益が計上されている又は利益が増加しているにもかかわらず営業活動によるキャッシュ・フローが経常的にマイナスとなっている、又は営業活動からキャッシュ・フローを生み出すことができない。
　　　　・技術革新、製品陳腐化、利子率等の急激な変化・変動に十分に対応できない。
（2）経営者が、次のような第三者からの期待又は要求に応えなければならない過大なプレッシャーを受けている。
　　（例）
　　　　・経営者の非常に楽観的なプレス・リリースなどにより、証券アナリスト、投資家、大口債権者又はその他外部者が企業の収益力や継続的な成長について過度の又は非現実的な期待をもっている。
　　　　・取引所の上場基準、債務の返済又はその他借入に係る財務制限条項に抵触しうる状況にある。
（3）企業の業績が、次のような関係や取引によって、経営者又は監査役等の個人財産に悪影響を及ぼす可能性がある。
　　（例）
　　　　・経営者又は監査役等が企業と重要な経済的利害関係を有している。
（4）経営者（子会社の経営者を含む。）、営業担当者、その他の従業員等が、売上や収益性等の財務目標（上長から示されたもの等含む）を達成するために、過大なプレッシャーを受けている。

2　機会
（1）企業が属する産業や企業の事業特性が、次のような要因により不正な財務報告にかかわる機会をもたらしている。
　　（例）
　　　　・通常の取引過程から外れた関連当事者との重要な取引、又は監査を受けていない若しくは他の監査人が監査する関連当事者との重要な取引が存在する。
　　　　・重要性のある異常な取引、又は極めて複雑な取引、特に困難な実質的判断を行わなければならない期末日近くの取引が存在する。
　　　　・明確な事業上の合理性があるとは考えられない特別目的会社を組成している。

・業界の慣行として、契約書に押印がなされない段階で取引を開始する、正式な書面による受発注が行われる前に担当者間の口頭による交渉で取引を開始・変更する等、相手先との間で正当な取引等の開始・変更であることを示す文書が取り交わされることなく取引が行われうる。
（２）経営者の監視が、次のような状況により有効でなくなっている。
　　（例）
　　　・経営が一人又は少数の者により支配され統制がない。
（３）組織構造が、次のような状況により複雑又は不安定となっている。
　　（例）
　　　・異例な法的実体又は権限系統となっているなど、極めて複雑な組織構造である。
（４）内部統制が、次のような要因により不備を有している。
　　（例）
　　　・会計システムや情報システムが有効に機能していない。

3　姿勢・正当化
　　（例）
　　　・経営者が、経営理念や企業倫理の伝達・実践を効果的に行っていない、又は不適切な経営理念や企業倫理が伝達されている。
　　　・経営者と現任又は前任の監査人との間に次のような緊張関係がある。
　　　　－会計、監査又は報告に関する事項について、経営者と現任又は前任の監査人とが頻繁に論争している又は論争していた。
　　　　－監査上必要な資料や情報の提供を著しく遅延する又は提供しない。
　　　　－監査人に対して、従業員等から情報を得ること、監査役等とコミュニケーションをとること又は監査人が必要と判断した仕入先や得意先等と接することを不当に制限しようとしている。

付録 2

不正による重要な虚偽の表示を示唆する状況の例示

　監査人は、監査実施の過程において、下記に例示された不正による重要な虚偽の表示を示唆する状況が識別された場合には、当基準第二10 にしたがい、不正による重要な虚偽の表示の疑義が存在していないかどうかを判断するために、経営者に質問し説明を求めるとともに、追加的な監査手続を実施しなければならない。

1　不正に関する情報
- 社内通報制度を通じて企業に寄せられ、監査人に開示された情報に、財務諸表に重要な影響を及ぼすと考えられる情報が存在している。
- 監査人に、不正の可能性について従業員や取引先等からの通報がある（監査事務所の通報窓口を含む）。

2　留意すべき通例でない取引等
（1）不適切な売上計上の可能性を示唆する状況
- 企業の通常の取引過程から外れた重要な取引又はその他企業及び当該企業が属する産業を取り巻く環境に対する監査人の理解に照らして通例ではない重要な取引のうち、企業が関与する事業上の合理性が不明瞭な取引が存在する。

（2）資金還流取引等のオフバランス取引の可能性を示唆する状況
- 企業の事業内容に直接関係のない又は事業上の合理性が不明瞭な重要な資産の取得、企業の買収、出資、費用の計上が行われている。

（3）その他
- 関連当事者又は企業との関係が不明な相手先（個人を含む）との間に、事業上の合理性が不明瞭な重要な資金の貸付・借入契約、担保提供又は債務保証・被保証の契約がある。

3　証拠の変造、偽造又は隠蔽の可能性を示唆する状況
- 変造又は偽造されたおそれのある文書が存在する。
- 重要な取引に関して、重要な記録等に矛盾する証拠が存在する、又は証拠となる重要な文書を紛失している。
- 重要な取引に関して、合理的な理由なく、重要な文書を入手できない、又は重要な文書のドラフトのみしか入手できない。

4　会計上の不適切な調整の可能性を示唆する状況
- 期末日近くまで網羅的若しくは適時に記録されていない重要な取引、又は金額、会計期間、分類等が適切に記録されていない重要な取引が存在する。
- （根拠資料等による）裏付けのない又は未承認の重要な取引や勘定残高が存在する。
- 期末日近くに経営成績に重要な影響を与える通例でない修正が行われている。

- 重要な取引に関連する証憑、又は会計帳簿や記録（総勘定元帳・補助元帳・勘定明細等）において、本来一致すべき数値が不一致でその合理的な説明がない。
- 企業が合理的な理由がなく重要な会計方針を変更しようとしている。
- 経営環境の変化がないにもかかわらず、重要な会計上の見積りを頻繁に変更する。

5　確認結果
- 企業の記録と確認状の回答に説明のつかない重要な差異がある。
- 特定の取引先に対する確認状が、合理的な理由なく監査人に直接返送されないという事態が繰り返される。

6　経営者の監査への対応
- 合理的な理由がないにもかかわらず、監査人が、記録、施設、特定の従業員、得意先、仕入先、又は監査証拠を入手できるその他の者と接することを企業が拒否する、妨げる、又は変更を主張する。
- 合理的な理由がないにもかかわらず、企業が確認依頼の宛先の変更や特定の相手先に対する確認の見合わせを主張したり、他の確認先に比べて著しく準備に時間がかかる残高確認先がある。

7　その他
- 企業が、財務諸表に重要な影響を及ぼす取引に関して、明らかに専門家としての能力又は客観性に疑念のあると考えられる専門家を利用している。
- 重要な投資先や取引先、又は重要な資産の保管先に関する十分な情報が監査人に提供されない。

index

〈ア〉

アサーション······················ 120
新たな会計基準への対応············· 13

意見に関する除外と監査範囲の制約····· 170
意見表明の基礎················ 44, 157
意見不表明······················ 171
違法行為························ 89

〈カ〉

外観的独立性····················· 78
会計専門職大学院················· 253
監査基準委員会報告書··············· 20
監査基準改訂の経緯················· 6
監査業務に係る審査················ 261
監査計画························ 92
監査計画の修正··················· 116
監査契約の新規の締結及び更新····· 246, 307
監査実施者の
　採用，教育・訓練，評価及び選任····· 248
監査実施準則····················· 4
監査実施の責任者間の引継··········· 310
監査事務所····················· 240
監査事務所間の引継··········· 268, 311
監査上の判断の相違················ 259
監査人の責任···················· 164

監査調書····················· 92, 303
監査人間の連携··················· 51
監査の品質······················ 98
監査の目的······················ 67
監査報告準則····················· 4
監査報告書の記載区分·············· 160
監査報告書の記載事項··············· 39
監査報告の充実··················· 16
監査役等との連携············· 60, 301
監査要点················ 27, 28, 119, 120

企業改革法······················ 77
規則主義······················· 150
期待のギャップ·················· 165
強調事項························ 45
共同監査······················· 273
業務の実施····················· 253

クラリティ・プロジェクト············ 37

経営者確認書···················· 134
経営者確認書(連結財務諸表)の記載例··· 138
経営者が提示する財務諸表項目········ 120
経営者の主張···················· 120
経営者の責任···················· 164
継続企業
　（ゴーイング・コンサーン）の前提······ 9

379

継続企業の前提に係る監査手続‥‥‥‥ 131
継続企業の前提に係る
　四半期レビューのGC手続 ‥‥‥‥‥ 220
継続企業の前提についての検討‥‥‥‥ 217
継続的専門研修（CPE）‥‥‥‥‥‥‥ 71
結論に関する除外‥‥‥‥‥‥‥‥‥‥ 229
結論の表明‥‥‥‥‥‥‥‥‥‥‥‥‥ 224
原則主義‥‥‥‥‥‥‥‥‥‥‥‥‥‥ 150
限定付適正意見‥‥‥‥‥‥‥‥‥‥‥ 172

公認会計士・監査審査会‥‥‥‥‥‥‥ 278
後発事象‥‥‥‥‥‥‥‥‥‥‥‥‥‥ 46
広範性（pervasiveness）‥‥‥‥‥‥‥ 43
合理的な基礎‥‥‥‥‥‥‥‥‥‥‥‥ 44
ゴーイング・コンサーン規定‥‥‥‥‥ 29
ゴーイング・コンサーンの手続‥‥‥‥ 219
ゴーイング・コンサーン問題への対応‥ 127
国際監査基準‥‥‥‥‥‥‥‥‥‥‥‥ 91
国際教育基準（IES）‥‥‥‥‥‥‥‥ 250
誤謬‥‥‥‥‥‥‥‥‥‥‥‥‥ 23, 124
個別意見‥‥‥‥‥‥‥‥‥‥‥‥‥‥ 145

〈サ〉

財務諸表項目レベル‥‥‥‥‥‥‥‥‥ 111
財務諸表全体のレベル‥‥‥‥‥‥‥‥ 109

CPE‥‥‥‥‥‥‥‥‥‥‥‥‥‥‥‥ 73
事業上のリスク等‥‥‥‥‥‥‥‥‥‥ 103
事業上のリスク等を重視したリスク・アプロ
　ーチに基づく監査の流れ‥‥‥‥‥‥ 110
実質的独立性‥‥‥‥‥‥‥‥‥‥‥‥ 78
実質的判断‥‥‥‥‥‥‥‥‥‥ 148, 150
実績主義‥‥‥‥‥‥‥‥‥‥‥‥‥‥ 187
指導的機能‥‥‥‥‥‥‥‥‥‥‥‥‥ 154
四半期報告‥‥‥‥‥‥‥‥‥‥‥‥‥ 199
四半期報告制度の概要‥‥‥‥‥‥‥‥ 201

四半期レビュー基準‥‥‥‥‥‥‥‥‥ 197
四半期レビュー基準のポイント‥‥‥‥ 215
四半期レビュー手続
　（会計記録に基づく作成）‥‥‥‥‥ 216
四半期レビュー手続（質問）‥‥‥‥‥ 211
四半期レビュー手続（追加的な手続）‥ 215
四半期レビュー手続（分析的手続）‥‥ 213
四半期レビューの目的‥‥‥‥‥ 206, 208
四半期レビュー報告書‥‥‥‥‥‥‥‥ 226
重要性（materiality）‥‥‥‥‥‥‥‥ 43
重要な虚偽表示のリスク‥‥‥‥‥‥‥ 24
重要な不確実性‥‥‥‥‥‥‥‥ 33, 129
主たる監査人‥‥‥‥‥‥‥‥‥‥‥‥ 140
守秘義務‥‥‥‥‥‥‥‥‥‥‥‥‥‥ 101
循環取引‥‥‥‥‥‥‥‥‥‥‥‥ 50, 53
情報技術‥‥‥‥‥‥‥‥‥‥‥‥‥‥ 133
除外事項‥‥‥‥‥‥‥‥‥‥‥‥‥‥ 170
職業的懐疑心‥‥‥‥‥‥‥‥‥‥‥‥ 82
職業的懐疑心の強調‥‥‥‥‥‥‥‥‥ 281
職業倫理‥‥‥‥‥‥‥‥‥‥‥‥‥‥ 244
審査‥‥‥‥‥‥‥‥‥‥‥‥‥‥‥‥ 158

精神的独立性‥‥‥‥‥‥‥‥‥‥‥‥ 78
正当な注意‥‥‥‥‥‥‥‥‥‥ 82, 284
説明事項‥‥‥‥‥‥‥‥‥‥‥‥‥‥ 45
専門家の業務の利用‥‥‥‥‥‥ 141, 299
専門的な見解の問合せ‥‥‥‥‥‥‥‥ 256

総合意見‥‥‥‥‥‥‥‥‥‥‥‥‥‥ 145
組織的監査‥‥‥‥‥‥‥‥‥‥‥‥‥ 99

〈タ〉

対応数値方式‥‥‥‥‥‥‥‥‥‥‥‥ 48

中間監査基準‥‥‥‥‥‥‥‥‥‥‥‥ 183
中間監査との違い‥‥‥‥‥‥‥‥‥‥ 200

追記情報・・・・・・・・・・・・・・・・・・・・・ 44, 175

適正性の判断・・・・・・・・・・・・・・・・・・・・ 145

特別な検討を必要とするリスク・・・・・・・・ 113
独立性・・・・・・・・・・・・・・・・・・・・・・・・・ 77, 244

〈ナ〉

内部監査・・・・・・・・・・・・・・・・・・・・・・・・ 143
内部統制に依拠しない場合・・・・・・・・・・・ 122

二重責任の原則・・・・・・・・・・・・・・・・・・・ 177
日本の監査報告書の特徴・・・・・・・・・・・・・ 167

年度監査と四半期レビューの相違・・・・・・ 207
年度監査との関係・・・・・・・・・・・・・・ 203, 206

〈ハ〉

比較財務諸表方式・・・・・・・・・・・・・・・・・・ 48
比較情報に関する
　監査意見の表明の方法・・・・・・・・・・・・・ 48
批判的機能・・・・・・・・・・・・・・・・・・・・・・・ 154
品質管理・・・・・・・・・・・・・・・・・・・・・・・・・ 95
品質管理基準設定の経緯・・・・・・・・・・・・・ 235
品質管理基準の目的・・・・・・・・・・・・・・・・ 239
品質管理のシステムの監視・・・・・・・・・・・ 264
品質管理のシステムの整備及び運用・・・・・ 243
品質管理レビュー・・・・・・・・・・・・・・・・・・ 278

複合的かつ多岐にわたる
　（未確定事項）・・・・・・・・・・・・・・・・・・・ 172
不正・・・・・・・・・・・・・・・・・・・ 7, 23, 89, 124
不正による重要な虚偽の表示の疑義・・・・・ 297
不正による重要な虚偽の表示の疑義があると
　判断された場合の審査・・・・・・・・・・・・ 309

不正による重要な虚偽の表示を
　示唆する状況・・・・・・・・・・・・・・・・・・・ 295
不正の発見に対する姿勢の強化・・・・・・・・・ 7
不正リスク対応基準・・・・・・・・・・・・・・・・ 49
不正リスクに関連する監査証拠・・・・・・・・ 291
不正リスクに関連する審査・・・・・・・・・・・ 300
不正リスクに対応した監査計画の策定・・・ 285
不正リスクに対応した
　品質管理システム・・・・・・・・・・・・・・・・ 304
不正リスクに対応して実施する確認・・・・・ 290
不正リスク要因・・・・・・・・・・・・・・・・・・・ 287
付録1・・・・・・・・・・・・・・・・・・・・・・・・・・・ 287
付録2・・・・・・・・・・・・・・・・・・・・・・・・・・・ 295

平成14年改訂監査基準以後の変遷・・・・・・・・ 4
平成14年改訂監査基準までの経緯・・・・・・・・ 3
平成17年改訂の概要・・・・・・・・・・・・・・・・ 21
平成21年改訂の概要・・・・・・・・・・・・・・・・ 29
平成22年改訂の概要・・・・・・・・・・・・・・・・ 37

他の監査人等の利用・・・・・・・・・・・・・・・・ 140
他の監査人・・・・・・・・・・・・・・・・・・・・・・・ 140

〈マ〉

未確定事項・・・・・・・・・・・・・・・・・・・・・・・ 173
明瞭性（クラリティ）プロジェクト・・・・・・ 29

〈ヤ〉

有用性の概念・・・・・・・・・・・・・・・・・・・・・ 186

予測主義・・・・・・・・・・・・・・・・・・・・・・・・・ 187

〈ラ〉

リスク・アプローチ・・・・・・・・・・・・・・・・・ 11
リスク・アプローチの徹底・・・・・・・・・・・・ 11

381

《著者紹介》
八田　進二（はった　しんじ）
青山学院大学大学院会計プロフェッション研究科教授，博士（プロフェッショナル会計学）青山学院大学。
現在，金融庁企業会計審議会臨時委員（監査部会），日本監査研究学会理事等。

最近の主な著訳書に，『企業不正防止対策ガイド（新訂版）』（日本公認会計士協会出版局），『企業不正対応の実務Q&A』（同文舘出版），『事例でみる企業不正の理論と対応』（同文舘出版），『会計プロフェッションと監査』（同文舘出版），『企業不正対策ハンドブック』（第一法規），『逐条解説　監査基準を考える（増補版）』（同文舘出版），『逐条解説　内部統制基準を考える』（同文舘出版）など多数。

町田　祥弘（まちだ　よしひろ）
青山学院大学大学院会計プロフェッション研究科教授，博士（商学）早稲田大学。
現在，金融庁企業会計審議会専門委員（監査部会），日本監査研究学会理事等。

最近の主な著書に，『内部統制の法的責任に関する研究』（日本公認会計士協会出版局），『会計士監査制度の再構築』（中央経済社），『逐条解説　監査基準を考える（増補版）』（同文舘出版），『逐条解説　内部統制基準を考える』（同文舘出版），『会計プロフェッションと内部統制』（税務経理協会）など多数。

（検印省略）

平成25年4月20日　初版発行　　　略称：読み解く監査基準

逐条解説で読み解く　監査基準のポイント

著　者　ⓒ　八　田　進　二
　　　　　　町　田　祥　弘
発行者　　　中　島　治　久

発行所　同文舘出版株式会社
　　　　東京都千代田区神田神保町1-41　〒101-0051
　　　　営業（03）3294-1801　　編集（03）3294-1803
　　　　振替 00100-8-42935　　http://www.dobunkan.co.jp

Printed in Japan 2013　　　　　　製版　一企画
　　　　　　　　　　　　　　　　印刷・製本　萩原印刷

ISBN978-4-495-19881-7

本書とともに〈好評発売中〉

企業不正対応の実務 Q&A

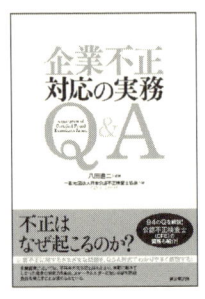

八田進二 監修
一般社団法人 日本公認不正検査士協会 編
A5判・248頁　　定価（本体1,800円＋税）

【事例でみる】企業不正の理論と対応

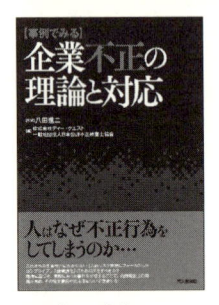

八田進二 監修
株式会社ディークエスト 編
一般社団法人 日本公認不正検査士協会 編
A5判・228頁　　定価（本体1,800円＋税）

会計倫理の基礎と実践 【公認会計士の職業倫理】

マーク・チェファーズ
＋マイケル・パカラック 著
藤沼亜起 監訳
「公認会計士の職業倫理」研究会 訳
A5判・384頁　　定価（本体3,600円＋税）

会計プロフェッションの職業倫理 ―教育・研修の充実を目指して

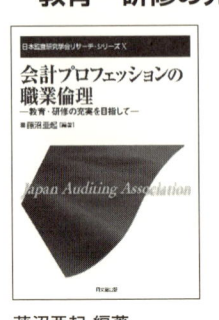

藤沼亜起 編著
A5判・228頁　　定価（本体2,800円＋税）

同文舘出版株式会社